Peter Herrmann

Blockaden löse

Systemische Interventionen in der Schule

Mit 36 Abbildungen

Vandenhoeck & Ruprecht

Bibliografische Information der Deutschen Nationalbibliothek

Die Deutsche Nationalbibliothek verzeichnet diese Publikation in der Deutschen Nationalbibliografie; detaillierte bibliografische Daten sind im Internet über <http://dnb.d-nb.de> abrufbar.

ISBN 978-3-525-70124-9

Printed in Germany.
Satz, Druck und Bindung: ⊕ Hubert & Co, Göttingen

Gedruckt auf alterungsbeständigem Papier.

Inhalt

Einleitung

»Wo kann man das nachlesen?« – Diese Frage wird regelmäßig in Weiterbildungsveranstaltungen in Schulen oder Ausbildungskursen an mich gerichtet.
»In dieser Form findet man es leider nicht zusammengefasst«, war dann bisher immer meine Antwort.
Solche Erlebnisse waren einer der Motivatoren, die Erfahrungen zusammenzufassen, die ich in mehr als 20 Jahren Supervision und Fortbildung von Lehrern in Methoden der systemisch-lösungsorientierten Beratung und der systemisch-lösungsorientierten Organisationsentwicklung in der Schule gewonnen habe. Die Spannbreite dieses Buches ist daher in etwa so weit wie das, was ich in den Ausbildungsreihen »Systemisch-lösungsorientierte Beratung in der Schule«, »Pädagogische Konfliktberatung« und »Systemisch-lösungsorientierte Organisationsentwicklung« den Teilnehmern vermitteln möchte. Dieser spezielle lösungsorientierte Ansatz, der sich mit dem prozessorientierten Beraten und Leiten von Einzelnen, Gruppen und Organisationen in schulischen Kontexten befasst, ist im Laufe der Jahre immer weiter ausgebaut und verfeinert worden, dabei sind auch all die Erfahrungen eingeflossen, die ich in der Ausbildung und der Auseinandersetzung mit verschiedenen therapeutisch-beraterischen Ansätzen gewinnen konnte. Hierbei handelt es sich vor allem um den Ansatz der Gestalttherapie, den systemischen Ansatz, den Ansatz der Hypnotherapie nach Milton Erickson und die Methoden des NLP. Die therapeutisch-beraterischen Modelle werden dabei ergänzt durch aktuelle Erkenntnisse der Organisationstheorie, der Organisationsentwicklung und der Managementtheorie, die von mir auf schulische Kontexte übertragen wurden.
Aus der gemeinsamen Arbeit mit Lehrern bei Weiterbildungen und aus der Selbstanwendung all dieser Methoden ist ein theoretischer und methodischer Ansatz entstanden, der jetzt über Jahre gelehrt (und natürlich laufend ergänzt) wurde und der – so berichten unsere Weiterbildungsteilnehmer – sehr erfolgreich in der schulischen Praxis umgesetzt wird.
»Alles entwickelt sich im Prozess, verfestigt sich als Erkenntnis oder muss angepasst und verändert werden.« – In diesem Sinne verstehe ich meine innere offene Lernhaltung und Neugier darauf, wie Menschen in Organisationen Probleme und Lösungen entwickeln: als einen kontinuierlichen Lern- und Verbesserungsprozess, der nicht davor halt macht, manches auch einmal vollkommen anders zu betrachten.
Die Erlebnisse in den Weiterbildungen – sei es gesamte Kollegien, Teilgruppen von Kollegien, Fachleiter, Schulleiter und Beratungslehrer betreffend – haben

mich immer wieder ermutigt, den lösungsorientierten Weg weiterzugehen, der für Schule zunächst sehr fremd war. Ein Phänomen bildete sich dabei zunehmend deutlicher ab: Das »Leiden der Lehrer« am »schulischen Sein« konnte durch lösungsorientierte Verfahren im Unterricht, in der Beratung oder Schulentwicklung schnell oder zumindest nach und nach über das Einüben anderer Sichtweisen gemildert werden – so wurde Schule einfacher und entspannter.

In diesem Buch bemühe ich mich, Lösungen für verschiedene kommunikative schulische Konflikte und Kontexte zu beschreiben, die sich in der Praxis bewährt und nach Aussage vieler als hilfreich erwiesen haben. Der hier dargestellte integrative lösungsorientierte Ansatz in der Pädagogik und Beratung orientiert sich an den Problemen der Schulwirklichkeit und will den Lesern mit bisweilen »komplizierten« theoretischen Gedankenmodellen in Kontakt bringen, die möglichst einfach dargestellt sind: Was leuchtet sofort ein und kann für die Veränderung der inneren Haltung und der Verhaltensstrategien im Schulalltag genutzt werden? Gerade das, was in Bezug auf die eigene Arbeitswirklichkeit relevant erscheint, kann in der Regel gut integriert und angewandt werden.

Sicherlich kann man die Wirklichkeit auch ganz anders beschreiben; die gewählten Sichtweisen und Konstruktionen sollen nur eine – aber eine möglichst nützliche – Facette abbilden.

Das Buch lädt Lehrer und andere Interessierte ein, die eigene Haltung zu überprüfen und teilweise oder auch komplett zu verändern. Es ermuntert, lösungsorientierte Interventionen auszuprobieren und damit eigene Erfahrungen zu machen. Zu diesem Zweck können Leser einzelne Anleitungen und Übungen auch von der Homepage des Verlages herunterladen.

Mit dem von mir gewählten praxisorientierten Ansatz will ich auch einen Beitrag leisten, der die Richtung einer »lösungsorientierten Pädagogik« beschreibt. Ausgehend von der Erziehungspraxis wird hier eine »Praxeologie« der lösungsorientierten konstruktivistischen Pädagogik vorschlagen, von der ich meine, dass sie für die Koevolution von Lehrer, Schülern, Schuleitern und auch der Organisation Schule sehr nützlich sein kann.

Zum Schluss noch eine Anmerkung: Aus Gründen der besseren Lesbarkeit habe ich auf eine speziell »weibliche« Grammatik verzichtet. Ich bitte die Leserinnen hier um ihr Verständnis.

Chinesischer Fluch:
»Mögest Du in interessanten Zeiten leben.«

Köln, im Dezember 2009 Peter Herrmann

1. Systemische Blockaden und Verstrickungen

1.1 Das Problemfeld – die Anspruchsgruppen (Stakeholder)

Schule steht im Fokus des öffentlichen Interesses. Dies ist nur zu verständlich, da Schule eine enorm wichtige gesellschaftliche Aufgabe hat, bei der sie mit der Entwicklung und Ausbildung junger Menschen befasst ist und damit eine zentrale Funktion für die Sicherstellung der Zukunftsfähigkeit unser Gesellschaft wahrnimmt: Es geht um die jeweils nächste Generation und damit um die Zukunft der Gesellschaft.
Da beinahe jeder Erwachsene die Schule besucht hat, verfügt er auch über individuelle Erfahrungen. Diese Erfahrungen sind meist sehr lebhaft und präsent, da sie in einer wichtigen und emotional intensiven Zeit der individuellen Entwicklung gemacht wurden, in der das Erlebte für die meisten Menschen selbst im Alter noch sehr lebendig bleibt. Die individuellen Erfahrungen werden somit zu einem Bild von Schule oder zu einer individuellen »Schulwirklichkeitskonstruktion«, die für die »Wirklichkeit« von Schule gehalten und dann entsprechend generalisiert wird. So reden also alle, die von Schule reden, von ihrem in der Schulzeit geprägten Bild von Schule und meinen doch von der Schule an sich zu sprechen. Da nun jeder von seiner Schule spricht, gibt es infolgedessen viele Missverständnisse über das, was Schule ist. Gleichzeitig werden die eigenen Erfahrungen in der Schulzeit – weil sie eben bedingt durch die Intensität des Erlebens in der Entwicklungsphase der Pubertät sehr intensiv und prägend ausgefallen sind – als Ausgangspunkt für einen mehr oder minder emotional geführten Diskurs benutzt. Alle sog. Stakeholder (Anspruchsgruppen) von Schule haben also ihre eigenen Schulerfahrungen und Schulbilder, an denen sie im Erwachsenenalter weiter arbeiten oder sich abarbeiten, und bringen diese ein in die Ansprüche, die sie an Schule haben.
Bevor sie also weiterlesen: Was ist Ihr Bild von Schule? Oder: Woran würden Sie eine gute Schule erkennen?

Schule und das schulische Umfeld ist komplex, kompliziert und durchsetzt von den unterschiedlichsten Erwartungen, die an Schule und Lehrer gerichtet sind. Diese Erwartungen sind häufig sehr widersprüchlich, so dass es beinahe unmöglich erscheint, ihnen gerecht werden zu können.
Gerade bei sehr engagierten Lehrern kann man feststellen, dass der Wunsch, eine sinnvolle und gute Arbeit zu leisten, den einzelnen Lehrer an seine Belastungsgrenzen und manchmal darüber hinaus führt. Die Folge sind Überlastungssym-

ptome, die sich in unterschiedlichster Weise äußern und vor allem auch dazu beitragen, dass Krankheiten, Burn-Out-Symptomatiken und Frühpensionierungen im Arbeitsfeld Schule verbreitet sind.

Ein Beispiel aus einer Supervision

Zu Beginn der Supervision werden die einzelnen Teilnehmer nach ihrer aktuellen Befindlichkeit befragt und eruiert, ob es Themen gibt, die voller Energie stecken und zur »Bearbeitung« drängen. In dieser Runde war eine Teilnehmerin bei der Schilderung ihres gegenwärtigen Zustandes sehr betroffen – dabei entstand folgende Interaktion:

Supervisor: Sie sind sehr betroffen. Können Sie sagen, was sie beschäftigt?
Teilnehmerin: Wenn ich höre, was die anderen über ihre Belastungssituation sagen, ist mir das hochgekommen, was mich im Moment belastet und beschäftigt.
Supervisor: Möchten Sie etwas darüber sagen?
Teilnehmerin: Ich bin mir nicht sicher, ob ich die anderen damit belasten soll, weil es ja meine persönliche Situation ist.
Supervisor: Wenn Sie möchten, können wir die anderen fragen, ob sie bereit sind, sich auf das Thema einzulassen. Ist das ok?
Teilnehmerin: Ja.
Supervisor fragt die anderen Teilnehmer, ob sie sich auf das Thema einlassen wollen. Alle bejahen dies.
Supervisor: Sie haben gemerkt, dass die anderen Teilnehmer bereit sind mitzugehen. Können Sie kurz schildern, was für sie das Problem ist?
Teilnehmerin: Ich weiß es auch nicht so genau. Ich habe nur gemerkt, dass ich bei dem Thema »Belastungen« einen fürchterlichen Druck verspürt habe.
Supervisor: Mein Eindruck war, dass in ihnen auch eine Art Traurigkeit hochgekommen ist, die mit diesem Thema offensichtlich zusammenhing. Was genau macht sie traurig?
Teilnehmerin: Ich erlebe meine Situation in der Schule, verbunden auch mit meiner persönlichen Situation, einfach als nicht mehr aushaltbar.
Supervisor: Können Sie sagen, was das genau ist, was nicht mehr auszuhalten ist?
Teilnehmerin: Ich habe Unmengen von Korrekturen vorzunehmen und muss sagen, dass dann, wenn ich die Hefte sehe, mir richtig schlecht wird, ich in eine regelrechte Phobie gerate, zu rauchen beginne, obwohl ich das gar nicht will, und mich kaum motivieren kann mit der Korrektur anzufangen.
Supervisor: Wenn Sie das so berichten, merke ich dass ihre Atmung immer flacher wird – Sie kaum mehr wagen zu atmen.
Teilnehmerin: Das stimmt, es nimmt mir komplett die Luft und ich bin verzweifelt und weiß gar nicht mehr, was ich machen soll (sie beginnt zu weinen und scheint sich dafür zu schämen).
Supervisor: Das, was sie im Moment empfinden, die Traurigkeit, ist okay. Lassen Sie ihr Raum und atmen Sie ... Atmen Sie ... Möchten Sie sagen, was sie so traurig macht?
Teilnehmerin: Ich bin jetzt schon sehr lange in der Schule und in einem Alter, in dem ich schon in einigen Jahren an die Pensionierung denken kann und habe über all die Jahre die Arbeit in der Schule gern gemacht und auch gern mit den Schülern gearbeitet. Heute merke ich, dass bei allen Ansprüchen, die wir zu erfüllen haben: Lernstandserhebung, Zentralabitur usw. der Druck immer mehr zugenommen hat. Er ist kaum mehr auszuhalten. Außerdem kann ich die heutige Schülergeneration manchmal kaum ertragen. Sie interessieren sich nicht für die Inhalte, sondern allein nur für die Noten. Sie sehen in mir fast so etwas wie eine Bedienstete. Früher hatte ich Spaß daran, Klassenarbeiten nachzusehen, weil es mir Auskunft darüber gab, was von dem, was ich unterrichtet habe, bei den Schülern angekommen ist und wie sie es verarbeitet haben. Heute habe ich das Gefühl, die Inhalte interessieren überhaupt nicht mehr und mit mir wird umgegangen wie mit jemandem, den man quasi mit Füßen treten kann, der zu funktionieren hat. Und das geschieht auf allen Ebenen. Ich verliere meine Motivation und meinen Spaß an der Arbeit.

Supervisor: Wenn sie an Situationen denken, als sie noch ihre Motivation hatten, was war da anders?
Teilnehmerin: Da habe ich mich wirksam gefühlt, konnte was bewegen und gestalten.
Supervisor: Wie haben Sie das damals gemacht, sich wirksam zu fühlen?
Teilnehmerin: Ich weiß gar nicht.
Supervisor: Gehen Sie doch einmal in die Situation, ich weiß nicht, wie lange es her ist. In die Situation, als sie sich richtig wirksam und vielleicht sogar zufrieden mit ihrer Arbeit gefühlt haben. Wie haben sie sich gesehen, haben sie die Welt gesehen, was könnten sie über die Situation und über sich sagen?
Teilnehmerin: Ich glaube, ich hatte damals noch mehr Kraft.
Supervisor: Wie haben Sie das gemacht, mehr Kraft zu haben?
Teilnehmerin: Ich war noch nicht so lange in dem System und hatte noch viele Illusionen und pädagogische Zielvorstellungen.
Supervisor: Das heißt, Ihre Vorstellungen oder Visionen von einer sie erfüllenden pädagogischen Arbeit hat Ihnen Energie und Kraft gegeben, sich auf eine Situation einzustellen, die sie damals ja auch noch nicht genau übersehen konnten. Angenommen, Sie könnten – einfach so, ohne dass damit was festgeschrieben wird – jetzt eine Vision entwickeln, wie es ihnen besser gehen könnte. Wie in etwa könnte die aussehen?

Lösungen zu diesem Thema finden Sie später.

Schule und Lehrer befinden sich in einem Feld unterschiedlicher, sogar divergierender Interessen und Ansprüche, die entweder direkt formuliert oder unausgesprochen vorausgesetzt werden. Lehrersein bedeutet daher, diese Ansprüche in irgendeiner Weise bedienen zu können und sich dabei fortwährend mit wenig wertschätzenden Sichtweisen der schulischen Umwelt über den Lehrerberuf konfrontiert zu sehen.
Die divergierenden Ansprüche wollen alle auf irgendeine Art und Weise berücksichtigt werden und erzeugen emotionale und kognitive Überlappungen, die als Überforderungen empfunden werden und bei vielen Lehrern zunehmend Stressphänomene hervorrufen. Lehrersein heißt also auch, sich in einem ständigen »Spagat« zu befinden, um den unterschiedlichen Erwartungen gerecht werden zu können – dies kann sehr anstrengend sein.
Ein Beispiel für die unterschiedlichen Erwartungen, denen Lehrer sich ausgesetzt sehen – Vollständigkeit wird nicht angestrebt –, zeigen die Ergebnisse einer Befragung von Lehrern zur Wahrnehmung der an Sie gerichteten Ansprüche.

Ansprüche der Politik an Lehrer und Schulen
- Schule soll den gesellschaftlichen Bildungsanspruch einlösen
- Schule soll die Vorgaben des Ministeriums möglichst weitgehend umsetzen
- Schule soll die Entwicklung des Schülers zum mündigen, engagierten Staatsbürger fördern
- Ein hohes Qualitätsniveau muss erreicht werden
- Schüler sollen individuell gefördert werden
- Integration soll ermöglicht werden

- Förderung soll bezahlbar bleiben und werden
- Gesellschaftliche Probleme sollen still und kostenneutral gelöst werden
- Ergebnisse sollen schneller messbar gut sein

Ansprüche der Wirtschaft an Schule
- Schule soll zielgerichtet auf die Interessen der Wirtschaft hin ausbilden
- Die Schüler sollen einen in Industrie und Handel verwertbaren Ausbildungsstand haben
- Wir haben die Macht und entscheiden die Zukunft der Schüler
- Schulabgänger erzeugen, die reif für eine berufliche Ausbildung sind
- Qualifizierte Schüler sind wichtig
- Besondere Förderung von Eliten, um Nachwuchs für Spitzenkräfte zu haben
- Schüler sollen lernen sich einzuordnen

Ansprüche der Schüler an Lehrer und Schule
- Ich bin wichtig! (Ich will als Person wichtig und ernst genommen werden)
- Freunde, Gemeinschaft und Zugehörigkeit sind wichtig
- Interessanter, lebendiger Unterricht ist wichtig(»Sport, Spiel, Spannung«)
- Fördern von Fähigkeiten ist wichtig (fordern und fördern)
- Der Lebensraum Schule ist wichtig
- Wir wollen experimentell arbeiten
- Wir wollen eine Benotung der Lehrer (Feed-back-Schleifen)
- Wir wollen kompetente Lehrer
- Wir wollen Unterstützung in Konflikten mit Mitschülern und Eltern
- Schule soll zu guten Abschlüssen verhelfen
- Schule soll und muss Spaß machen
- Schule ist der Treffpunkt mit Freunden
- Schule und Lehrer sollen mir etwas beibringen
- Schule und Lehrer sollen mich in Ruhe lassen

Ansprüche der Eltern an die Lehrer und Schule
- Schule hat die Pflicht zu bilden und zu erziehen
- Gesunde, alltagstüchtige Menschen sind das Ziel
- Nur kluge, gebildete Menschen haben eine Chance
- Eine gute Schulausbildung soll meinen Kindern die »Türen« öffnen
- Kinder sollen gut erzogen werden
- Kinder sollen etwas lernen
- Kinder müssen gut betreut sein
- Ich will ein zufriedenes Kind, das gern zur Schule geht, gute Leistungen zeigt
- Die Bedürfnisse meines Kindes haben Vorrang
- Die Lehrer sollen mein Kind richtig erziehen (die unangenehmen Aufgaben erledigen)

- Schule soll Rüstzeug fürs Leben geben
- Schule soll die Talente unserer Kinder erkennen und fördern
- Schule soll meinem Kind helfen, Probleme zu überwinden
- Schule soll schnell eine Leistungsverbesserung erreichen
- Schule soll meinem Kind Selbstbewusstsein geben
- Schule soll Kinder in ihrer Entwicklung zu einer starken Persönlichkeit fördern

Ansprüche der Familien der Lehrer an Lehrer
- Schule soll einen Arbeitsplatz bieten mit familienfreundlichen Bedingungen, in denen auch die Gesundheit der Lehrer gewahrt wird
- Der Lehrer soll ein ausgeglichenes Familienmitglied mit gutem Gehalt sein
- Schule soll nicht zu belastend sein
- Die Wertschätzung der Arbeitsleistung der Lehrer durch die gesellschaftlichen Gruppen soll gewährleistet sein

Ansprüche der Lehrer an sich selbst
- Ich will einen interessanten Unterricht anbieten
- Lehrer tragen die Verantwortung für das Unterrichtsgeschehen
- Lehrer sind hilflos angesichts der Veränderungen, die sich die Politik zu Schule immer wieder einfallen lässt
- Lehrer müssen den Stress irgendwie bewältigen können
- Lehrer müssen mit den in den letzten Jahren immer schlechter gewordenen Arbeitsbedingungen einigermaßen zurecht kommen
- Der Beruf soll einigermaßen befriedigend sein
- Leitspruch: Arbeite mehr als du musst, damit man dir nichts nachsagen kann

Ziele der Schule (aus Lehrersicht)
- Dem Schüler einen Platz in der Gesellschaft sichern
- Das Selbstbild des Schülers mit entwickeln
- Zur emotionalen Regulation (Enkulturation und Moralentwicklung) des Schülers beitragen
- Den Schüler bei der Rollenfindung unterstützen
- Den Schüler in gesellschaftliche Regeln einführen
- Offene Regeln einführen
- Unausgesprochene Regeln etablieren
- Lebenskunst und Lebenslust lehren

Äußerungen von Lehrern zu ihrer Situation

»Es wird so getan, als ob der Unterricht das Wichtigste ist – tatsächlich geht es aber um formale Kriterien.«

»Eigentlich habe ich immer gedacht, ich fördere individuell.«

»Erziehung ist nicht messbar.«

»Ich fühle mich nicht mal mehr als Opfer.«

Ein nicht zu unterschätzendes weiteres Dilemma des Lehrers liegt in seiner Loyalitätsverpflichtung: Durch seine Anstellung als Beamter ist er dem Land gegenüber zu Loyalität verpflichtet, hierfür und für seine Arbeit bekommt er sein Geld und muss das ausführen, was im Sinne seines Dienstherrn liegt. Dabei geraten diejenigen Lehrer, die von der offiziellen ministerialen Linie abweichende Vorstellungen haben, in einen Loyalitätskonflikt zwischen den eigenen Vorstellungen und dem offiziellen Auftrag. Dieser Konflikt scheint für manche Lehrer unlösbar, sie ziehen sich dann nach längeren vergeblichen inneren Lösungsversuchen am Ende in eine innere Kündigung zurück und verlieren die ursprüngliche Motivation, mit der sie damals in den beruflichen Alltag gestartet sind.

1.2 Konsequenzen

Die hier beschriebenen divergierenden, sich teilweise ausschließenden Erwartungen, die unterschiedliche Anspruchsgruppen und auch Lehrer selbst an Schule bzw. an sich richten, führen geradewegs in ein sog. Auftragsdilemma: Immer dann, wenn man bestimmten Ansprüchen gerecht werden will, muss man sich zwangsläufig gegen die Erfüllung anderer entscheiden. Da die verschiedenen Anspruchsgruppen ihre Ansprüche als überaus gerechtfertigt und relevant ansehen, kann es zwischen den einzelnen Gruppen mindestens zu Missverständnissen, eher aber zu Interessenkonflikten bzw. Konflikten über die Angemessenheit von Wünschen und Sichtweisen oder generell über die »Wirklichkeit« von Schule kommen. Missverständnisse in der Interaktion zwischen Einzelnen und zwischen Gruppen hemmen Prozesse und erzeugen Blockaden. Diese Blockaden entstehen sehr häufig allein daraus, dass jeder der Beteiligten das für ihn subjektiv Richtige will und danach handelt, also im Grunde einer positiven Absicht folgt, dabei jedoch deren Auswirkungen auf das System, in dem er handelt bzw. den Kontext, in dem er sich bewegt, vollkommen außen vor lässt. Je tiefer nun die Überzeugungen über die »Rechtmäßigkeit und Richtigkeit« des eigenen Standpunkts oder der eigenen inneren Landkarte ausgeprägt sind – bzw. wenn die Modifikation des eigenen Standpunkts mit einer Niederlage gleichgesetzt wird, weil die eigene Identitätskonstruktion in Frage gestellt zu werden scheint – desto tiefer sind die Konflikte und die sich daraus ergebenden Blockaden im Kontext Schule.

Auch kann man aus den divergierenden Ansprüchen an Lehrer und Schule sehr gut ersehen, dass man sich hier in einem Feld befindet, in dem eigentlich nur Fehler gemacht werden können. Es wird immer jemanden geben, der das Handeln des Lehrers nicht o.k. findet, und es kritisiert. In Fällen, wo jemand mit seiner Sichtweise fundamental anders liegt, neigt er dazu, in einen sehr emotional ausgetragenen Konflikt einzusteigen, weil es ja z.B. um die eigenen Kinder geht.

Pädagogische Konzepte sind im Gegensatz zu naturwissenschaftlichen Tatbeständen, die ja auf sog. »objektiven Fakten« beruhen, wesentlich abhängiger von der inneren Haltung des einzelnen Lehrers und seiner inneren Orientierung an einer bestimmten Lebens- und Arbeitsphilosophie.

Die Entscheidung für die individuelle pädagogische Denkrichtung oder Haltung korrespondiert mit eigenen Identitäts- und Sinnkonstruktionen (vgl. Kapitel 10.1: Die logischen Ebenen) und mit den diesen Konstruktionen inhärenten Werten und Normen, die ihrerseits wieder in der individuellen Sozialisation des Lehrers ausgebildet wurden. Pädagogisches Handeln ist demzufolge immer auch eine subjektive Entscheidung. Kritisiert nun jemand diese Entscheidung, hat dies zur Folge, dass sich die gesamte »Lehrperson« kritisiert fühlt, da ja die eigenen Identitätskonstruktionen angesprochen werden. Mancher Lehrer fühlt sich daher durch Kritik von Seiten der Schüler, Eltern oder Kollegen als Person in Frage gestellt. Je intensiver und engagierter er sich für seine Sichtweise einsetzt, weil sie ihm sehr wichtig und zentral erscheint, umso mehr droht er in diese Beziehungsfalle zu geraten, aus der es dann irgendwann keinen Ausweg mehr zu geben scheint. Betrachtet man diese Konfliktdynamik, so wird klar, dass viele Konflikte in Schule sehr emotional geführt werden (müssen), da sie immer die »innere Haltung« der Konfliktgegner betreffen und damit der Konflikt auf der Identitätsebene ausgetragen wird.

Insofern sind gravierende Konflikte in Schulsituationen sehr häufig der Ausdruck von systemischen Verstrickungen. Den Begriff der »systemischen Verstrickung« beziehen wir hier auf Formen von Konflikten, die unlösbar zu sein scheinen, da eine Lösung möglicherweise die Notwendigkeit zur Revision der eigenen Position zur Folge hätte. Dies darf aber wegen »Loyalitätsbindungen«, die die Konfliktbeteiligten zur eigenen Bezugsgruppe oder gar zur Herkunftsfamilie haben, nicht sein. Auf diese Dynamik werden wir an anderer Stelle noch zurückkommen.

Betrachtet man die Ausbildungssituation von werdenden Lehrern innerhalb des Referendariats, so zeigt sich, dass diese bisweilen nur auf unklare Vorgaben zugreifen können und manchmal sehr verzweifelt nach Lösungen suchen. In der Lehrerausbildung geht es neben den fachlichen, methodischen und didaktischen Qualifikation auch um die eigene Lehrerpersönlichkeit, die der Einzelne für sich finden soll. Dieser Bereich der Begleitung und Unterstützung bei der »Ausbildung der Lehrerpersönlichkeit« ist für die jeweiligen Fachleiter eine wichtige, aber auch sehr schwere Aufgabe. Sie erkennen aufgrund ihrer Erfahrung sehr wohl, ob sich jemand für den Lehrerberuf eignen könnte, sind jedoch immer auch vorsichtig mit der Beurteilung, da ja jeder Referendar in seiner individuellen Herangehensweise an die pädagogischen Aufgaben gesehen werden soll. Die Ausbildung der Lehrerpersönlichkeit ist somit eine Black Box: Man weiß nicht genau, was darin passiert und was man hinein geben sollte, damit später etwas Brauchbares herauskommt. Gleichzeitig führt die Ausbildungssituation bei den jungen Lehrern zu Missverständnissen: Sie glauben, dass ihnen nach Beendigung ihrer Ausbildung interaktives Geschick gegeben sein wird. In der Schulsituation wird dann aber deutlich, wie komplex und kompliziert »Kommunikation« ist. Kommunikatives

Geschick verklangt mehr als eine »richtige« pädagogische Haltung: Es ist ein Handwerkszeug, das gelernt werden kann. Dies geht allerdings nicht mechanisch, sondern immer nur mit der Überprüfung der eigenen inneren Haltung und der daraus folgenden Bereitschaft, sich unter Umständen »neu erfinden zu müssen«. Selten wird diese Bereitschaft und Fähigkeit zur und für die Selbstreflexion an Universitäten gelehrt, da auch hier immer wieder enorme Mängel in den kommunikativen Fertigkeiten der Dozenten festzustellen sind, die natürlich etwas nicht lehren können, was sie selbst nicht beherrschen. Hierbei kommt es ja auf das Lernen am Modell an.

Nun steht aber Schule nicht allein mit dem Problem der systemischen Verstrickung da –diese ist in allen Organisationen und Institutionen zu beobachten, die sich mit »Dienstleistungen« beschäftigen, die kommuniziert werden müssen (oder wie man so schön sagt: »die mit Menschen arbeiten«). Dennoch ist aus meiner Sicht gerade Schule gefragt, sich mit den Verstrickungen und den daraus herrührenden eskalierenden Konfliktsituationen zu beschäftigen, weil sie sich mit Kindern und Heranwachsenden befasst, die aus dem Modell der Kommunikation, das in der Organisation praktiziert wird, viele Schlüsse über sich selbst ziehen und deren Weltsicht davon mitgeprägt wird.

Im weiteren Verlauf sollen daher die verschiedenen Konfliktebenen, aus denen sich Blockaden im schulischen Kontext ergeben, beschrieben und analysiert werden. Wir betrachten diese Blockaden aus der Sicht eines systemisch-lösungsorientierten Ansatzes, der in allen Schwierigkeiten auch die bereits angelegten Lösungen erkennen und daraus lösungsorientierte Interventionen herleiten will.

1.3 Das Auftragsdilemma

Wie wir gesehen haben, sehen sich Lehrer mit sehr unterschiedlichen Aufträgen konfrontiert, die mitunter sogar dem selbst gewählten inneren Auftrag (der eigenen »Mission«, die mit dem Berufswunsch verbunden war) widersprechen. Im systemischen Handlungsmodell ist eine eindeutige Auftragsklärung ein wesentliches Element für den Berater, um handlungsfähig zu werden und nicht irgendwelchen anderen oder eigenen Interessen zu folgen, sondern die Aufträge des Klienten ernst zu nehmen. Auch hier gibt es in der Regel widersprüchliche Aufträge, die dann aber in ihrer Widersprüchlichkeit und Konsequenz thematisiert werden, damit der Klient sich entscheiden und die Verantwortung für die Wahl einer der Alternativen »Veränderung versus Nicht-Veränderung« übernehmen kann.

Dieses Vorgehen der Auftragsklärung ist in der Schule aufgrund der vielen Interessengruppen schwieriger bis unmöglich. Es gibt:

- Paradoxe Aufträge: Hier weiß man, dass bei strenger Erfüllung etwas ganz anderes als das Intendierte herauskommt.

- Unerfüllbare Aufträge: Hier gibt es keinerlei Chance, das »Richtige« zu machen – will man allen gerecht werden, gerät man in eine Falle. Seligman (1979) beschreibt diesen Prozess als »erlernte Hilflosigkeit«, die schließlich eine Depression auslösen kann. Die Ursache für diesen Prozess liegt darin begründet, dass es anscheinend keine Lösung gibt und nachgerade alles zu negativen Konsequenzen führt.
- Vergiftete Aufträge: Hier wird eine Person mit einem Auftrag versehen, an dem andere auch schon gescheitert sind. Die verdeckte Absicht ist: Auch sie soll daran scheitern.

Viele schulische Aufträge gehören in die genannten Kategorien. Es nimmt daher nicht Wunder, dass sich Lehrer, die sich in ausgeprägten Auftragsdilemmata befinden und dafür keine Lösung parat haben, immer mehr systemisch verstricken und dabei schließlich einen Motivationsverlust erleiden oder gesundheitliche Probleme bekommen.

In jedem Fall ergeben sich aus den vielfältigen Auftragsbedingungen, die an Schule und Lehrer herangetragen werden bzw. die sie sich selbst wählen oder auferlegen, mannigfaltige Konfliktfelder, die unterschiedlicher Lösungsmuster bedürfen. Den Lösungen dieser systemischen Verstrickungen wollen wir uns im Folgenden widmen.

2. Eckpfeiler der systemisch-lösungsorientierten Orientierung in der Pädagogik

Zunächst wollen wir uns zum besseren Verständnis der diesem Buch zugrunde liegenden Anschauung über Blockaden, Konflikte, Prozesse und Verstrickungen mit einigen zentralen Begriffen des systemisch-lösungsorientierten Paradigmas beschäftigen. Diesen kurzen theoretischen Überblick verknüpfen wir anschließend mit entwicklungspsychologischen und pädagogischen Aspekten, um daraus später passende lösungsorientierte Interventionen ableiten zu können.

2.1 Kontextbezug

Das Erleben und Verhalten des Menschen ist nicht in erster Linie durch intrapsychische Prozesse bestimmt, sondern wird entscheidend beeinflusst durch die Wechselwirkungen mit dem jeweiligen Kontext, in dem sich der Mensch bewegt. Eine Verhaltensweise bekommt innerhalb eines definierten Kontextes ihre Bedeutung. Außerhalb des Kontextes – sofern im anderen Kontext andere Werte, Regeln und Normen herrschen – erscheint das Verhalten dann mitunter dysfunktional. Wir betrachten daher in der Analyse von Konflikten nicht nur das Verhalten an sich, sondern vor allem auch dessen Bedeutung im jeweiligen Kontext und die damit verbundenen Bedeutungszuschreibungen der Beobachter des Verhaltens.

Abb. 1: Verhalten im Kontext

Bei Supervisionen in der Schule berichten teilnehmende Lehrer immer wieder über Schüler, deren Verhalten innerhalb des Klassenverbandes sie als problematisch erleben. Bei genauerer Analyse der Bedeutung des Verhaltens sieht man dann sehr schnell, dass das Verhalten, das im Schulkontext problematisch erscheint, innerhalb des Regelwerkes der Herkunftsfamilie sehr funktional und sinnvoll ist. Z.B. berichtet eine Lehrerin von einem türkischen Jungen, der ihr gegenüber in Situationen, in denen sie ihn korrigiert, ablehnendes und aggressives Verhalten zeigt. Dieses Verhalten erscheint im Kontext der in diesem Schulsystem geltenden Werte als dysfunktional, im Familiensystem macht es jedoch Sinn, da der Sohn sich an dem gegenüber Frauen gültigen Verhaltenscodex der männlichen Familienmitglieder orientiert.

Seminartranskript: Kontextbezug
Probleme entwickeln sich immer in einem Kontext und machen da Sinn. Wenn in einer Familie ein bestimmtes Problem im Vordergrund steht, in der nach bestimmten Regeln kommuniziert wird, macht es für den sog. Symptomträger Sinn, sich so zu verhalten. Geht er raus in einen anderen Kontext, sehen die Leute: Das ist nicht angemessen.
Schüler, die sich auffällig verhalten, verhalten sich häufig sehr sinnvoll in Bezug auf ihren Familienkontext, aber nicht sinnvoll in Bezug auf den Klassenkontext. Deshalb ist es immer wichtig darauf zu achten, in welchem Kontext ein Problem entsteht. Probleme sind als Haltungen, als Muster, dann problematisch, wenn Menschen sich nicht mehr kontextvariabel verhalten können, wenn sie immer, sobald eine Gruppe entsteht, das gleiche Verhalten zeigen.
Dies geht nach dem Muster: Das habe ich gelernt, und ich reinszeniere immer wieder das gleiche Verhalten und lade dadurch die anderen dazu ein, sich genau auf meine Form von Problemdarstellung oder Interaktion einzulassen. Problematische Rollen, die ein Schüler etabliert hat, werden in Klassen aufrecht erhalten. Ist der Symptomträger weg, übernimmt ein anderer diese Rolle (Klasse als Kontext, Einladung der Gruppe, diese Rolle einzunehmen).
Gruppenformierungsprozess: Am Anfang einer neuen Gruppensituation steht ein Chaos, keiner weiß vom anderen, was passiert, dann formiert sich das, die sogenannte Konversation entsteht, das Aufeinandereinspielen – und dann gibt's auf einmal ein ganz neues Regelwerk von Interaktionen und Mustern. Dieses Regelwerk ist bestimmender als das, was der Einzelne will. Dies kann man z.B. in Teams erleben, die so funktionieren, dass es immer ein schwarzes Schaf gibt, da kann man Leute immer wieder auswechseln, über Jahre hinweg, das Muster wird immer wiederholt. Die einzig wirksame Intervention ist es, auf der Musterebene die Art, wie man miteinander kommuniziert, zu durchbrechen, damit diese Symptomträgerschaft ein Ende hat. Die Frage ist: Wie kann ich da sinnvoll intervenieren?
Hier möchte ich kurz auf Freuds Bemerkung über den »Sündenbock« verweisen: Das, was ich an mir nicht zulasse, wird an jemanden delegiert und der abgespaltene Teil wird dann weggeschickt in der Hoffnung: Ich bin das los. Es ist aber ein Stück in mir. Die Intervention in Gruppen, die nach solchen Mustern interagieren, läuft immer in Richtung Integration: Welche Teile habe ich davon? Was von dem, das ich am anderen ablehne, habe ich selbst und mag es bei mir nicht?
Grundlegend ist an der systemischen Anschauung, dass ich die Dinge nicht auf ein Individuum bezogen sehe. Jeder von uns hat ja in sich jede Menge innere Familien. Da sind auch Stimmen, die ich manchmal sozusagen als schwarzes Schaf behandle, die ich weghaben will. Je nach Kontext oder auch nach dem rigidem Muster: Wenn ich es mir auf der Glaubenssatzebene nicht erlauben kann fröhlich zu sein, dann bin ich nicht fröhlich auf der Verhaltensebene.

2.2 Autopoiese, Strukturdeterminiertheit und Operationale Geschlossenheit

Abb. 2: Operationale Geschlossenheit

Lebende Systeme weisen eine sog. »operationale Geschlossenheit« auf, zwischen ihnen und der Umwelt besteht eine Grenze. Diese Grenze ist teilweise durchlässig (semi-permeabel). Demzufolge können manche Reize in den Organismus eindringen, andere dagegen nicht.
Lebende Systeme sind geschlossene Systeme, die sich in Austauschprozessen mit dem sie umgebenden Kontext befinden und sich in Anlehnung an die von außen an sie herantretenden Informationen laufend neu organisieren.

- Reize oder Informationen werden vom Organismus wahrgenommen und bewertet – sie »dringen« nicht ungefiltert in den Organismus ein.
- Entwicklung vollzieht sich daher als Rückkopplungsprozess: Nur das, was der Organismus als relevante Information bewertet, bewirkt Veränderung.

Die Tätigkeiten und Wirkungsprozesse des Organismus, seine Operationen wirken auf ihn selbst zurück. Sie sind selbstbezüglich. D.h.: Nicht die Umwelt oder irgendeine Ursache in der Umwelt sorgt dafür, dass ein Lebewesen seine Form erhält, sondern das System selbst. Diese »operationale Schließung« ist das entscheidende Merkmal der Autonomie lebender Systeme.
Ludewig (1992, 59) zeigt in Anlehnung an Maturana und Varela (vgl. Maturana / Varela 1987) zentrale Zusammenhänge des »Erkennens« auf:

- Menschliches Erkennen ist ein biologisches Phänomen und nicht durch die Objekte der Außenwelt, sondern durch die Struktur des Organismus determiniert.
- Menschen haben ein operational und funktional geschlossenes Nervensystem, das nicht zwischen internen und externen Auslösungen differenziert; daher sind Wahrnehmung und Illusionen, innerer und äußerer Reiz im Prinzip ununterscheidbar.
- Menschliches Erkennen resultiert aus »privaten« Erfahrungen, ist als Leistung des Organismus grundsätzlich subjektgebunden und damit unübertragbar.
- Der Gehalt kommunizierter Erkenntnisse richtet sich nach der biologischen Struktur des Adressaten.

Die Autopoiese (griechisch: Selbsterzeugung) beschreibt eine wichtige Eigenschaft von Organismen: Sie produzieren und reproduzieren sich ständig selbst. Das heißt sie »produzieren die Elemente, aus denen sie bestehen mithilfe der Elemente, aus denen sie bestehen« (von Schlippe / Schweitzer 2007, 68). Von Schlippe / Schweitzer (ebd.) charakterisieren autopoietische Systeme wie folgt:

- Sie sind strukturell determiniert, das heißt die jeweils aktuelle Struktur determiniert, in welchen Grenzen sich ein Lebewesen verändern kann, ohne seine autopoietische Organisation zu verlieren, also zu sterben.
- Sie haben keinen anderen Zweck, als sich selbst zu reproduzieren. Alle anderen Behauptungen über ihren Sinn werden durch Beobachter an sie herangetragen.
- Sie sind operationell geschlossen, das heißt sie können nur mit ihren Eigenzuständen operieren und nicht mit systemfremden Komponenten. Operationale

> Geschlossenheit meint etwas ganz anderes als informationelle Geschlossenheit. Lebende Systeme können sehr wohl Umweltinformationen aufnehmen (»hören«, verarbeiten). Aber sie sind nicht unbegrenzt beeinflussbar, formbar, instruierbar durch diese. Die Außenwelt wird nur soweit zur relevanten Umwelt (und von dort kommende Informationen werden nur soweit zu relevanten Informationen), wie sie im System Eigenzustände anzustoßen, zu »verstören« vermag.

Diese Beschreibung, die sich zunächst auf Individuen bezieht, kann man analog auf den Bereich der Organisation anwenden. Dies bedeutet, dass eine Organisation sich laufend selbst produziert und reproduziert, innerhalb einer aktuellen Struktur, die auch die Grenzen der Organisation determiniert. Außeninformationen werden entsprechend den in der Organisation vorherrschenden inneren Landkarten kodiert und bewertet.

2.3 Synergetik, Chaos, Emergenz und zirkuläre Kausalität

Die Synergetik ist die Lehre vom Zusammenwirken und von der Wechselwirkung der Teile in komplexen Systemen (vgl. Haken 2007, 20). Innerhalb eines Systems werden durch die Wechselwirkungen zwischen den Systemteilen eine Reihe von Strukturen und Funktionen hervorgebracht. Diese Strukturen verändern sich möglicherweise durch eine Veränderung der Energiezufuhr von außen. Ausschlaggebend für die Veränderung sind die sog. Kontrollparameter des Systems: »… wird ein Kontrollparameter geändert, so kann sich an kritischen Werten das Systemverhalten schlagartig qualitativ ändern.« (Haken / Schiepek 2006, 80). Kontrollparameter steuern somit indirekt die Zustände des Systems. Das ursprüngliche Systemgleichgewicht kann durch Veränderung der Kontrollparameter in eine Instabilität überführt werden, die ein »Chaos« im System bewirkt.

Innerhalb der Phase der Instabilität in Systemen kann sich nun eine neue Eigenschaft bilden. Diese Entwicklung wird als Emergenz bezeichnet und beschreibt das Hervortreten neuer Eigenschaften (oder Qualitäten) in einem System (ebd., 79). Die Emergenz ist zurückzuführen auf das Auftreten neuer Ordnungsparameter, die in der Instabilität eine dominante Struktur herausbilden, die andere Teile des Systems unterdrückt (Versklavungsprinzip). Ordner und Teile sind ihrerseits im Sinne einer zirkulären Kausalität verbunden: Sie beeinflussen sich wechselseitig und sind voneinander abhängig. Demnach beeinflusst der Ordner den Sklaven und umgekehrt.

Anhand der Erkenntnisse der Synergetik kann man sehr gut Veränderungsmechanismen bei Individuen in Gruppen und auch in Organisationen beschreiben. In Verbindung mit den Erkenntnissen von Watzlawick / Weakland / Fish (1974) über das Wesen qualitativer und quantitativer Veränderungen kommen wir auf ein schlüssiges Modell für Veränderungsprozesse.

2.4 Perturbation und Veränderungen

Systeme (Organisationen, Gruppen und Individuen) befinden sich – wie die Synergetik zeigt – immer wieder in einem Zustand des Gleichgewichts. Dieser Zustand wird als Homöostase beschrieben. Die Homöostase wird geprägt durch zwei antagonistische Tendenzen: die Morphostase und die Morphogenese. Demnach weist jedes System eine Tendenz zur Veränderung wie auch eine Tendenz zum Erhalt des Status quo auf. Sind beide Tendenzen gleich stark, zeigt sich das System stabil und befindet sich in einem Gleichgewicht.

Abb. 3: Gleichgewicht

Ein typisches Gleichgewicht besteht z.B. im inneren Kampf zwischen Veränderung und Nicht-Veränderung. Dies ist eine der typischen Ambivalenzen, die man in Beratungssituationen bei Klienten findet. In der Psychotherapie kann man diesen Konflikt gut mit den beiden Polen »Krankheitsgewinn« und »Leidensdruck« beschreiben; am Beispiel von Suchtproblemen: Während die eine Seite sehr unter dem eigenen Verhalten leidet und sich immer wieder vornimmt von dem Suchtmittel wegzukommen, hat die andere Seite einen enormen Gewinn im Verhalten. Das Suchtmittel hilft dabei, die erste Seite zum Schweigen zu bringen, und macht die Person gleichzeitig immer wieder so hilflos, dass andere Personen sich eingeladen sehen in eine Helferrolle zu treten (der sog. sekundäre Krankheitsgewinn). Wenn das Problem-Verhalten mehr Vorteile mit sich bringt als Nachteile, bleibt das System in der Nicht-Veränderung stabil. Erst dann, wenn durch eine Veränderung von Umweltvariablen (Kontrollparameter) der Druck auf das System so zunimmt, dass es in eine Instabilität gerät, besteht eine Chance für die Veränderung. Insofern bedarf jede gravierende Veränderung einer vorausgehenden Krise, die das System in Instabilität und in einen Chaoszustand versetzt (etwas, was keiner bei sich gern mag, was aber notwendig für Veränderung ist).

2.5 Veränderungen 1. und 2. Ordnung

Systeme (Individuen, Organisationen) streben nach Stabilität (Homöostase) und wollen Veränderungen vermeiden. Dieser Prozess ist hoch ökonomisch und effizient (vgl. Kapitel 9), weil er für den Organismus den geringsten Energieverbrauch nach sich zieht. Veränderungen werden also weitestgehend vermieden. Verändern sich jedoch Umweltvariablen so stark, dass das System (Individuum oder Organisation) aus seinem Gleichgewicht gebracht wird, muss es die Position verändern und greift zunächst zu Veränderungsstrategien innerhalb des gleichen Musters: Es wird entweder weniger Problemverhalten gezeigt oder mehr Lösungsverhalten, was auf der gleichen logischen Ebene liegt. Watzlawick bezeichnet dieses Problemlöseverhalten als Lösung 1. Ordnung (entweder mehr oder weniger vom unveränderten Verhalten) Auch dieses Prinzip kann man gut am Suchtverhalten zeigen: Fordert man jemanden, der ein Suchtproblem hat auf sein Verhalten zu ändern und sieht er dies auch selbst als ein Problem, dann verändert er erst mal sein Muster (»Ich trinke jetzt nur noch jeden 2. Tag«), ohne das eigentliche Problemverhalten abzustellen (Lösung 1. Ordnung: weniger desselben). Gleichzeitig war der ursprüngliche Auslöser des Verhaltens ein von der Person empfundenes Problem und die Entwicklung des Suchtverhaltens war dann eine Lösung (entspannen und vergessen können, kommunikativer und lockerer sein). Da die Lösung mehr oder weniger gut funktionierte, setzt die Person sie zunehmend mehr als Lösungsverhalten ein (Lösung 1. Ordnung: mehr desselben) und verlernt dabei alternative Lösungsstrategien bzw. kann diese gar nicht erst ausbilden. Jede Lösung von gestern kann aber zum Problem von heute werden und insofern wird die »konsequente Lösungshaltung« Suchtmittelkonsum irgendwann zum Problem – aber nur dann, wenn sich Umweltvariablen soweit verändern, dass das System instabil wird. Im Falle der Suchtprobleme geschieht eine Veränderung in der Regel nur dann, wenn wichtige Bezugspersonen des Betroffenen nicht mehr »mitspielen«. In Folge dieses Ausstiegs kann das alte Verhalten nicht mehr aufrechterhalten werden. Das Prinzip des Ausstiegs in Konfliktsituationen als Lösungsmuster wird uns bei der Erläuterung des »Drama-Dreiecks« noch beschäftigen.

Ähnliche Prozesse erlebt man nicht nur bei Individuen, sondern auch in sog. Change Management-Prozessen in Organisationen (vgl. Kapitel 10). Als Ausgangslage haben sich Umweltvariablen so stark verändert, dass die Organisation und damit die in ihr tätigen Menschen in ihrer Arbeit keinen Erfolg mehr haben (z.B. findet die Außenwelt das Produkt nicht mehr gut). Diese Erkenntnis wird dann zunächst solange abgewehrt (»Die anderen sind schuld«) bis sich die negativen Konsequenzen nicht mehr verleugnen lassen. In dieser Phase werden alle möglichen Veränderungsanstrengungen 1. Ordnung (mehr oder weniger desselben) vorgenommen, ohne dass das dauerhaft erfolgreich wäre. Wenn die Krise nicht mehr zu verleugnen ist, kann möglicherweise eine Form von Realitätswahrnehmung einsetzen, die von Kübler-Ross (1969) als Trauerprozess beschrieben

wurde: Nach der Verleugnung kommt die Phase des Zorns über das nicht mehr wegdiskutierbare Problem sowie über den Druck, sich verändern zu müssen; danach ein »verhandeln wollen« der Nicht-Veränderung. Führt dies zu keinem Ergebnis, kommt das System in eine depressive Phase, es fühlt sich klein und inkompetent. Erst in der letzten Phase kann dann über die Akzeptanz des Nicht-mehr-ungeschehen-machen-Könnens sowie dem Eingeständnis, dass das alte Verhalten nicht mehr nutzt, eine neue Lösung (Veränderung 2. Ordnung, Musterveränderungen) erzielt werden. In Change Management-Prozessen durchlaufen die verschiedenen Subgruppen in der Organisationen alle diese Phasen der Krise. Im Alltag von Wirtschaftsbetrieben kommt es jedoch vor, dass Betriebe sich den neuen Anforderungen nicht stellen wollen oder können und daher ihre Existenz verlieren. Staatliche Institutionen wie die Schule ereilt dieses Schicksal seltener. Insofern zeigen sie sich auch veränderungsresistenter.
Gravierende Veränderungen in der Umwelt des lebenden Systems wirken als »Perturbationen« (Beunruhigungen, Störungen, Anregungen) auf das System. Es gerät in eine Krise und verlässt den bisherigen Gleichgewichtszustand. Jede Art von Krise ist ambivalent, sie kann negativ oder positiv bewertet werden.
Alte Strukturen, Verhaltensmuster und Problemlösestrategien verlieren in der Krise ihre Nützlichkeit, was für das Individuum oder die gesamte Organisation zunächst nur negativ erscheint. Ein System, das in eine Krise gerät, muss sich verändern, wenn es überleben will.
Außenreize wirken dabei nur als Perturbationen, wenn sie anders sind als das, was normalerweise an das System herantritt (»Unterschiede, die einen Unterschied machen«). Die Initiierung von Veränderungen verlangt daher Perturbationen, die bei den Betreffenden »Suchprozesse« auslösen können und somit alte Muster durchbrechen.
Veränderungen, die einen Unterschied zum Bisherigen darstellen, sind immer Veränderungen der Qualität (Veränderungen 2. Ordnung), nie der Quantität.
Auch kleine Veränderungen in einem System können im Sinne eines positiven Feedbacks (sich selbst verstärkender Effekt) zu größeren Veränderungen führen. Komplex und schwierig erscheinende Probleme erfordern daher nicht unbedingt auch komplexe Lösungsschritte.
Veränderungsprozesse, auch im Kontext der Beratung, sind nur ein mögliches Gestaltungselement in der Organisation von Systemen, ein anderes liegt in der Aufrechterhaltung der Nicht-Veränderung. Das Bestreben zur Aufrechterhaltung des Status quo kann ebenso angemessen und funktional sein.
Die Entscheidung, ob eine Veränderung sinnvoll und wünschenswert ist, liegt immer beim Betroffenen. Hierbei ist ausschlaggebend, ob für den Betroffenen der Preis für das Bleiben im Problemzustand größer ist als der Preis, den eine Veränderung kosten würde. Der Ansatz lässt sich in einer Grafik verdeutlichen:

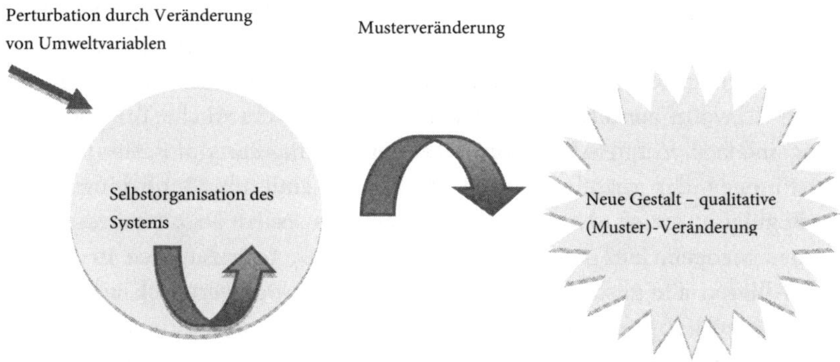

Abb. 4: Der Veränderungsprozess

2.6 Gegenregulationen und kleine Musterveränderungen

Wie wir gesehen haben, gibt es in jedem System die Tendenzen zur Morphostase und Morphogenese. Gerade sehr engagierte Lehrer klagen in Supervisionsveranstaltungen auch immer über die »wenig veränderungsbereiten« Kollegen. Wie wir hier jedoch sehen, sind diese in ihrer Rolle (Morphostase) sehr wichtige Pole in der Organisation, was wertzuschätzen wäre, auch wenn dies manchem »Veränderer« sehr schwer fällt. Werden in Organisationen nun Veränderungsprozesse angestrebt (ob von innen oder außen induziert, bleibt gleich), kommt das System erst einmal in einen Unruhezustand. Ein schönes Bild bietet hier das Mobile.
Im Mobile steht eine Position (links) für die Initiierung von Veränderungen im System. Wie wir sehen, hat dieser Veränderungswunsch Auswirkungen auf die anderen Positionen in der Organisation, da es sich ja um eine Struktur handelt, die aufeinander bezogen sowie voneinander abhängig ist und in der die einzelnen Elemente in zirkulärer Kausalität miteinander verbunden sind.

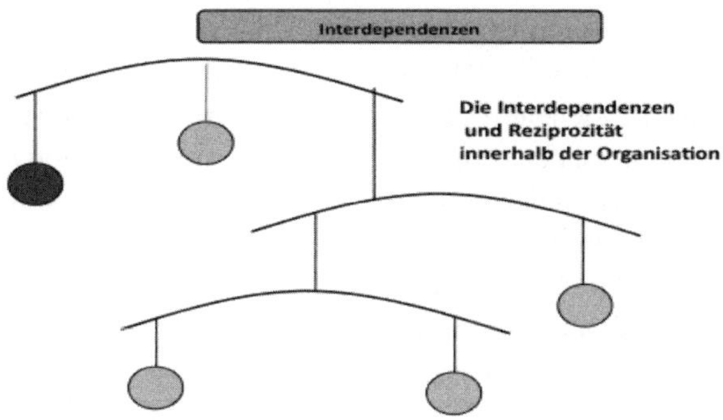

Abb. 5: Interdependenz im Mobile

Das Mobile ist ein sehr passendes Bild für die Regulationsprozesse, die in Systemen ablaufen. Diese Regulationsprozesse sind auch im inneren System eines jeden Menschen zu konstatieren: Wir haben alle ein inneres Mobile, das aus unterschiedlichen Tendenzen, Bedürfnissen, Wünschen und Bestrebungen etc. zusammengesetzt ist, wobei zu unterschiedlichen Zeiten unterschiedliche Teile temporär dominant sind (vgl. Verginia Satir, die dafür den Begriff »Party of Parts« prägte).
Die Beziehungen der einzelnen Teile im Mobile sind im Sinne einer Nähe-Distanz-Regulation passend zueinander ausgerichtet. Nahe Teile im System sind aufeinander bezogen, fern zueinander stehende Teile befinden sich in Distanz, gleichwohl bilden alle zusammen das System und sind energetisch aufeinander bezogen.
Die Nähe-Distanz-Regulation ist ein wichtiger Teil der Beziehungsgestaltung zwischen Individuen, sie ist allerdings auch sehr stark kulturabhängig. In unserer Kultur gehört eine situativ angemessene Nähe-Distanz-Regulation zu einem gelungenen kommunikativen Prozess. Zuviel Nähe wird mitunter als bedrohlich empfunden, kann aber im anderen Kontext – z. B. als Ausdruck einer symbiotischen Beziehung – als wünschenswert verstanden werden. Je nach den vorherrschenden Regeln im jeweiligen Beziehungssystem finden die Systemmitglieder zu passenden Formen der Nähe und Distanz in ihrer Beziehungsgestaltung.
Die für das jeweilige System spezifische Form der Nähe-Distanz-Regulation ist die vom System entwickelte Antwort auf die unterschiedlichen Anforderungen nach Nähe und Distanz. Das gefundene Gleichgewicht wird laufend wieder neu justiert, da es sich durch verschiedene interne und externe Veränderungen immer in einem Gefährdungs-, mindestens aber Unruhezustand befindet.
Kommen von außen Veränderungen an das System heran bzw. verändern sich einzelne Teile in diesem System, kommt es zu Ausgleichsbewegungen, die den ursprünglichen energetischen Zustand, der in der passenden Nähe-Distanz-Regulation liegt, wiederherstellen wollen.
Im Mobile sind die Energien auf ein homöostatisches Prinzip hin eingestellt, das den Energiehaushalt im System auf den geringstmöglichen Energieverbrauch zur Aufrechterhaltung des Gleichgewichts ausrichtet. Erst dann, wenn sich bei einzelnen Mitgliedern des Mobiles Musterveränderungen ergeben, die so fundamental sind, dass sie nichts mehr mit dem bisherigen Verhalten gemein haben und nicht mehr ungeschehen gemacht werden können, entstehen notwendige Veränderungsimpulse bei den anderen Systemmitgliedern, die dann mit erhöhtem Energieaufwand verbunden sind.
Wird also eine Position im Mobile verändert, ändern sich auch die bisherigen Gleichgewichte und die Homöostase scheint gefährdet. Eine Positionsveränderung mit einem neuen qualitativ anderem Verhalten wirkt als Perturbation auf die anderen Mitglieder innerhalb der Organisation, die ihrerseits ebenfalls mit einer Positionsveränderung reagieren (Veränderung 1. Ordnung). Diese Positionsveränderung ist eine sog. Gegenregulation, da sie reaktiv ausgerichtet ist auf die

energetische Veränderung des Initiators des Veränderungsprozesses. Sie stellt demnach keinen eigenen kreativen Akt dar, sondern will nur im Sinne der Morphostase das alte Gleichgewicht erhalten. Perturbationen lösen in Organisationen aber auch bei Individuen zunächst eine Form der Verwirrung aus, die sich als chaotisches Muster abzeichnet. Daher kann man davon ausgehen, dass Musterveränderungen immer zunächst eine Verschlechterung des Zustandes (Chaos) zur Folge haben, bis über den Prozess der Selbstorganisation des Systems eine neue (Emergenz)-Struktur ausgebildet wird. Der Wunsch, dieses Chaos zu vermeiden und damit der Widerstand gegen eine Veränderung ist somit eine verständliche Reaktion von Individuen und Organisationen auf Verstörungen, die allerdings den Preis hat, dass die Krise weiterbesteht. Musterveränderungen bei Individuen und Organisationen können durch kleine Veränderungen einzelner Teile eingeleitet werden (Unterschiede, die einen Unterschied machen), allerdings brauchen sie, um als Veränderungen 2. Ordnung wirksam zu werden, ein gewisses »Beunruhigungspotenzial«. Nur durch die Perturbation kann ein Suchprozess ausgelöst werden, der über die Selbstorganisation des Systems zu einem qualitativ neuen Muster führt.

Beispiel: Gegenregulation eines Kollegiums

Lehrtrainer	»Systemisch heißt das Beobachterposition: Die Aussagen über andere sind Aussagen über mich.«
P.	»Aber sag das mal denen, da ist der Teufel los.«
Lehrtrainer	»Ich kann das ja langsam anregen, indem ich selbst beginne anders zu reden. Wenn ich anfange, ein Muster zu verändern, indem ich z.B. in einer Konferenz ganz bewusst darauf achte, deskriptiv zu reden oder über »meine« Erfahrungen zu reden – da kannst du sicher sein, dass dann, wenn man das Muster konsequent einhält und andere einlädt, zu Kunden für diese Haltung zu werden, sich mit der Zeit so ein Muster generalisiert, weil das eine Unterschiedlichkeits-Information ist, die bei den anderen Mitgliedern im Kollegium im Unterbewusstsein Suchprozesse auslöst. Die einlädt, sich auch anders zu verhalten. Ich darf das nur nicht penetrant machen. Wenn ich andere belehre, habe ich Widerstand erzeugt. Ist es ein Muster, das unter die Wahrnehmungsschwelle geht und damit Informationen transportiert, dann hat es einen höheren Effekt.«
P.	»Ich habe das Gefühl, ich habe Narrenfreiheit, ich kann sagen, was ich will, dann kommt: Gehen wir zur Tagesordnung über, ist ja ganz schön und gut, aber jetzt wollen wir ernsthaft über den Schüler sprechen.«
M.	»Das kann ich nur bestätigen, ich fühle mich da genauso. Wenn ich da so beschreibend rangehe, dann gucken sie mich alle an und dann unterbrechen sie mich irgendwann und dann geht das mit dem normalen Bewertungsschema weiter.«
G.	Stimmt dem zu.
Lehrtrainer	»Wenn ihr euch anders verhaltet, ist dies ja eine Neuinformation, die in ein System eingefügt wird, was die Regeln sehr durcheinanderbringt. Das bedeutet, ihr habt das System nicht genügend wertgeschätzt. Sondern ihr seid gleich da reingesprungen und habt etwas angeboten, so dass die Gegenregulation kommt, dass sofort mit Ausstoßen reagiert wird. Möglicherweise muss ich deren Sprachmuster benutzen, aber es in einen

andern Kontext stellen, eine andere Information damit koppeln. Bin ich sofort anders, dann werde ich als Außenseiter, als Symptomträger behandelt, als Verrückter – und das macht einen Sinn. Das ist ja nicht dumm von den anderen, denn es gibt ja bestimmte bestehende Regeln, nach denen vereinbarungsgemäß kommuniziert wird.«

2.7 Veränderung der inneren Haltung: Musterveränderung

Wie wir gesehen haben, wirken sich Verstörungen, wenn sie als Neuinformation gelten (Unterschiede, die einen Unterschied machen), so auf das System aus, dass sie dessen Stabilität beinträchtigen, hierdurch eine Form des inneren Chaos evozieren und damit Suchprozesse initiieren, die dem Ziele dienen, neue Muster zu finden, die eine neue (andere) Stabilität herstellen. In der Pädagogik und in der Beratung sind Interventionen, die Suchprozesse bei anderen anregen, gekoppelt mit einer bestimmten inneren Haltung dessen, der in neue Prozesse einladen will.
Das Grundprinzip lautet: Willst du jemanden zur Veränderung einladen, so verändere zunächst einmal deine eigene Haltung.
Diese innere Haltung ist geprägt von Wertschätzung, Empathie, Interesse am Gegenüber, Neutralität gegenüber Veränderung und Nicht-Veränderung, Neugier, »Nicht-Wissen«.
Ohne Wertschätzung des Gegenübers sind beraterische und pädagogische Interaktionen nicht wirksam im Sinne der Entwicklungsförderung des anderen.
Wie wir später noch sehen werden, ergeben sich aus dieser inneren Haltung des Beraters / Lehrers wichtige Ableitungen für das Verhalten.

2.8 Bedeutungen und Zuschreibungen

In therapeutischen wie pädagogischen Kontexten geht es in der Regel darum, wahrgenommenes Problemverhalten bei Klienten / Schülern mit Diagnosen zu versehen und dem Problem damit einen Namen zu geben. Im Austausch der Therapeuten / Lehrer wird diese Diagnose dann gebraucht, um sich schnell zu verständigen (Komplexitätsreduktion). Dabei werden interaktive Prozesse, die ja für die Entwicklung des Problems verantwortlich sind, ausgeblendet und der Klient / Schüler erhält eine Diagnose als Zuschreibung, die, wenn sie einem anderen Therapeuten / Lehrer mitgeteilt wird, bei diesem sofort Assoziationen aufruft, die möglicherweise mit dem eigentlichen Problem gar nichts mehr zu tun haben.
Symptome oder Verhaltensauffälligkeiten bei Schülern sind daher keine Dinge an sich (Verdinglichung eines interaktiven Prozesses), sondern Zuschreibungen, die in einem durch bestimmte Regeln und Normen definierten Kontext vorgenommen werden. Erlebnis- und Verhaltensweisen, auch solche, die zunächst unverständlich, unerfüllbar oder gar pathologisch erscheinen, können verstanden wer-

den als angemessene und kluge Handlungen, bezogen auf den jeweiligen Kontext, in dem sie entstanden sind. Sie waren einmal Lösungen. Erst ihre fehlende Kontextvariabilität (der »Problemschüler« verhält sich immer in der gleichen Art und Weise in einem bestimmten Kontext) lässt sie schließlich als »abnorm« erscheinen. Verhaltensauffälligkeiten können daher aus systemischer Sicht verstanden werden als in ihrem Entstehungskontext angemessene Handlungen, die allerdings im nun anderen Kontext ihren ursprünglichen Effekt und Sinn verloren haben.

2.9 Landkarten oder Glaubenssysteme

Im Prozess der Assimilation und Akkomodation (Piaget) an die Umwelt entwickelt das Kind auf der psychischen Ebene sog. Landkarten und Glaubenssysteme, nach denen es die Welt ordnet und ihr einen Sinn verleiht. Diese bestehen aus Bewertungen und Normierungen, die von den Eltern im Prozess der primären Sozialisation als deren »Weltmodell« unbewusst übernommen werden, damit zunächst Orientierung in der fremden Welt geben und erst später in der Pubertät und der Adoleszenz vom Jugendlichen auf ihre Stimmigkeit für die eigene Person hinterfragt werden.

Mithilfe des Glaubenssystems ordnet eine Person alle Informationen aus der Umwelt entsprechend den gelernten Kategorien und entwickelt die hierzu passende Verhaltensantwort. Landkarten und Glaubenssysteme unterscheiden sich in der Art ihrer Flexibilität und Rigidität. Je enger sie gefasst sind, umso weniger Spielraum kann sich der betreffende Mensch erlauben und entwickelt demzufolge nur begrenzte Verhaltensvariationen. Alles das, was von der inneren Landkarte abweicht, kann bedrohlich sein und wird vermieden. In der Gestalttherapie bezeichnet man die rigiden inneren Muster auch als Introjekte. Introjekte sind physiologisch und psychisch gespeicherte Gebote und Verbote (an der Körperhaltung nach außen sichtbar), die in der primären Sozialisation in der Herkunftsfamilie übernommen werden. Sie sind teilweise so mächtig, dass sie der betreffenden Person im späteren Leben keinen ausreichenden Spielraum geben. Aber selbst diese nun limitierenden Introjekte waren Lösungen in dem Kontext, in dem sie entstanden sind. Die eher rigiden Muster, die durch Introjekte gebildet werden, haben ursprünglich ein Korsett und damit Sicherheit in Handlungsleitlinien geboten, die gleichzeitig Angst bindend wirkten. Zielsetzung von Beratung wie auch Pädagogik sollte es daher sein, Räume für neue Erfahrungen anzubieten, die betreffenden Personen bei neuen Erfahrungen zu begleiten und ihnen so mehr Wahlmöglichkeiten zu eröffnen. Ein wichtiger Satz in diesem Zusammenhang lautet: »Handle stets so, dass du mindestens drei Wahlmöglichkeiten hast.«

Dies ist gleichsam die Aufgabe für den Entwicklungsprozess im Rahmen der systemischen Pädagogik.

2.10 Die Konstruktion von Wirklichkeit

Der konstruktivistische Ansatz stellt in unserer Arbeit die Basis für das Verständnis von Problemen, Symptomen, Prozessen, Organisationen und Lösungen dar. Wir haben ihn gewählt, weil er eine neue Form von Freiheit und Verantwortung in der Beratung und Pädagogik ermöglicht. Freiheit, da er jedem die Möglichkeit gibt, für sich eigene Sinnkonstruktionen zu schaffen, die ihn auf dem Weg zur individuellen Entfaltung und Zufriedenheit den nötigen Spielraum geben. Gleichzeitig relativiert und entlarvt er normative Ansätze und ist daher für uns in unserer Arbeit das wichtigste Kriterium der Emanzipation des Individuums aus einengenden Konstruktionen. Konstruktionen, die zum einen aus der Herkunftsfamilie des Individuums stammen, aber auch von ihm selbst vorgenommen werden, um die Umwelt besser zu verstehen und Angst machende Komplexitäten zu reduzieren. Verantwortung heißt in diesem Zusammenhang: Ich wähle meine eigene Sinn-, Problem-, Lösungskonstruktion und bin daher für sie auch verantwortlich.
Das beliebte Spiel, für die eigenen Probleme andere Menschen oder die Umwelt generell verantwortlich zu machen, funktioniert dann nicht mehr. Natürlich gibt es in Diskussionen mit Lehrern immer wieder die Debatte über den das Individuum prägenden Kontext, die daraus folgende Unfreiheit des Einzelnen und seine fehlenden Wahlmöglichkeiten. Dies ist eine Sichtweise, die ebenso gültig ist wie andere. Dennoch scheint es aber auch so zu sein, dass Menschen selbst in den schwierigsten Lebenssituationen durchaus innere Wahlfreiheiten haben. So gründet z.B. Viktor Frankl seine »Logotherapie« auf persönliche Erfahrungen im Konzentrationslager und beschreibt einen Wesensaspekt des Menschen damit, dass er selbst in schlimmsten Situationen durch Sinnkonstruktionen innerlich frei bleiben kann.

Unser Gehirn kann nicht unterscheiden, ob die ihm angebotenen und dann verarbeiteten Informationen innere oder äußere Bilder sind. Außen ist also wie innen. Unsere eigenen Phantasien und Fiktionen haben für unser Gehirn den gleichen Wirklichkeitsgehalt wie sog. harte Fakten, die von außen kommen.

Es gibt daher keine Wirklichkeit an sich, sondern wir konstruieren uns unsere subjektiven Wirklichkeiten entsprechend unseren inneren Landkarten. Das, was wir wahrnehmen, wird dann entsprechend bewertet und kodiert. Insofern gibt es nur subjektive Konstruktionen über das, was »Wirklichkeit« ist. Beobachten kann man diesen Sachverhalt z.B. auch in der Diskussion über manche Schüler: Derselbe Schüler erscheint in den Schilderungen verschiedener Kollegen so, als ob es sich um unterschiedliche Personen handelte. Sehr schön ist daran zu erkennen, dass die innere Landkarte des jeweiligen Lehrers die Informationen, die der Schüler aussendet, jeweils anders kodiert und daraus Bewertungen ableitet. Natürlich verhält sich der besagte Schüler nicht zu allen Kollegen gleich, sondern es entwickelt sich eine diadische Interaktion, die charakteristisch ist für die Beziehungsgestaltung zwischen Schüler und Lehrer in einem spezifischen Kontext. Wird der

Kontext gewechselt, wechselt manchmal auch das Interaktionsmuster. Schulische Regeln verlangen die Bewertung des Schülerverhaltens nach vorgegebenen Kriterien. Der Kontext und die dort geltenden Werte und Normen fließen mit in die Bewertung ein, bieten den Rahmen für die Interaktionen und prägen diese mitunter stärker als dies von Seiten der handelnden Individuen realisiert wird.
Wahrnehmungen der Individuen sind gelenkt von inneren Bewertungen und Bedeutungsgebungen. Diese wiederum entwickeln sich aus dem Zusammenfließen individueller Wahrnehmungsstrategien, die gelenkt sind von individuellen Glaubenssätzen und den Regeln und Normen des Kontextes, in dem Individuen handeln. Schulische Situationen sind demnach eine gemeinsame Wirklichkeitskonstruktion aller an Schule Beteiligten.

2.11 Neutralität und Allparteilichkeit

Ausgehend von einer konstruktivistischen Haltung wissen wir, dass alles, was wir wahrnehmen, von uns selbst bewertet wird und möglicherweise von anderen – mit anderen Landkarten – anders gesehen werden könnte. Phänomene, die wir beschreiben, könnten insofern auch ganz anders sein. Dieser Relativismus führt in der Konsequenz dazu, dass es kein richtig oder falsch in dem, was jemand denkt, fühlt oder zeigt, geben kann. Der systemisch orientierte Berater verhält sich somit konsequent neutral gegenüber den Wünschen des Klienten nach Veränderung oder Nicht-Veränderung. Er bezieht vor allem nicht den Standpunkt, dass Veränderung immer besser ist als Nicht-Veränderung, wohl wissend, dass Nicht-Veränderung in Bezug auf einen bestimmten Kontext des Klienten durchaus eine sehr sinnvolle Strategie sein kann. Die innere Haltung des Beraters geht also dahin, alle inneren Teile des Klienten gleichrangig wertzuschätzen und keinen zu bevorzugen. Dies ist dann schwer, wenn man mit Haltungen oder Verhaltensweisen nicht einverstanden ist, weil sie gegen die eigenen Werte verstoßen (z.B. rechtsextreme Haltungen bei Schülern, wenn der Berater anderen Werten folgt). Der Beratungsauftrag verlangt hier jedoch zunächst auch die Frage: Was an dieser Haltung macht Sinn im Kontext des anderen? Divergieren Werte des Beraters zu stark von denen des Klienten und nennt dieser dazu noch Veränderungsziele, die mit den Werten des Beraters kollidieren, so kann die Beratung beendet werden. Auch dies geschieht in einem systemisch-lösungsorientierten Setting ohne Abwertung des anderen. Sieht also der Berater seine eigenen Werte und Normen so verletzt, dass er innerlich einen Widerstand gegenüber der weiteren Kooperation mit dem Klienten verspürt, kann er dies in Form einer sog. »Selbsteinbringung« äußern. Dies bedeutet, er sagt, wie es ihm mit der Haltung des anderen geht und was diese in ihm auslöst. Diese reine »Ichbotschaft« geschieht ohne Abwertung und Angriff und ist dennoch eine massive Konfrontation und Intervention. Wenn die Beziehung zwischen Klienten und Berater im Sinne eines guten Rapports (vgl.

Kapitel 3.7) aufgebaut ist, kann diese Ichbotschaft als Perturbation wirken und den anderen einladen. Häufig geht dann nach einer Phase der Irritation, möglicherweise auch nach kurzzeitigem Kontaktabbruch, die Beratung konstruktiv weiter. Auch in Konfliktsituationen in Schulklassen ist die Neutralität oder Allparteilichkeit des Lehrers gegenüber den unterschiedlichen Fraktionen im sozialen Gefüge ein zentrales Interventionsinstrument, das dazu beiträgt, Konflikte zu entemotionalisieren und zu lösen. Jedoch ist dies für Lehrer immer auch ein Drahtseilakt, da sie verschiedene Aufträge und Loyalitätsverpflichtungen haben.

2.12 Aufträge an Lehrer

Abb. 6: Das Auftragsdilemma des Lehrers

An Lehrer werden unterschiedliche, einander teilweise widersprechende Aufträge herangetragen, die, wenn man sie alle gleichrangig würdigen und verfolgen will, zu erheblichen Verwirrungen und Handlungsblockaden beitragen. Die Tragweite dieses Dilemmas lässt sich sehr gut mit einem Gedankenexperiment verdeutlichen: Stellen Sie sich die unterschiedlichen Aufträge einmal als eine Anzahl innerer Stimmen vor, die jeweils mit einem typischen Satz ihren Anspruch kundtun. Das Zusammenkommen erzeugt eine Kakophonie, bei der keine eindeutige Botschaft mehr erkannt werden kann: Man weiß nicht, was man (zuerst) tun soll.
Dennoch müssen tagtäglich Entscheidungen getroffen werden, die mitunter sogar Loyalitäten verletzen. Man kann z.B. bei bestimmten Anordnungen sich selbst nicht mehr treu sein und kommt in Konflikt mit der eigenen inneren Familie. Situationen mit Auftragsdilemmata kann derjenige besser lösen, der gelernt hat, immer wieder aufs Neue eine neutrale Ebene einnehmen zu können: die sog. Metaebene: Er betrachtet den Konflikt innerlich durch die verschiedenen Positionen, lernt sie kennen, kann sie mitunter sogar wertschätzen und dann aus der eigenen Perspektive eine sinnvolle Entscheidung treffen (vgl. Kapitel 9.1).

2.13 Die Beobachterperspektive

Der Berater oder Lehrer kann in einem Kontaktfeld mit Einzelnen oder Gruppen eine neutrale Position einnehmen, er verhält sich allparteilich. Er ist in diesem

System demnach der Beobachter, der gleichzeitig Teil des Systems ist. Es gibt in diesem Sinne also keine Außenposition: Indem man ein System beobachtet, ist man selbst Teil davon, greift– auch ohne vorliegende Intention – ein, erhält, verändert oder schafft gar neue Wirklichkeiten. Die Aussagen des Beobachters über das, was er beobachtet, sind daher stets Aussagen über den Beobachter selbst, seine Struktur, seine Wahrnehmung und seine Verhaltensweisen. Er kann immer nur Aussagen über seine Wirklichkeitskonstruktion machen und nicht über die Wirklichkeit. Jede Aussage eines Lehrers über einen Schüler ist demnach eine Aussage über ihn selbst. Dies ist für den schulischen Kontext eine sehr fremde Sichtweise, weil Pädagogen sich für gewöhnlich auf eine Perspektive des Beobachtens und Beurteilens zurückziehen. Dies ist Teil ihres Auftrags, bedeutet für die Interaktion mit dem Schüler allerdings, dass es hier meist um einen Bewertungskontext geht, in dem den Verhaltensweisen des Schülers entsprechend vorgegebenen Kategorien eine bestimmte Bedeutung zugeschrieben wird. Lehrer denken in diesem Kontext *linear-kausal.* Sie meinen zu wissen, was Ursache und Wirkung ist. Aus systemischer Sicht sind Ursachen aber immer in zirkulärer Kausalität gekoppelt mit den Wirkungen: Man weiß also nicht, was was verursacht, sondern kann allenfalls Aussagen über Wechselwirkungsprozesse machen. Insofern ist Kommunikation und Interaktion nie linear-kausal sondern immer reziprok bzw. zirkulär. Verhaltensauffälligkeiten von Schülern in der Klasse lassen sich so nicht auf eine Ursache zurückführen, sondern sind Konstruktionen, die im Kontext der Klasseninteraktionen geschaffen werden. Dabei ist nie klar, wer genau was verursacht hat. Das Phänomen, dass die Strukturen von Interaktionspartnern (Beobachtung ist eine Form der Interaktion) sich wechselseitig beeinflussen, hat Maturana als »strukturelle Kopplung« beschrieben, als einen Prozess der »Konversation«, des gegenseitigen Drehens und Wendens, bis beide zueinander passen.

Da der Lehrer als Beobachter Teil des Systems ist, steht er mit der Klasse in Wechselwirkungsprozessen: Sie beeinflusst ihn, so wie er sie beeinflusst. Auch dies ist eine für die Pädagogik eher fremde Sichtweise, da methodische Fragestellungen häufig dahin gehen festzulegen, wie man am besten Schüler zu etwas bringen kann. Nur: Der Mensch – und auch der Schüler – ist keine Trivialmaschine. Das, was Lehrer Schülern im Unterricht anbieten, kann nur als Einladung gelten. Es gibt keinerlei Kontrolle darüber, ob der Schüler tatsächlich lernt oder lernen will.

Abb. 7: Die Black Box »Schüler«

2.14 Die Illusion der Kontrolle

Aus dem Modell der Synergetik, die ja auf die Unmöglichkeit von Ursache- und Wirkungszusammenhängen im Sinne einer linear-kausalen Beziehung hingewiesen hat, lässt sich folgern, dass es in der Interaktion zwischen Personen (im Speziellen) und in der Interaktion zwischen Systemen (im Allgemeinen) Wechselwirkungsprozesse gibt. Die Interaktion verläuft zirkulär. Das Resultat der Interaktion kann also von keinem der Interaktionspartner allein bestimmt werden, da sich im Prozess der Interaktion immer wieder neue Informationen ergeben, die einfließen, und somit zuvor erdachte Ziele verändert werden müssen. Da kein Element eines Systems einseitige Kontrolle über das andere Element ausüben kann, sind beide miteinander in der Interaktion verknüpft. Wenn ein Teil des Systems sich verändert, hat dies zwangsläufig Auswirkungen auf alle anderen Teile, die sich ebenfalls verändern müssen, um sich an die neuen Muster oder Bedingungen anzupassen. Die Macht in einem System liegt daher eher bei seinen»Spielregeln«, nicht so sehr beim Individuum.

Die Erkenntnis, keine Kontrolle über Wirkungen zu haben, selbst Teil des Systems zu sein und damit selbst auch beeinflusst zu werden, ist für viele Lehrer zunächst schwer zu akzeptieren, da sie sich in ihrer Ausbildung damit beschäftigt haben, wie sie Schüler zu etwas bringen können, was diese vielleicht zunächst nicht wollen. Hinzu kommt, dass nicht für jeden Schüler das gleiche Fach gleich motivierend wirkt, sondern Motivation erst über Anreize entwickelt werden kann. Erinnern wir uns an die Tatsache, dass es sich bei Schule um einen Zwangskontext handelt, so wird schnell klar, dass die Aufgabe des Lehrers keine leichte ist: Er soll den Schüler zu etwas zu motivieren, was ihm fremd ist oder gar gegen Loyalitätsverpflichtungen zum Elternhaus steht (»In unserer Familie konnten Mädchen noch nie Mathematik«). Da viele Lehrer in die »Geheimnisse« einer lösungsorientierten Kommunikation nie eingeführt wurden, tappen sie leicht in Fallen.

Kontrolle in Beziehungen: ein Selbstversuch

Suchen Sie sich einen Partner dem sie sich gegenübersetzen. Die Person A hat die Aufgabe, eine Faust zu ballen und sie Person B entgegenzuhalten. Person B soll nun mit dem Einsatz der ihr zu Verfügung stehenden Mittel, z.B. mit Körpereinsatz oder auch mit überzeugenden Argumenten oder beidem – Person A dazu veranlassen, die Faust zu öffnen. Führen Sie diese Übung max. fünf Minuten aus, beenden Sie sie vorzeitig, wenn das Problem »Faust« gelöst ist. Nach fünf Minuten sprechen Sie über die Strategien, die beide Personen verfolgt haben und wie erfolgreich diese waren.

Je nach innerer Haltung kommt es dazu, dass Person A durch Gewaltanwendung, Zärtlichkeit, Empathie oder auch durch gute Argumente Person B dazu bringt, oder mehr oder weniger freiwillig, die Faust zu öffnen. In der Regel ist es dann so, dass Person B sehr stolz darauf ist, dass sie dieses Experiment erfolgreich bewältigt – quasi gesiegt hat. Soviel zu dem Experiment, das Teilnehmer, die sich auf diesen Selbstversuch einlassen, zunächst einmal zu der Frage führt, was das Ganze denn soll.

Die Erklärung, die wir dazu liefern, leuchtet jedem sofort ein: Person B hat zwar durch den Einsatz unterschiedlichster Mittel das Problem anscheinend gelöst und damit Einfluss und Kontrolle über

Person A gewonnen. Dennoch ist es so, dass sich Person A jederzeit wieder entscheiden kann, die Faust zu schließen, ohne dass Person B etwas dagegen machen kann. Dies ist ein schönes Beispiel für das, was im systemischen Kontext die »Illusion der Kontrolle« genannt wird. Es ist unmöglich, einen anderen Menschen komplett zu kontrollieren. Die gesamte Aufmerksamkeit muss auf ihn fokussiert werden, sobald sie abgezogen wird und der andere Mensch sich unbeobachtet fühlt, macht er wieder, was er will.

2.15 Die Bedeutung von Symptomen wie Verhaltensauffälligkeiten

Symptome wie Verhaltensauffälligkeiten bei Schülern sind in einem bestimmten Interaktionskontext entstanden und haben dort ihre spezifische Bedeutung erhalten. In einem anderen Kontext, also dekontextualisiert, erscheinen sie missverständlich, abstrus, manchmal »pathologisch«. Symptome sind Konstruktionen, also Beschreibungen von Beobachtern, die Phänomene als »Diagnose verdinglichen« und damit die ursprüngliche Bedeutung des Verhaltens in der Interaktion anders beschreiben. Symptome sind damit kommunikative, interaktive Akte oder Botschaften, die innerhalb eines spezifischen Beziehungsgeflechts Sinn machen. Sie können sogar verstanden werden als Beziehung gestaltende Interventionen. Problematisches Verhalten von Schülern kann aus dieser Sicht als eine Einladung zur Interaktion für den Lehrer gesehen werden.

Das Symptom löst nicht nur bei dem Betroffenen eine bestimmte Haltung und genau festgelegte Situationsbewertungsstrategien aus, sondern lädt auch die anderen Beteiligten zu einem beinahe rituellen Verhalten ein.

Insofern können Symptome als Tranceinduktionen verstanden werden in der Form, dass die anderen Beteiligten gegenüber dem sog. Symptomträger beinahe automatisch in eine bestimmte Haltung gehen. Welche Haltung sie dabei annehmen, ist abhängig vom jeweiligen Kontext, in dem sich Symptomträger und Beobachter bewegen.

Symptome sind daher nicht so sehr Ausdruck eines Defizits, sondern einer aktiven und effektiven Gestaltungsfähigkeit in Beziehungen. Sie sind Elemente von Interaktionskreisen in Beziehungen. In chronifizierten Symptombereichen sind diese Interaktionskreise relativ rigide und redundant. Veränderungen geringer Art in diesen Mustern können schnell zu Veränderungen der Symptomatik führen. Interventionen für solche Muster können sowohl auf der Bedeutungsebene als auch auf der Ebene des Verhaltens ansetzen.

2.16 Ausnahmen und Lösungsorientierung

»Lösungen zu Problemen werden oft übersehen, weil sie wie bloße Vorspiele aussehen; wir suchen letztendlich nach Erklärungen, in dem Glauben, dass eine

Lösung ohne Erklärung irrational ist, und erkennen nicht, dass die Lösung selbst ihre beste Erklärung ist.« (De Shazer 1989, 28)

Jedes Muster, in dem Symptome eingebaut sind, enthält auch einige Elemente, die auf Ausnahmen von der »symptomatischen Regel« hinweisen. Diese Ausnahmen können Hinweise auf mögliche konstruktive Lösungen sein.

Zur Lösung von Problemen ist es daher nützlich und hilfreich, auf die Ausnahmen zu fokussieren (Wann war es einmal besser?) und die Ressourcen, die darin enthalten sind, für die Veränderung des Symptomverhaltens zu nutzen.

Diese »lösungsorientierte« Fragestellung stößt im schulischen Bereich immer wieder auf Überraschung und Irritation. Wir haben gelernt, dass es für jedes Problem eine Ursache gibt und, wenn diese gefunden und beseitigt ist, die Lösung ganz von allein kommt. Leider stellt sich dies aber in der Praxis so nicht ein. Die Sichtweise, dass Probleme ehemals Lösungen waren, die später aufgrund der Rigidität der Wiederholung zum Problem wurden (andere Lösungen werden nicht gesucht oder gar verlernt), hilft uns sehr dabei, die Ressourcen, die im Problemverhalten stecken, erkennen und würdigen zu können. Tatsächlich zeigt sich in der Beratungspraxis immer wieder, dass dann, wenn Klienten mit ihren eigenen Lösungsressourcen in Kontakt kommen, sie sich sofort mutiger und vor allem selbstwirksamer fühlen. Sie haben den Eindruck, dass die ursprüngliche Problemkonstruktion, mit der sie in die Beratung gekommen sind, sich verflüchtigt hat. Fragt man sie am Ende, wie sie das Problem nun sehen, so antworten sie häufig, dass sie es jetzt ganz anders sehen und den Eindruck haben, es nun besser angehen zu können. Die Zielrichtung der systemisch-lösungsorientierten Beratung geht in Richtung »Verflüssigung« des Problems. Wir wollen den Klienten einladen, aus der ursprünglichen Verdinglichung des Symptoms (der Angst) einen Prozess abzuleiten, den er selbst dann als eigene Strategie erleben kann. Symptome werden also vom Klienten selbst in einer erlernten und verfestigten Strategie erzeugt (»Wie machst du es, Angst zu bekommen? Was musst du sehen, hören, fühlen, denken, um diese Angst bei dir zu erzeugen?«). Kommt die Frage nach der erfolgreichen Strategie der Symptomerzeugung allerdings in der Beratung zu schnell, erzeugt sie Widerstand, weil die ursprüngliche Konstruktion für ein Problem ja lautet: »Ich weiß auch nicht, wie es passiert, es ist auf einmal da. Ich kann es nicht kontrollieren.« Zur Vermeidung dieses Widerstandes lässt sich die von De Shazer eingeführte lösungsorientierte Frage nach den Ausnahmen (»Wann war es einmal anders? Was hast du damals anders gemacht?«) sehr gut nutzen.

Halten wir also fest: Symptome sind Konstruktionen, die einmal eine Lösung waren, sie sind kommunikative Botschaften an die Umgebung und werden vom Betroffenen selbst in einer Strategie erzeugt. Ebenso können sie auch wieder dekonstruiert und durch eine andere Strategie ersetzt werden.

Die Lösungsorientierung, wie de Shazer sie vorgeschlagen hat, birgt aber noch einen anderen Effekt: Wir müssen gar nicht wissen, warum nun etwas besser funktioniert, sondern allein die Tatsache, dass etwas besser funktioniert, ist die

Lösung. Dies ist ebenfalls eine für den Schulkontext befremdliche Anschauung, da man hier ja den Dingen auf den Grund gehen will und der Lehrer alles erklären können sollte – was jedoch für den Bereich der Kommunikation und Interaktion sehr schwer ist, da – wie wir gesehen haben – niemand alle Variablen in der Interaktion bestimmen und kontrollieren kann und immer etwas passieren kann, womit man nicht gerechnet hat. Die einzige Möglichkeit, sich auf diese Unberechenbarkeit einzustellen, liegt daher nicht in der vermehrten Kontrolle, sondern genau im Gegenteil: im Loslassen. Zu wissen, dass man den anderen und den Prozess nicht kontrollieren kann, befähigt dazu, auf die eigene Einstellung und das eigene Verhalten zu schauen, weil dies das Einzige ist, was man selbst bestimmen kann. Das Loslassen der Kontrolle bedeutet den Mut zu entwickeln, sich auf einen Prozess der Kommunikation mit anderen einzulassen, in dem man nicht genau weiß, was passieren wird. Dadurch, dass man sich immer wieder selbst neu positionieren oder gar erfinden kann, sich neugierig auf den Prozess einlässt und das, was man an inneren Widerständen bemerkt als Lernaufgabe für sich selbst definiert, gewinnt man ein hohes Maß an Freiheit, Flexibilität und letztlich Zufriedenheit. Genau dies schildern viele Lehrer, die mit einer systemisch-lösungsorientierter Haltung in ihren Unterrichtsalltag gehen.

Diese Erkenntnis ermutigt dazu, das schwierige Auftragsdilemma des Lehrerseins gut bewältigen zu können. Allerdings ist die Frage zu stellen: »Darf man es sich wirklich einfacher machen?« Möglicherweise scheint die Fragestellung zunächst etwas irritierend, weil sie jeder mit Ja beantworten könnte. Betrachtet man allerdings den Alltag in der Organisation Schule, so erkennt man schnell, dass es sich dort viele miteinander eher schwer machen. Auf der individuellen Ebene bezieht sich die Frage nach der Erlaubnis, es sich einfacher zu machen, auch auf die eigenen Haltung zur eigenen Arbeitsethik. Arbeitsethik ist ein Wert, der in der familialen Sozialisation an die nachfolgende Generation übertragen wird: Wer viel arbeitet und dabei viele Stunden seines Lebens einsetzt, ist wertvoll. Schwierige Probleme zu lösen, ist eine ernsthafte und verantwortungsvolle Aufgabe.

Die von de Shazer vertretene Lösungsorientierung wird daher von »ernsthaften Arbeitern« kritisch gesehen, weil sie zu »einfach« daher kommt. Dazu unser Einwand: »Habe den Mut und gib dir die Erlaubnis, das, was du für Schüler als förderlich empfindest, auch bei dir selbst anzuwenden.«

3. Motivation

Der Aspekt der Motivation beschäftigt uns sowohl im pädagogischen als auch im beraterischen Kontext. Wir fragen uns: Wie können wir jemanden zu etwas bewegen, von dem wir glauben, es sei wichtig oder sogar gut für ihn. Wie wir bereits gesehen haben, können wir andere Menschen (als autonome, geschlossene, sich selbst organisierende Systeme) nicht auf Dauer zu etwas zwingen, was sie selbst nicht wollen. Wir können andere Menschen nicht ständig kontrollieren und motivieren. Motivation braucht daher eine andere Vorgehensweise: Menschen können eingeladen werden, sich auf etwas einzulassen und aus eigenem Antrieb dann dabei zu bleiben. Motivation ist ein hypothetisches Konstrukt, sie kann also nicht direkt beobachtet, sondern muss aus den beobachtbaren Verhaltensweisen abgeleitet werden. Motivation kann aufgeschlüsselt werden in zwei unterschiedliche Bereiche: eine Antriebskomponente und eine kognitive Komponente:

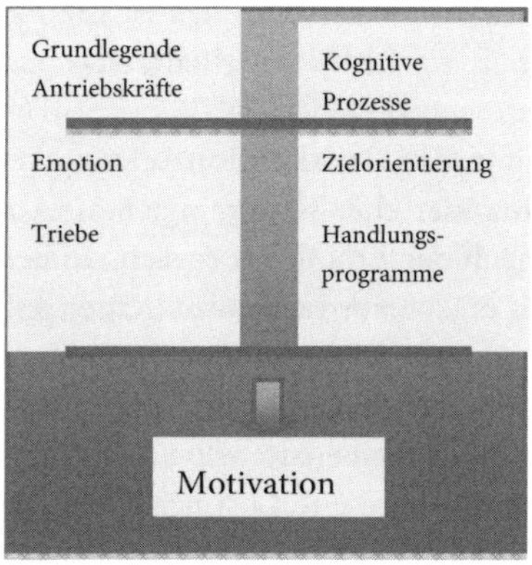

Abb. 8: Der Motivationsbegriff nach Kroeber-Riel / Weinberg 2002, 142

Motivation speist sich demnach aus verschiedenen Quellen. Zunächst einmal spielen dabei Triebe eine große Rolle. Unter Triebe werden hier gefasst: Hunger, Durst und Sexualität. Sie dienen der Aufrechterhaltung des biologischen Gleichgewichts des Organismus und sind durch innere Stimulationen ausgelöst, werden also dann virulent, wenn die Homöostase im Organismus in einen Ungleichgewichtszustand gerät. Emotionen werden dagegen durch äußere Reize ausgelöst.

»Um das Verhalten jedoch auf spezifische Ziele auszurichten, sind kognitive Prozesse der Verhaltenssteuerung erforderlich. Im Begriff der Motivation werden die Antriebswirkungen von Emotionen und Trieben sowie die kognitiven Wirkungen der Verhaltenssteuerung zusammengefasst, wobei die grundlegenden aktivierenden Vorgänge – Emotionen und Triebe – untereinander und mit den kognitiven Vorgängen in wechselseitiger Beziehung stehen.« (Mayer 2005, 83)

Das Zusammenwirken unterschiedlicher Energiequellen und die hinzu kommenden kognitiven Prozesse zeigen, dass es sich bei der Motivation um ein komplexes Geschehen handelt. Die verschiedenen Variablen, die Motivation bestimmen, sind nicht kontrollierbar. Dies gilt sowohl für die kognitiven Bewertungsstrategien als auch für die Reagibilität des Individuums, die ausschlaggebend dafür ist, ob ein Reiz überhaupt wahrgenommen wird und infolgedessen eine Emotion zu entstehen vermag. Auch hier sehen wir, dass jeder Versuch, Schüler zu Trivialmaschinen zu machen, grundlegend scheitern muss, da niemand Kontrolle über die verschiedenen Variablen haben kann, die Motivation generieren. Jedes Konzept, dass im Sinne einer Reiz-Reaktions-Verknüpfung oder auch in einem linear-kausalen Modell Verhaltensweisen von Lehrern definiert, die dazu dienen sollen, Motivation bei Schülern auszulösen, greift nicht nur zu kurz, sondern kann sogar gefährlich sein, weil es zwangsläufig versagen muss. Vielmehr scheint es sich bei der Motivation um ein interaktives Geschehen zwischen dem Organismus und der Umwelt zu handeln. Das bedeutet, dass die Umwelt durch die Veränderung bestimmter Variablen das Individuum durchaus zu einer Form von Motivation einladen könnte.

3.1 Extrinsische und intrinsische Motivation

Bei dieser Unterscheidung geht es darum, ob der Mensch einen Anstoß von außen braucht oder ob er sich aus sich selbst heraus motivieren kann.

Im Paradigma der systemischen Theorie gehen wir davon aus, dass jede qualitative Veränderung durch einen Außenimpuls ausgelöst wird, der den Organismus verstört und zu einer Form von Selbstorganisation anregt. Demnach ist Motivation zunächst die mittelbare Reaktion auf eine erlebte Verstörung, eine Beunruhigung und das daraus folgende Unterschiedserleben zwischen Ist- und Zielzustand. Bei Impulsen von Seiten der Außenwelt, die als weniger relevant (beunruhigend und unterschiedlich) erlebt werden, wird die Person nur eine Reaktion zeigen, die sich auf den direkten Reiz bezieht. Diese Reaktion kann gemäß unserer Terminologie als Veränderung 1. Ordnung beschrieben werden (mehr oder weniger desselben Verhaltens zu Beseitigung der Störung). Veränderungsimpulse, die von Lehrern an Schüler gegeben werden, und von diesen nicht als perturbierend (Unterschied, der einen Unterschied macht) erlebt werden, wirken demnach als sog. extrinsische Motivation nur so lange, wie der Impuls nachhallt. Der Lehrer muss also ständig Impulse nachlegen, um eine gewisse Motivationsstärke aufrechtzuerhalten. Sind die angebotenen Reize bekannt, tritt ein Habituationseffekt auf, die Reize lösen dann noch nicht einmal Aufmerksamkeit aus und wirken somit auch nicht mehr fokussierend und motivierend. Intrinsische Motivation entsteht infolgedessen dadurch, dass Schüler oder Klienten sich mit einer Information (visuell, auditiv, kinästhetisch) beschäftigen müssen, die sie irritiert und so wirkt, dass über die Irritation ein innerer Suchprozess nach einer neuen Antwort, einem neuen Muster ausgelöst und damit eine Form von Selbstorganisation eingeleitet wird. Da Menschen sehr stark auf neue Informationen reagieren, scheint dieses Vorgehen sehr wirksam zu sein. Wichtig ist hierbei, dass die angebotenen Reize nicht quantitativ unterschiedlich sein müssen (nach dem Motto: Viel hilft viel), sondern qualitativ. D.h. kleine qualitative Veränderungen schaffen durchaus schon hinreichende Irritationen. Lehrer können dies im Unterricht feststellen. Unterrichtsgeschehen ist sehr stark ritualisiert und die Klasse weiß ganz genau, wie der Lehrer »tickt«, was er will, was er als nächstes sagt. Der Lehrer weiß dies in der Regel auch von seiner Klasse. Über die Ritualisierung der Interaktion ergibt sich ein gemeinsamer Tranceprozess von Klasse und Lehrer. Kleine qualitative Veränderungen in der Tonalität, beim visuellen Eindruck schaffen dabei schon hinreichende Irritationen, die im Sinne einer Perturbation wirken können. (So berichtete mir ein Lehrer, dass er in Momenten der Unaufmerksamkeit der Klasse einfach schon einmal einen Hut aufsetzt, was sofort die Aufmerksamkeit der Schüler auf ihn fokussiert.) Die nun erreichte Fokussierung von Aufmerksamkeit unterbricht die bisherige Trance und bietet Wachheit, die zur Einführung von neuen Informationen genutzt werden kann.

Der Aufbau einer intrinsischen Motivation ist für die Schüler schwierig, die eine Loyalitätsbindung zur Herkunftsfamilie und/oder zur Peergroup haben, in der Glaubenssätze – also Werte und Normen – vorherrschen, die Motivation in der Schule verbietet. Hier kann über Unterrichtsmotivation keine Veränderung erzielt werden. In diesen Fällen braucht es eine Beratung, die eine tiefere Arbeit an den Glaubenssätzen des Schülers anbietet, um neue Erlaubnisse für den Schulerfolg zu initiieren.

3.2 »Hin zu«-Motivation versus »Weg von«-Motivation

Die »Weg von«-Motivation ist die häufiger anzutreffende Motivationsform. Sie entsteht daraus, dass die Person einen aversiven Reiz wahrnimmt und diesen vermeiden möchte. Auch die Vermeidung von Problemen und Konflikten gehört in diese Kategorie. Hierbei ist wieder entscheidend, welche Bedeutung der Wahrnehmende dem Reiz gibt – dies ist abhängig von individuellen Vorerfahrungen mit dem Auslösereiz, der individuellen Reagibilität und Sensibilität bezüglich der Reizstärke. Die »Weg von«-Motivation ist in Bezug auf das Vermeiden aversiver Bedingungen eine durchaus sinnvolle Reaktion und innerhalb des Schulsystems eine weit verbreitete Strategie: Sie führt nicht zuletzt zu vielfältigen Formen von Angst- und Stressreaktionen sowohl bei Schülern als auch bei Lehrern. Da die

Vermeidungshaltung einen Negativfokus beinhaltet – die Person achtet nur auf den aversiven Reiz und ist dadurch in ständiger Anspannung – ist sie nur bedingt sinnvoll in Bezug auf die oben beschriebene Veränderung 2. Ordnung. Der aversive Reiz kann also gut eine Verstörung sein (eine schlechte Note, die den Schüler zur Verhaltensänderung einlädt), ist aber nicht hinreichend für die Motivation zur qualitativen Veränderung des Verhaltens und der Haltung, da dies nachhaltig nur über eine neue Form von Selbstorganisation geschehen kann (der Schüler ist durch die schlechte Note so beunruhigt, dass er sein Veraltensmuster verändert). Die Aneinanderreihung schlechter Noten evoziert somit eher einen Habituationseffekt bzw. führt den Schüler eher in eine Form der erlernten Hilflosigkeit (»Ich kann machen was ich will, die Noten werden nicht besser – ich weiß nicht woran es liegt«) und erweist sich daher in Bezug auf nachhaltige (qualitative) Verhaltensänderung als unwirksam.

Die »Hin zu«-Motivation hingegen wirkt über sog. Attraktoren. Attraktoren sind emotional aufgeladene Zielpräsentationen, die sich über die Wahrnehmungskanäle erschließen lassen.

3.3 Exkurs: Hilfreiche Zielkonstruktionen als Attraktoren

Sicherlich haben Sie schon einmal eine Leichtathletikveranstaltung gesehen, bei der Hochspringer sich auf ihren Sprung vorbereiten. Anhand dieser Vorbereitung kann man sehr gut den Aufbau eines motivierenden Ziels über Attraktoren und Tranceinduktionen ableiten. Zielkonstruktionen sind dann hilfreich, wenn sie folgende Aspekte berücksichtigen:

- Sie sollten *sensorisch eindeutig* sein: Man muss sich ein Ziel vorstellen können. Dies geschieht über die Sinneskanäle. Der Hochspringer schließt die Augen und visualisiert den erfolgreichen Sprung über die Latte, hört dabei den Applaus des Publikums und spürt eine große Freude. Das antizipierte erfolgreiche Überspringen der Latte ist also hier ein Attraktor. Je lebendiger sich der Hochspringer den erfolgreichen Sprung vorstellen kann, desto größer ist die Anziehungskraft und die emotionale Stärke des Attraktors. Sie haben sicherlich auch beobachtet, dass manche der Springer noch vor dem Sprung mit geschlossenen Augen imaginieren, wie der Anlauf verläuft (sie »gehen« innerlich in diese Bewegung hinein) und wie der Absprung geschieht. Erst dann, wenn sich Körper und Gehirn in einem physiologischen Zustand befindet, den wir als Trance bezeichnen, wird der Springer quasi von dem antizipierten erfolgreich verlaufenen Sprung automatisch angezogen. Alles geht dann wie von selbst. Jeder Springer, der über die einzelnen Abschnitte des Sprungablaufs nachdenken müsste, wäre mit so vielen kognitiven Operationen beschäftigt, dass er niemals diese Höhen schaffen könnte. Also gehört zum erfolgreichen Sprung das Eintauchen in eine »Lösungstrance«, die ausgerichtet ist auf den Attraktor. Die

Motivation bei Schülern kann ebenso über Attraktoren (erfolgreich verlaufende Klassenarbeit) aufgebaut werden, sie können in Lösungstrancen gehen.

- Das Ziel muss *realistisch* und *aus eigener Kraft erreichbar* sein: Jeder Attraktor versagt, wenn das Ziel unrealistisch ist. Realistisch bedeutet hier: Ich muss für etwas gearbeitet und trainiert haben, damit meine Fähigkeiten entsprechend ausgebildet sind, um das selbst gesetzte Ziel tatsächlich erreichen zu können. Zu große Ziele, die außerhalb der Fähigkeiten und Fertigkeiten der Person liegen, führen zwangsläufig zu Versagenserlebnissen und damit zu Demotivation. Eine Person, die ständig zu große Ziele wählt, hat einen Konflikt auf der Ebene der Ich-Identität und kann erst dann realistische Ziele finden, wenn dieser Konflikt gelöst ist. Bei jeder Zielkonstruktion ist daher die Frage zu prüfen, ob die Person das angestrebte Ziel tatsächlich aus eigener Kraft erreichen kann.
- Das Ziel soll *einfach* sein: Ein einfaches Ziel ist zugleich sensorisch eindeutig und aus eigener Kraft erreichbar. Einfach bedeutet in diesem Zusammenhang, dass das Ziel keine Ambiguitäten aufweisen darf, da es sonst nicht als Attraktor wirken kann. Das Gleiche gilt für die Komplexität von Zielen. Komplexe Ziele sind sensorisch nicht zu erfassen, sie teilen sich immer wieder in unterschiedliche Aspekte und sind daher nicht attraktiv. Erst die Reduktion auf überschaubare, klar definierbare und sensorisch bestimmbare Inhalte, machen Ziele attraktiv. Folglich sind die komplexen Ziele aufzugliedern in verschiedene einfache Ziele, die man wie auf einer Perlenkette aneinanderreihen kann und die dann eins nach dem anderen als Attraktoren wirken können.
- *Back-tracking*: Eine sehr sinnvolle Form der Komplexitätsreduktion von Zielen liegt in der Technik des Back-Tracking. Hier geht es darum, ein komplexes Ziel in Schritte zu zerlegen, wobei die Vorstellung (Imagination) einer erfolgreichen Zielerreichung als Attraktor dient. Von der Imagination des erreichten Zielzustandes wird dann Stück für Stück aus der Zukunftsprojektion auf einer imaginären Zeitlinie in die Gegenwart zurückgegangen. Auf dieser Zeitlinie werden dann immer wieder Teilziele festgelegt, die erfüllt sein müssen, damit der nächste Schritt stattfinden kann. Dieses Vorgehen führt schließlich bis zum Gegenwartspunkt, an dem man bestimmen kann, was nun der erste Schritt für die Zielerreichung sein könnte. Voraussetzung für eine erfolgreiche Zielerreichung ist auch hier wieder, dass es aus der Ebene der Glaubenssätze (Introjekte) oder der Umwelt der Person keine Einsprüche gegen diese Ziele gibt. Sind solche vorhanden, müssen sie erst gewürdigt werden, da es sonst zu inneren Widerständen und Sabotageakten in Bezug auf die Zielerreichung kommt.
- Ziele müssen *positiv formuliert* sein: Für diejenigen, die das Spiel noch nicht kennen: »Stellen Sie sich *nicht* einen rosa Elefanten vor.« Unser Gehirn kann Negationen nicht kodieren und setzt sie daher in positive Bilder um. Befragt man Klienten nach ihren Zielen, so formulieren sie in der Regel als Zielzustand: »Ich möchte, das xy nicht mehr da ist.« Sie formulieren also ein unerreichbares Ziel. Es ist unerreichbar, weil es nicht beschreibt, was stattdessen da sein soll.

Die Frage nach dem »Stattdessen« ist somit die am meisten gestellte Frage im lösungsorientierten Beratungszyklus bei der Zielbestimmung. Es ist verständlich, dass jemand, der ein Problem hat, sich wünscht, dass am Ende des Lösungsprozesses das Problem nicht mehr da ist. Die positive Formulierung eines Lösungszustandes, der dann noch mit Hilfe der Präsentationssysteme (vergl. Kapitel Wahrnehmung) sensorisch genau definiert wird, ist also ein Attraktor. Auch in der Schule wird diese »Weg von«-Formulierung (nicht mehr stören, nicht mehr die Aufgaben vergessen) häufig getroffen und kann daher nicht als motivierendes attraktives Ziel wirken.

3.4 Missverständnisse in der Interaktion

Einen weiteren Hinweis darauf, warum Motivation in Beratung und Unterricht manchmal nicht so gut funktioniert, gibt Steve de Shazer (1989) mit seiner Unterteilung der Motivationsarten in *Besucher, Klagende* und *Kunden.*
Besucher sind diejenigen, die keinen Veränderungswunsch oder Lernwunsch äußern (wollen). Sie wollen einfach nur wahrgenommen und nicht mit Veränderungs- bzw. Lernangeboten überfallen werden.

Stellen Sie sich vor, sie kommen in ein Geschäft und wollen sich nur einmal umschauen, vielleicht sogar informieren. Sie brauchen also Zeit, damit sie das Angebot wahrnehmen können und möglicherweise herausfinden, ob es irgendetwas gibt, was Sie interessieren könnte. Der Verkäufer in diesem Geschäft sitzt aber einem Missverständnis auf: Er tut so, als ob sie ein entschiedener Kunde wären, mit dem er nur noch den Verkaufsabschluss vollziehen müsse. Er kommuniziert also komplett anders als Sie es sich als Besucher wünschen, er lässt Ihnen keine Zeit, bedrängt Sie und will zum Abschluss kommen. Sie fühlen sich zunehmend mehr gestört und bauen einen inneren Widerstand auf: »Von dem kaufe ich nichts.« Das Ganze nennt man einen Mismatch: Zwei Menschen sind sich begegnet mit jeweils unterschiedlichen Vorstellungen über die Motive des anderen und fragen nicht nach. Dies führt zu Missverständnissen, Ablehnung, Abwertung und Widerstand.

Sicherlich haben Sie so etwas schon einmal erlebt und sicherlich können Sie sich gut ausmalen, wie es manchen Kindern mit den Angeboten von wohlmeinenden Beratern und Lehrern geht, die von ihren inneren Bildern und Motiven gesteuert sind, sich aber in die Bedürfnislage des Schülers nicht einfühlen.
Besucher sind also diejenigen, die keine offene Lern- bzw. Veränderungsmotivation haben. Sie wollen das Angebot prüfen und fragen sich, ob etwas dabei ist, was sie zum Kauf motivieren könnte. Auch hier sehen wir wieder, dass Angebote Attraktoren sein müssen, damit selbst Besucher interessiert und über die Attraktion zu Kunden werden. Besucher zu behandeln wie Kunden wäre ein »interaktiver GAU« und für beide Seiten höchst frustrierend. Mehr noch: Aus diesen Missverständnissen über die vermeintlichen Ziele des anderen können gravierende Konflikte entstehen, die aus dem Missverständnis resultieren, die eigene innere Landkarte für die Wirklichkeit zu halten, ohne zu prüfen, welche innere Landkarte (welche Motive) der andere hat.

Die zweite Kategorie von Motivation, die Steve de Shazer vorgestellt hat, nennt er *Klagende*. Die Hauptcharakteristik der Klagenden ist, dass sie die Umwelt (andere Menschen, die Verhältnisse, die Organisation, die Familie, die eigenen Eltern) für ihr Problem verantwortlich machen und damit keine Lern- und Veränderungsmotivation haben, bei der sie selbst aktiv sein wollen. Also: Wenn die anderen, die Umwelt sich änderte, dann wären die Probleme beseitigt. In der Schule sind die Klagenden weit verbreitet – auf allen Ebenen sind sie zu finden: Schüler über Schule, Lehrer und Mitschüler; Lehrer über Schüler, Schule, Kollegen, Schulleitung, Eltern, Politik; Schulleiter über Schüler, Lehrer, Eltern, Politik.

Die Frage, die uns also bei der »Auflösung von Blockaden« beschäftigen muss, ist die: Wie werden Klagende zu Handelnden? Im beraterischen Kontext kann man bei Klagenden diese Fragestellung klären, indem man im Beratungsgespräch einwirft: »Dass, was Sie berichten, bedeutet, dass xy für Ihr Problem verantwortlich ist. Man müsste xy also ändern. Sehen Sie hierzu eine Möglichkeit?« Bei dieser Frage wird schnell deutlich, dass die Person bei sich eigentlich keine Veränderung vornehmen will, sondern meint, dass alles besser würde, wenn die von ihr gewünschte Veränderung von den anderen vorgenommen würde. Es wird aber auch schnell deutlich, dass es keinen Ansatz gibt, andere dazu zu bringen oder zu zwingen, sich zu ändern. Die Person ist also in einem Dilemma. Dieses Dilemma wirkt im Sinne einer Verstörung und kann nun dazu genutzt werden, nach anderen Lösungsmöglichkeiten zu suchen. In jedem Fall wird auch hier deutlich, dass die Arbeit zunächst einmal beim »Beobachter« liegt: Willst du an Person xy etwas verändern, so prüfe deine eigene Haltung und finde heraus, wo du etwas an deiner Haltung verändern kannst. Eine konsequent veränderte Haltung wirkt auf den anderen als Perturbation und führt automatisch dazu, dass – wenn du konsequent bei deiner Haltung bleibst – der andere seine Haltung irgendwie adaptieren muss oder aber auch aus dem Feld gehen kann.

Der Lehrer, der glaubt Klagende zufriedenstellen zu können, wird schnell an seine Grenze kommen, da die von ihm vorgeschlagenen Lösungsangebote nie so passend sind, wie der andere dies für sich erwartet. Die Wünsche nach passenden Angeboten sind in einigen Fällen Ausdruck einer gewissen »Oralität« des Klagenden: Entweder sind die Wünsche so maßlos, dass er sie nie erfüllen könnte, oder sie verpflichten ihn, in einer permanenten Helferrolle zu bleiben und seine Aufmerksamkeit keinesfalls vom Klagenden abzuwenden.

Zudem wird der Lehrer vom Klagenden für das Gelingen oder Misslingen von Lösungen verantwortlich gemacht. Er gerät hier in ein sog. Helferskript und wird dann schnell zum Opfer seiner eigenen Hilfsversuche (vgl. Kapitel 9.7, Drama-Dreieck). Dem Klagenden seine Klagen abzunehmen, führt zu einer Form von Entmündigung: Der Klagende übernimmt nicht die Verantwortung für seine Situation und auch nicht die Initiative für mögliche Lösungen, er verlässt sich ganz auf den Helfer. Der Helfer hat einen narzisstischen Gewinn, wenn er helfen kann, ist aber am Ende frustriert, weil seine Hilfe nicht gut genug war. Klagende

haben ein Recht darauf zu klagen (möglicherweise fehlen ihnen ja auch die Modelle für erfolgreiche Lösungen) und sind hierfür zu würdigen. Gleichzeitig sind sie aber dazu zu ermutigen, ihren Weg aus der Klage zu finden und sich für ihre Veränderung oder Nicht-Veränderung verantwortlich zu sehen. Dies geschieht über eine vollzogene Abgrenzung: Der Lehrer ist für seine Verhaltensweisen und Lösungen verantwortlich – der Klagende ebenso für seine.
In den seltensten Fällen erlebt man im beraterischen Kontext *Kunden*. Diese wären daran zu erkennen, dass sie einen Wunsch nach einem Produkt haben und vom Verkäufer nur noch Unterschiede zwischen Angeboten und Preis erklärt haben wollen. Sie haben also eine Kaufbereitschaft: Sie sind intrinsisch motiviert. Wie man sich nun gut vorstellen kann, wird sich ein kluger Verkäufer, der vielleicht sogar noch am Umsatz beteiligt ist und daher Interesse an der Zufriedenheit des Kunden hat, auf die Motivationslage des Kunden einstellen wollen. Er wird versuchen, die Motivationslage schnell zu analysieren, damit er seine Kommunikation darauf abstellen kann: Alle werden freundlich empfangen, Besucher werden eingeladen, sich ohne Verpflichtung umzusehen. Klagende werden empathisch dahingehend gefragt, ob sie glauben, mit weiteren Klagen ihr Ziel besser erreichen zu können als bisher. Kunden werden bei der Entscheidungsfindung über den für sie richtigen Weg gecoacht.

3.5 Exkurs: Axiome der Kommunikation

Zum besseren Verständnis der Wirkfaktoren im interaktionellen Geschehen zwischen verschiedenen Personen wollen wir die Kommunikationsaxiome von Watzlawick / Beavin / Jackson (1985) kurz zusammenfassen:

1. *Die Unmöglichkeit, nicht zu kommunizieren*
   »Man kann nicht nicht kommunizieren.« (ebd., 50) – Wenn zwei Menschen auf irgendeine Art in Beziehung treten, so kommunizieren sie miteinander. Es ist demzufolge nicht möglich, Kommunikation zu vermeiden. Kommunikation bezieht sich dabei sowohl auf das verbale wie auch auf das nonverbale (sog. Körpersprache-)Verhalten (Metakommunikatives Axiom). Die Kongruenz von Körpersprache und Sprachinhalten ist dabei entscheidend für die Zielgerichtetheit und Wirksamkeit von Botschaften. Lehrer, die sich hier uneindeutig verhalten, verwirren Schüler. Im Zweifelsfall wirkt die Körpersprache deutlicher als der Sprachinhalt: Tadelt ein Lehrer und lächelt dabei, so wird der Tadel entkräftet und bei den Schülern kommt die inhaltliche Botschaft nicht an. Ein wesentliches Element erfolgreicher und zielgerichteter Kommunikation liegt also in der Kongruenz zwischen Körpersprache und verbalen Inhalten.

2. *Inhalts- und Beziehungsaspekte der Kommunikation*
»Jede Kommunikation hat einen Inhalts- und einen Beziehungsaspekt, derart, dass letzterer den ersteren bestimmt und daher eine Metakommunikation ist. Wenn man untersucht, was jede Mitteilung enthält, so erweist sich ihr Inhalt vor allem als Information. Dabei ist gleichgültig, ob diese Information wahr oder falsch, gültig oder ungültig oder unentscheidbar ist. Gleichzeitig aber enthält jede Mitteilung einen weiteren Aspekt, der viel weniger augenfällig, doch ebenso wichtig ist – nämlich einen Hinweis darauf, wie ihr Sender sie vom Empfänger verstanden haben möchte. Sie definiert also, wie der Sender die Beziehung zwischen sich und dem Empfänger sieht, und ist in diesem Sinn seine persönliche Stellungnahme zu anderen.« (ebd., 51) – Auch hierbei geht es wieder um Kongruenz in den Botschaften: Kommunikation gelingt, wenn zwischen den Kommunikationspartnern Einigkeit über den Inhalts- und Beziehungsaspekt herrscht. Werden dagegen unterschiedliche Botschaften gesendet, so wirkt die Unterschiedlichkeit als Verwirrung. Man weiß nicht, woran man ist. Die Autoren sahen in dieser Diskrepanz der Kommunikation zwischen Eltern und Kind einen schizophrenogenen Faktor. Schizophren, weil es sich hierbei um widersprüchliche Botschaften handelt, bei denen das Kind nie weiß, auf welche es antworten soll, und also in jedem Fall einen Fehler machen muss: Wenn es auf die eine Botschaft kongruent reagiert, verstößt es gegen die Aufforderungen, die in der anderen liegen. Ähnliches empfinden auch Schüler, wenn die Beziehungs- und Inhaltsbotschaften von Lehrern nicht eindeutig sind; sie wissen sich dann nicht eindeutig zu positionieren und sind irritiert. Die Kommunikation wird immer verworrener, kann symmetrisch eskalieren und im Sinne einer zirkulären Kausalität ist nicht mehr auszumachen, an welcher Stelle das Problem begann. Auch in der Beziehung zwischen manchen Schulleitern und dem Kollegium kann man diese sog. Double Binds feststellen.

3. *Die Interpunktion von Ereignisfolgen*
»Die Natur der Beziehung ist durch die Interpunktion der Kommunikationsabläufe seitens der Partner bedingt.« (ebd., 61) – Dieser Aspekt der Kommunikation ist wiederum eng verbunden mit der beschriebenen zirkulären Kausalität: Ursache und Wirkung des eigenen Verhaltens wird vom jeweiligen Kommunikationspartner anders gesehen (interpunktiert). Man weiß also nicht mehr, welcher kommunikative Beitrag was ausgelöst hat und wer demzufolge »schuld« am Missverständnis ist. Kommunikation ist somit ein zirkulärkausaler Regelkreis. Ein Konflikt ist demnach nie ausgelöst durch eine Person, diese interpunktiert möglicherweise die Situation vollkommen anders und sieht sich selbst als Opfer. Die Frage nach der Schuld oder der »wirklichen« Ursache für einen Konflikt erübrigt sich also. Dieses Prinzip ist in der Schule allerdings weitgehend unbekannt: Lehrer suchen gern nach »dem Schuldigen«, in der Hoffnung, durch seine Benennung den Prozess und das Thema geklärt zu

haben. Häufig ist der Schuldige aber nichts anderes als der Kommunikationskanal für eine Störung, ausgelöst durch unterschiedliche Interpunktionen. Die Bestrafung des Schuldigen beseitigt also nicht die Ursache (die es ja gar nicht gibt). Konflikte sind demnach Wirklichkeitskonstruktionen, die sich aus unterschiedlichen Interpunktionsweisen der Beteiligten ergeben.

4. *Digitale und analoge Kommunikation*
»Menschliche Kommunikation bedient sich digitaler und analoger Modalitäten. Digitale Kommunikationen haben eine komplexe und vielseitige logische Syntax, aber eine auf dem Gebiet der Beziehungen unzulängliche Semantik. Analoge Kommunikationen dagegen besitzen dieses semantische Potenzial, ermangeln aber die für eindeutige Kommunikation erforderliche logische Syntax.« (ebd., 68) »Es gibt zwei grundsätzliche verschiedene Weisen, in denen Objekte dargestellt und damit zum Gegenstand von Kommunikation werden können. Sie lassen sich entweder durch eine Analogie (z.B. Zeichnung) ausdrücken oder durch einen Namen.« (ebd., 62) – Botschaften in der menschlichen Kommunikation können demnach über digitale Kanäle wie auch über analoge vermittelt werden. Die analoge Kommunikation ist die stammesgeschichtlich ältere (archaische) und hat daher eine weitaus allgemeinere Gültigkeit als die digitale. Während über die digitale Kommunikation gut Wissen vermittelt werden kann, werden Beziehungsbotschaften – z.B. Appelle des Kindes an die Fürsorglichkeit der Mutter – über analoge Kommunikationsformen mitgeteilt. Analoge Kommunikation wird über die Intuition erfasst und gibt uns Aufschluss darüber, ob etwas »stimmig« ist. Diskrepanzerleben zwischen digitaler und analoger Kommunikation führt immer dazu, dass die digitale Information in den Hintergrund tritt und die analoge in den Vordergrund. Stimmige Kommunikation weist demzufolge eine Kongruenz zwischen digitaler und analoger Botschaft auf.
5. *Symmetrische und komplementäre Interaktionen*
»Zwischenmenschliche Kommunikationsabläufe sind entweder symmetrisch oder komplementär, je nachdem, ob die Beziehung zwischen den Partnern auf Gleichheit oder Unterschiedlichkeit beruht.« (ebd., 70) »Symmetrische Beziehungen zeichnen sich also durch Streben nach Gleichheit und Verminderung von Unterschieden zwischen Partnern aus, während komplementäre Interaktionen auf sich gegenseitig ergänzenden Unterschiedlichkeiten basieren.« (ebd., 69) – Symmetrische Beziehungen sind so gestaltet, dass sich die Interaktionspartner um Gleichheit bemühen. Bei der sog. symmetrischen Schismogenese bedeutet dies, dass ein Interaktionspartner mit dem anderen immer gleichziehen muss, um nicht in die Subdominanz zu gehen. Über diesen Weg entsteht unter Umständen eine sog. symmetrische Eskalation: das gegenseitige Hochschaukeln, um sich nicht unterwerfen zu müssen. Eine andere Form der Eskalation sieht Bateson in der komplementären Schismogenese. Hier besteht die

Verknüpfung zwischen den Interaktionspartnern darin, dass sich der eine dominant und der andere unterwürfig verhält. Die Unterwürfigkeit des einen bedingt die Dominanz des anderen. Die Schismogenese entsteht dadurch, dass sich die Diskrepanz in der Unterschiedlichkeit immer weiter entwickelt.

3.6 Pädagogische Aspekte der Kommunikation und Motivation

Nachdem wir nun wissen, über welche Wege Motivation entstehen kann, wollen wir uns damit beschäftigen, welche Einladequalitäten in der Kommunikation für die Entwicklung der Motivation förderlich sind. Die Frage, die uns beschäftigt, lautet: »Durch welchen kommunikativen Beitrag kann ich jemanden eher dazu einladen etwas anzunehmen, was ich ihm anbieten möchte?«
Dieser Aspekt wird manchmal als Zufall definiert; bei näherer Betrachtung kann man aber sehr wohl begünstigende Kommunikationsstrategien erkennen. Zurückgreifen wollen wir hier auf die Entscheidungsstrategien von Kunden bei der Auswahl von Produkten. Angenommen, Unterrichtsinhalte wären eine Form von Produkten, die den Schülern – als Kunden – angeboten werden, so wird sofort deutlich, dass kommunikative Strategien bei der Vermittlung eine große Rolle spielen. Zunächst einmal wollen wir Unterricht als einen kommunikativen Prozess definieren, der zirkulär-kausal organisiert ist. Im Unterrichtsgeschehen gibt es immer wieder emergente Strukturen, die nicht vorhersehbar waren und ihrerseits Ausdruck für die Prozesshaftigkeit des Geschehens sind. Lehrer könnten im besten Sinne der Synergetik als »Ordnungsparameter« gelten, die die sog. »Sklaven« (= Schüler) einladen, in einen bestimmten Energiezustand zu treten. Wie wir wissen, ist die Interaktion hier zirkulär und reziprok: Kein Element kann das andere bestimmen. Vielmehr ordnen sie sich energetisch zueinander. Unterricht ist also Kommunikation und Prozess. Der analoge Teil der Kommunikation wirkt dabei entscheidender als der digitale. Nur wenn beide kongruent sind, kommt es zu einem qualitativen interaktiven Prozess. Unterricht entsteht im Moment und kann daher nicht wie ein Produkt vom Lehrer gelagert und irgendwann an die Schüler ausgeliefert werden. Insofern haben Lehrer die schwierige Aufgabe, Unterrichtsqualität im Prozess zu kreieren – also im Moment und immer wieder neu: Sie können sich nicht darauf verlassen, dass diese Qualität lagerbar ist und in der nächsten Stunde dann wieder hervorgeholt werden kann. Hier sind die »Störvariablen«, also die anderen Einflüsse, die Schüler in Schule erleben, zu massiv. Der Lehrer weiß somit nicht genau, was passiert, hat allerdings in der Regel Erfahrungswerte. Der Unterrichtsprozess ist insofern stark störungsanfällig und gelingt dann eher, wenn die Aufmerksamkeit der Anwesenden auf eine bestimmte Sache fokussiert ist und die Energie danach ausgerichtet wird. Was wiederum kongruente Kommunikation (analog / digital, Sach- / Beziehungsebene) voraussetzt.

Wie können nun Schüler eher eingeladen werden, sich auf den gemeinsamen Kreationsprozess einzulassen? Neben den kommunikativen Strategien, die wir aus der Hypnotherapie kennen (vgl. Kapitel 6), wollen wir hier noch einmal auf die Motivation der Schüler zurückkommen und uns damit beschäftigen, welchen Nutzen sie von dem Sich-Einlassen auf die Angebote von Schule haben könnten.
Das 5. Axiom der Kommunikation beschreibt die Beziehungsgestaltung zwischen den Kommunizierenden. Überträgt man dies auf Schule und Unterricht, so kann man erkennen, dass es beide Formen von Beziehungsgestaltung im Unterricht gibt: In Bezug auf die Sachinhalte ist der Lehrer der Experte, demnach handelt es sich hier um eine Form der symmetrischen Kommunikation, die allerdings durch das Handeln des Lehrers (er will Inhalte und Wissen vermitteln) bestenfalls am Ende zu einer komplementären Kommunikation werden kann, wenn das Wissen auf Seiten der Schüler und des Lehrers gleichrangig ist. Auch auf der Beziehungsebene der Kommunikation gibt es zunächst keine symmetrische Beziehung, da der Lehrer die Kommunikation im System Schule kennt und aufgrund seiner »Erwachsenenerfahrung« über bessere Strategien in der Beziehungsgestaltung verfügen sollte. Auch hier gleicht sich das Beziehungswissen mit zunehmendem Alter der Schüler an das des Lehrers teilweise an, so dass die ursprünglich asymmetrische Kommunikation eher komplementär wird. In beiden Fällen haben wir ein interessantes Phänomen, dass man sehr gut aus der Beratung kennt: Der erfolgreiche Lehrer vermittelt soviel Kompetenz, dass er sich – ähnlich wie ein erfolgreicher Berater – am Ende überflüssig macht – eine Überlegung, die viele Berater und Lehrer nicht so sehr mögen. Damit wäre ein Ziel erfolgreicher Pädagogik bzw. eines erfolgreich verlaufenden Erziehungsprozesses erreicht.
Betrachtet man nun die Phase in der Kommunikation, in der Lehrer sowohl auf der Sach-, wie auch auf der Beziehungsebene Wissens- und Erfahrungsvorsprünge haben, dann wird deutlich, dass der Lehrer über einen mitunter sehr diffizilen Weg im Prozess der Interaktion mit den Schülern dieses »Sich-überflüssig-Machen« einleitet, in dem er Kompetenzen bei den Schülern fördert oder anregt. Der Lehrer gibt also Sach- und Beziehungsinformationen, wobei Letztere eher analog strukturiert sind und daher von den Schülern aus dem Verhalten des Lehrers abgeleitet werden. Der Lehrer ist also im guten Sinne des Modelllernens ein »lebendes Modell« für Beziehungswissen und Beziehungsfertigkeiten, Konfliktmanagement und Problemlösen. Dies kann man in diesem Zusammenhang als die pädagogische Aufgabe des Lehrers definieren – hinzu käme im besten Fall die Vermittlung von Lerntechniken und Selbstmanagementstrategien.
Angenommen, Sachinformationen und Beziehungswissen – also Unterricht – wären so etwas wie ein Produkt, dass in der Kommunikation vermittelt werden könnte, dann wäre die Frage zu stellen, auf welchem Wege dies am besten gelänge. Zur Annäherung an die Antwort auf diese Frage wollen wir uns zunächst mit den sog. »Nutzenkomponenten« von Produkten beschäftigen, die Aussagen darüber ermöglichen, welche Angebote in der Kommunikation gemacht werden müssen,

um Kunden für das angebotene Produkt gewinnen zu können. Wie erkläre ich als Lehrer einem Schüler, welchen Sinn es für ihn hat, in die Schule zu gehen? Die Begründungen, die von Erwachsenen gegenüber Schülern hierzu geäußert werden, sind bekannt. Sie lauten so oder ähnlich: »Du lernst fürs Leben«, »Wissen ist Macht«, »Du brauchst das, damit du später einen besseren Job bekommst« usw.

3.6.1 Involvement und Nutzenargumentation

Aus Sicht des Schülers sind das zunächst wenig »Lust machende« Argumente. Je nach Alter haben sie komplett andere Motive und Unterricht ist dann mitunter ein notwendiges Übel, das aber dadurch erträglich wird, weil man seine sozialen Beziehungen zu Mitschülern aufbauen und pflegen kann. Sämtliche Argumente der Erwachsenen appellieren an die Vernunft und an die Einsicht der Schüler. Deren Einsicht in die Notwendigkeit soll dazu beitragen, dass Lustverzicht in Kauf genommen wird – doch mit welchem Gewinn? Auch Erwachsene wissen von sich, dass die Einsicht in Veränderungen noch nicht ausreicht, damit Veränderungen vorgenommen werden. Es müssen also bestimmte Anreize vorhanden sein, die uns einladen, das bisherige Gleichgewicht aufzugeben. Dies ist etwas, was unserer energetischen Homöostase komplett widerspricht.

Einen interessanten Ansatz für die Erklärung der Wirkung von Motivation kann man aus den Marketingtheorien ableiten, die sich intensiv mit dem sog. »Konsumentenverhalten« beschäftigt haben. Für die Motivation von Kunden zum Kauf sind verschiedene Aspekte entscheidend – in unserem Zusammenhang wollen wir uns mit zwei Bereichen beschäftigen: dem Involvement und der Nutzenargumentation.

Ein Produkt (Sache oder Dienstleistung) wird im Marketing definiert als ein »Bündel nutzbringender Eigenschaften« (Kottler 2003, 615). Das Produkt an sich ist für den Konsumenten nicht interessant, sondern allein der Nutzen, den es ihm bietet, macht es interessant. Dies ist eine wichtige Erkenntnis für die Diskussion der Antriebsgründe von Schülern. Angenommen, wir würden das Angebot von Schule als Dienstleistungen an unterschiedliche »Kunden«-Gruppen (z.B. Eltern, Öffentlichkeit, Schüler) verstehen, so wäre das, was in Schule entwickelt wird, ein Produkt, das sich nicht lagern lässt und ständig in der Kommunikation mit dem Kunden neu zu entwickeln wäre. Erschwerend kommt hinzu, dass das Produkt in einem Zwangskontext angeboten wird, in dem sich wesentlich mehr »Besucher« und »Klagende« aufhalten, während die reinen »Kunden« in der Minderheit sind. Die hohe Kunst des Lehrers lautet daher: Wie verkaufe ich in einem Zwangskontext ein Produkt, das davon lebt, dass der Kunde noch selbst aktiv sein muss? Der Anbieter dieser Dienstleistung muss sich durch eine hohe Fertigkeit in Bezug auf das Management kommunikativer Prozesse und Lernkontexte auszeichnen …

Das Produkt als Nutzenbündel lässt sich in verschiedene Nutzenkomponenten aufgliedern:

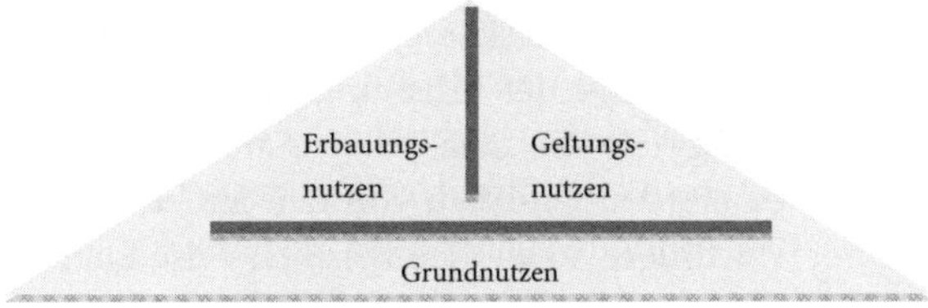

Abb. 9: Die Nutzenkomponenten eines Produkts (Olbrich 2006, 109)

Der Nutzen eines Produktes / einer Dienstleistung setzt sich demnach zusammen aus dem Grundnutzen und dem Zusatznutzen. Der Zusatznutzen besteht nach dieser Aufteilung aus dem Erbauungsnutzen und dem Geltungsnutzen. Der Grundnutzen beschreibt die reine Funktionalität eines Produktes, der Erbauungsnutzen bezieht sich auf die individuellen Bedürfnisse des Nutzers, der Geltungsnutzen zudem auf die sozialorientierten Bedürfnisse.
Zur Erläuterung dieser Komponenten betrachten wir noch einmal die anfangs dargestellten Motive und Ansprüche von Schüler an Schule. Der *Grundnutzen* von Schule aus Schülersicht wäre definiert durch Aussagen wie:

- Schule und Lehrer sollen mir etwas beibringen.
- Ich brauche kompetente Lehrer.
- Die sollen meine Fähigkeiten fördern (und fordern).

Der Grundnutzen von Schule kann somit beschrieben werden als die erwartete und geschuldete Leistung von Schule als Institution. Dieser Aspekt beschreibt die funktionale Eigenschaft, ist aber aus Sicht des Kunden wenig aktivierend und motivierend. Der *Erbauungsnutzen* macht das Angebot schon wesentlich interessanter und wirkt aktivierend. Beschrieben werden kann der Erbauungsnutzen durch Aspekte wie:

- Es gibt interessanten lebendigen Unterricht (Sport, Spiel, Spannung).
- Wir arbeiten experimentell.
- Schule verhilft zu guten Abschlüssen.
- Schule soll und muss Spaß machen.

Deutlich wird sofort, dass der Erbauungsnutzen wesentlich aktivierender und motivierender wirkt und im Vergleich mit dem funktionalen Grundnutzen emotionaler aufgeladen ist. Noch interessanter wird es für Schüler, wenn Aspekte des *Geltungsnutzens* angesprochen werden:

- Ich bin als Person wichtig und werde ernst genommen.
- Ich erlebe Gemeinschaft und Zugehörigkeit.
- Schule ist mein Treffpunkt mit Freunden.
- Schule ist mein »Lebensraum«.

Für Schüler attraktive Schulen unterscheiden sich von unattraktiven, indem sie ihren Schülern mindestens Aspekte des Erbauungsnutzens, vor allem aber auch – zur weiteren Differenzierung – des Geltungsnutzens anbieten.
Die Nutzenkomponenten werden natürlich von den anderen Anspruchsgruppen an Schule jeweils anders definiert. So werden beispielsweise Eltern aus einer gebildeten Schicht auch sehr stark auf den Ruf der Schule und die dort angebotenen fachlichen und pädagogischen Inhalte schauen. Jede Schule befindet sich in einem Interaktionskontext mit der Umwelt, die unterschiedliche Anforderungen an sie stellt, also unterschiedliche Bewertungsmaßstäbe zugrunde legt, nach denen gemessen wird, ob eine Schule »gut oder schlecht« ist. Angesichts der abnehmenden Schülerzahlen werden die schon jetzt sichtbaren Wettbewerbsbeziehungen zwischen Schulen zukünftig noch verstärkt werden. Dies bedeutet, dass sich eine Schule, wenn sie erfolgreich für sich werben will, von anderen unterscheiden muss. Um Unterschiede herzustellen, die wirklich »einen Unterschied machen«, kann eine Schule ein gezieltes eigenes Marketing entwickeln, indem sie Nutzenaspekte in Bezug auf Kunden formuliert und dies entsprechend kommuniziert.
Man könnte nun ableiten, dass Motivationsstärke bei Schülern auch in engem Zusammenhang steht mit dem Nutzen, den Schule ihnen bietet. Um das etwas genauer zu betrachten, wollen wir in diesem Zusammenhang den Begriff des »Involvements« einführen, der im Marketing für die Aktivierung und Motivation von Kunden bei hochwertigen Produkten eine große Rolle spielt.
Involvement wird bei der Erklärung der Konsumenteneinstellungen und des Konsumentenverhaltens beschrieben als »die innere Beteiligung bzw. das gedankliche Engagement und die damit verbundene Aktivierung, mit der sich ein Konsument einem Sachverhalt oder einer Aktivität zuwendet.« (Olbrich 2006, 184)
Einwenden kann man an dieser Stelle, dass es sich bei Schülern nicht um Konsumenten handelt. Das stimmt natürlich, wenn man den Konsumenten als passiv Rezipierenden versteht. In den aktuellen Ansätzen des Marketings wird der Kunde jedoch vollkommen anders definiert. Ausgehend von den neuen Möglichkeiten, sich per Internet über Produkte ausgiebig zu informieren, hat sich die frühere Informationsungleichheit zwischen Anbietern und Nachfragern einer Dienstleistung in den letzten Jahren weitgehend nivelliert. Jeder Nachfrager einer Leistung (so z.B. Eltern, die eine weiterführende Schule für ihr Kind suchen) kann sich ausgiebig über Angebote informieren und diese vergleichen. Hierzu werden die neuen Informationsmedien benutzt, aber auch die Empfehlungen, die zufriedene Eltern geben, deren Kinder die betreffende Schule besuchen. Eine weitere Komponente reichert diese Informationsmöglichkeiten noch an: Informationsforen von Schülern oder anderen Bezugsgruppen lassen die Nutzer selbst zu Wort kommen. Es gibt also einen direkten Austausch zwischen den Nutzern, ohne dass die Institution dies kontrollieren kann. Der Nachfrager einer Leistung nimmt nicht mehr allein die Rolle des Rezipienten von Werbebotschaften ein, sondern gestaltet die Kommunikation von sich aus, indem er Informationen abruft oder

durch Foren, in denen Meinungen über Produkte verbreitet und diskutiert werden, Informationen gestaltet, die wichtige entscheidungssteuernde Empfehlungen enthalten. Da Nutzer in dem, was sie berichten, als authentischer gelten als eine Institution, die über sich berichtet, wird diesen direkten Botschaften eher vertraut. Meinungen über Lehrer und Schule werden zunächst einmal von Schüler zu Schüler, von Elternteil zu Elternteil weitergegeben. Das Bild der Institution wird demnach stark von den Mitteilungen der Nutzer an andere potenzielle Nutzer gestaltet. Der effektivste Weg, diese Sichtweisen zu beeinflussen, liegt also darin, mit den aktuellen Nutzern in Kommunikation zu treten und sie in die Entwicklung des Produktes einzubeziehen.

Involvement ist geprägt von der inneren Beteiligung und Aktivierung des Nachfragers. *Aktivierung* ist ein »Zustand vorübergehender oder anhaltender innerer Erregung oder Wachheit ..., der dazu führt, dass sich die Empfänger einem Reiz zuwenden.« (ebd.) Aktivierung hängt sehr stark mit der Wahrnehmung von Angeboten / Reizen in der Umgebung zusammen und ist ein »vor-kognitiver« Zustand. Kognitive Bewertungen von Reizen und Situationen finden erst später statt. Verbindet man diese Erkenntnisse nun mit dem systemischen Paradigma, bedeutet dies, dass Aktivierung durch die Perturbation des Systems entstehen kann und dabei auf einer Ebene zwischen vorbewusster Reizwahrnehmung und kognitiver Bewertung des Reizes anzusiedeln ist. Ein für das Individuum interessanter Reiz löst also möglicherweise ein Involvement aus: Es ist innerlich beteiligt und gedanklich engagiert – etwas, was in einer guten Unterrichtsituation anzutreffen ist.

Für die Diskussion des Motivationsbegriffes bedeutet dies, dass Angebote dann motivierend wirken, wenn sie den anderen Interaktionspartner aktivieren und in eine Form des Involvements begleiten, die dazu führt, dass sich dieser in Selbstorganisation für ein Thema / Angebot autonom engagiert. Zwar wird er von außen angeregt, der Prozess der inneren Beteiligung ist aber eine autonome Leistung des Interaktionspartners.

3.6.2 Pädagogische Konsequenzen

Bindet man nun das Involvement-Konzept in einen systemischen Rahmen unter Berücksichtigung des Nutzenargumentes ein, so kommt man zu folgenden Aussagen über die Motivation von Schülern:

- Motivation ist ein autonomer Akt.
- Motivation kann angeregt werden durch Perturbationen.
- Sensorisch differenzierte Perturbationen lösen Aktivation aus.
- Aktivation ist die Voraussetzung dafür, dass jemand sich innerlich beteiligt und gedanklich mit dem Angebot auseinandersetzt (involviert).
- Aktivation setzt voraus, dass die Motive des anderen wertgeschätzt und angesprochen werden.
- Jemand ist eher motiviert etwas zu tun, wenn er einen Nutzen darin sieht.

- Vorausgesetzt, eine Schule vertritt ein Konzept von Beteiligung der Schüler, bei der sie diese nicht nur als Rezipienten sieht, dann muss Schule Nutzenaspekte anbieten, die über den Grundnutzen hinausgehen und Schülern Bereiche des Erbauungsnutzens und Geltungsnutzens eröffnen.
- »Besucher« und »Klagende« können eher zu Kunden werden, wenn sie involviert sind und den Nutzen ihres Engagements erkennen können.

In diesem Konzept muss natürlich auch die Rolle des Lehrers teilweise umdefiniert werden. Er ist nunmehr nicht allein ein Experte für die Inhalte, sondern vor allem auch ein Experte für Kommunikation. Seine Rolle besteht darin einen Rahmen zu schaffen, in dem Aktivation und Involvement möglich sind, damit Schüler den Nutzen ihrer Aktivation erkennen können. Lehrer gestalten hier die Rahmenbedingungen, unter denen Lernen möglich ist. Vorausgesetzt jedoch, die Organisation definiert sich selbst auch als lernende Organisation, die sich entwickelt, verändert und manchmal sogar neu erfindet.

3.7 Die Einladung zur Änderung von Verhaltensmustern

Im Verlauf der Diskussion der Bedeutung des systemischen Ansatzes für die Pädagogik ist mehrfach der Begriff »Einladung« zur Veränderung gefallen. Wie wir auch gesehen haben, differenzieren wir zwischen verschiedenen Veränderungsqualitäten. Wir unterscheiden:
- Veränderungen 1. Ordnung: quantitative Veränderungen hinsichtlich mehr desselben oder weniger desselben;
- Veränderungen 2. Ordnung: qualitative Veränderungen hinsichtlich neuer Muster, die in der Selbstorganisation infolge einer Perturbation entstanden sind.

Veränderungen, die den anderen einladen in eine neue Verhaltensqualität einzutreten, setzen immer gravierende Änderungen der inneren Haltung voraus. Bei vielen Aspekten des »Problemverhaltens« geht es nicht um »einfache« Verhaltensprobleme, die durch Verhaltensänderungen gelöst werden können, sondern um Muster, die schon länger persistieren und – obwohl schon manches versucht wurde – offensichtlich eher veränderungsresistent sind. Diese Probleme sind Ausdruck »limitierender Glaubenssätze« oder Identitätsdefinitionen, die Verhaltensänderungen nicht so einfach erlauben.
Veränderungen der Verhaltensmuster können gefördert werden durch eine »Lösungstrance«, in die ein Berater / Lehrer gehen kann und aus der heraus er interagiert und den anderen einlädt, sich auf neue Erfahrungen einzulassen. Wichtige Mechanismen für diese Einladung zur Verhaltensänderung kennen wir aus den Arbeiten von M. Erickson: Rapport, Pacing und Leading.

Voraussetzung dafür, dass eine gute Lernatmosphäre in der Beratung und in der Pädagogik entsteht, ist die Herstellung einer Beziehungsqualität, in der der Schüler sich wertgeschätzt fühlt. Das intuitive Herstellen dieser Beziehungsqualität ist bei guten Lehrern ein Teil ihrer Haltung. Bei der Frage, wie diese innere Haltung entstehen kann, kommt man sehr schnell dahin zu erkennen, dass der Handelnde selbst in einer ruhigen Art und Weise »bei sich« ist, also in Kontakt mit seiner Intuition, seinen Ressourcen und seinen Kompetenzen. Er befindet sich in einer Art »Lösungstrance«, die eine innere Gewissheit induziert, dass es immer eine Lösung gibt, wenn man auf den Prozess achtet und sich über die innere Reflexion sowohl assoziiert als auch dissoziiert zum Geschehen ausrichtet. Die Lösungstrance ist also eine Haltung, die entsteht, indem das »Unbewusste« oder die Intuition die Führung in der Interaktion übernimmt.

Exkurs: Die Klugheit des Unbewussten

Milton Erickson, der als einer der wesentlichen Impulsgeber für die modernen Formen der Psychotherapie aber auch für lösungsorientierte kommunikative Strategien gilt, fasste seine Erkenntnis über psychische Wirkmechanismen in *Lehrgeschichten* zusammen, die er erzählte, um dem Unbewussten seiner Zuhörer eine Anregung zu geben, selbst Lösungen zu finden. Ein Beispiel, das gut aufzeigt, wie wichtig es sein kann, sich auf einen Prozess einzulassen, der eigenen Intuition zu trauen ohne das Ziel zu kennen und dabei die »Weisheit des Unbewussten« zu nutzen, zeigt folgende Geschichte:

> Auf dem Nachhauseweg von der Schule sah ich ein gezäumtes, aber herrenloses Pferd an unserer Gruppe vorbei in einen Bauerhof galoppieren ..., wo es nach einer Tränke suchte. Das Pferd war naßgeschwitzt. Und da der Bauer es nicht erkannte, drängten wir es in eine Ecke. Ich sprang auf den Pferderücken ...da es ja gezäumt war, ergriff die Zügel und rief: »Hüh-hot« ... und lenkte es auf die Straße. Ich war mir sicher, das Pferd würde die richtige Richtung einschlagen ... Ich selber wusste nicht, welches die richtige Richtung war. Und das Pferd trabte und galoppierte die Straße entlang. Ab und zu vergaß es, dass es sich auf dem Weg befand und wandte sich seitwärts in die Felder. Dann zog ich immer ein wenig am Zügel und brachte ihm wieder in Erinnerung, dass es sich eigentlich an den Weg halten sollte. Und vier Meilen nach dem Punkt, wo ich aufgesessen hatte, bog es schließlich in einen Bauernhof ein und der Bauer sagte »So ist der Gaul also wieder zurückgekommen. Wo hast du ihn gefunden?« Ich sagte: »Ungefähr vier Meilen von hier.« »Woher wusstest du denn, dass er hierher gehört?« Ich sagte: »Ich wusste es nicht ... das Pferd wusste es. Ich brauchte eigentlich nur seine Aufmerksamkeit auf die Strasse lenken.« (O'Hanlon 1990, 22)

M. Erickson benutzte den Begriff *Rapport*, um das Phänomen der rhythmischen Übereinstimmung bei Menschen zu beschreiben, die miteinander in Beziehung stehen. Im Vorgehen der Hypnotherapie kann diese Übereinstimmung gefördert werden, in dem sich der Therapeut z.B. mit seinem Atemrhythmus an den des Klienten anpasst. Der Therapeut stellt sich auf den gegenwärtigen Atemrhythmus des Klienten ein (Rapport), nimmt ihn auf (*pacing*) und kann durch die Verlangsamung seines eigenen Atemrhythmus den Klienten dazu einladen, ebenfalls seinen Atemrhythmus zu verlangsamen *(leading)*. Die Veränderung von physiolo-

gischen und psychischen Variablen kann also dadurch geschehen, dass der Therapeut selbst in eine lösungsorientierte Haltung geht, ressourcen- und lösungsorientiert denkt und handelt.
Der Begriff »Rapport« kann weiter beschrieben werden als ein grundsätzlich gutes Einvernehmen zwischen Menschen, geprägt von Empathie und Wertschätzung. Ein guter Rapport ist die Minimalvoraussetzung für eine gelungene Beziehungsgestaltung in beraterischen Kontexten und Lernkontexten.

»Rapport meint:
- Das Phänomen der rhythmischen Übereinstimmung bei Menschen
- Synchronisationsphänomene bei Organismen
- Strukturelle Kopplung der Interaktionspartner
- In der Hirnforschung: Spiegelneuronen modellieren – Empathie

Aufbau von »Rapport« durch Pacing:
- über das Atemmuster,
- über den Rhythmus der Stimme,
- über die Bewegungen.

Selbst dann, wenn man die Verhaltensweisen des anderen nicht passabel findet, kann man ihn dennoch als Person wertschätzen. Nur wenn diese Voraussetzung erfüllt ist, kann man von einem guten Rapport ausgehen.
Wir trennen also:

- *Die Wertschätzung der Person*, die in jedem Falle in Lernkontexten wichtig ist. Einmal braucht der Lehrer Wertschätzung und Empathie für seine eigene Person, um sie dann auch für den anderen zu haben. Geht er mit sich selbst abwertend um, so überträgt er dies unbewusst auch auf andere. Also: Ganz gleich, was der andere macht, er ist zunächst als Person wertvoll.
- *Die »problematischen« Verhaltensweisen*, die nicht wertgeschätzt werden, wenngleich sie bei genauerem Hinsehen auch einen Sinn haben können. In Psychologie und Pädagogik geht es darum, sie dann zu verändern, wenn sie das Individuum in seinen Möglichkeiten limitieren.

Das Beispiel des Angleichens der Atemrhythmen weist schon auf die Bedeutung der Begriffe *pacing* und *leading* hin: *pacing* (im gleichen Schritt mit jemandem gehen) bedeutet, sich an das Verhalten des anderen anpassen, dessen Energie aufnehmen und in einen ähnlichen Zustand gehen. Mitunter wird der Begriff auch missverstanden in Richtung: Ich muss feinfühlig und ruhig sein. Pacing kann aber auch bedeuten, dass bei aufgeregten Kindern, die laut herumschreien, der Lehrer zunächst einmal die Energie aufgreift und laut ist, um dann Stück für Stück ruhiger zu werden. *leading* beschreibt den Prozess des Hinführens auf ein gewünschtes Ziel. Im Beispiel »laute Kinder« bedeutet dies, der Lehrer versucht zunächst sein Verhalten anzugleichen (in dem er z.B. auch sehr laut ist) und dann durch einen »Unterschied, der einen Unterschied macht«, zu perturbieren. Diese Perturbation wäre eine Form des Leadings. Wichtig ist, dass ich den anderen nicht zu etwas bringe, sondern ihn einlade, sich autonom anders zu entscheiden.

Rapport sowie Pacing und Leading haben also nicht immer die Erscheinungsform von Ruhe, Gelassenheit, Lob etc., sie können auch in Form von Konfrontation, Provokation und Irritation wirken. So ist z.B. die von F. Farrelly eingeführte Form der »provokativen Therapie«, die mit starken Konfrontationen, Provokationen und Übertreibungen arbeitet, nur möglich bei einem tiefen Rapport zum Klienten. Im Sinne von M. Erickson entsteht Rapport durch die Synchronisation von Organismen, die in irgendeiner Weise in eine nähere Beziehung treten. Wir alle kennen z.B. Ehepaare, die lange zusammenleben und die sich in ihren Verhaltensweisen und Einstellungen aufeinander bezogen und synchronisiert haben. Ähnliche Phänomene kann man auch zwischen Hunden und ihren Besitzern (wer besitzt hier eigentlich wen?) feststellen. Die Synchronisation von Organismen, die Nähe zueinander haben, wurde auch in der Hirnforschung nachgewiesen. Rizzolatti (zit. nach Bauer 2006, 12) führt dieses Phänomen auf die sog. Spiegelneuronen zurück:

Diese können sich das, was wir bei einem anderen Menschen beobachten, so einprägen, dass wir es selbst fühlen, aufgrund dessen aber auch besser nachahmen können (das erste, was Säuglinge an kommunikativem Verhalten zeigen, ist der Versuch, den Ausdruck des mütterlichen Gesichts nachzuahmen und den Klang ihrer Stimme zu »spiegeln«).

Spiegelneuronen sind also für den Rapport zwischen Menschen zuständig und bewirken auch, dass sich die »Problemphysiologien« beispielsweise einer depressiven Mutter auf ihren Säugling übertragen. Gleichzeitig zeigen die Befunde auf, dass die Theorie des Lernens am Modell von entscheidender Bedeutung für das Ausbilden emotionaler Strukturen sowie von Einstellungen und Werten ist: »... dass Spiegelnervenzellen des Gehirns nur dann ›ansprechen‹, wenn eine beobachtete Handlung von einem lebenden Artgenossen höchst persönlich durchgeführt wird.« (ebd.)
Nach diesen Erkenntnissen können wir feststellen: Die Einladung eines Schülers zur Veränderung von Verhaltensmustern geschieht durch die Änderung der Haltung des Lehrers in Form einer Synchronisation auf einer unbewussten Ebene. Der Lehrer wirkt als »Lösungsmodell«.

3.8 Wahrnehmung und Wahrnehmungsverarbeitung

»Nihil est in intellectu, quod non ante fuerit in sensu: Es gibt nichts im Verstand, was nicht zuvor in den Sinnen war«, sagt schon John Locke. Zur Vertiefung des Verständnisses der Auswirkungen von Wahrnehmung und inneren Motiven auf die Entwicklung der Motivation wollen wir uns mit einigen Aspekten der Hirnforschung beschäftigen.

Die Grundausstattung des menschlichen Gehirns besteht nach neuesten Schätzungen aus über 20 Milliarden (das heißt über zwanzigmal 10 hoch neun) Nervenzellen. Davon stehen über 10 Milliarden Nervenzellen der mit ihren Windungen über die Hirnoberfläche ausgebreiteten Hirnrinde (Cortex) und dem mit ihr eng verbundenen limbischen System zur Verfügung. In der Hirnrinde

haben die »höheren« Wahrnehmungs-und Steuerungsfunktionen ihren Sitz, hier sind innere Muster über den faktischen Teil der äußeren Welt niedergelegt, hier ist unsere intellektuelle Intelligenz beheimatet.
In direkter Nachbarschaft und mit der Hirnrinde aufs Engste »verkabelt« ist das so genannte limbische System, das als »Zentrum für emotionale Intelligenz« emotional bedeutsame Signale registriert und aussendet. Das limbische System steht in intensivem Kontakt mit tieferliegenden Hirnteilen (insbesondere mit Hirnstamm und Hypothalamus), von denen es »online« Informationen über das innere Körperbefinden erhält. Durch Verbinden von Nachrichten über das innere Körperbefinden mit den von der Hirnrinde kommenden Auskünften über die äußere Welt erzeugt das limbische System emotionale Befindlichkeiten, Gefühle, Motive und Antriebe.
Ein Teilorgan des limbischen Systems ist der Mandelkern (Amygdala), der Erinnerungsspuren darüber abspeichert, ob Ereignisse oder Situationen für den eigenen Organismus angenehm oder schädlich beziehungsweise unangenehm (aversiv) waren. Mit seinem »Wissen« und seiner Fähigkeit, bei Bedarf tiefer gelegene Hirnzentren zu alarmieren, beteiligt sich der Mandelkern entscheidend an der Bewertung neuer Situationen und Ereignissen. (Bauer 2006, 52)

Auf die Funktionsweise des limbischen Systems in Bezug auf die Motivation werden wir gleich noch näher eingehen. Zunächst noch einige Hinweise auf die Funktionsweise der Wahrnehmung und Speicherung von Wahrnehmungsinhalten:

Alle mentalen Operationen werden durch die Verbindung von Nervenzellen (oder von Nervenzell-Gruppen) ermöglicht. Vollzogen werden diese Verbindungen durch Fortsätze, die jede Nervenzelle in ihr näheres und in ihr weiteres Umfeld schickt, um mit kleinen Verzweigungen am Ende dieser Fortsätze kleine Kontaktzonen, sogenannte »Synapsen« mit der Oberfläche anderer Nervenzellen zu bilden.
Einzelsignale, die von einem der fünf Sinne aufgenommen werden, führen im Gehirn zur gemeinsamen Aktivierung und damit zur Verbindung von nahe beieinander liegenden Nervenzellen. So entstehen kleine Nervenzell-Verbände, die einfache Wahrnehmungen in die subjektive Vorstellung bringen können. (ebd., 53)

Wahrnehmungen und Vorstellungen beruhen also auf synaptischen Verschaltungen von Nervenzellen zu Netzwerken. Einer bestimmten subjektiven Wahrnehmung oder Vorstellung entspricht jeweils ein spezifisch ausgebildetes Vorschaltungsmuster zwischen Nervenzellen. Die Voraussetzung dafür, dass wir zwischen unterschiedlichen Wahrnehmungen gedanklich einen Zusammenhang (eine Assoziation) herstellen können, ist die Verschaltung von dazugehörenden Nervenzellen-Netzwerken.
Vorstellungen über Zusammenhänge (Assoziationen) werden im menschlichen Gehirn in drei Dimensionen erzeugt: zum einen werden Elemente der äußeren Welt untereinander gedanklich in Verbindung gesetzt, also assoziiert. Diese Assoziationen entsprechen Netzwerk-Verschaltungen, die ein inneres Bild der äußeren Welt speichern und in die subjektive Vorstellung heben können. Ein solches »inneres Bild« wird auch als »Repräsentation« bezeichnet.
In einer zweiten Dimension werden Wahrnehmungen aus dem eigenen Organismus zu einem »Körperschema« zusammengeführt (assoziiert). Somit wird, was Nichtfachleute zunächst vielleicht überraschen mag, auch der eigene Körper im Gehirn durch ein selbst erzeugtes »inneres Bild« repräsentiert.
Von besonderer Bedeutung sind Verknüpfungen in der dritten Dimension: Hier werden Wahrnehmungen unseres körperlichen Selbstbefindens mit Objekten oder Situationen der äußeren Welt in Beziehung gesetzt (assoziiert).
Die Zusammenführung von Signalen aus der Körper-Innensphäre und der Welt der äußeren Situationen erfolgt in Gyrus cinguli des limbischen Systems, dem bereits erwähnten Sitz des »Selbstgefühls«. (ebd., S. 54)

3.8.1 Wahrnehmung, Bedeutungsgebung und Wahrnehmungstrübungen

Wir nehmen alle Umweltinformationen über unsere Sinneskanäle auf, sie stellen gleichzeitig die sog. »Repräsentationssysteme« (VAKOG) dar:

V *isuell*
A *uditiv*
K *inästhetisch*
O *lfaktorisch*
G *ustatorisch*

Menschen sind in ihrer Wahrnehmung aufgrund ihrer individuellen Lernerfahrungen, aber auch situationsvariant unterschiedlich in der Bevorzugung eines der verschiedenen Repräsentationssysteme.

Die aufgenommenen Informationen sind zunächst neutral, werden nach der Rezeption bewertet, mit bereits vorhandenen Erfahrungen verglichen und dann mit einer bestimmten Bedeutung gekoppelt. Die Bedeutungsgebung ist daher ein individueller, kreativer, einzigartiger Akt und kann von keinem anderen Individuum in gleicher Form nachvollzogen werden – auch wenn wir uns noch so wünschen, dass andere die Dinge genau so sehen wie wir selbst.

Der *visuelle* Wahrnehmungskanal ist bei den meisten Menschen derjenige, mit dem sie zunächst einmal die Situation »scannen« und erste Informationen über die Situation und die darin handelnden Menschen gewinnen. Phylogenetisch gesehen war der visuelle Sinneskanal vermutlich derjenige, mit dem unsere Vorfahren, als sie noch in der afrikanischen Savanne lebten, das Umfeld nach möglichen Ressourcen und Gefahrenherden absuchten, bevor sie sich auf den Weg machten. Insofern gibt uns der visuelle Sinneskanal schnell einen Überblick über die wichtigen visuell verfügbaren Informationen.

Die Informationen, die über den *auditiven* Kanal kommen, kann man unterscheiden in digitale und analoge Informationen. Die digitalen Informationen bestehen aus den (Sach-)Inhalten dessen, was ich höre. Die analogen beziehen sich darauf, wie etwas gesagt wird. Gerade bei Beziehungskonflikten spielen natürlich – wie jeder vermutlich schon einmal selbst leidvoll erfahren hat – die analogen Informationen die größere Rolle. Selbst eine »richtige« Aussage kann durch einen »falschen« Ton eine emotionale Bedeutung bekommen, die in keiner direkten Beziehung zum Inhalt steht. Wenn Kollege X in der Konferenz zu reden beginnt, reicht allein schon sein »schlimmer« Tonfall, damit das Inhaltliche nicht mehr wahrgenommen wird.

Über den *kinästhetischen* Wahrnehmungskanal nehmen wir die emotionalen Schwingungen der jeweiligen Situation auf und bewerten diese auf eine intuitive Art. Jeder kennt das sog. »Bauchgefühl«, über das sich ankündigt, ob man sich in einer Situation komfortabel oder unkomfortabel fühlt. Der Solarplexus ist die Stelle im Körperzentrum des Menschen, an der das »Bauchgefühl« angesiedelt ist. Gleichzeitig stellt er auch unser Referenzsystem dar, welches uns intuitiv darüber

Auskunft gibt, ob die Aussage des anderen für uns stimmig oder nicht stimmig ist. Viele individuelle Probleme entstehen dadurch, dass man über dieses Referenzgefühl einfach hinweggeht, es entweder gar nicht wahrnimmt oder sich einredet, dass das, was man eigentlich wahrgenommen hat, auch ganz anders sein könnte. Man vertraut also nicht mehr der eigenen Intuition, sondern lässt sich von anderen Informationen ablenken. Ein wichtiger Schritt für eine gute persönliche Psychohygiene – nicht nur für Lehrer – liegt in der Wiederentdeckung der Intuition und dem Sich-leiten-Lassen durch das Bauchgefühl, das man – wie wir noch sehen werden – dann in der Konfliktsituation wichtig nehmen und auch mitteilen kann.

Der *olfaktorische* Wahrnehmungskanal wird häufig bei Konflikten nicht ernst genommen, wenngleich er neben dem gustatorischen derjenige ist, der tief in unserem Stammhirn verankert ist. Das Stammhirn ist der Teil im Gehirn, der für die Grundgefühle zuständig ist. Wir alle kennen typische Gerüche, die gekoppelt sind mit unverwechselbaren Gefühlen (z.B. Weihnachtsduft). Allein der Duft reicht aus, um Erinnerungen zu aktivieren und über den olfaktorischen Auslöser in die alten Gefühle einzusteigen. Der Geruch einer (Konflikt-)Situation kann daher, schon bevor man es überhaupt wahrnimmt, einen bestimmten emotionalen Response auslösen. In der Verkaufsförderung nutzt man mittlerweile intensiv das Einsetzen von Geruchsstoffen, um Kunden in emotionale Haltungen einzuladen und damit eine positive Assoziation zwischen angebotenem Produkt und ausgelöstem Gefühl herzustellen. Jeder Lehrer und Schüler kennt z.B. den typischen Geruch seiner Schule – kann diesen aber erst wieder auf der Bewusstseinsebene wahrnehmen, wenn er eine Zeit lang in einem anderen »Geruchskontext« war. Allein der Geruch der Schule löst eine ganze Kaskade von Gefühlen aus, die häufig diesem Reiz aber nicht zugeordnet werden.

Für die Verbindung zwischen den wahrgenommen äußeren Reizen und der individuellen emotionalen Reaktion sind Lernprozesse verantwortlich. In der Vielzahl der Fälle handelt es sich um Prozesse des klassischen Konditionierens, aber auch in begrenztem Maße um das operante Konditionieren.

Menschen reagieren individuell einzigartig auf wahrgenommene Reize (oberhalb aber auch unterhalb der bewussten Wahrnehmungsschwelle), je nach den Erfahrungen, die sie in ihrer individuellen Lerngeschichte gemacht haben. Um eine aktuelle Situation bewerten zu können, greift das Individuum automatisch auf gespeicherte Erfahrungen mit ähnlichen Situationen zurück.

Die Gestaltpsychologie beschreibt dieses Phänomen als »Figur-Hintergrund-Konzept« (vgl. Polster / Polster 1975, 40ff.), in dem darauf hingewiesen wird, dass das aktuelle Erleben (Figur) immer auch auf einer individuellen Geschichte (Hintergrund) basiert. Im Beratungskontext kann man häufig erleben, dass aktuelle Konflikte, die die Person nicht gut bewältigt, eine Verbindung zu »alten« Konflikten haben, die so lange, bis sie bearbeitet sind, immer wieder in neuer Gestalt auftauchen und mit ähnlichen Emotionen verbunden sind.

3.8.2 Die Ökonomie der Wahrnehmung

Je schwieriger sich für einen Menschen die Situationsbewertung gestaltet, umso intensiver sucht er nach alten, bekannten Mustern, um zur Reduktion der Komplexität in der aktuellen Situation Analogien zu bereits erlebten Situationen herstellen zu können. Findet er keine gespeicherten Erfahrungen, die zu den situativen Reizen passen, entsteht eine Verstörung (Perturbation). Die individuelle Fähigkeit zur angemessenen Situationsbewertung ist allerdings auch abhängig von bestimmten Kodierungsleistungen des Gehirns. Informationen werden so kodiert, dass die daraus abgeleitete Bedeutung aufgrund der individuellen Lerngeschichte Sinn macht. Informationen werden daher unter Rückgriff auf die individuellen Glaubenssätze bewertet. Hierbei kommt es zu Verwerfungen in der Wahrnehmung, die sich gut mit den sog. universellen Modellierungsprozessen des NLP erklären lassen (vgl. Grochowiak 1996, 23ff.). Vorweg geschickt sei jedoch eine Bemerkung, die die Entscheidungsfindung bei Menschen aus Sicht der Hirnforschung verdeutlicht:

> Bewusstsein ist ein extrem teurer Prozess. Bewusstsein kostet nämlich Energie. Zwar gehen nur 2% unseres Körpergewichts auf das Konto des Gehirns, aber sein Energieverbrauch ist viel höher, besonders wenn wir intensiv und bewusst nachdenken. In diesem Fall verbrauchen wir 20% der Energie, die unserem gesamten Körper zur Verfügung steht. Wenn das Gehirn aber das Bewusstsein auf Sparflamme schaltet und im Automatik-Modus arbeitet, sind es nur noch 5%. Dieses Energie fressende Nachdenken findet im Neokortex statt, der bei uns Menschen der größte Gehirnteil und damit auch Energie-Großverbraucher ist … Gehirnmasse braucht 22-mal soviel Energie wie entsprechende Muskelmasse! Warum ist ein geringer Energieverbrauch wichtig? Das ist das Gesetz der Evolution. Organismen, die Energie nicht nutzlos verbrauchen, haben nämlich Vorteile. (Häusel 2005, 82)

Wahrnehmungsstrategien sind demnach eng an das Ökonomieprimat des Gehirns gebunden. Alles, was nicht aus dem bisherigen Wahrnehmungsrahmen fällt, kann sehr gut verarbeitet werden, alles, was fremd ist, führt zu Verstörungen und braucht damit mehr energetischen Einsatz des Gehirns. Aus dieser Erkenntnis lassen sich interessante Varianten für die Unterrichtsgestaltung ableiten: Die Aufmerksamkeit kann erhöht werden, wenn der Grad des Unbekannten und Neuen auf einer Ebene liegt, auf der leichte Verstörungen evoziert werden und gleichzeitig darauf geachtet wird, dass Überforderungen durch zu viel Neues vermieden werden.

Der Mensch greift zur Vereinfachung und Ökonomisierung der Wahrnehmung auf bestimmte Strategien zurück. Diese Strategien lassen sich in drei Kategorien unterteilen:

1. Generalisierung: Eine Strategie der Informationsverarbeitung liegt in der Generalisierung. Die Strategie der Generalisierung hilft uns die Vielzahl der wahrgenommenen Reize nach Mustern zu sortieren und unbekannte Reize mit ähnlichen Wahrnehmungserfahrungen in Verbindung zu bringen. Ähnliches wird so mit Ähnlichem verbunden und entsprechend dem Ökonomieprinzip des Gehirns in gleiche Kategorien einsortiert. Das Kind lernt über die Generalisie-

rung so z.B. aus aversiven oder gar gefährlichen Einzelerfahrungen Konsequenzen abzuleiten und entsprechende Situationen schnell auf Gefahrenmomente hin zu beurteilen. Allerdings stellen auch limitierende Glaubenssätze Generalisierungen dar. Diese hindern ihrerseits den Menschen daran, sich auf neue Erfahrungen einzulassen. Limitierende Glaubenssätze als Generalisierungen haben ihre Ursache in aversiven Beziehungserfahrungen des Kindes mit erwachsenen Bezugspersonen. Die sich in der Sozialisation wiederholenden und somit einschleifenden Interaktionsmuster werden als wahrnehmungslenkende Standards vom späteren Erwachsenen auf die Interaktionssituationen angewandt , die dann entsprechend den Vorerfahrungen bewertet und emotional aufgeladen werden. Generalisierungen sind demnach sowohl nützliche – weil ökonomische – Strategien, wirken aber auch gleichzeitig limitierend durch die Verhinderung neuer Erfahrungen.

2. Tilgung: Sie ist ebenso Ausdruck des Ökonomieprimats des Gehirns. Die enorme Informationsflut, die an das Individuum herangetragen wird, kann nur durch die Reduktion von Informationen, also durch (Informations-)Tilgungen bewältigt werden. Tilgungen stehen aber auch mit Prozessen der Amnesie in Verbindung. Wenn etwas zu belastend oder überfordernd ist, tilgt das Gehirn die Information und legt eine Amnesie darüber. Die Folge ist ein blinder Fleck in der Wahrnehmung. Hierin liegt wiederum eine Limitation der potenziellen Möglichkeiten und Fähigkeiten des Menschen.
3. Verzerrung: Auch die Verzerrung von Informationen geht auf einen Wahrnehmungsfilter zurück. Dieser Filter wirkt, in dem er ebenfalls auf bekannte Muster zurückgreift und diese auf die Situation überträgt, unabhängig davon, ob die Informationsbewertung »angemessen« oder »unangemessen« ist. Das, was bei der Person ankommt, ist etwas anderes als das, was von der anderen Person an Information ausgesandt wurde. So nimmt z.B. eine Person Umweltereignisse auf eine für andere Personen irritierende Art wahr und gib sie »verzerrt« wieder. Infolgedessen ist auch der Response der Person, die verzerrt auf ein Ereignis bzw. eine Äußerung reagiert, für die Umgebung überraschend bis irritierend. Die für künstlerische Aktionen mitunter notwendige Phantasie ist ein positiver Ausdruck der Verzerrung (»Realität« wird durch die Wahrnehmungskanäle und die Ausdrucksform des Künstlers »verzerrt«). Verzerrung gibt Auskunft darüber, wie Wirklichkeit anders wahrgenommen werden kann. Limitierend wirkt sie z.B. dadurch, dass das Individuum sämtliche wohlmeinenden Aussagen anderer als Angriff kodiert und entsprechend antwortet.

4. Motive und Motivation: Die Limbic Map der Schüler

Unser Gehirn besteht aus mehreren Arealen, die nach traditioneller Sicht unterschiedliche Funktionen haben:

- das Großhirn: der jüngste Teil – zuständig für Verstand und Vernunft,
- das Kleinhirn (limbisches System): der älteste Teil – zuständig für Emotion und Motivation,
- der Hirnstamm, das sog. Reptiliengehirn – zuständig für Instinkte, Basisgefühle und Reaktionen

Bis Mitte der 90er Jahre ist man davon ausgegangen, dass sämtliche rationalen Entscheidungen durch das Großhirn vorgenommen werden. Durch die Forschungsergebnisse von Damasio und LeDoux, die Entscheidungsprozesse bei hirnverletzten Patienten untersuchten, konnte man Zweifel an dieser Anschauung bekommen. Sie wiesen nach, dass Patienten, deren Großhirn voll funktionsfähig, deren Kleinhirn dagegen geschädigt war, gegen alle Erwartungen zu rationaler Entscheidungsfindung nicht mehr fähig waren (Häusel 2007, 65). Diese Ergebnisse zeigten die enorme Bedeutung, die Emotionen für die Entscheidungsfindung haben und wiesen auch darauf hin, dass es Vernetzungen zwischen den Hirnarealen gibt, die das Gehirn eher holistisch erscheinen lassen, so dass man sagen kann: Das gesamte Gehirn ist mit emotionalen Prozessen befasst.

> Heute weiß man, dass letztlich unser ganzes Gehirn mehr oder weniger emotional ist. Die vorderen Gehirnbereiche mehr, das hintere Großhirn und das Kleinhirn weniger. Diese Einsicht wird auch durch einen Seitenblick auf die Botenstoffe und Hormone untermauert, die unser Emotionssystem maßgeblich mitgestalten. Ihre Bahnen beginnen im Stammhirn, laufen dann durch das Zwischenhirn und limbische System, enden aber dort nicht, sondern ziehen durch das gesamte Großhirn hindurch und beeinflussen dort die Art und Weise unseres Denkens. Die stärkste Konzentration allerdings findet sich in den unteren Gehirnbereichen im Stamm- und Zwischenhirn – genauer im limbischen System.(ebd., 66f.)

Der Zusammenhang zwischen den wahrgenommenen Außenreizen und der Verarbeitung dieser Reize im Gehirn wird durch Neurotransmitter geregelt, die dafür sorgen, dass aus wahrgenommenen Reizen schließlich physiologische Reaktionen werden:

> Seelische Erlebnisse werden vom Gehirn in bioelektrische Impulse und in die Freisetzung von Nerven-Botenstoffen umgewandelt. Das Gehirn macht aus jedem psychischen also einen biologischen Vorgang. Vom Gehirn ausgesandte Signale führen sowohl zur gegenseitigen Stimulation der Nervenzellen im Gehirn als auch zur Stimulation zahlreicher Körperorgane. (Bauer 2006, 21)

Den engen Zusammenhang zwischen Hormonen und einer emotionalen Reaktion kann man gut am Beispiel des Stresshormons Cortisol aufzeigen:

> Cortisol ist eine Substanz, die vom Körper nur dann in vermehrter Menge produziert wird, wenn im Gehirn ein Gen mit dem Namen CRH-Gen (Corticotropin-Releasing-Hormon) angeschaltet wird. (ebd., 25)

In Zusammenwirkung von Cortisol mit dem limbischen System kommt es zu folgender Reaktion:

> Wird eine äußere Situation vom Großhirn und seinem Kompagnon, dem limbischen System, als Gefahren- oder Alarmsituation bewertet, dann senden diese beiden Hirnregionen ihrer Alarmsignale nicht nur an den Hypothalamus (dort wird das CRH-Gen gestartet), sondern auch an den untersten Teil des Gehirns, den so genannten Hirnstamm. Dort sitzen unter anderem Nervenzellen, welche die Frequenz der Atmung, die Pulsfrequenz und den Blutdruck kontrollieren. Auch einer der wichtigsten Nerven für die Regulation von Herz, Magen und Darm, der Vagusnerv, nimmt hier im Stammhirn seinen Ausgang. Im Stammhirn eintreffende Alarmsignale führen zur Ausschüttung der Nervenbotenstoffe Adrenalin und Noradrenalin, die Herzfrequenz, Puls und Kreislauf hochtreiben. (ebd., 27)

Alle Ergebnisse der Hirnforschung weisen also darauf hin, dass der Organismus ganzheitlich organisiert ist und dass erst das Zusammenspiel unterschiedlicher Variablen letztlich zu Verhaltensäußerungen des Individuums führen. Diese Zusammenhänge sind hoch komplex und zugleich individuell different. Dennoch lassen sich einige Grundstrukturen aufzeigen, die für die Frage »Was motiviert wen zu welcher Zeit?« sehr interessant erscheinen. Eine große Rolle spielt dabei das sog. Belohnungssystem, das im Übrigen – wenn es gestört ist – bei Suchtverhalten eine große Rolle spielt:

> Eines der zentralen menschlichen Emotionssysteme ist das mesolimbische / mesokortikale Belohnungssystem. Entsprechende Konstrukte in der Psychologie sind z.B. Novelty Seeking, Sensation Seeking oder diversive Neugier. (Häusel 2007, 68)

Fassen wir also noch einmal zusammen:
- Unsere Sinneskanäle sind der Zugang zur Welt.
- Reize werden unbewusst wahrgenommen.
- Das Großhirn gibt ihnen eine kognitive Bedeutung.
- Reize werden mit Emotionen assoziiert.
- Je intensiver die Kopplung, desto größer die Wirkung.
- Jeder Emotionskategorie ist ein bestimmtes Areal im Gehirn zugeordnet.
- Dieses Areal wird bei der Wahrnehmung des Reizes aktiviert.

4.1 Das Emotionssystem

»Emotionen sind mehrdimensionale Konstrukte, die aus affektiven, physiologischen, kognitiven, expressiven und motivationalen Komponenten bestehen.« (Frenzel u.a. in Wild / Möller 2009, 207).

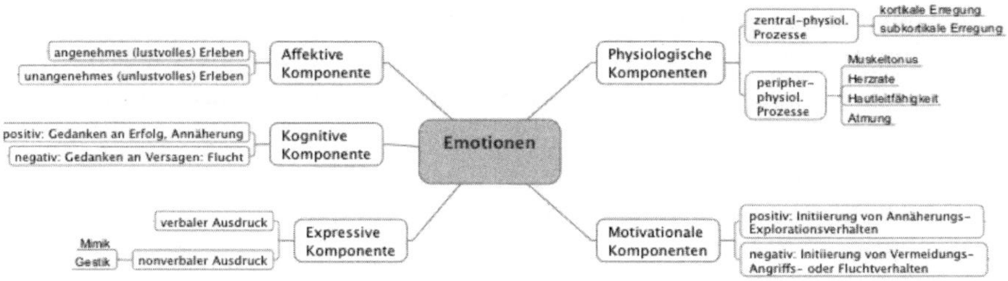

Abb. 10: Mindmap »Emotionen« nach Frenzel u.a. 2009, 207

Emotionen stellen einen Prozess dar, der sowohl psychische als auch physiologische Komponenten beinhaltet und durch die bewusste oder unbewusste Wahrnehmung von Reizen ausgelöst wird. Während die sog. Basisemotionen (Furcht, Ekel, Überraschung) direkte physiologische Reaktionen auf die wahrgenommenen Reize sind, die keiner unmittelbar vorhergehenden kognitiven Bewertung bedürfen, gehen komplexeren Emotionen (Freude, Trauer) kognitive Bewertungen voraus.

Die Hirnforschung hat in ihren Ergebnissen aufgezeigt, dass es Emotionssysteme im Gehirn gibt, die auf eine bestimme Art miteinander interagieren. Die Emotionssysteme lassen sich in folgendes Bild bringen:

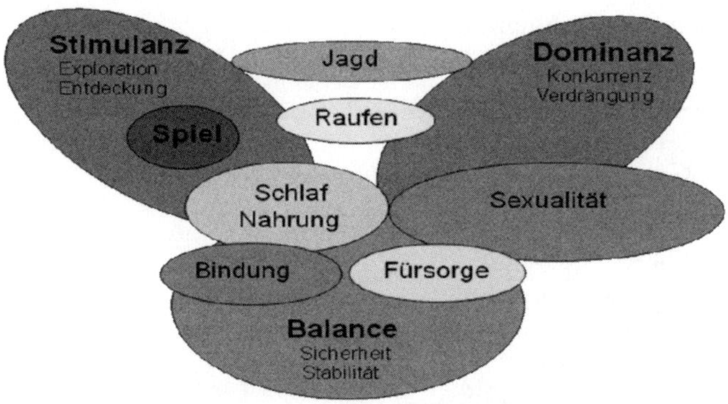

Abb. 11: die wichtigsten Emotionssysteme im menschlichen Gehirn (Häusel, H.G. (2007), S.69)

Dieses Modell ist eine »Wirklichkeitsbeschreibung« und so wahr oder falsch wie andere. Wir wollen es auf seinen Nutzen hin untersuchen, um mögliche Relevanz für die praktische Arbeit herauszufiltern. Es bildet seine Kategorien unter Einbeziehung der Aussagen verschiedener Disziplinen wie Neurobiologie, Verhaltensgenetik, Neurochemie, Psychiatrie und Psychologie. Die Kategorien dienen der Beschreibung von Phänomenen auf der Basis aktueller Forschungsergebnisse.

Im Zentrum aller Motiv- und Emotionssysteme befinden sich die physiologischen Vitalbedürfnisse, wie Nahrung, Schlaf und Atmung. Sie sind Teil des Stammhirns und dienen der Sicherung der Lebensgrundlagen des Organismus; wir betrachten die drei größeren Motivsysteme Balance, Stimulanz und Dominanz genauer.

Das Balance-System

- Oberstes Prinzip: der Wunsch nach Sicherheit
- Vermeide jede Gefahr!
- Vermeide Veränderungen: Behalte Gewohnheiten so lange bei, wie es geht!
- Vermeide Störungen und Unsicherheit!
- Strebe nach innerer und äußerer Stabilität!
- Optimiere deinen Energiehaushalt und vergeude nicht nutzlos Energie!

  Dem Balance System sind untergeordnet:
  - *das Bindungs-Modul* mit dem Wunsch nach Zugehörigkeit. Der Mensch möchte persönlich wichtig genommen werden und sich einem System anschließen (Kleidung, Abzeichen, Symbole etc.);
  - *das Fürsorge-Modul* mit dem Wunsch, sich um andere zu kümmern.

Das Stimulanz-System

- die Suche nach neuen Reizen,
- das Ausbrechen aus Gewohnheiten,
- das Entdecken und Erforschen der Umwelt,
- die Suche nach Abwechslung,
- das Vermeiden von Langeweile,
- das Sich-Unterscheiden von anderen.

Das Dominanz-System

- sich durchsetzen,
- nach oben streben,
- besser sein als die anderen,
- die eigene Macht, den eigenen Einfluss vergrößern,
- Konkurrenten verdrängen,
- das eigene Territorium erweitern,
- die eigene Autonomie erhalten,
- aktiv sein.

4.2 Die Limbic Map in der Pädagogik

Häusel (2006) hat diese Emotionssysteme in einer »Limbic Map« zusammengefasst, um die Motive und Motivationen von Menschen besser beschreiben zu können.

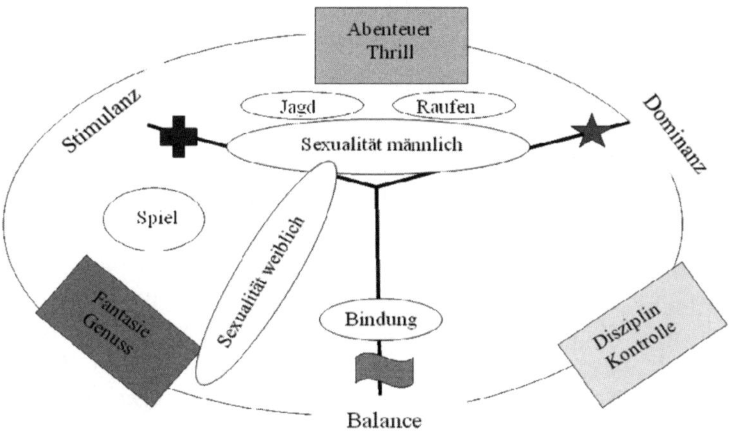

Abb. 12: Limbic Map – (nach Häusel 2007, 72)

In der Limbic Map sind zwischen den Emotionssystemen noch weitere Kategorien angesiedelt, die zusätzliche Motive abbilden.
Die beschriebenen Emotionssysteme sind in ihren Ausprägungsgraden alters- und geschlechtsspezifisch. Das jugendliche Gehirn ist erst mit 18 Jahren ausgereift und erleidet ab dem 25.-30. Lebensjahr schon wieder einen Abbau durch den dann beginnenden Nervenzellenverlust. Die im Gehirn zirkulierenden Botenstoffe ändern sich sehr stark mit dem Alter, sodass sich infolgedessen auch die Motiv- und Emotionssysteme stark verändern:

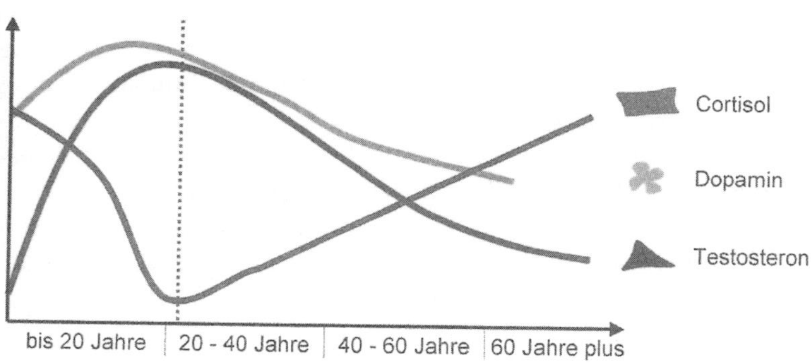

Abb.13: Die an den Emotionssystemen beteiligten Botenstoffe in Abhängigkeit vom Alter (Häusel 2007, 81)

Die Wirkweisen der drei Botenstoffe lassen sich wie folgt beschreiben (vgl. Häusel 2005, 227):
Cortisol ist an der Stress- und Angstreaktion des Körpers beteiligt und sorgt dafür, dass im Körper Energie für Flucht und Kampf mobilisiert wird.
Dopamin ist zuständig für die Energetisierung des Körpers: treibt an, macht euphorisch und ist an der Neugier beteiligt. Hat darüber hinaus eine wichtige Funktion bei der Handlungsplanung.
Testosteron ist wichtig für die männliche Sexualität. Macht optimistisch und aggressiv / kämpferisch.

4.3 Exkurs: Hirnforschung und das Ich oder der freie Wille

Die Erkenntnisse der Hirnforschung sind für die Pädagogik und auch für die Psychotherapie von besonderer Relevanz, da sie darauf hinweisen, dass der Mensch in seinen Entscheidungen nicht frei, sondern durch das Gehirn determiniert ist (»Wir sollten aufhören von Freiheit zu sprechen«, Singer 2004, 30; vgl. Speck 2009, 35). Nach diesen Aussagen sind Neuentscheidungen aus Erkenntnissen heraus kaum denkbar und schon gar nicht Ausdruck des freien Willens des Menschen, sondern entstanden aus determinierenden chemo-physikalischen Prozessen im Gehirn.
Das Ich oder das Selbst als Instanz des »freien Willens« wären somit nicht an sich existent, sondern vom Gehirn »produziert« und Naturgesetzen folgend (ebd., 33). Die sog. Libet-Experimente, in denen nachgewiesen wurde, dass der Handlungsimpuls eines Probanden, also die Aktivierung, unbewusst schon vor seiner Willensentscheidung vorhanden war, weisen darauf hin, dass wir erst im Nachhinein Handlungen begründen und als Akt des freien Willens deklarieren. Dies ist z.B. in der Erforschung des Kaufverhaltens von Menschen immer wieder bestätigt worden: Menschen treffen unbewusst Entscheidungen, die zurückzuführen sind auf das limbische System und geben diesen im Nachhinein eine kognitive Begründung (»Ich musste das ja kaufen, weil ich es brauchte«). Auch der sog. Schmerzrückzugsreflex (vgl Gerrig / Zimbardo 2008, 77), der durch ein Zusammenspiel zwischen sensorischen (Haut) und motorischen Neuronen(Muskel) sowie Interneuronen (Gehirn) entsteht, ist ein Beispiel dafür, dass Reaktionen des Körpers bereits stattgefunden haben (Rückzug des Körperteils, dass dem Schmerzreiz ausgesetzt ist), bevor das Gehirn den Schmerz wahrgenommen hat.
Wenn wir diese Erkenntnisse auf den Aspekt der Verantwortung einer Person für ihr Verhalten übertragen und vor allem auf die sog. Schuldfrage, so muss man konsequenterweise sagen, nicht die Person ist für eine Handlung verantwortlich, sondern ihr Gehirn.
An dieser Stelle wird die Absurdität dieser Diskussion deutlich. Es wird so getan, als ob es zwischen Gehirn und dem restlichen Menschen, seinem Körper, Diffe-

renzen gebe, die im Sinne einer Dualität zu verstehen seien. Hinzu kommt, dass man infolgedessen von einer linear kausalen Beziehung zwischen Gehirn und restlichem Menschen ausgehen müsste. Unserer Auffassung und Erfahrung nach sind Menschen dagegen ganzheitlich organisiert – wir sind eben unser Gehirn und auch unser Körper, der für die nötigen Wahrnehmungen und Handlungen sorgt und dabei eine eigene Intelligenz besitzt – dies ist nicht zu trennen. Entscheidungsprozesse sind daher immer holistisch zu verstehen. Sie kommen zustande durch Wahrnehmungsprozesse und kognitive Bewertungsprozesse. Wahrnehmungsprozesse verlaufen bewusst ebenso wie ausgesprochen intuitiv oder reflexartig, also unterhalb der Wahrnehmungsgrenze. Wir verstehen den Menschen als ein ganzheitliches System aus Wahrnehmungssystemen und kognitiven Bewertungsstrategien, der wahrgenommene Reize verarbeitet und entweder spontan reagiert (z.B. durch Flucht) oder aus der Bewertung der Reize Handlungen ableitet, die ihm in seinem Verhaltensrepertoire gegenwärtig zur Verfügung stehen.

Die Erkenntnisse der Hirnforschung tragen wesentlich zum Verständnis von Lernprozessen und Entwicklungsprozessen des Menschen bei, dürfen aus unserer Sicht aber nicht so verstanden werden, dass man den Menschen allein auf seine Gehirnaktivitäten reduziert. Das Selbst oder der freie Wille sind natürlich Konstruktionen, die durch den Beobachter getroffen werden und somit mehr über diesen aussagen als über den Beobachteten. Die Beobachtung ist ebenfalls holistisch und bedient sich der Intuition; sie nimmt den Menschen als Entität wahr und zieht aus dieser Wahrnehmung Schlüsse. Vieles wird unterhalb der Wahrnehmungsschwelle aufgenommen und dringt daher unbewusst in die Beurteilung ein. Insofern sind freier Wille und Selbst wiederum subjektive Konstruktionen, wobei es möglicherweise gleichgültig ist, ob nun das limbische System oder die Neocortex die wesentlicheren Anteile an dieser Konstruktion hat. Für unsere Fragestellung, wie Blockaden und Lösungen konstruiert werden, sind weniger die Kausalitäten interessant, sondern eher die Betrachtung der Auswirkungen von Wahrnehmung und Verhalten auf den Kontext sowie die Bewertung, die der Kontext diesen Phänomenen zukommen lässt.

4.4 Verhalten und Motivationsprozess bei Schülern

Betrachtet man die oben dargestellte Konzentration der Botenstoffe im Gehirn in Abhängigkeit vom Alter etwas genauer, so sieht man, dass gerade in der Schulzeit ein dramatisches hormonelles Auf und Ab stattfindet. Lehrer, die in den unterschiedlichen Jahrgangsstufen tätig sind, wissen das und haben ein Gefühl dafür und eine individuelle Strategie entwickelt. Wir wollen im Folgenden einige Überlegungen zur Frage der Motivation aus Sicht des »Limbic Brain« anstellen. Zuvor eine grundsätzliche Anmerkung: Die hier diskutierte Wirkung von Hormonen kann nicht im Sinne von kausalen Aussagen über Verhalten gesehen werden;

nicht ein spezielles Hormon ist »schuld« an einer Verhaltensweise. Vielmehr handelt es sich auch hier wieder um ein zirkulär-kausales Geschehen: Die individuelle Disposition trifft auf Umweltvariablen, die in Wechselwirkung treten und bestimmte Verhaltensmuster begünstigen. Alle Forschungsansätze über die Wirkung von hormonellen Bedingungen auf Verhaltensweisen von Jugendlichen weisen auf diese reziproke Beziehung hin (Oerter / Dreher 2009, 315).

4.4.1 Die frühen Schuljahre

Die Kurve der Botenstoffe weist aus, dass bis zum Ende der Pubertät, dem Abschluss der Phase der späten Adoleszenz (zwischen 18 und 22 Jahren), eine komplette Umstrukturierung in der hormonellen Steuerung der Emotionssysteme erfolgt. Betrachten wir die frühe Phase der Schulzeit bis zum Einsetzen der Pubertät, der frühen Adoleszenz mit 10-13 Jahren (ebd., 272), so kann man feststellen, dass hier je etwa gleich stark Cortisol- wie Dopamin-Konzentrationen vorkommen. Was bedeutet das für die Motive der Kinder? Kinder im frühen Schulalter haben vorwiegend zwei Bedürfnisse und/oder Motive:

- Bindung sowie
- Spiel und Abenteuer, gepaart mit einer individuell differenten Risikobereitschaft.

Jeder Lehrer, der mit dieser Jahrgangsstufe Erfahrung hat, kennt die Bindungswünsche seiner Schüler, für die das »Vom-Lehrer-beachtet-Werden« und »Ihm-Gefallen« ein zentrales Motiv ist. Bindungswünsche dienen der Angstreduktion und sind gleichzeitig auch unter dem Aspekt des Modelllernens zu betrachten. Aus Banduras Theorie über das »Lernen am Modell« wissen wir: Je attraktiver ein sog. Lifemodell für den Beobachter ist, umso mehr steigt dessen Bereitschaft zur Identifikation, womit er sozial-emotionale Strukturen wie auch Fertigkeiten und Kenntnisse in sich aufnimmt. Über Bindung kann Motivation hervorgerufen und schließlich gut gelernt werden. In Bezug auf die zuletzt geführte Diskussion über Rapport, Pacing und Leading kann man sagen, dass Kinder dieser Altersgruppe, sofern sie nicht traumatische Erfahrungen mit Erwachsenen erlebt haben, von sich aus durchaus bereit sind, in Beziehung zu treten und dies – im Gegensatz zu Jugendlichen – auch relativ bedingungslos anbieten. Für den Lehrer bedeutet das: Er kann relativ schnell Rapport aufbauen über Beachtung und Zuwendung. In diesem Zusammenhang wollen wir ausdrücklich noch einmal darauf hinweisen, dass sog. »Störer« oder aggressive Kinder über ihr Verhalten eine Form »negativer« Beachtung evozieren wollen und damit ihrer Ambivalenz gegenüber Erwachsenen Rechnung tragen: beachtet werden (auch durch Tadel oder Zorn des Lehrers) und sich gleichzeitig vor Nähe schützen (die positive Nähe vermeiden, um mögliche erneute Verletzungen zu verhindern).

Spiele, neue Herausforderungen und Aufgaben dienen in diesem der Alter dazu, das Stimulanzsystem anzusprechen. Kinder sind in dieser Zeit schnell gelangweilt und wollen immer wieder mit neuen Reizen in Kontakt kommen. Lehrer sprechen in dieser Zeit von ihrer Aufgabe, »Sport, Spiel und Spannung« zu erzeugen und fühlen sich mitunter dadurch »genervt« und überfordert. Das Belohnungssystem von Kindern kann sich hier auf quasi süchtige Strukturen einpendeln: Es muss laufend ein neuer Reiz angeboten werden, da sonst Unlust aufkommt, die unter allen Umständen vermieden werden soll. Lehrer, die ihre Rolle vornehmlich in der Rolle des Aktivators sehen, können dabei schnell an ihre Grenzen geraten, da sie mit den vielen Anreizen, die Kinder aus den ihnen zur Verfügung stehenden Medien beziehen, kaum konkurrieren können.

Exkurs: Merkmalsbereiche einer effektiven Klassenführung (nach Kounin 1976, 2006)

Kounin beschreibt die Aufgaben von Lehrern im Hinblick auf eine effektive Klassenführung mit Hilfe von 5 Dimensionen (vgl. Seidel 2009, 138).
Disziplinierung – Fähigkeit des Lehrenden bei Störungen auf eine klare, feste und nicht zu harte Weise zu reagieren.
Allgegenwärtigkeit und Überlappung – Fähigkeit des Lehrenden über die Situationen im Klassenzimmer stets informiert zu sein und einschreiten zu können sowie sich simultan um verschiedene Problembereiche kümmern zu können.
Reibungslosigkeit und Schwung – Fähigkeit des Lehrenden, für einen flüssigen Unterrichtsverlauf zu sorgen.
Gruppenmobilisierung –Fähigkeit des Lehrenden, sich auf die Gruppe als ganze zu konzentrieren und dabei gleichzeitig einzelne Schüler individuell unterstützen zu können.
Abwechslung und Herausforderung- Fähigkeit des Lehrenden, die Lernaktivitäten (insbesondere in den Stillarbeitsphasen) so zu gestalten, dass sie als abwechslungsreich und herausfordernd erlebt werden.

Diese Anforderungen wirken zunächst einmal logisch, gleichzeitig zeigt die Praxis aber, dass es bei dieser »Multitaskingaufgabe« sehr schnell zu Überforderungserscheinungen kommen kann, da die Interaktionsprozesse im Unterricht durchaus überraschend und nicht planbar verlaufen können. Insofern ist zusätzlich noch ein hohes Maß an Kreativität, Spontaneität und Flexibilität erforderlich, um beispielsweise mit den nicht seltenen »Störungen«, die wir als »kommunikative Einladungen« verstehen, umgehen zu können. Meines Erachtens ist es daher unumgänglich – auch im Sinne einer verbesserten Psychohygiene für Lehrer – die Aufgaben neu zu definieren und dabei die Erkenntnisse der reziproken Interaktion und Kommunikation einzubeziehen.

4.4.2 Pubertät und frühe Adoleszenz

Im Zeitraum der beginnenden Pubertät wandelt sich die Unterrichtssituation in der Klasse dramatisch. Lehrer berichten in dieser Zeit von gravierenden Veränderungen der Interaktion der Schüler untereinander sowie zwischen Schülern und Lehrern. Betrachtet man die Emotionssysteme sowie die Konzentration der Botenstoffe, so liegt der Grund hierfür auf der Hand: Der Anstieg der Hormone, die für die sexuelle Entwicklung wichtig sind, das Testosteron bei Jungen sowie das

Östrogen bei Mädchen, führt zu entscheidenden Veränderungen in der Orientierung auf Erwachsene sowie andere Jugendliche. Während bei Jungen mit gleichzeitigem Absinken des Cortisols die Bindungsmotivation zum Lehrer drastisch zugunsten einer neuen Aktivation in Richtung »Wettbewerbsorientierung« und »Geschlechtsrollenfindung« zurückgeht, bleibt bei Mädchen ein Bindungsmotiv weiter virulent, das – wie die Limbic Map zeigt – sehr stark mit dem Wunsch nach Balance und dem Hineingehen in Phantasiewelten und »Träume« verbunden ist. Da bei beiden Geschlechtern das Dopamin weiter dominant ist, herrscht gleichzeitig eine hohe Aktivation vor. In dieser Phase der Geschlechtsrollenausprägung und der generellen Identitätsfindung bilden sich die ersten Individualisierungsmuster heraus in Form von besonderer Kleidung, Frisur etc. als Unterscheidung zu den anderen Klassenmitgliedern. Der Wunsch nach Autonomie nimmt ebenso zu wie die Wünsche nach Grenzerfahrungen in Abenteuern (z.B. erste Erfahrungen mit Alkohol, Nikotin, Drogen). Das Neugiermotiv, gepaart mit dem Wunsch nach Unterscheidung und Freiheit lässt manche Kinder nun in riskantere Verhaltensweisen einsteigen. Gleichzeitig dient diese Phase der Entwicklung auch als erster Abgrenzung zu den Erwachsenen, deren Regeln mehr und mehr hinterfragt, manchmal auch auf Unstimmigkeiten abgeklopft und dann kritisiert werden. Das andere Geschlecht wird auf eine neue Weise interessant und die vorher geschlechtshomogen ausgebildeten Peers geraten ins Wanken, weil sich erste platonische –mitunter auch schon manifeste – Liebesbeziehungen ausbilden.

Lehrer sind in Klassen dieser Altersgruppen sehr stark gefordert. Da die Entwicklung nicht homogen verläuft, befinden sich die verschiedenen Schüler in der Klasse in unterschiedlichen Entwicklungsphasen. Während manche Schüler noch Bindungswünsche haben und sehr zurückhaltend sind, agieren andere schon sehr stark aus der neuen Energie heraus. Das Herausbilden der Geschlechtsrollenidentität durch die nun einsetzende Geschlechtsreife führt ebenso zu Irritationen. So haben es Lehrer auf einmal mit einer Anzahl »kichernder« Mädchen zu tun, die Ereignisse in der Klasse komplett anders als bisher konnotieren, während Jungen mit Imponiergehabe oder aber mit nun auftretender Schüchternheit reagieren. Die Interaktionsangebote von Seiten der Schüler sind also sehr different, sodass der Lehrer selektieren muss, welche Gruppe von Schülern nun welche adäquate »Zielgruppenansprache« braucht. Das Wissen um diese Veränderungen und deren Akzeptanz als »normaler« Prozess hilft Lehrern meist dabei, ein Maß an Wertschätzung aufzubauen, das Schüler in der Kooperation hält. Denn, obschon nun andere Interaktionsangebote von den Schülern kommen, fallen diese genauso auch immer wieder in alte Verhaltensweisen zurück. *Pacing* und *Leading* zur Aufrechterhaltung der Beziehung und des Rapports ermöglicht weiterhin den Zugang zu den neuen emotionalen Welten der Schüler. Rapport bedeutet aber in dieser Phase nicht das Sich-Einstellen auf die Energien der Schüler, sondern auch das Grenzen-Setzen. Pubertät und Adoleszenz verlangen von den beteiligten

Erwachsenen ein grundsätzliches Verständnis für die hormonell turbulente Situation der Jugendlichen, die überschwemmt sind mit vollkommen neuen, bislang unbekannten und mitunter auch beängstigenden Gefühlen. Sie müssen sich in dieser Phase des Lebens neu »finden und erfinden« und sind hierbei in einem Suchprozess, zu dem andere Modelle (Idole, Helden etc., manchmal auch die eigenen Eltern) herangezogen werden. Die Identität wird zunächst durch die Übernahme von habituellen Mustern dieser Modelle »ausgeliehen« und erst später in der Adoleszenz in eine eigene *Identitätskonstruktion* umgesetzt – soweit dies überhaupt gelingt. Die zentrale Aufgabe in der Adoleszenz ist die Ablösung von den Eltern und das Herausarbeiten einer eigenen Identitätskonstruktion. Ablösen kann aber nur gelingen, wenn es Grenzen und Standpunkte gibt. Die Aufgabe der erwachsenen Interaktionspartner, die in unmittelbarem Kontakt mit Jugendlichen sind, gestalten sich somit vielfältig. Einmal sind sie Partner für die Auseinandersetzung, zum anderen sind sie Modelle der Identität. Eltern haben in dieser Zeit die Aufgabe den Jugendlichen als Person wertzuschätzen, seine möglicherweise »übergriffigen« Verhaltensweisen aber andererseits zu konfrontieren. Die Konfrontation und Grenzsetzung ist notwendig, damit sich der Jugendliche ablösen kann. Die Ablösephase wird allerdings von Eltern vermieden, die ein wenig abgegrenztes Verhältnis zu ihren Kinder haben oder sich sehr stark über ihre Kinder definieren. In diesen Fällen leben die Jugendlichen stellvertretend die Ablösung der Eltern. In anderen Fällen sehen Mütter – vor allem bei männlichen Einzelkindern – ihre Söhne manchmal als Partnerersatz und es fällt ihnen schwer, sie gehen (sich ablösen) zu lassen.

Schulen müssen in dieser Phase, in der es um existenzielle Konflikte und sehr tiefe und dramatische Auseinandersetzungen sowohl für die Eltern als auch für die Kinder geht, auch manchmal mit den »Hinterlassenschaften« der sich entziehenden Eltern zurechtkommen. Da, wo Eltern ihre Aufgabe einigermaßen gut bewältigen, können Lehrer eher in die Rolle von Modellen wertschätzender Interaktion eintreten. In der systemischen Familientherapie spricht man hier von einem »splitting«: Eltern sind die Grenzen ziehenden »Bösen«, Lehrer können die neue Erfahrung ermöglichenden »Guten« sein. In den Fällen, in denen Eltern ihre Aufgabe nicht hinreichend angehen, kommen Lehrer in beide Rollen: Sie müssen Grenzen ziehen und sollen gleichzeitig Angebote machen. Da Jugendliche von denen, die sie konfrontieren, in dieser Zeit nichts »annehmen« wollen, weil sie sich ja abgrenzen müssen, wird die Interaktion sehr schwierig. Hinzu kommt noch, dass Lehrer deutlicher in die Familiendynamik der Jugendlichen hineingezogen werden: Sie bekommen die Rolle der »Erzieher« zugewiesen und werden gleichzeitig von nicht wenigen Eltern dafür angegangen und kritisiert. Lehrer sind im Übrigen für diese Rolle auch nicht ausgebildet; zudem geraten sie in Gefahr, durch die Übernahme der Erzieherrolle ihre anderen Lehrer-Rollenaufgaben zu vernachlässigen.

Wird die Rolle des Grenzen-Setzens von den Eltern auf die Schule übertragen, so muss Schule ihre Interventionsstrategien umstellen. Eine wichtige Aufgabe wäre es, Klassenlehrer in diesen Jahrgangsstufen so zu entlasten, so dass sie die Lehrerrolle in großer Rollenklarheit einnehmen können. Dies gelingt am besten dadurch, dass der Klassenlehrer Lehrer bleibt und sich auf seine Aufgabe beschränkt, in dieser Rolle sehr klar ist und die nötigen und wichtigen Grenzen zieht. Die sich automatisch hieraus ergebenden Konflikte kann er durch einfache Interventionen in Form von Gesprächen auf gleichrangiger Basis und durch Senden von Ich-Botschaften klären. In den Fällen, in denen Jugendliche »problematische« Verhaltensweisen zeigen, kann davon ausgegangen werden, dass sich in der Schule Aspekte der Konfliktdynamik der Familie reinszenieren. Lehrer, Mitschüler und Schule generell werden also in die Dynamik der Familienkonflikte hineingezogen, ohne dass sie sich dagegen wehren können. An diesen Situationen sind Interventionen klug, die die Familie mit einbeziehen. In Familiengesprächen können z.B. durch einen in systemischer Beratung ausgebildeten Lehrer neue Informationen in die Interaktion der Familie eingeführt werden, die neue Kommunikationsmuster anregen.

Es gibt aber auch Konfliktdynamiken, die in der Schule nicht zu lösen sind (extremes Verhalten wie Sucht, Essstörungen, Gewalt) und wo dringend externe Stellen eingeschaltet werden müssen (Beratungsstellen, Jugendamt etc.). Schule ist in diesen Fällen das einzige Forum, in dem Öffentlichkeit hergestellt wird und die eskalierenden Familienkonflikte ans Tageslicht kommen. In der Schule können diese Konflikte aber nicht geklärt werden – dies ist auch nicht ihre Aufgabe. Umso wichtiger ist es, dass Lehrer für eskalierende Konflikte sensibilisiert werden und innerhalb des Systems Schule Ansprechpartner haben (Beratungslehrer, in Interventionen ausgebildete Sozialpädagogen und Psychologen), die sie hier entlasten. Denn ob man will oder nicht: Familiendynamiken werden auf einer vorbewussten Ebene automatisch in der Klasse energetisch wirksam. Koppeln diese Dynamiken sich dann noch mit Metathemen in der jeweiligen Schule und mit denen des zuständigen Lehrers, so werden sie zu »Schulthemen«. Gemeint ist damit, dass sich im Schulklima bestimmte Thematiken wie z.B. Aggressivität, Bullying oder Mobbing darstellen, die im gemeinsamen interaktiven Prozess von Umfeld (Elternhäuser, Wohnsituationen), Schülern und Schule kreiert werden und sich als isomorphe Strukturen auf allen Interaktionsebenen in der Schule immer wieder abbilden.

4.4.3 Die Peer Group

Die Rolle der Peers (Gruppe der Gleichaltrigen)ist in diesem Alter für die weitere Entwicklung der Jugendlichen von großer Bedeutung. Aus Sicht der Entwicklungspsychologie hat die Peergruppe einige für diese Lebensphase wesentliche Funktionen. Sie bietet den Jugendlichen (vgl. Oerter / Dreher 2008, 321):

- Unabhängigkeit von der Erwachsenenwelt und gleichzeitig
- Zugehörigkeit, aber auch Abhängigkeit,
- Orientierung und Stabilisierung mit emotionaler Geborgenheit,
- Freiraum für die Erprobung neuer Möglichkeiten des Sozialverhaltens,
- die Funktion der Ablösung vom Elternhaus,
- Identifikationsmöglichkeiten und die Ausbildung eines Lebensstils,
- den Raum für Selbstdarstellung.

Gruppendynamisch kann man in diesem Zusammenhang sehr gut sogenannte »in group«- und »out group«-Phänomene beobachten. Aufgrund klarer Regeln im Habitus, in Sprachmustern und in Kennzeichen der Kleidung, Frisur etc. ist die Zugehörigkeit zu einer spezifischen Peer-Gruppe eindeutig definiert. Die Wahl, die der Jugendliche nun hat, ist dazuzugehören oder draußen zu sein bzw. Mitglied in einer anderen Gruppe zu werden. Die Außengrenze der Gruppe ist hierbei unterschiedlich durchlässig. Manche Gruppen sind eher heterogen strukturiert und mit durchlässigen Grenzen versehen, wobei die Zugehörigkeit nicht festgeschrieben ist, sondern sich durch Mitmachen im Moment entwickelt. Andere Gruppen haben eher rigide Grenzen, die nicht von Seiten des Außenstehenden aufgehoben werden können, vielmehr müssen die »In Group«-Mitglieder der Aufnahme zustimmen. Außengrenzen können somit auch als Ausdruck des manchmal verdeckten Wunsches nach fester Bindung, Zugehörigkeit und Regeln verstanden werden. Je intensiver Jugendliche diese wichtigen emotionalen Werte in der Sozialisation vermisst haben, umso mehr sollen sie mit den Peers erzeugt werden – was nicht immer gut gelingt, da ja über keine positiven Handlungsmodelle verfügbar sind. Beispiele für sehr rigide Außengrenzen der Peer-Gruppe kann man manchmal bei Jugendlichen mit Migrationshintergrund feststellen, die sich in einer von starren Regeln und Ritualen geprägten Subkultur außerhalb der Gesellschaft eingefunden haben. Der Verlust der Zugehörigkeit zu dieser Gruppe wiegt schwerer als die Verstöße gegen Strafgesetze. Jugendliche, die solchen Peer-Gruppen mit Migrationshintergrund angehören, erleben sich zudem als nicht zugehörig zu der sie umgebenden Mehrheitsgesellschaft. Sie nehmen damit auch Delegationen aus der Herkunftsfamilie auf, in der z.B. eine Integration in die Mehrheitsgesellschaft als Identitätsverlust verstanden werden könnte, und definieren sich über das Anderssein. Sie geben sich in der Gruppe gegenseitig die nötige Geborgenheit, die sie brauchen, um das Außenseitertum aushalten zu können.
Die Peer-Gruppe spricht die spezifische Struktur der Emotionssysteme im Jugendalter am besten an. Jugendliche können sich durch die Zugehörigkeit zu einer Gruppe und die Übernahme ihrer Rituale von der Erwachsenenwelt unterscheiden und dabei gleichzeitig das überaus wichtige Zugehörigkeitsmotiv erfüllen. Abenteuer werden möglich, ohne dabei Bindungen zu verlieren, weil die Gruppe den nötigen Schutz bietet.

In der Pubertät hat der Jugendliche die Entwicklungsaufgabe, durch die Abgrenzung von den elterlichen Normen und Regeln in den Prozess der Individuation einzutreten. Hierbei zählt die Loyalität zur Peer-Gruppe wesentlich mehr als die Loyalität zum Elternhaus, zur Schule, zum Lehrer. Das Brechen der Regeln ist ein Akt des Erwachsenwerdens. Systemisch betrachtet kann man sagen, dass das alte Muster der Familiensozialisation perturbiert werden muss, um in einen Suchprozess zu gehen. Dieser ist immer begleitet von einer Form des Chaos (»Denken Sie an das Zimmer ihrer Kinder«). Im Chaos setzt aber schließlich eine Form der Selbstorganisation ein – d.h. es werden neue Muster gefunden, die Neues und Altes integrieren. Die Aufgabe der Erwachsenen in dieser Phase liegt darin, das Alte zu verteidigen und Grenzen zu ziehen, damit Jugendliche das Neue für sich ausbilden können. Dieser Prozess vollzieht sich, wenn er gelingen soll, sehr emotional, weil er gleichzeitig auch ein erstes Abschiednehmen von Kindheit und Herkunftsfamilie darstellt. Gutes Abschiednehmen braucht Wut, Trauer und Versöhnung. Erst dann, wenn das elterliche Wertsystem wieder geschätzt – zumindest aber toleriert – werden kann, ist eine gute Ablösung gelungen. Insofern haben die Eltern die paradoxe Aufgabe, sich durch Fürsorge und Grenzziehung selbst überflüssig zu machen, damit ihr Erziehungsauftrag und ihre Rolle als gut gelungen angesehen werden kann.

Gerade in der Mittelstufe gerät Schule in den heftigen Konflikt der Jugendlichen, sich mit Altem und Neuem, Tradition und Innovation, Bewahrung und Veränderung auseinandersetzen zu müssen. Lehrer werden mit der Rolle der Eltern / Erwachsenen identifiziert und an ihnen werden nun stellvertretend für die Erwachsenen die jetzt entwicklungspsychologisch notwendigen Konflikte ausgetragen. Lehrer müssen sich hier einer Aufgabe stellen, die eigentlich nicht genuin die ihre ist. Da Schule und Unterricht aber Kommunikation sind, wäre es illusorisch zu meinen, man könnte sich in dieser Phase auf die reinen Sachthemen im Unterricht beschränken.

In dieser Situation ist die Beziehungsgestaltung zwischen Lehrer und Schüler das entscheidende Kriterium für die Eskalation oder Deeskalation von Pubertäts- und Adoleszenzkonflikten. Jeder Lehrer reagiert auf die Konflikt- und Beziehungsangebote der Jugendlichen so, wie er selbst mit sich und seiner Entwicklung im Reinen ist. Der Konflikt mit Schülern fordert und fördert die eigene Konfliktfähigkeit und damit die eigene Reifung im Prozess der Koevolution.

Peer-Gruppen werden dann für den schulischen Kontext problematisch, wenn sie sich komplett gegen die von der Organisation vertretenen Normen stellen. Dies gilt insbesondere, wenn sich Lehrer für einen sehr inkonsistenten Umgang mit den offiziellen Normen und Werten der Schule entschieden haben. Je weniger das Kollegium (als Peer) in Übereinstimmung mit den organisationellen offenen Normen und Werten steht, desto problematischer ist auch die nötige Auseinandersetzung mit abweichenden Peer-Normen. In manchen Fällen laden inkonsistente Normensysteme des Kollegiums die devianten Peers geradezu ein, Symptome zu eskalieren. Die Eskalation von Seiten der Jugendlichen kann auch als Aufforderung an die Erwachsenen verstanden werden, sich selbst auf konsistente Sichtweisen zu einigen.

4.4.4 Mobbing und Bullying

Eine Ausdruckform und Auswirkung devianten Verhaltens von Peer-Gruppen ist Mobbing oder Bullying. Beide Begriffe sind synonym zu gebrauchen. Innerhalb der wissenschaftlichen Fachliteratur hat sich der Begriff »Bullying« durchgesetzt.

> Unter Bullying wird ein aggressives Verhalten gefasst, bei dem ein Schüler oder eine Schülerin wiederholt und über einen längeren Zeitraum den schädigenden Handlungen von Mitschülern ausgesetzt ist. ... Kennzeichnend ist dabei ein Ungleichgewicht der (psychischen oder physischen oder sozialen) Kräfte von Täter/n und Opfer. (Kessels / Hannover 2009, 297)

Es geht dabei um den systematischen Missbrauch von Macht. Bullying kann weiter unterschieden werden nach:
- physischem Bullying,
- verbalem Bullying,
- relationalem Bullying (rufschädigendes Verhalten),
- Cyberbullying (über soziale Netzwerke, E-mails etc.)

Diese Form der Aggression kann man eindeutig dem Dominanzsystem sowie der beginnenden Testosteronsteigerung zuordnen, wenngleich das Verhalten nicht monokausal als Ausdruck der Hormone verstanden werden sollte, sondern auch hier ein multifaktorieller Erklärungsansatz das Phänomen besser beschreibt. Wie wir nicht zuletzt aus den Experimenten von Stanley Milgram aus den 1960er Jahren über Gehorsam und Gruppendynamik wissen, brauchen Menschen, um sich an Grausamkeiten gegenüber anderen zu beteiligen, nicht unbedingt ein hohes Aggressionspotenzial. Milgram wies nach, dass sich ganz »normale« Bürger unter dem Druck einer Autorität so grausam gegenüber einer Person verhalten können, dass sie sogar deren Tod in Kauf nehmen. Diese sozialpsychologischen und gruppendynamischen Phänomene weisen darauf hin, dass die Regeln der Gruppe, zu der sich eine Person zugehörig fühlt oder zugehörig fühlen möchte, eigene Bedenken und moralische Kategorien möglicherweise außer Kraft setzen können. Die Gruppendynamik wirkt dann so, dass sich in ihr eine neue »Gestalt« – also eine neue Norm und Dynamik – entwickelt, die mehr ist als die Summe der Teile. Der einzelne Jugendliche tritt dabei in eine Form von Gruppentrance ein, »vergisst« individuelle Normen zugunsten der Gruppennormen und verhält sich anders als wenn er allein wäre. Demnach sagt also die Beteiligung von einzelnen Jugendlichen an Mobbing- oder Bullying-Phänomenen, dann, wenn sie sonst nicht auffällig aggressiv waren, möglicherweise mehr über ihren Wunsch nach Zugehörigkeit, Bindung und Identitätsdefinition aus als über ihr Gewaltpotenzial.

Im Falle der erhöhten Aggressionsbereitschaft bei Schülern kann man sehr oft im Hintergrund beträchtliche Sozialisationsdefizite erkennen. Einmal haben sie Gewaltbereitschaft oder Aggression aus dem Verhalten der Elternmodelle übernommen, zum anderen bricht eine durch das rudimentär ausgebildete »Über-Ich« oder Gewissen nur mangelhaft regulierte Impulsdynamik durch, wenn bestimmte Trigger in der Umwelt wahrgenommen werden. Häufig kommen in diesen Durchbrüchen die selbst erlittenen Verletzungen zum Tragen. D.h. das eigene Leid und vor allem die eigene Ohnmacht gegenüber der Gewalttätigkeit Erwachsener wird kompensiert durch den Wunsch und das Streben, selbst in Dominanz zu kommen. Ohnmachtsempfinden und die erlittenen Niederlagen werden kompensiert durch eigene Dominanz und die Niederlage und Abwertung des Gegenübers. Die damit errungene »Stärke« gibt eine Illusion von Macht. In manchen Fällen entwickeln sich bei Jugendliche mit diesen Sozialisationsdefiziten für die Umgebung vollkommen überraschende Impulsdurchbrüche – sie schlagen einfach zu, ohne dass es einen Anlass gegeben zu haben scheint. Betrachtet man jedoch die Auslösesituation, so wird deutlich, dass es sehr wohl Trigger gab, die von dem Jugendlichen wahrgenommen wurden und möglicherweise zu einer »automatischen« Reaktion führten, die durch das Kleinhirn gesteuert war und der keine kognitive Operation vorausging.

Im Fall von spontanen aggressiven Handlungen sind die Dämme des Gewissens schnell gebrochen, die affektive Seite regiert und kann erst wieder durch äußere Impulse verstört werden. In Schulen, die sich aufgrund ihrer Zielstellung und Aufgabe mit aggressiven Kindern auseinandersetzen müssen, haben sich Techniken des Deeskalationstrainings bewährt. Auch hier geht es um Pacing, Leading und Rapport durch Authentizität und Ich-Botschaften, wenn der Lehrer oder die Bezugsperson eingreifen muss, dabei die Situationsenergie aufgreift (*pacing*) und erst dann (*leading*) die Situation langsam abkühlt.

Interessant ist bei Phänomenen des Bullying aber auch die Rolle des Opfers. Zunächst muss deutlich gesagt werden, dass es in der Institution Schule immer darum gehen muss, Aggressionen und Gewalt zu konfrontieren und eindeutige Grenzen zu setzen, um Opfer schützen zu können. Manchmal neigen Schulen aber dazu, die Rolle des Opfers bei der Eskalation nicht sehen zu wollen. Sie enthalten ihm damit eine wichtige Rückmeldung über seinen Beitrag an der Eskalation vor. Auch das Opfer kann aus dieser Situation etwas lernen und für sich neue Verhaltensmuster entwickeln, um sich selbst besser zu schützen. Hier kann ein individuelles Coaching Schülern sehr gut weiterhelfen. Bei manchen Schülern, die schnell zu Opfern werden, kann man »systemische Verstrickungen« zur Herkunftsfamilie beobachten. Kinder werden außerhalb der Familie zum Opfer, damit innerhalb der Familie bestimmten Glaubenssätzen (über die Welt und die anderen) gefolgt werden kann und damit die familiale Kohäsion gestärkt wird. Einige ödipale Verstrickungen kann man in diesem Kontext auch beobachten: Kinder / Jugendliche, die sich von den Eltern oder einem Elterteil nicht ablösen dürfen, damit deren

eigene Einsamkeit nicht spürbar wird, erhalten damit eine Delegation sich über das Leid des »Zum-Opfer-Werdens« noch enger an die Familie zu binden, da die Außenwelt – so zeigt nun ja die Erfahrung – schlecht und gefährlich ist.
Bei der Diskussion von Mobbing oder Bullying in schulischen Situationen kann man immer wieder feststellen, dass Lehrer diese »Problemsituationen« als außerhalb ihres eigenen Denkens und Handelns sehen. In der Analyse wird jedoch sehr häufig deutlich, dass innerhalb des Kollegiums oder auch zwischen Schulleitung und Kollegium ähnliche energetische Prozesse ablaufen, ohne dass diese benannt oder gar wahrgenommen werden. Insofern sind die an Bullying-Prozessen beteiligten Schüler mitunter die »Symptomträger« in einem System, das sich nach bestimmten Regeln verhält und mehr oder weniger verdeckt kommuniziert. Bullying bei Schülern kann damit ein Spiegelbild der Dynamik der Erwachsenen in der Schule sein. Man kann davon ausgehen, dass Veränderungsprozesse in solchen Fällen nur langsam vorankommen. In Supervisionen, in denen diese Phänomene deutlich werden, zeigt sich, dass die Erwachsenen auch ihre eigenen Interaktionsmuster verändern müssten. Doch gibt es viele »gute Gründe« dies nicht zu tun und von den Jugendlichen etwas zu verlangen, wozu man selbst nicht bereit ist. Sind die Regeln der Kommunikation in der Organisation so ausgerichtet, dass man stark nach »gut« und »schlecht«, »richtig« und »falsch« unterscheidet und dabei klar ist, dass eigentlich »die anderen das Problem haben«, kann man davon ausgehen, dass sich nicht viel verändern wird.

4.4.5 Adoleszenz

Bei der Verteilung der Botenstoffe sehen wir, dass in den späteren Jahren der Pubertät, die bei den Jugendlichen mit dem Eintritt ins Berufsleben bzw. mit der Oberstufe der Schule einhergeht, Dopamin, Testosteron und Östrogen deutlich zunehmen. Dominanz- und Stimulanzsystem haben bei Jungen damit die Priorität gegenüber Cortisol, das für die Bindung steht. In dieser Phase der Adoleszenz geht es um die schrittweise Ablösung aus der Herkunftsfamilie durch die Übernahme von Verantwortung und das Ausleben der Autonomie. Die hormonelle Verteilung zeigt schon auf, dass der Impuls nach außen gerichtet ist und es darum geht, die Welt zu entdecken. Da diese Ablösephase die alten Bindungen in Frage stellt und diese in der bestehenden Form auflösen muss, verläuft sie für Eltern wie Jugendliche in der Regel nicht schmerzfrei. Neue Entwicklungsaufgaben kommen auf Eltern und Jugendliche zu und bedeuten für beide die Notwendigkeit, sich neu oder anders als bisher zu definieren. Manche Mütter, die vornehmlich mit der Aufgabe der Kindererziehung in der Familie betraut waren und ihre eigenen Interessen hintangestellt haben, erleben diese Zeit sehr beängstigend, da der bisherige Lebensinhalt, die Kindererziehung, sich erledigt hat und jetzt eine »innere Leere« entsteht, die neu gefüllt werden muss. Leider gelingt dies nicht immer und diese Mütter wirken dann der Ablösung entgegen, versuchen den Jugendlichen –

manchmal auch mit Krankheitssymptomen – zu binden. Dieser hat dann ständig ein schlechtes Gewissen, traut sich nicht seine Eigenständigkeit voll zu leben und limitiert sich in seinen Aktivitäten. Die Bindung wird aufrechterhalten, was aber für alle Seiten nicht förderlich ist, da sie Entwicklungsprozesse sowohl bei Erwachsenen wie auch bei Jugendlichen unterbindet. Häufig entstehen um diese nicht gelingenden Ablöseprozesse herum regelrechte Dramen. Bei einer gelungenen Ablösung kommt es im frühen Erwachsenenalter wieder zu einer Annäherung zwischen jungen Erwachsenen und Eltern, jetzt auf einer eher gleichberechtigten Ebene.

Schule kann in dieser Zeit der Ablösung wichtige Sozialisationsaufgaben übernehmen. Zur Diskussion dieser Faktoren wollen wir die idealtypischen Entwicklungsschritte der Adoleszenz zusammenfassen (vgl. Oerter / Dreher 2008, 281):

- Neue, reifere Beziehungen zu Altersgenossen beiderlei Geschlechts aufbauen,
- Übernahme der männlichen / weiblichen Geschlechtsrolle,
- Akzeptieren der eigenen Erscheinung und effektiven Nutzung des Körpers,
- Emotionale Unabhängigkeit von den Eltern und anderen Erwachsenen,
- Vorbereitung auf Beziehungen und Familie,
- Vorbereitung auf die berufliche Karriere,
- Werte und ethisches System erlangen, das als Leitfaden für Verhalten dient – Entwicklung einer Ideologie,
- Sozial verantwortliches Verhalten erstreben und erreichen.

Diese Aufgaben zeigen, dass dem schulischen Kontext in Bezug auf eine gelingende Adoleszenz eine hohe Bedeutung zukommt. Schüler nennen selbst Schule als den Ort, an dem soziale Beziehungen zu Gleichaltrigen entstehen und verfestigt werden. Die Aufgabe von Schule wäre es, hier über das Angebot ethischer Inhalte und den daraus abgeleiteten lebbaren Werten und Normen den Jugendlichen zu helfen, eine innere Wertorientierung zu entwickeln. In einer hilfreichen Sozialisationsatmosphäre in der Familie ist hier schon die Basis gelegt worden, vertieft, elaboriert und verfestigt werden diese Haltungen aber erst in der Auseinandersetzung mit Lehrern, die als Modelle dienen, und mit Gleichaltrigen in der Adoleszenz. Lehrern kommt hier als Identitätsmodellen eine hohe Bedeutung zu, zumal, wenn sie authentisch und kongruent auch für das eintreten, was sie sagen. Authentizität hat bei den Jugendlichen einen hohen Wert: Hier spüren sie, ob etwas stimmig ist oder nicht. Alles, was für sie nicht stimmig ist, lehnen sie ab. Die Beziehungsgestaltung zwischen Jugendlichen und Schule muss daher nicht von einem ausgehenden Erziehungsstil geprägt sein, der für alles Verständnis hat. Sie kann durchaus Grenzen setzend und auch fordernd auftreten, um Identifikationsmöglichkeiten zu bieten.

4.5 Zusammenfassung der Konsequenzen

Nachfolgend will ich einige Konsequenzen aufzeigen, die sich aus der Limbic Map für die Pädagogik ergeben:
Wichtig ist der Aufbau einer klaren Kommunikationsstrategie, die die jeweilige Altersgruppe anspricht, und die Installation eines interaktionellen Erfahrungsraumes, der zu den Entwicklungsaufgaben der Schüler passt:

- Jüngere Schüler: Balance und Stimulation,
- Ältere Schüler: Stimulation und Dominanz.

Hierzu können unterschiedliche Hinweisreize (Cues) und Anker im schulischen Alltag installiert werden, die für die jeweilige Altersgruppe gelten.
Zugehörigkeit und Anerkennung bleiben in allen Altersgruppen wichtige Motive, die im interaktionellen Rahmen der Schule spürbar sein sollten.
Wichtig ist es auch, Angebote für das limbische System bezogen auf die Altersgruppe zu schaffen, diese sollten:

- Insbesondere aus einladenden kinästhetischen, auditiven und visuellen Ankern bestehen,
- Lust am Lernen und der Kommunikation erhöhen und Unlust vermindern,
- Vertrauen schaffen und Misstrauen abbauen.

5. Die Organisation bestimmt die Regeln der Kommunikation

Um die verschiedenen Blockaden und Verstrickungen im Bereich der Schule verstehen und einordnen zu können, wollen wir uns mit zwei Ebenen der Organisationsstruktur und -kultur näher beschäftigen:

- mit der *Mikroebene,* die die direkten unmittelbaren Interaktionssituationen zwischen Individuen in der Schule beschreibt und
- der *Makroebene,* also den strukturellen Bedingungen der Organisation Schule, die Einfluss nimmt auf die Mikroebene.

Zur Erörterung der Verflechtungen dieser beiden Ebenen ist es hilfreich, sich zunächst mit grundlegenden Aspekten des systemisch-lösungsorientierten Ansatzes zu den Themen »Organisation« und »Kommunikation« zu befassen und hieraus Ableitung für den schulischen Bereich treffen.
In der systemischen Organisationsbetrachtung gehen wir davon aus, dass »Organisationen keine dinglichen Entitäten (sind), sondern Prozesse, die nur die Zeit überdauernd bestehen bleiben, wenn sie immer wieder aufs Neue realisiert, d.h. fortgesetzt werden.« (Simon 2007, 16).
Demnach handelt es sich bei einer Organisation (so auch Schule) um eine Konstruktion, die immer wieder von den in ihr tätigen Mitgliedern neu erschaffen wird. Gleichzeitig gibt es aber auch eine Differenz zwischen den Mitgliedern der Organisation und der Organisation selbst:

> Die Teilnehmer der Organisation (Mitglieder) liefern die Handlungen, die zusammen den »Organisation« genannten Prozess bilden, aber sie können nicht selbst als Bestandteile der Organisation definiert werden. Sie erhalten eine Entlohnung für ihre Arbeit und kommen – das ist die Gegenseite ihrer Austauschbarkeit – nicht in ihrer Totalität, d.h. als psychische und biologische Systeme, in der Organisation vor. Die Organisation hat nur einen begrenzten Anspruch auf ihre Mitwirkung (= Arbeitsleistung), und all ihre anderen Talente und Kompetenzen werden nicht genutzt und bleiben unbeobachtet. Sie sind Privatsache …
> Die Entkopplung von Person und Handlung und die Bildung arbeitsteiliger Handlungsmuster, an denen eine Vielzahl von Akteuren mit unterschiedlichen Aktionen beteiligt ist, stellt den evolutionären Gewinn der Organisationsbildung dar. (ebd., 14)

Eine Organisation setzt sich daher aus den in ihr Handelnden zusammen, die sie immer wieder neu schaffen, wobei das Individuum nur in seiner Funktion und nicht so sehr in seiner Person für das Funktionieren der Organisation von Bedeutung ist. Die Zugehörigkeit einer Person zur Organisation ist eindeutig durch ihre Funktion geregelt und mit Hilfe von Stellenbeschreibungen (Beschreibung der

einzelnen Rollen und Positionen) festgeschrieben, in denen definiert wird, wer wo was zu tun und zu sagen hat.
Organisationen als Konstruktionen können nicht handeln, vielmehr sind es die in einer bestimmten Position angesiedelten Menschen, die handeln. Andererseits unterscheiden sich Organisationen von anderen Gruppen von Menschen dadurch, dass nach festgelegten Mustern (Regeln) gehandelt werden soll. In der allgemeinen Organisationstheorie wird dieser Aspekt als sog. Ablauforganisation bezeichnet. Durch vorgegebene Programme und Pläne sollen Handlungen innerhalb der Organisation, in der Regel zur Produkterstellung, unabhängig von den Personen ablaufen. Je einfacher diese Handlungen sind, um so mehr lassen sie sich standardisieren (siehe Fließband) und machen den einzelnen Handelnden damit zu einem austauschbaren Mitglied der Organisation. Bei Dienstleistungen allgemein und vor allem auch im Bereich der Pädagogik kann man dies nur begrenzt sagen, da die Kernkompetenzen und kommunikativen Fähigkeiten des einzelnen Handelnden ausschlaggebend sind für die Qualität der Dienstleistung und somit kompetente Mitglieder der Organisation nicht gleichwertig ersetzt werden können.
Da Organisationen auf Dauer angelegt sind, überleben sie u.U. auch ihre Gründer. Organisationen sind für »persönliche Umdefinitionen relativ unzugänglich« (Weick 19789, zit. nach Simon 2007, 18). Dies bedeutet, dass die geschaffenen Regeln konstant über eine Zeit weiterwirken, auch wenn die ursprünglichen Schöpfer dieser Regel sich schon längst nicht mehr in der Organisation befinden. Formelle und informelle Regeln bestimmen die Kommunikation der Organisationsmitglieder, diese Regeln sind sozusagen wechselseitige Interpretationen des bei den anderen Organisationsmitgliedern beobachteten Verhaltens.

> Es sind immer Beobachter, die andere Beobachter beobachten und unterstellen, dass sie von ihnen auch beobachtet werden. Da sie ihrem eigenen wie dem fremden Verhalten Sinn zuschreiben, können sie – die Ähnlichkeit zwischen sich und dem/den anderen voraussetzend – erwarten, dass die anderen es genauso machen und eigenem wie fremdem Verhalten Sinn zuschreiben. (Simon 2007, 21)

Im systemischen Organisationsverständnis geht man davon aus, dass innerhalb größerer und kleinerer Organisationen die Art und Weise, wie einzelne Mitglieder miteinander kommunizieren und interagieren, weitestgehend bestimmt ist von den Mustern und Regeln der Kommunikation innerhalb der Organisation.
Das heißt: Die vorhandene Struktur gibt den Rahmen für emotionale und kognitive Erfahrungen vor. In diesem Rahmen sind demnach die Inhalte und die Strukturen der kommunikativen Prozesse durch die übergeordneten, für den einzelnen nicht erkennbaren Muster der Organisation bestimmt. Die Regeln der Kommunikation in einer Organisation sind also mächtiger als das, was der Einzelne will und was er sich vorgenommen hat.
In jeder Organisation herrschen offene Regeln der Kommunikation, die festgelegt sind: Rituale der Konferenzen, Besprechungen und der Protokollierung der verschiedenen Beschlüsse innerhalb der Organisation. Zudem gibt es eine formelle

Hierarchie, bei der jeder wissen müsste, wer für was zuständig ist und wem er zu berichten hat. Jeder weiß, wer in der Hierarchie vorgesetzt, untergeordnet oder gleichrangig ist.
Indes, der Schulalltag lehrt etwas anderes: Informelle Hierarchien und informelle Regeln sind weitaus mächtiger als das, was offiziell festgelegt wurde. So können manche Schulleiter in einem System noch so viel wollen, sie dringen mit ihren Vorschlägen oder Anweisungen einfach nicht durch. Auch auf der Ebene des Kollegiums kann man immer wieder gut erkennen, welche informellen Regeln sich in die Interaktion durchsetzen: Wie oft ist z.B. die »Unordnung« des Lehrerzimmers von einigen Sensiblen bemängelt worden – jede Verbesserung der Situation wirkt immer nur kurzfristig, schnell ist der Ursprungszustand wieder hergestellt und man fragt sich: Wie kommt dieses kollektive Vergessen zustande?

5.1 Strukturelle Kopplung und Prozesse der Reinszenierung

Zwischen den Mitgliedern der Organisation bzw. zwischen deren »psychischen Systemen« und der Organisation gibt es eine strukturelle Kopplung, die im Sinne einer zirkulären Kausalität wirkt: Beide Ebenen beeinflussen sich gegenseitig. Diese strukturelle Kopplung hat zur Folge, dass sich die Konfliktthemen, die in der Organisation oder bei Mitgliedern der Organisation vorherrschen, auf die jeweils andere Ebene (Mikro- bzw. Makro-Ebene) auswirken. Dieses Phänomen kann man auch in Supervisionen in Schulen häufig feststellen. So haben wiederkehrende Konflikte zwischen Schülern vielfach auch ein Äquivalent auf der Organisationsebene. Diese Abbildungsphänomene werden im systemischen Denken als isomorphe Strukturen bezeichnet.

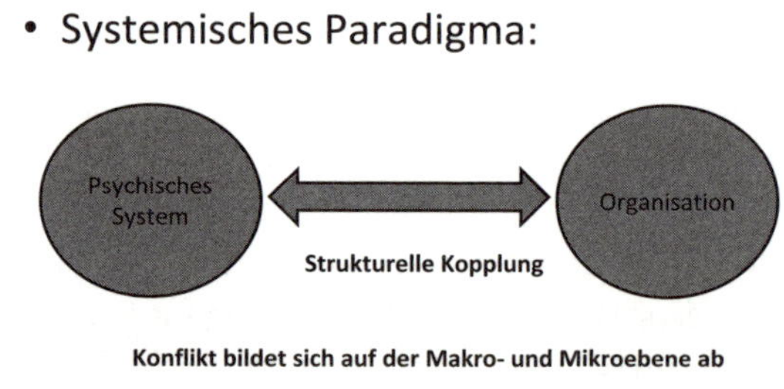

Abb. 14: Strukturelle Kopplung zwischen Individuum und Organisation

Konflikte, die sich zwischen den einzelnen Mitgliedern der Organisation ereignen, sind daher nicht allein auf deren »psychische Struktur« rückführbar, sondern auch aus den interaktionellen Regeln der Organisation heraus begründet. Daher geht man im systemischen Verständnis der Organisation davon aus, dass sämtliche Konflikte in der Organisation immer auch eine Strukturkomponente in sich tragen, daher strukturdeterminiert sind und sich in einer modifizierten Form auf allen Ebenen der Organisation abbilden.

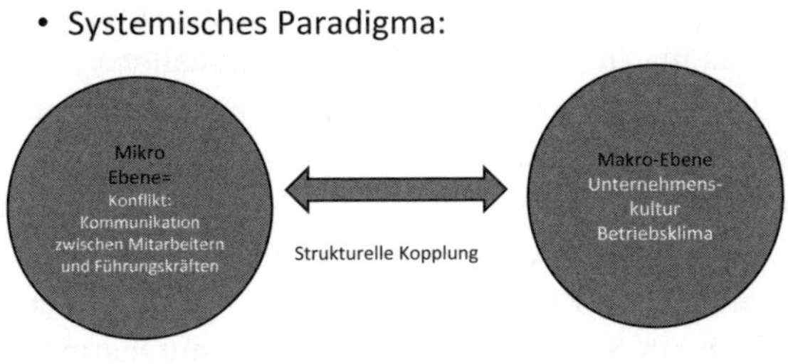

Abb. 15: Strukturelle Kopplung zwischen Mikro- und Makroebene

Das Phänomen der isomorphen Strukturen wird noch deutlicher, wenn wir uns vorstellen, wie viele Einflüsse auf ein großes System wie eine Schule einwirken.

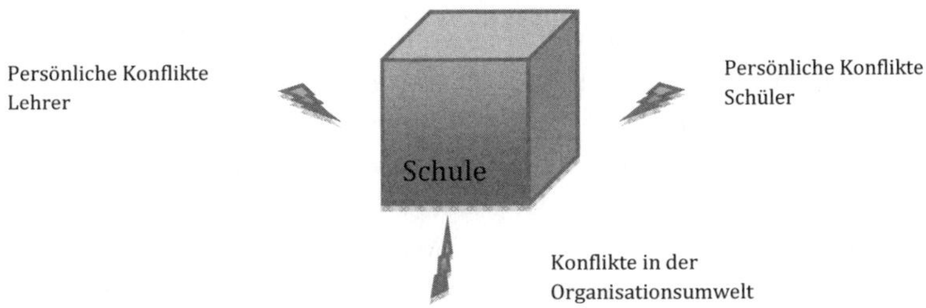

Abb. 16: Kopplungsprozesse und Reinszenierung

Wie in der Abbildung gezeigt, kommen in der Organisation alle Einflüsse zusammen, die die Organisationsmitglieder aus ihren externen Lebenswelten in den organisationellen Alltag mitbringen. Konflikte, die Lehrer mit sich selbst und in der Familie haben, zählen ebenso dazu wie die Konflikte, die in den Familien der Schüler wirken. Diese individuellen Konfliktfelder wirken sich energetisch auf die Interaktion der Organisationsmitglieder aus. So kann man immer wieder erkennen, dass Konflikte mitunter wenig mit dem tatsächlichen Geschehen in der Organisation zu tun haben, umso mehr aber mit virulenten Konfliktfelder, die die Konfliktbeteiligten außerhalb von Schule erleben. Hinzu kommt, dass sich auch die »unerledigten« Konflikte der Lehrer und der Schulleitung mit ihren eigenen Herkunftsfamilien auf die Atmosphäre in der Schule auswirken. Hierbei geht es oft um Autoritätskonflikte (werden stellvertretend mit der Schulleitung ausgetragen), Selbstwertkonflikte, Unsicherheiten, Ängste und Kommunikationsstörungen. Diese Phänomene sind auch in anderen Organisationen ähnlich vorzufinden, aber nur da, wo es um Kommunikation und Erziehung geht, können solche unerledigten Konflikte gravierende Auswirkungen haben, in dem sie sich als »innere

Filme« der Beteiligten in die aktuelle Interaktion einblenden und damit Konflikte generieren, die mit dem persönlichen Hintergrund der Akteure zu tun haben, nicht aber mit der aktuellen Situation. Schüler merken dies sehr deutlich in der Interaktion mit Lehrern, können aber nicht adäquat handeln, weil sie hierzu in der Organisation Schule zunächst einmal kein Recht haben.
Die vielfältigen Konflikt-Reinszenierungs-Phänomene der Organisationsmitglieder werden noch angereichert mit den Konflikten, die sich aus der Interaktion der Organisation mit den sog. Anspruchsgruppen (Politik, Öffentlichkeit, Wirtschaft etc.) ergeben. Jene melden ihre eigenen Ansprüche direkt oder indirekt an und wirken in Abhängigkeit von ihrer hierarchischen Verknüpfung und damit ihren Machtmöglichkeiten auf Schule ein. Sie bestimmen die Rahmenbedingungen mit und wirken insofern konfliktverstärkend oder konfliktreduzierend.

5.2 Die Macht der Regeln

Eines der in der Gestaltpsychologie entwickelten Gestaltgesetze besagt, dass »das Ganze mehr ist als die Summe der Teile«. Organisation entsteht demzufolge aus dem Zusammenspiel vieler Einzelindividuen, die sich aufeinander eingestellt haben. Im biologischen Sinne spricht man hier von der Synchronisation der Organismen, die eng miteinander interagieren, was schließlich zu einer Form struktureller Kopplung führt. In seinem biologischen Ansatz betont Maturana, dass alle Eigenphänomene sozialer Systeme sich aus der strukturellen Koppelung (Konsensualisierung) von Menschen ergeben. Diese erzeugen allmählich eine »rekurrente Vernetzung«, aus der sich der Verhaltensrahmen einer Organisation bestimmt.

> Alles Soziale beruht darauf, dass die beteiligten Organismen ihre Ontogenese stets als Ko-Ontogenese verwirklichen. Individuen gehören nur solange einem sozialen System an, wie sie an der reziproken Strukturkoppelung teilnehmen und das relationale Gefüge mittragen. (Ludewig 1992, 92)

Das Zusammenspiel entspricht einem vorbewussten energetischen Abgleich der einzelnen Individuen, der nach und nach zu einem neuen Ganzen in der Interaktion wird. Eine Organisation erfindet nach einer Zeit ihre eigene Choreographie, nach der sie interagiert. Diese Choreographie ist ihr unverwechselbares Spezifikum. Schulen der einzelnen Schulformen – als organisationelle Gebilde – gleichen sich zwar, weil sie gleiche Aufträge und gleiche Ziele haben. Dennoch wird die Eigenart der Organisation von den Mitgliedern der Organisation sowie von dem die Organisation umgebenden Kontext definiert: Die Atmosphäre und die Formen der Kommunikation in einer Schule sind abhängig von den handelnden Lehrern, Schülern, Eltern und der ökologischen Umgebung.
Die Choreographie im Kollegium einer Schule ist lang erprobt und bildet sich in den langjährigen interaktiven Prozessen und der damit einhergehenden Synchro-

nisation der Organisationsmitglieder heraus. Auf die einzelnen gruppendynamischen Aspekte werden wir an anderer Stelle noch zu sprechen kommen.

So weiß man in einem Kollegium genau, wie andere Kollegen reagieren, wenn Kollege X etwas in der Konferenz von sich gibt: Wer opponiert sofort und wer stimmt zu? Wer darf wann was zu welchem Thema sagen oder nicht? Wer findet Gehör und wer wird prinzipiell überhört? Bei wem erfolgt, allein wenn seine Gestik und Mimik darauf hindeuten, dass er etwas sagen will, sofort das »Abschalten« des Gros des Kollegiums?

Die Rollen in der Organisation sind genau verteilt, aufeinander bezogen und miteinander synchronisiert. Ein weiteres Phänomen in größeren Lehrerkollegien zeigt sich in der Bildung von Subgruppen oder Fraktionen. Diese Koalitionen sind sehr sinnvolle Handlungen, da durch das persönliche Zuordnen zu einer bestimmten Gruppe die Komplexität der gesamten Organisation reduziert wird und damit die Angst vor der großen anonymen Gruppe gebunden werden kann. Die Subgruppe bildet eine neue Binnengrenze mit eigenen modifizierten Regeln und Ritualen, die eine eigene Zugehörigkeit definiert. In großen Kollegien findet man eine Vielzahl von Subgruppen, die alle eigenen Gesetzen folgen, eigene Binnengrenzen aufgebaut haben und an den Grenzen anderen Subgruppen begegnen. Dennoch sind sie Teile des Ganzen und müssen sich daher auf die anderen Subgruppen beziehen und sich mit ihnen auseinander setzen. Auch wenn man sich aus dem Weg geht, ist man aufeinander bezogen, weil die gemeinsame Systemzugehörigkeit automatische Interaktion bedeutet.
Da man »nicht nicht kommunizieren« kann, ist alles miteinander verknüpft und in Feed-back-Schleifen zirkulär-kausal verbunden. Gregory Bateson hat die Annahme, dass ein Teil eines Systems einen anderen Teil beherrschen könnte, einen »epistemologischen Irrtum« genannt. Vielmehr stehen alle Teile in Wechselwirkungsprozessen und sind aufeinander bezogen.
Genau an den Grenzen der verschiedenen Subsysteme entstehen dann die bekannten Konflikte, die zunächst einmal dazu dienen, sich von anderen zu unterscheiden und sich eine eigene Gruppenidentität zu geben.
Bei Gesamtkonferenzen oder auch bei moderierten Fortbildungen mit dem ganzen Kollegium kann man sehr gut die Koalitionen beobachten und der systemfremde Moderator hat seine liebe Mühe, wenigstens die Mehrzahl dieser Subgruppen thematisch und emotional zu erreichen. Dies ist in der Regel nur bedingt möglich. Hat der Moderator nicht in einigen Vorgesprächen hinreichend seinen Auftrag geklärt und das Einverständnis einer Vielzahl der Subgruppen für ein bestimmtes Thema und eine bestimmte Methode erzielt, wenden sich mächtige Koalitionen sofort gegen ihn. Bei der Auftragsklärung ist es darüber hinaus für den »Externen« wichtig zu wissen, welche Delegation des Systems diejenigen haben, die mit ihm die Themen der Weiterbildung besprechen. Sind diese beispielsweise Mitglieder der Fraktion der Veränderer, so ist allein schon die vermeintliche Nähe, die der Externe automatisch in Vorgesprächen zu den Initiato-

ren bekommen hat, für andere Fraktionen verdächtig, sie gehen in einen inneren Widerstand und die Weiterbildung ist wenig erfolgreich. Für den Misserfolg werden die Initiatoren der Weiterbildung im Kollegium verantwortlich gemacht (dies geschieht dann oft nur verdeckt), worauf diese sich auf absehbare Zeit nicht mehr trauen, Weiterbildungsvorschläge einzureichen. Das System strebt also nach dem Status quo – Veränderungen werden als nicht sinnvoll angesehen.
Die Managementliteratur hat für dieses Phänomen ein Bild, man spricht hier vom »Management bei Champignon«: wer den Kopf hebt (also wer etwas verändern will), wird gleich einen Kopf kürzer gemacht, wenn er nicht den Auftrag der anderen hat oder gar ein heikles Thema anspricht, das die Homöostase des Systems in Ungleichgewicht bringen könnte.
So kann der Einzelne noch so wohlmeinend, bemüht und engagiert sein, seiner Intervention wird ihre Bedeutung durch den Kontext zugeschrieben. Was zu mancher Zeit von vielen begrüßt wird, kann zur Unzeit von vielen verurteilt werden. Alle Interaktionen im System erhalten ihre Bedeutung durch seine verdeckten kollektiven Zuschreibungen. Diese Konnotation kann sich je nach Situation und Zeitpunkt durchaus wieder schnell ändern.

Stellen Sie sich noch einmal vor, wie es war, als Sie neu in das Kollegium kamen:
Sie wussten nicht genau, wer welche Rolle spielt, Sie kannten nicht die vielen Fettnäpfchen, in die Sie anfangs getappt sind (sensible, auf andere hin orientierte Menschen merken dies eher als Ich-Zentrierte) und sie mussten einige Zeit dafür verwenden, herauszufinden mit wem man sprechen darf und mit wem besser nicht. Nach einiger Zeit haben Sie sogar die »Leichen im Keller« der Organisation gefunden: Kollegen, die gegangen sind, weil man mit ihnen nicht gut umgegangen ist oder umgekehrt. Die Beziehungsverträge – offene wie verdeckte – (im Sinne der Transaktionanalyse), die Einzelne oder mehrere miteinander haben, werden deutlich. Diese Verträge dienen dem internen Ausgleich – sie regeln das Bedeutungs- und Machtgleichgewicht und sind zunächst einmal funktional ausgerichtet auf die Aufrechterhaltung des Bestehenden.
Die Rituale zeigen sich dann für den Einzelnen immer mehr in ihrer Struktur. Nicht verarbeitete Trennungen und Konflikte (offene Gestalten) in der Schule werden immer deutlicher – mitunter zeigt sich sogar eine Form von Ausweglosigkeit aufgrund der unbearbeiteten Konflikte.
So meinen Sie nach etwa zwei Jahren das System zu kennen, in dem Sie arbeiten, und können die wichtigsten informellen Regeln an neue Kollegen bereits gut weitergeben.

Dieses Geschehen lässt sich gut mit dem Bild des organisationellen Eisbergs beschreiben.

5.3 Der Organisations-Eisberg

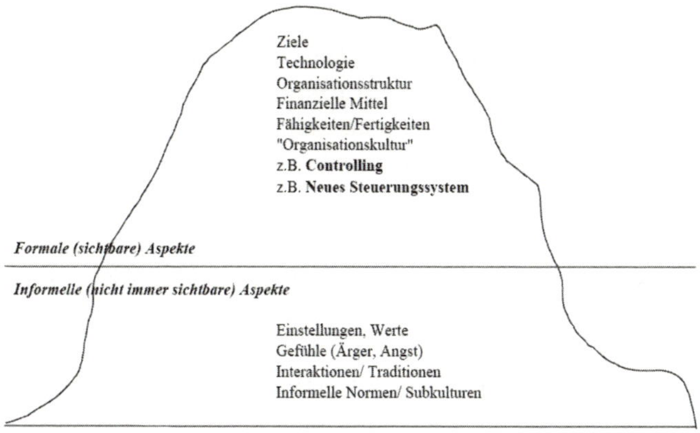

Abb. 17: Der Organisations-Eisberg (nach French-Belle, 1977, 33)

Nach dem Modell des Organisations-Eisbergs bestehen Organisationen aus zwei Schichten: Wie beim Eisberg ist der kleinere Teil (der über der Wasserlinie befindliche) direkt wahrnehmbar und besteht in erster Linie aus den in der Unternehmensstrategie festgelegten Zielen, den erkennbaren Produktionsfaktoren (Personal, Maschinen, Kapital, Wissen) und dem Organisationsaufbau (hierarchische Unter- und Überordnung). Der informelle Teil der Organisation befindet sich hingegen unter der Wasserlinie und macht die Basis aus. Dieser Teil ist nicht direkt wahrnehmbar, sondern muss über Ableitungen und Indikatoren erschlossen werden, die wiederum im höchsten Maße interpretationsabhängig und damit missverständlich sind. Jemand, der sich nicht genau mit der Organisation auskennt, kann schnell zu Fehlinterpretationen über angemessenes Verhalten, Werte und Normen, kommunikative Regeln, Meinungstrends u.ä. kommen.

Wie wir sehen, sind die offiziellen Regeln nur der kleinste Teil des Gesamtregelwerkes. Der weitaus größere Teil besteht aus den informellen Regeln, die die Organisation im Laufe ihrer Entwicklung Stück für Stück konstruiert hat. Da die offiziellen Regeln nicht hinreichen, um sämtliche Bedingungen der Kommunikation und Entscheidungsfindung in der Organisation abzubilden, werden sie durch informelle ergänzt, die von Mitgliedern des Systems zur Kompensation der Interaktionsdefizite entwickelt wurden. Die informellen Regeln erfüllen im Gesamtregelwerk der Organisation den Sinn, die offiziellen Regeln überhaupt erst lebbar zu machen. Sie sind Lösungen, die das System zu einem Zeitpunkt für das Funktionieren der Interaktion gefunden hat. Mit Watzlawick kann man hier sagen: Lösungen von gestern, die möglicherweise heute zum Problem geworden sind.

Das, was im Organisations-Eisberg unterhalb der Wasseroberfläche liegt, hält das Sichtbare zusammen und aufrecht.

Aus systemischer Sicht ist die Funktion der inoffiziellen Regeln ein Gestaltungsmerkmal der Organisation und zunächst weder gut noch schlecht. Sie haben sich herausgebildet, damit das System sich selbst organisieren kann und somit in Bezug auf seine Aufgabe und sein Ziel eine bestimmte Leistung erbringt.
Die Leistung der Organisation ist messbar am Erfüllungsgrad der ihr vorgegebenen Ziele und Aufgaben. Manchmal findet man indes in Teams aber Formen von »Selbstbezug« vor: sie beschäftigen sich nicht mehr mit den vorgegebenen Aufgaben und Ziele, sondern nur noch mit den eigenen Konflikten. Auch diese Dynamik ist für die aktuelle Situation, in der sich die Organisation befindet, eine sinnvolle Lösung in Bezug auf das Erhalten des Systems, die aber zur Gefährdung wird, wenn auf Dauer Aufgaben nicht mehr erfüllt werden und jede Form von Veränderung abgewehrt wird.
Gut zu erkennen ist das Prinzip des »Selbstbezugs« in manchen Geschäften, in denen man sich als Kunde störend erlebt und das Gefühl hat, dankbar sein zu müssen, wenn man überhaupt gesehen wird. Ähnliches kann man manchmal auch in Teams des psychosozialen Arbeitsfeldes beobachten. Diese sind so mit sich selbst beschäftigt, dass Klienten entweder stören oder als willkommene Abwechslung im tristen Konfliktalltag gelten.

5.4 Das Motiv der Zugehörigkeit

Warum lassen sich Menschen in Organisationen auf teilweise sie selbst oder andere schädigende Interaktionen ein? Wenn sie einen gewissen Abstand zu den Ereignissen gewonnen haben und man die Frage nach den Hintergründen ihres Verhaltens stellt, so zeigt sich oft, dass sie selbst sehr erstaunt, mitunter sogar entsetzt über das sind, was sie in der Gruppe geäußert und gelebt haben. Wie in einer Trance haben sie nach imaginären Regeln gehandelt, die ihnen in der Situation nicht bewusst waren. Ausschlaggebend für diesen Effekt ist die bereits beschriebene Synchronisation biologischer Organismen.
Es gibt aber noch ein weiteres wichtiges Phänomen in Organisationen, Gruppen und Subsystemen: Für alle Mitglieder dieser Systeme ist der Wunsch nach Zugehörigkeit ein zentrales Motiv. Da beinahe jedes Mitglied eines Systems vermeiden möchte zum Außenseiter zu werden, unterwirft es sich sehr schnell den im System geltenden Regeln. Die impliziten, verdeckten Regeln werden nicht mehr reflektiert, Handlungsweisen und Kommunikationsformen vollziehen sich quasi automatisch. Dies geschieht in der sinnvollen Absicht, die Interaktion zu vereinfachen, zu koordinieren und zu automatisieren. Verstößt ein Systemmitglied fundamental gegen bestehende Regeln, kann die Zugehörigkeit zum System verloren gehen.
Da Menschen, um einen Überlebensvorteil zu erzielen, phylogenetisch auf Kooperation angelegt sind, ist die automatisierte Kooperation in einer Gruppe ein wichtiger Erfolgsfaktor sowohl für das Individuum selbst als auch für das soziale Ge-

bilde, in dem es sich bewegt. Jedes größere Kollegium regelt das Motiv der Zugehörigkeit über die Bildung von Koalitionen und Subgruppen. Die Konflikte der verschiedenen Subgruppen zueinander halten in der Regel dann das Kollegium zusammen. Dies ist so lange funktional, wie sich die Konflikte nicht zu einer »symmetrischen Eskalation« aufschaukeln und so das Weiterbestehen der Organisation in Gefahr kommt. Dieses Phänomen kann man in der Schule allerdings nur zu einem gewissen Grad beobachten. Selbst bei ausgesprochen symmetrischen Eskalationen, wie sie manchmal zwischen autokratischen Schulleitern und selbstbewussten Kollegien entstehen, ist letztlich der Systemerhalt gegeben, da sich die Organisation Schule im Gegensatz zu Wirtschaftsbetrieben nicht einfach auflösen kann. Insofern können viele Konflikte innerhalb der Schule – auch wenn sie noch so heftig und dramatisch erscheinen – im Grunde als komplementäre Eskalationen verstanden werden, die über ihre energetischen Effekte letztlich das System stabilisieren. Die Konfliktparteien ergänzen sich in ihrem Widerstreit und stabilisieren die Organisation.

In einer Schule gibt es seit Jahren erhebliche Konflikte zwischen einem Schulleiter, der sehr autokratisch das System bestimmt und einem großen Teil des Kollegiums. Im Sinne einer zirkulären Kausalität versteht der Schulleiter die Widerstände im Kollegium gegen seine Maßnahmen als Bestätigung seiner Haltung.»Man muss alles allein machen, auf niemanden kann man sich verlassen«, was zu einer Verstärkung seiner Sichtweise beiträgt. Je mehr Opposition auf Seiten des Kollegiums entsteht, desto mehr begibt er sich in eine Haltung des »einsamen Einzelkämpfers«. Bei genauerer Betrachtung erfüllt er damit seine eigenen Glaubensätze, die in Richtung »Du kannst dich nur auf dich allein verlassen, niemandem kann man trauen« gehen und folgt damit Erfahrungen und Delegationen seiner Herkunftsfamilie. Alles was passiert, ist eine Bestätigung der eigenen Annahmen. Je mehr die Lehrer Widerstand leisten, umso loyaler kann er zu seinen eigenen Glaubenssätzen und seiner »inneren Familie« stehen. Der Konflikt läuft aus seiner Richtung in die Grundhaltung: »Viele Feinde bedeuten, dass ich alles richtig mache.« Selbst da, wo er aus Sicht des Kollegiums »richtige« Entscheidungen trifft, kann das Kollegium diese nicht akzeptieren, weil bei der intensiven Ausprägung des Konflikts kein Beitrag, der vom Schulleiter kommt, auf seine sachlichen Inhalte hin überprüft, sondern in der Regel nur nach Loyalitäten auf der Beziehungsebene beurteilt wird. Bei der Beratung von Teilen des Kollegiums konnte eine komplementäre Konfliktstrategie entwickelt werden, wobei die positive Absicht der Strategien des Schulleiters nur bis zu einem gewissen Grade gewürdigt werden konnte, weil der »Feind« seinerseits nützlich war zur Selbstdefinition der Gegner, die ja aus ihrer Sicht einen »gerechten Kampf« führten. Der Kampf gegen den Schulleiter war eben auch Ausdruck eines Loyalitätsmusters zur »inneren Familie« einiger Lehrer, das generell verlangte, jede Form von Autorität anzugreifen. Das Ergebnis war die Eskalation des Konfliktes in Richtung eines »Drama-Dreiecks«, bei dem es weder Sieger noch Besiegte, weder eindeutige Täter noch eindeutige Opfer gibt.

An diesem Beispiel kann man sehr gut erkennen, dass die Spielregeln des Konfliktes kausal-zirkulär mit der inneren Konfliktdynamik der Konfliktteilnehmer verknüpft sind. Demzufolge ist die Frage nach der Ursache des Konfliktes unerheblich, weil der Auslöser und damit die »Schuld« jeweils beim anderen gesucht wird. Die Konfliktinszenierung folgt dabei einer tieferen Bedeutungsebene (vgl. Kapitel 9).

6. Trance-Phänomene in der Schule

Kennen Sie das?
Stellen Sie sich vor, sie waren in den großen Ferien. Sie haben sich gut erholt, Abstand gewonnen, sich möglicherweise einiges an Veränderungen vorgenommen. Vor allem soll es für Sie im kommenden Schuljahr darum gehen, nicht mehr in den Stress des vergangenen Jahres zu kommen, als Sie bei den vielen sich überlappenden unterschiedlichen Aufgaben und Anforderungen manchmal gar nicht mehr wussten, wo Ihnen der Kopf steht. Sie haben sich vorgenommen, diesmal besser auf sich aufzupassen.
Doch was passiert?
An den ersten beiden Tagen des neuen Schuljahres geht es ihnen noch ungefähr so, wie Sie es sich gewünscht haben; am dritten Tag beginnt sich dies zu ändern und Sie fallen im Laufe der ersten Woche in das altbekannte Muster. Zwar ist es noch nicht so schlimm, wie es sich vor den Ferien angefühlt hat, dennoch scheint es aber ungefähr wieder in dieselbe Richtung zu gehen. Und nach zwei Wochen erinnern Sie sich nur noch dunkel an das, was Sie sich vorgenommen hatten – Sie sind wieder im bekannten Trott.

Um diese Phänomene besser klären und erklären zu können, wollen wir uns mit Aspekten der systemischen Hypnotherapie beschäftigen, die sich als sinnvolles Modell zur Erläuterung anbietet. Allein die Tatsache, dass man solche Prozesse erklären kann, bietet denjenigen Lehrern Entlastung, die denken, Schule sei außerordentlich schlimm – also schlimmer als andere Systeme.

6.1 Der hypno-systemische Ansatz

Betrachtet man die unter der Oberfläche des Organisations-Eisbergs stattfindenden Interaktionsprozesse innerhalb eines Systems, so kommt man schnell zu der Frage: »Was bedingt hier was und welche Ursache erzeugt welche Wirkung?«
Die Antwort auf diese Frage ist nicht eindeutig zu geben. Vielmehr schaffen Annäherungen schnell neue Verwirrungen, die Ausdruck sind für das prozessorientierte Herangehen. Antworten wären in diesem Sinne mögliche »Verdinglichungen« – Interdependenzen, die aus dem Prozess erwachsen, ihn gleichzeitig bedingen und anschieben, simplifizieren. Komplexe Systeme folgen auch komplexen Prozessen.
Nachfolgend wollen wir eine Herangehensweise zur Erklärung der Entwicklung von Problemen in komplexen Systemen erläutern, die sich als brauchbar und praxisrelevant erwiesen hat.
Die Benutzung des Begriffs »Trance« hört sich in Zusammenhang mit dem Thema Schule zunächst einmal etwas befremdlich an, da die Vorstellungen zu diesem Terminus häufig geprägt sind von Bildern, die in spektakulären Hypnosedarstel-

lungen gezeigt werden. Der von Milton Erickson entwickelte Ansatz der Hypnotherapie gibt aber enorm viele Hinweise auf das Gelingen und Misslingen von Interaktionsprozessen in Schule sowie über das Entstehen und die Auflösung von Kommunikationsblockaden.
Erickson beschreibt Hypnose oder Trance als die Fokussierung von Aufmerksamkeit. Nach dieser Definition kann man sagen, dass sich Menschen tagtäglich in verschiedenen Trancezuständen befinden, ohne dass sie diese als Trance erkennen oder gar bezeichnen würden. So kann zum Beispiel das Autofahren als eine Trance beschrieben werden. Niemand, der schon länger Auto fährt, vollzieht die zum Führen des Fahrzeugs notwendigen Handgriffe und Aktionen noch mit vollem Bewusstsein, vielmehr hat sich alles weitestgehend automatisiert. Man kann auch sagen: Das Unbewusste vollzieht automatisch bestimmte Körperreaktionen, ohne dass diese durch bewusste kognitive Prozesse gesteuert werden müssen. Insofern erleichtert die Fähigkeit des Menschen, in Trancezustände zu verfallen, den Lebensalltag sehr. Uns ist nicht bewusst, dass viele unserer Handlungen mit Trancezuständen verbunden sind.

Erickson formuliert ein 5 Phasen-Paradigma der Dynamik der Trance-Induktion und –Suggestion (Erickson / Rossi 1989, 17
- Fixierung der Aufmerksamkeit,
- außer Kraft setzen gewohnter Schemata und Glaubenssysteme,
- unbewusste Suche,
- unbewusster Prozess,
- hypnotische Reaktionen.

Zurück zu unserem Beispiel zu Beginn des Kapitels:

Der Tag nach den Sommerferien

Stellen Sie sich vor, Sie betreten erstmals wieder das Schulgebäude bzw. den Schulhof. Ihre Sinne stellen sich auf die verschiedenen Reize ein, die sie über lange Jahre bereits gut kennen. Ihr Bewusstsein geht seinem eigenen Prozess nach, vielleicht den Gedanken an das, was in den nächsten Stunden anliegt. Sinnesempfindungen wie Geräusche und Gerüche lösen verankerte Gefühle aus, ohne dass diese ihnen sofort bewusst sind. Die vielen auf Sie einwirkenden Reize setzen nach einiger Zeit –manchmal sind es nur 2 Tage, es kann aber auch die erste Arbeitswoche sein – das außer Kraft, was sie sich bewusst in den Ferien vorgenommen haben.
Sie kommen – ohne es zu wollen oder zu planen – da an, wo Sie vor den Ferien aufgehört haben.

Die beschriebene Sequenz ist, so bezeichnet es Erickson, ein unbewusster Prozess, der in einer hypnotischen Reaktion endet. Im positiven Sinne kann man diesen Zustand als »Flow« (Csikszentmihalyi 1991) bezeichnen, als einen Zustand, in dem alles ohne jegliche Anstrengung »wie von allein« gelingt. Ein produktiver Trancezustand, den Menschen erleben, die sich im Fluss des Hier-und-Jetzt-Geschehens und im Prozess bewegen und quasi auf der Welle der Energie surfen.

Genauso gut ist es aber auch möglich, auf der Welle des Problems zu surfen, also keinen Abstand zu bekommen und von einer Kalamität in die nächste zu gelangen. Verantwortlich für diesen Zustand sind verschiedene Faktoren, auf die wir im Folgenden näher eingehen wollen.

- Prämissen der Tranceinduktion: Alles, was man in einer Trance leben kann, war bereits da – wir greifen nur auf unsere Erfahrungen zurück. Wir lernen nichts Neues, es wird nur systematisch fokussiert. Das Wesen der Trance ist nicht das Weggetretensein, sondern sie ist das, was unwillkürlich geschieht. Wir sind ständig in einer Form von Selbsthypnose. Das Unbewusste wird als Konstrukt strategisch genutzt – es ist eine Konstruktion. Das bewusste Willkürliche lässt sich tragen vom Unwillkürlichen. Es muss genau überprüft werden, welchen Zweck die Trance haben soll; sie ist nur dann sinnvoll, wenn sie hilft, Ressourcen besser verfügbar zu machen.
- Verständnis der Trance: Trance ist eine situationsgebundene Erscheinung und damit kontextabhängig. Sie ist das Gegenteil von Wachbewusstsein. Nicht der Therapeut kann jemanden in Trance versetzen, er kann nur Einladungen an den Klienten aussprechen, selbst dahin zu gehen. Die Grundsuggestion beim Klienten vor jeder Therapie ist: »Ich bin im Moment nicht in der Lage, mein Problem selbst zu lösen.« Suggestion ist dabei der Prozess in der Interaktion, der dazu führt, dass ein Angebot gemacht wird, welches die Aufmerksamkeit in eine bestimmte Richtung lenkt: die Lösungsrichtung.

6.2 Trancephänomene als organisationelle Wirklichkeitsrekonstruktion

Die Hypnotherapie beschreibt eine Reihe von Phänomenen, die als Hinweise dafür gelten können, dass eine Art von Trance vorliegt. Trance wird hier verstanden als »Fokussierung von Aufmerksamkeit«. Das heißt, es handelt sich hierbei um keinen außergewöhnlichen Zustand, sondern um einen alltäglichen. Die Fokussierung von Aufmerksamkeit ist wichtig, um bestimmte Handlungen mit der hierfür notwendigen Energie sinnvoll und umsichtig auszuführen. Man fokussiert auf die Handlung und vergisst dabei, was um einen herum sonst noch passiert. Nachfolgend wollen wir eine Reihe von Trancephänomenen auf ihre Bedeutsamkeit für die Interaktion in der Schule betrachten.

6.2.1 Tunnelblick

Das wohl augenfälligste Phänomen in Bezug auf Trancephänomene ist der sog. Tunnelblick. Er ist die Konkretisierung der Aufmerksamkeitsfokussierung: Man zentriert sich auf eine Handlung oder Wahrnehmung und ist ganz gefesselt von

dieser. Die Konzentration dient dazu, die Wahrnehmung auf einen zentralen Gegenstand zu schärfen, gleichzeitig wird alles andere ausgeblendet:
Man sieht, spürt oder hört nur noch Teilbereiche (»rot sehen«, »schwarz sehen«,), was in sog. Problemtrancen dazu führt, dass Defizite anstelle von Stärken wahrgenommen werden. Die Wahrnehmungsfähigkeit ist extrem eingeschränkt.
Der Tunnelblick ist ein sehr funktionales Phänomen, weil er dabei hilft, Wichtiges von Unwichtigem zu trennen. Gleichzeitig »entmöglicht« er jedoch jede Form von peripherer Wahrnehmung: Alle Bereiche der Wahrnehmung, die neben dem Phänomen auftreten, auf das man sich zentriert, werden ausgeblendet. Die Funktionalität des Tunnelblicks besteht in der hohen Konzentration auf einen Wahrnehmungsaspekt und die damit verbundene größere Reagibilität und Handlungsfähigkeit.
Der Tunnelblick lässt sich in allen schulischen Situationen beobachten, in denen sich Personen auf eine besondere Anstrengung oder Leistung konzentrieren. Lehrer, die ihren Unterricht sehr sachbezogen und rational gestalten, fokussieren dementsprechend auf die Sachinformation in der Interaktion und vernachlässigen dabei die Beziehungsdimensionen. Dies hat häufig zur Folge, dass sich innerhalb der Klasse eine große Unruhe entwickelt, die in der Regel den Zweck verfolgt, den Lehrer aus seinem Tunnelblick herauszuholen und ihn auf die Beziehungsebene einzuladen. Insofern können Störungen im Unterricht sehr unterschiedliche Bedeutung haben, in diesem Fall haben sie eine sehr positive funktionale Dimension, indem sie die Beziehungsebene in der Interaktion ansprechen. Jemand, der stark fokussiert auf eine Sache ist und damit einen Tunnelblick entwickelt, fällt für viele andere Bereiche der Interaktion weitgehend aus. Dies ist aus Sicht des Handelnden sinnvoll, für andere, die Interaktion suchen, ist es eher irritierend.
Das Phänomen des Tunnelblickes ist nicht ausschließlich ein individuelles, sondern bezieht sich auch auf Paare, Gruppen und ganze Systeme. So kann derjenige, der sich auf den Tunnelblick fokussiert hat, andere, die sich in Beziehung zu ihm befinden, ebenfalls in einen Tunnelblick einladen.
Häufig ist in Schulen indes auch ein »Problem-Tunnelblick« zu beobachten, bei dem sich das ganze Kollegium auf ein bestimmtes Thema eingestellt und fokussiert hat. Beispielsweise wird gegenwärtig häufig das Erziehungsversagen des Elternhauses diskutiert. Dieser Fokus auf das »Versagen der Eltern« führt zu einer bestimmten Haltung von Lehrern in der Interaktion mit Eltern. Nimmt ein Lehrer in einem Elterngespräch diese innere Haltung unbewusst ein, so prägt sie die emotionale Situation und etabliert sich als nonverbale Botschaft, die Eltern intuitiv bemerken und dann ihrerseits in eine bestimmte Haltung gehen.
Das Ergebnis dieses Tunnelblickes ist die bekannte »sich selbst erfüllende Prophezeiung«: Die Eltern sind genauso schwierig, wie man sie erwartet hat.
In Schulen, die sehr stark auf bestimmte Problemthemen bei Schülern, Eltern oder anderen Anspruchsgruppen fokussieren, ist der Tunnelblick so auffallend etabliert, dass sich das gesamte System in einer »Problemtrance« zu befinden scheint.

6.2.2 Amnesie

Die Amnesie bezeichnet einen Zustand, in dem jemand das, was ihm normalerweise sehr wichtig und gegenwärtig ist, komplett vergisst.

In ihrer positiven Funktion hilft die Amnesie ebenso wie der Tunnelblick bei der Fokussierung der Aufmerksamkeit, um das, was nicht unmittelbar für die zentrale Handlung oder Wahrnehmung wichtig ist, auszublenden. Die Amnesie macht den Handelnden also zunächst handlungsfähiger in Bezug auf die intendierten Ziele. Betrachten wir jedoch unser Beispiel »Schulanfang nach den Ferien«, so zeigt sich hier auch die andere Seite der Amnesie. Natürlich ist es wichtig sich zu zentrieren und zu fokussieren, wenn man sich um eine Aufgabe kümmert, um in höchstem Maße handlungsfähig zu werden. Je mehr jedoch die aktuelle Aufgabe in den Vordergrund der Aufmerksamkeit gerückt wird, desto mehr tritt das, was man sich sonst noch vorgenommen hat, in den Hintergrund und wird nach und nach ganz »vergessen«. Dies ist zunächst nicht weiter problematisch, weil es dem Ziel der erhöhten Handlungsfähigkeit dient. Die Problematik beginnt erst dort, wo man das vergisst, was einem sehr wichtig und unverzichtbar erschien. Je mehr sich im Laufe des Schuljahres die Aufmerksamkeit auf den Schulprozess fokussiert, umso stärker wird das Phänomen der Amnesie. Häufig kann man im Frühjahr in den Kollegien äußerst angespannte, abgekämpfte und gestresste Lehrer beobachten, die sich auf die verbleibende Schulzeit bis zu den Sommerferien sehr stark fokussieren und dabei in einen Tunnelblick (auf das Ende sehend) geraten und ihre eigene Lebensperipherie vernachlässigen. Die Amnesie hat hier im Laufe des Schuljahres zwei Prozesse initiiert:

- Man hat nach und nach vergessen, was man sich an positiven Vorsätzen für das Jahr vorgenommen hatte.
- Unter den gegebenen Stressbedingungen sind Lösungspotenziale und Kompetenzen immer weniger verfügbar und lösen sich anscheinend komplett auf.

Unter starken Stressbedingungen, die sich in der Schule insbesondere auszeichnen durch Aufgabenüberlappung und ein hohes Maß an Komplexität der verschiedenen Interaktionsebenen, verliert der Einzelne, die Gruppe oder das System mehr und mehr seine Fähigkeit der Problemlösung: Man vergisst einfach, wie es einfacher gehen könnte. Man vergisst, was man sagen oder machen wollte. Die eigenen Fähigkeiten und Ressourcen werden in Konfliktsituationen vergessen. Man fühlt sich hilflos und ausgeliefert. Die eigenen Ziele werden nicht mehr erinnert – man orientiert sich nur noch an den Außenanforderungen.

6.2.3 Dissoziation

Die Amnesie und der Tunnelblick hängen sehr eng mit zwei weiteren Phänomenen zusammen: der Dissoziation und der Assoziation.

Die Dissoziation kann beschrieben werden als »neben sich stehen«, bei dem man gar nicht mehr weiß, was man ursprünglich wollte. Oder aber auch: etwas tut, sagt, zusagt, was man eigentlich nicht wollte und hinterher bereut.

Wenn man wieder »wach« wird, weiß man in der Regel nicht genau, warum das Geschehene eigentlich passiert ist. Mitunter wundert man sich über sich selbst und kann sich das Geschehene nicht erklären.

Der positive Aspekt dieses Zustandes ist die relative Gefühllosigkeit, die er nach sich zieht. Man bekommt nicht mit, unter welcher Belastung der Körper eigentlich steht, man arbeitet immer weiter und bemerkt selbst fundamentale Erschöpfungen kaum. Im ontogenetischen Sinne ist dieser Zustand ein »Schutzmechanismus« gegenüber starken Anforderungen und Belastungen mit dem Ziel die Handlungsfähigkeit des Individuums zu erhöhen. Hormonell ist dieser Zustand gekoppelt mit starker Adrenalinausschüttung.

Die Dissoziation ist gerade in der Situation, in der es sehr auf Fokussierung von Aufmerksamkeit ankommt, Ausdruck des Phänomens, sich um alles gleichzeitig gleich gut kümmern zu wollen. Verbunden mit der Amnesie kommt es in Organisationen in diesen Situationen zu außerordentlichen Irritationen, die diese aus sich heraus kaum mehr lösen können. Erst das Herstellen einer Außenperspektive wie sie z.B. eine Supervision oder ein Coaching darstellt, führt dann zum Auflösung der Problemtrance.

Es ist immer wieder interessant zu erleben, wie in Supervisionsveranstaltungen, die aufgrund von Schwierigkeiten im System vereinbart wurden, sich den Teilnehmern auf einmal wieder die Sinne öffnen und sie wie aus einem Schlaf erwachend sich plötzlich daran erinnern können, was ihnen wichtig war und welche Vereinbarungen einmal getroffen wurden. Aus der Trance erwachend, werden Kompetenzen und Ressourcen wieder bewusst, die über einen langen Zeitraum verschwunden waren. Das System und die einzelnen Mitglieder werden wieder handlungsfähig. Dieses Phänomen ist natürlich nicht ein schulspezifisches, sondern lässt sich in allen Systemen beobachten, die intensiv auf ihre Ziele und Aufgaben fokussiert sind.

Trance-Phänomene sind sehr eng gekoppelt an die in einer Organisation vorherrschenden Glaubenssätze, die bestimmen, auf welche Art und Weise man arbeitet, wie man Lösungen erzielt und woran man merken kann, dass jemand sich systemkonform verhält. In diesem Sinne sind Trancephänomene strukturdeterminiert, d.h. sie sind in ihrer Regelhaftigkeit und Wirksamkeit mächtiger als das, was Einzelne in der Organisation wollen. Auch wird die Gesamtatmosphäre eines Systems von diesem Trancephänomenen mehr oder weniger geprägt. So kann man als Außenstehender beim ersten Besuch in einer Organisation intuitiv »fühlen«, welche Atmosphäre und auch welche Themen in dem System vorherrschen.

6.2.4 Assoziation

Die Assoziation ist das Gegenteil der Dissoziation und steht für eine starke kognitive und emotionale Fokussierung auf Handlungen und Inhalte. Die Fokussierung ist dabei so mächtig, dass man alles andere vergisst. Auch dieses Phänomen dient der Funktionsfähigkeit des Organismus. Durch eine starke Fokussierung, die dem Tunnelblick gleicht, werden alle Kräfte dafür eingesetzt, ein Ziel zu erreichen.
Gerade auch im Arbeitsprozess kann man das Phänomen der Assoziation sehr intensiv beobachten. Beispielsweise ist es bei sehr intensiv arbeitenden Menschen erkennbar, die so bei der Sache sind und in ihrem Tun aufgehen, dass sie sich nicht ablenken lassen (wollen).
Im Extremfall kann die Assoziation zu sehr starken Beziehungsproblemen führen, weil man alles andere vernachlässigt und vergisst. So ist zum Beispiel die »Arbeitsucht« ein typisches Assoziationsphänomen, weil der Betreffende alles, was ihn an der Arbeit hindert, als störend ansieht. Die Assoziation kann dabei so weit gehen, dass er andere Bedürfnisse (Essen; Trinken, Schlafen) vernachlässigt beziehungsweise vergisst (Amnesie). Wird der Prozess der Arbeit (oder allgemein: Assoziation) unterbrochen, entsteht bei den Betroffenen eine Form der inneren Leere, die gekoppelt sein kann mit einer leicht depressiven Episode. Die innere Leere kann entweder gefüllt werden durch weitere Aktivitäten oder durch eine Form von Selbstreflexion.
Auch bei der Assoziation handelt es sich nicht allein um ein individuelles Phänomen, es kann auch bei Organisationen und Gruppen beobachtet werden, die so intensiv im Prozess und mit Aufgaben beschäftigt sind, dass sie alles andere um sich herum vergessen.

6.2.5 Altersregression

Die Altersregression ist ein Phänomen, das sich aus den beschriebenen Aspekten der Trance entwickeln kann. Die Altersregression besagt, dass sich jemand nicht in seinem tatsächlichen Lebensalter mit den ihm dort zur Verfügung stehenden Lösungsmöglichkeiten und Fähigkeiten bewegt, sondern dass er sich emotional auf einer Altersebene befindet, die in der Regel zwischen zwei und 14 Jahren angesiedelt ist. Je komplexer sich die Anforderungssituationen gestalten, desto schwieriger wird es für Einzelne oder Systeme, adäquate Lösungen zu finden. Die Folge der zunehmenden Komplexität und der darauf fehlenden Antworten sind Insuffizienzgefühle. Je länger diese Gefühle anhalten und die Leistungsanforderungen fortbestehen, umso intensiver entwickeln sich Selbstvorwürfe, Selbstabwertungstendenzen und Selbstbeschuldigungen. Man denkt, alle anderen können es besser als man selbst und wird zunehmend eingeengter in der Situationswahrnehmung. Die Amnesie über die eigenen Kompetenzen und Ressourcen wächst mit den Gefühlen, den Anforderungen nicht zu genügen und am Ende sieht man

sich selbst als inkompetent. Man fühlt sich klein und hilflos, dem anderen unterlegen, nicht (mehr) in der Lage, seine Aufgaben zu erfüllen.
Typische Situationen in der Schule, die sogenannte Trigger (Auslösereize) für das Eintreten einer Altersregression sind, liegen in den komplexen Anforderungen, die sich für Lehrer tagtäglich ereignen. Lehrer berichten, dass sie vormittags in der Schule auf den unterschiedlichsten Ebenen kommunizieren müssen:

- Der »normale« Unterricht wird gestört durch einzelne Schüler. *(Trigger 1)*
- Kollegen kommen in den Pausen mit den unterschiedlichsten Fragen und Wünschen. *(Trigger 2)*
- Die Korrekturen warten zu Hause auf dem Schreibtisch. *(Trigger 3)*
- Ein unangenehmes Elterngespräch muss geplant werden. *(Trigger 4)*
- Das Verhalten von Schüler x ist so seltsam, dass man sich darum kümmern müsste. *(Trigger 5)*

Einerseits können es einzelne Situationen sein, für deren Bewältigung zunächst einmal keine Verhaltensstrategie vorliegt und die dann Insuffizienzgefühle auslösen, andererseits wird durch das Überlappen der verschiedenen Aufgaben eine latente Versagensangst initiiert, die sich zunächst schleichend und später, bei Zunahme von Menge und Komplexität der Aufgaben, infolge des subjektiven Eindrucks des »Nicht-bewältigen-Könnens« zu einer massiven Blockade auswächst. Die Folge sind Gefühle der Hilflosigkeit und der Weg in die Altersregression (»Ich kann das alles nicht (mehr) – ich bin überfordert und ohnmächtig«).
Auch hier gilt: Dieses Phänomen ist nicht nur bei Einzelnen, sondern im Gesamtsystem »Schule« zu beobachten. Bei Supervisionen zeigt sich, dass die Altersregression manchmal einhergeht mit einer Machtverlagerung oder gar Machtumkehrung in der Klassen- und Schulsituation. Die Schüler übernehmen in der Schule die Definitionsmacht und die Lehrer sind nicht (mehr) in der Lage, adäquate Grenzen zu setzen.
Die Symptome der Provokation und Aggression von Schülern gegenüber Lehrern können in diesen Zusammenhängen Hinweise und Aufforderungen sein, dass Lehrer aus der Altersregression austreten und sich auf ihre Rolle besinnen sollten.
Auch lässt sich dieses Phänomen immer wieder in der Schulhierarchie beobachten. Es gibt einzelne Fälle, in denen Mitglieder von Schulleitungen mit ihren Aufgaben überfordert sind und in eine Form von Altersregression geraten, was dazu führt, dass nachgeordnete Lehrer ohne expliziten Auftrag in die Aufgaben der Schulleitung einsteigen, um das System zu retten. Gerade diese Rettungsversuche verfestigen jedoch das Problem, das sie eigentlich beseitigen wollten.
Auch bei Schülern kann man natürlich Altersregressionsphänomene beobachten, insbesondere dann, wenn sie unter sehr starkem Leistungsdruck stehen und für sich keine Lösungen sehen, selbst gewählte oder gesetzte Ziele zu erfüllen.

6.2.6 Altersprogression

Die Altersprogression ist eine weitere Form von Trance-Erscheinung. Sie korreliert ebenso wie die Altersregression intensiv mit persönlichen oder organisationellen Glaubenssätzen.

> Der Begriff »Glaubenssatz« wird an anderer Stelle noch ausführlich erörtert.
> Zum Verständnis: Glaubenssätze bilden das ab, was eine Person, eine Gruppe, eine Organisation über sich selbst und die Welt denkt. Diese Überzeugungen (beliefs) sind unterhalb der Wahrnehmungsschwelle angesiedelt und den Betroffenen nicht bewusst. Glaubenssätze prägen intensiv die Rezeption von Reizen: also dass, was man wahrnimmt und mehr noch die Informationsverarbeitung: den Sinn, dem man einem Reiz gibt.

Altersprogression beschreibt einen Zustand, der gekennzeichnet ist von nicht altersgemäß oder hierarchisch adäquaten Verhaltensbeiträgen. Man fühlt sich groß und übermächtig, den anderen überlegen und will diesen mitunter alles abnehmen, was sie aus seiner Sicht nur schwer bewältigen können.
Das eigene Potenzial wird bis zum Äußersten strapaziert und erschöpft, zuweilen sogar überstrapaziert. Derjenige, der sich in der Altersprogression befindet, kennt die eigenen Grenzen nicht mehr und verletzt häufig auch die Grenzen anderer.
So kann beispielsweise ein Lehrer aufgrund der durch seine Lehrerrolle definierten Autorität immer wieder der Verführung nachgeben, Schüler wegen scheinbar fehlender Kompetenzen abzuwerten und in die Rolle des »Alles-Wissenden« zu geraten. Mit dieser Rolle lädt er andere wiederum andere ein, nicht zu wissen.
Interessante Beobachtungen kann man in diesem Zusammenhang auch bei Vorgesetzten machen, die aufgrund ihrer hierarchischen Positionen sich innerhalb des Systems von nachgeordneten Positionen naturgemäß unterscheiden müssen.
Diese systembedingte Rolle kann missverstanden werden als persönliche Kompetenz, also als eine Form von Überlegenheit anderen gegenüber, die geringere, rangniedrigere Positionen im System einnehmen. Aufgrund dieser Rollendefinition entwickeln manche Vorgesetzte eine Form von »Besser-Wissen«. Verbindet sich diese Haltung mit der verbreiteten Lehrerrolle des »Wissenden«, so hat man im System mit jemandem zu tun, der alles besser weiß und für jeden einen Ratschlag zu Verfügung hat, dabei immer wieder Grenzen überschreitet und vor allem die Kompetenzen und Erfahrungen anderer als geringwertiger einschätzt.
Der Vorgesetzte erlebt sich als Mittelpunkt seines Systems und kommt sehr schnell in die Haltung: »Wenn ich nicht da bin, dann läuft hier nichts.« Er wird in Folge dieser Denkweise eine intensive Kontrollhaltung entwickeln, die getragen ist von einem – manchmal extremen – Misstrauen. Er wird sich in dieser Suggestion als unersetzlich und nicht austauschbar erleben und jede Form von Autonomie unter seinen Mitarbeitern zu verhindern wissen, weil sie seine Rolle gefährdet.
Manchmal erlebt man in Schulen, dass Schulleiter, die in Pension gehen, diesen Zustand für sich kaum akzeptieren können, weil sie sich für unersetzbar halten und glauben, dass in der Schule nichts mehr läuft, wenn sie nicht mehr da sind.

Verlässt eine Führungsperson, die diese Haltung eingenommen hat, das System, leidet dieses sehr häufig an der Hinterlassenschaft. Es entsteht zunächst ein Chaos, weil die Systemregeln bisher genau definiert waren und nun auf einmal neu entwickelt werden müssen. Der Nachfolger macht häufig den Fehler, in die Fußstapfen des Vorgängers treten zu wollen und kann dabei nur versagen, weil er diesen nie kopieren oder ersetzen kann. Auch eine zu starke Abgrenzung gegenüber dem Vorgänger führt zu Verwerfungen im System. Nur über eine Neudefinition der Rollen innerhalb des Systems und der damit verbundenen Auflösung der Trance (Altersprogression) kann sich das System neu formieren. Dies ist jedoch häufig gekennzeichnet durch einen längeren Prozess, in dem Rückfälle möglich sind.
Im Drama-Dreieck ist die Altersprogression des Vorgesetzten oder Lehrers gekoppelt mit der Haltung des »Helden« oder »Retters« – die für ihn (und dies wird manchmal übersehen) einen hohen Preis hat. Das »Sich-unentbehrlich-Fühlen« erzeugt einen gewaltigen Druck, der sich nicht zuletzt darin äußert, dass der Betroffene kaum mehr entspannen kann, häufig nicht mehr richtig in Urlaub geht und aufgrund seiner durch mancherlei Übergriffigkeiten gekennzeichneten Verhaltensweisen viel Ablehnung von Seiten anderer Organisationsmitglieder erfährt. Im Sinne der »sich selbst erfüllenden Prophezeiung« sieht er diese Ablehnung indes als Kennzeichen dafür, dass er mit seiner Intervention durchaus richtig liegt. So gestaltet sich sein inneres Erleben als Berg- und Talfahrt zwischen den verschiedenen Positionen des Drama-Dreiecks: Manchmal fühlt er sich als Retter, dann als Helfer und am Ende als Opfer. Die Altersprogression verhindert jedoch, dass er diesen Zustand reflektieren kann und sich in seinem Verhalten und seiner inneren Einstellung neu ausgerichtet. An anderer Stelle werden wir noch genauer auf das Drama-Dreieck und seine Bedeutung für die Verführung zum »Opfer-Täter-Spiel« eingehen.
Den Begriff der Altersprogression kann man auch auf das Phänomen der Parentifizierung übertragen. Parentifizierung bedeutet, dass Kinder aufgrund der Konflikte in der Familie und der »Hilflosigkeit« der Eltern ihre Ohnmacht dadurch kompensieren, dass sie selbst in eine Elternrolle gehen und die Konfliktlösung mit ihren Mitteln in die Hand nehmen. Sie verlassen damit die Rolle des Kindes und gehen aus der Not heraus in eine unangemessene Rolle. Kinder, die in diese Rolle geschlüpft sind, verhalten sich natürlich auch in anderen Kontexten rollenkonform zur Parentifizierung und werden dort als übergriffig erlebt.

6.2.7 Identifikation

Identifikation bedeutet, das man sich so stark mit dem anderen identifiziert, dass alle Grenzen verschwimmen, man so denkt und handelt wie der andere. Die eigenen Ziele werden vergessen.

Eine Gesamtschule, die mittlerweile seit mehr als 20 Jahren existiert und sehr engagierte Lehrer aufweist, von denen viele noch aus dem Gründungskollegium stammen: Seinerzeit war man voller Überzeugung für diese neue Schulform und engagierte sich starkem um diese zum Erfolg zu führen. Dieses Engagement hatte großen Erfolg, so dass die Schule einen sehr guten Ruf hat und von Eltern so nachgefragt wird, dass man in der Regel nicht für alle nachfragenden Schüler Plätze anbieten kann. Mittlerweile gibt es eine größere Anzahl neuer Kollegen im Kollegium, die in der Mehrzahl das Engagement und die Intentionen der Gründungsmitglieder übernommen haben – mitunter ist es ihnen nicht bewusst, da sie, wenn dies ihre erste Stelle ist, die spezielle Art der Organisation und Tätigkeit innerhalb des Systems als normal für Schule empfinden. Bei den verbliebenen Mitgliedern des Gründungskollegiums sowie bei einer großen Zahl neuer Kollegen entsteht mehr und mehr das Empfinden, dem selbst gesetzten Anspruch, dem unausgesprochenen Qualitätsgesetz der Schule, nicht mehr genügen zu können. Dieser Prozess vollzieht sich unterhalb der Wahrnehmungsschwelle und wirkt verhaltenssteuernd und teilweise Stress induzierend, ohne dass den einzelnen Mitgliedern klar ist, woher diese Einflüsse kommen. Die Suggestion im System und damit die gemeinsame Trance ist die der Identifikation. Systemmitglieder, die nicht die gleichen Überzeugungen teilen, fühlen sich eher unwohl im System.
Die hohe Identifikation mit der Arbeit erzeugt einen großen Druck, alles richtig machen zu wollen und damit ständige Schuldgefühle, den Anforderungen (niemand weiß genau, wer sie definiert) nicht gerecht werden zu können. Fortwährende Insuffizienzgefühle sind die Folge. Gleichzeitig wirken Insuffizienzgefühle wiederum als Treiber, noch besser werden zu wollen oder sich zumindest nicht zu verschlechtern. Die engagiertesten und damit auch am meisten identifizierten Mitglieder des Systems merken mehr und mehr, dass sie eigene Grenzen überschreiten, innerhalb ihrer privaten Systeme Widerstände gegenüber dem Engagement in der Schule erzeugen, und dass sich ihre Kräfte teilweise erschöpfen.

6.2.8 Negative Halluzinationen

Negativer Halluzinationen kommen häufig in Form von Angst und Katastrophenphantasien vor. Beziehen wir uns auf das oben genannte Beispiel, so sieht man schnell, dass ein mögliches Heraustreten aus einem problemdefinierten System und damit aus der Trancehaltung (hier Identifikation) dazu führen kann, große Befürchtungen zu entwickeln über die schlimmen Wirkungen, die ein geringeres Engagement nach sich ziehen könnte. Bei Einzelnen wirkt sich diese Befürchtung so stark aus, dass sie sich nicht trauen loszulassen und sich selbst bei eingetretenen Erschöpfungszuständen innerlich immer wieder neu antreiben alles zu tun, damit die Struktur aufrechterhalten wird und vermeintliche schlimme Folgen aufgehalten werden können. Katastrophenphantasien sind dabei ein mächtiger Treiber, an althergebrachten Strukturen, Haltungen und Strategien festzuhalten. Die wichtigste Emotion ist die Angst, insbesondere die Angst vor dem Verlust der Kontrolle oder die Angst vor der Auflösung. Um diese Ängste zu binden, werden Anstrengungen verstärkt, Kontrollmechanismen verfeinert und vermeintliche Feinde, die andere Wertigkeiten in dem System entwickelt haben, zumindest abgelehnt, wenn nicht sogar verfolgt. In diesem Spiel sieht man überall Schwierigkeiten und Defizite, sogar Feinde, die das so wichtige Bestehende zu zerstören drohen.

6.3 De-Hypnose, Verstörung und Chance

Die hier beschrieben Trancephänomene sind – wie schon bemerkt – in allen Organisationen vorzufinden. Dabei ist ein bestimmter Bereich der Trance stärker ausgeprägt als andere, was zurückzuführen ist auf die gemeinsame Wirklichkeitskonstruktion der Organisation und die in der Interaktion verdeckt vorzufindenden Glaubenssätze und impliziten Kommunikationsregeln.

Die Trancephänomene dienen zunächst der Problemlösung: die Organisation fokussiert sich auf die ihr gestellte Aufgabe, ihr Ziel und ihre Existenzrechtfertigung und sucht nach einer passenden Strategie der Zielerreichung. Die ständige Wiederholung der Alltagstätigkeiten, also die häufige Eintönigkeit, die im Übrigen auch in einem regelhaft auftretenden Konfliktgeschehen liegen kann, erzeugt die Trance. Regeln und Trancephänomene dienen der Handlungsökonomie. D. h. sie sollen Handlungen und Interaktionen, also Abstimmungen zwischen einzelnen Systemmitgliedern oder Subgruppen vereinfachen und automatisieren. Im Grunde wird hierdurch zunächst das ökonomische Prinzip »maximaler Output mit minimalem Aufwand« erfüllt und redundante Handlungsweisen werden minimiert. In einer betriebswirtschaftlichen Betrachtung von Prozessen könnte man hier auch von der sog. »Erfahrungskurve« sprechen. Nach diesem Konzept entwickeln Systeme, die das Ziel einer möglichst effektiven Produktion von Dienstleistungen haben, im Prozess der Erstellung der Dienstleistungen Erfahrungseffekte, die den Prozess reibungsloser und effizienter gestalten.

Der Lerneffekt entsteht aus der besseren Synchronisation der Prozesse. Demnach dienen Trancephänomene zunächst einmal der Synchronisation der Aufgaben und Tätigkeiten in einem System. Durch die Tradierung dieser Strategien als Ausdruck des regelhaften, dauerhaften gleichförmigen Ausführens der Tätigkeiten werden gleichzeitig aber auch Selbstreflexionsfähigkeiten ausgeschalten, da sie solange störend sind, wie das System »reibungslos« (Störungen unterhalb der Schwelle der sog. Perturbation gehören mit dazu) funktioniert.

Mit Watzlawick könnte man die Trancephänomene auch als eine »Lösung 1. Ordnung« (Prinzip »mehr desselben«) beschreiben, die ein System wählt, um ein vorhandenes Problem zu lösen. Erst dann, wenn das System eine von außen herangetragene Verstörung (Perturbation) erlebt, kommen die Prozesse durcheinander, es entsteht eine Verwirrung und die Kräfte des »Erhaltens« (Morphostase) und »Veränderns« (Morphogenese) beginnen zu konkurrieren, um das Gleichgewicht (Homöostase) wieder herzustellen bzw. ein anderes zu finden.

Dies ist der Moment, in dem die Trance zu Ende ist. Die De-Hypnose hat eingesetzt. Für die einzelnen Mitglieder im System, die Teil der kollektiven Trance waren, setzen unangenehme Gefühle ein. Man erlebt die Verstörung und einige haben Angst vor dem möglichen Chaos, das folgen könnte, wenn man jetzt beginnt, etwas (fundamental) zu verändern.

De-Hypnose braucht »Unterschiedserleben«. D.h. jeder, der für eine ausreichend lange Zeit aus dem System heraustreten kann (z.B. Urlaub) hat die Möglichkeit, aus der Trance aufzuwachen. Indes kann man sehr häufig beobachten, dass dies nicht von allen gewünscht ist. So kommt es immer wieder zu dem Phänomen, dass diejenigen, die im Alltag schon sehr viele Aufgaben übernehmen und einen zeitlich straffen Tag haben, dieses Muster für sich auch im Urlaub gut konstruieren. Das gleich bleibende Energieniveau und die Fokussierung von Aufmerksamkeit auf andere Bereiche verlagert nur die Handlung, die Selbstinduktion der Trance bleibt erhalten.
Erst durch Alternativerfahrungen (das systemische Prinzip »Unterschiede, die einen Unterschied machen«), die energetisch auf einem anderen Niveau liegen, können andere Prozesse ermöglicht werden und Formen von Selbstreflexion entstehen. Viele erleben dann für sich einen massiven inneren Widerstand, nach dem Urlaub in das gleiche System zurückzugehen und sich wieder auf die dort vorhandenen Tranceinduktionen einlassen zu müssen.

Die Organisation verändert sich naturgemäß nicht aus sich selbst heraus, denn:
- Sie vollzieht den Auftrag, den sie erfüllen soll auf die bestmögliche Art und Weise.
- Sie muss sich legitimieren gegenüber der Außenwelt und wählt daher eine möglichst gleichförmige Gestalt.
- Sie synchronisiert die Handlungsweisen der Organisationsmitglieder zum Zwecke der Auftragserfüllung.
- Sie entsteht immer wieder neu aus der Regelbeachtung ihrer Mitglieder und bleibt dabei gleich.
- Sie ist strukturdeterminiert.
- Aber sie muss sich laufend verändern, um gleich zu bleiben

Allein an diesen ausgewählten Aspekten kann man sehen, wie diffizil es ist, innerhalb einer Organisation ein Gleichgewicht aufrechtzuerhalten. Kleine – aber qualitativ bedeutsame – Störungen reichen aus, um das Gleichgewicht zu verändern. Hierin liegt die Chance und gleichzeitig die Gefahr.
Veränderungen 2. Ordnung (nach Watzlawick) – also Veränderungen, die zu einer neuen Qualität in der Interaktion im Sinne einer Weiterentwicklung führen - entstehen aus der Synchronisation von Einstellungen und Handlungen der Mitglieder der Organisation.
Krisen, die von außen an die Organisation herangetragen werden, perturbieren ihre Trancehaltung und werden zunächst weitestgehend abgewehrt. Bleiben die Anforderungen jedoch bestehen und zeigen sich verfügbare Standardlösungen unwirksam, entsteht eine krisenhafte Situation. Im Bereich der Wirtschaft kann diese Situation für ein Unternehmen das »Aus« bedeuten, wenn es keine neuen passenden Antworten auf sich verändernde Marktbedingungen findet.

Die Krise wird als Sackgasse (besser beschreibt dies der englische Begriff: stuck state) empfunden. Die Organisation sucht zunächst nach Veränderungen im »mehr oder weniger desselben« (1. Ordnung). D.h. sie verstärkt entweder ihre Anstrengungen, um das zu erreichen, was zuvor als Erfolg definiert war, oder sie vermeidet bestimmte Aktionen in der Hoffnung, dass alles dann wieder gut wird. Erst wenn all dies nicht mehr funktioniert, werden neue Wege gesucht. Auf der Suche erleben die Mitglieder der Organisation eine mehr oder weniger chaotische Phase, in der bekannte Strukturen nicht mehr die Bedeutung haben, die sie vorher hatten. Immer wieder ist auch zu erleben, dass einzelne Systemmitglieder mit massiven Ängsten auf diese Situationen reagieren. Zu sehen ist hier, dass sich individuelle Strukturen und Strategien der Konfliktverarbeitung überlagern, gegenseitig verstärken und auch hemmen können. Diese Prozesse korrespondieren mit den individuellen – in der Kindheit modellierten – Konfliktverarbeitungsmustern der Protagonisten. Manche Organisationen kommen deshalb in keine neue Stufe der »Reife«, weil die Glaubensätze der einzelnen Organisationsmitglieder keine neuen Muster zulassen. An dieser Stelle stagniert der Prozess und der stuck state tritt ein.

Jede Organisation hat im Grunde die emotionale und kognitive Reife, die von den »Meinungsführern« im System zugelassen wird. Ihre (limitierenden oder erweiternden) Glaubenssätze bestimmen die Formen des Erneuerungsprozesses resp. die der Stagnation. Die Entwicklung von Organisationen ist daher zentral mit der persönlichen Entwicklung der wichtigsten Führungspersonen verbunden. Deren Glaubenssätze, vor allem dann, wenn sie limitierend wirken (also neue Kooperationsformen nicht zulassen), hemmen den Prozess dort, wo er eigentlich beschleunigt werden müsste. In vielen Organisationen ist zu beobachten, dass sich die »innovativen« Kräfte nach vergeblichen Versuchen, ihre Ideen in das System einzubringen und um Veränderungen zu werben, wieder aus der Organisation verabschieden, weil sie für sich keine Chance sehen.

Diejenigen, die für die bewahrenden (hier limitierenden) Glaubenssätze stehen, sehen den Weggang der »Innovativen« eher mit Erleichterung, weil deren Ideen das System und die impliziten Regeln zu stark in Frage gestellt hätten. Die hierdurch ausgelösten Perturbationen lassen sich vermeiden, in dem man in den Ausgangszustand zurückgeht, wenngleich wir wissen, dass dieser Ausgangszustand nie wieder erreicht werden kann. Das systemisch-lösungsorientierte Denken lehrt uns: »einmal Ressource, immer Ressource«. D.h. die Veränderungstendenzen, mit denen sich die Organisation beschäftigen musste, wirken nach – hier wurde eine neues neuronales Muster im »Gedächtnis« der Organisation und bei den einzelnen Mitgliedern geschaffen, das nachwirkt und nicht gelöscht werden kann, sondern dann wieder virulent wird, wenn es durch entsprechenden Informationen und Anregungen aktiviert wird.

Auch wenn wir sagen können »Jede Organisation ist immer nur so weit, wie die Glaubenssätze ihrer Leiter es ermöglichen oder erlauben«, heißt es auch: »Jede neu

eingeführte Information in das System wirkt nach und wird dann wieder zu neuem Leben erweckt, wenn diese sich energetisch koppeln mit weiteren Neuinformationen oder neuer Veränderungsenergie.«
Wir als einzelne Menschen können und auch die Organisation Schule kann nicht anders als durch laufende Veränderung existieren.

Fallbeispiel aus dem Seminar »Systemische Organisationsentwicklung für Schulleiter«
Supervisor zu einer Teilnehmerin: Unter dem Aspekt der Tranceinduktion kann man den Menschen als Teilepersönlichkeit betrachten. Du kommunizierst als 53-Jährige vielleicht mit dem 3-jährigen Teil des anderen. Wir sind nicht konsistent, sondern Teilepersönlichkeiten. Die Kunst ist zu erkennen: In welchem Zustand ist jemand? Kommt er mir als 3-Jähriger entgegen, dann muss ich ihn so ansprechen. Ich hole ihn in dem Teil ab, den er mir gerade anbietet.
Manche Subsysteme sind genauso, die agieren aus einer bestimmten Alterspersönlichkeit. Teile des Kollegiums, die pubertieren, kann ich nicht als Erwachsene ansprechen, sondern muss sie als Pubertierende ansprechen. Dies ist rein deskriptiv, nicht in einem abwertenden Sinne gemeint.
Der Betrachter selbst ist auch eine Teilepersönlichkeit. Er stellt sich nicht drüber, sondern erlebt intuitiv, also im Bauch: In welchem Zustand ist der andere – und stellt sich automatisch darauf ein. Wir bewegen uns den ganzen Tag in einer Art Fahrstuhl, mal – Etage 1, mal Etage 10. Je nach Kontextmarkierung, je nach Situation verhalten wir uns automatisch anders: mit kleinen Kinder regrediert man auf eine andere Stufe, um z.B. spielen zu können. Wenn man dies Verhalten in einem anderen Kontext genauso zeigt, würde man für verrückt gehalten. Wir können dies auch positiv sehen, als Kunst sich angemessen auf bestimmte Situationen einzustellen. Es gibt aber einige, die verhalten sich immer so: kommen da nicht raus, sich immer beleidigt zu fühlen oder immer aggressiv zu sein. Dies hat mit inneren Mustern zu tun, die in der Geschichte der Betreffenden liegen, z.B. Traumatisierung, die die Energie blockiert. In Stresssituationen verhalten sie sich genauso wie in der traumatischen Situation.
Das Gleiche erlebt man auch bei Organisationen, sie haben eine Geschichte, »Leichen im Keller«, Geheimnisse. Das sind die traumatischen Erfahrungen der Organisation. Wenn man da reinsticht, gehen die Mitglieder der Organisation alle in einen bestimmten Zustand. Wenn man nun aus einer überheblichen erwachsenen Ebene kommt und sagt: Stell dich nicht so an – dann ist kein Kontakt da. Es geht darum, jemand da abzuholen, wo er steht und Subsysteme und einzelne Systemmitglieder dann in Veränderungen einzuladen.
Teilnehmerin 1: Ich habe ein Problem mit dem didaktischen Leiter. Egal, was man sagt, er sagt: »Ist das denn nötig?« Alles ist nicht nötig, weil es Arbeit bringt, er hat keine Lust und Phantasie. Bricht alles ab und nimmt Energie weg in der Gruppe. Frage: Wie kann man das auffangen, damit die Energie der andern nicht absackt?
Supervisor: Folgendes ist wichtig: Ich kann den anderen nicht ändern.
Frage: Was ist seine positive Funktion für das System? Mit dieser Frage hast du Schwierigkeiten, weil du im System drinsteckst, weil du ärgerlich bist. Dann bist du gefangen im Konflikt.
Wenn ich also im Konflikt stecke, Wut habe, bin ich möglicherweise systemisch verstrickt, dann kann ich da raus, indem ich erstmal meine Wut ausspreche: Okay, wenn Sie das so sagen, werde ich jedes Mal ärgerlich, weil ich das Gefühl habe, Sie wollen sich überhaupt nicht in eine Richtung bewegen. Das Gefühl ist dann von mir weg und ich kann wieder klarer werden.
Dann auf die Metaebene gehen, die neutrale Position einnehmen und die Position wechseln: Was ist dessen positive Absicht. Dies ist erstmal eine ungewöhnliche Haltung für denjenigen, der im Konflikt steckt. Es ist eine Herausforderung zu akzeptieren, dass der andere eine positive Absicht hat für das Gesamte und auch eine bestimmte Delegation: Damit die andern alle vorwärts gehen können, haben sie ihn, damit er bremst. Dies ist die Polarität. Die Botschaft kann sein: Nicht so schnell, nicht so schnell.
Interventionstechnik: Auf die andere Seite gehen und selbst sagen: Ja stimmt, ist das denn nötig? Glauben Sie, dass das nötig ist? Was ist daran jetzt unnötig?

Die Teilnehmerin hält das für Taktik.
Supervisor: Klar, mit Ärger kann man nicht neutral sein. Aber als Organisationsentwickler ist eine neutrale Position unabdingbar. Wenn jemand systemisch verstrickt ist, dann ist es wichtig, die eigenen Emotionen zu klären. Man kann nicht mit der Wut im Bauch in die neutrale Position gehen. Der Ausweg läuft dann über »Ich-Botschaften«. Ich sage deutlich, was ich empfinde. Dann muss der andere dazu Stellung nehmen und der Konflikt kommt in einen Klärungsprozess.
In einem Konflikt habe ich meine Linie, mein Ziel im Kopf und bin so fokussiert, dass ich so tue, als ob da überhaupt keine anderen Menschen mit Zielen und Interessen wären.
Um überhaupt voran zu kommen, muss ich mich dem energetischen Prozess anpassen und manchmal sogar Schlangenlinie gehen, um ans Ziel zu kommen. Manchmal verändert sich sogar das Ziel auf dem Weg. Man kommt irgendwo an und muss sich fragen, hat das was mit dem Ziel zu tun? An jedem Punkt des Weges muss ich fragen: Bin ich dahin unterwegs oder anderswohin?
Entscheidend ist dabei, dass das tatsächlich erreichte Ziel nicht das gleiche ist wie das anfangs vorgestellte, weil es sich verändert in der Kommunikation. Im Entwicklungsprozess verändern sich die Ziele. Wenn man mit den anderen gleichrangig kommuniziert, haben die ein Recht auf ihre Zielvision und die Konversation, das Angleichen der verschiedenen Sichtweisen führt dazu, dass sich für die Gruppe ein Ziel ergibt, das mehr als die Summe der Teile, nämlich etwas neues Ganzes ist. Darin fühlen sich die Einzelnen dann wohler, wenn man ein Ziel hat, wo jeder sagt: Okay.
Führungskräfte, die ihr Ziel durchziehen ohne auf andere zu achten, haben vielleicht ihr Ziel erreicht, hinterlassen aber Leute, die nicht mehr mitmachen.
Systemische Organisationsentwicklung ist wie das Leben, es geht rauf und runter, hin und her. Das ist der Weg, alles ist Information und alles ist okay.
Bilder, die uns dies verdeutlichen sind: Eine Mannschaft im Schiff, die losfährt bei Nebel. Sie muss immer ihre Position bestimmen. Ein Fußballspiel: Losgehen, mit dem Ziel zu gewinnen. Dies ist aber nicht unabhängig von anderen – also dem Gegner. Ich muss mich laufend auf den Gegner und die eigenen Fähigkeiten einstellen. Man weiß nie was passiert, muss sich ganz flexibel und spontan einstellen auf das, was der Kontext hergibt.
Man weiß nie, was als nächstes kommt, aber man kann sich immer wieder vorstellen: Wo will ich hin? Was ist mein Ziel? Wenn man das hat, geht der Organismus automatisch da hin. Dazu brauche ich auch eine gewisse Flexibilität: Okay, gehen wir mal den Weg, mal den Weg.
Der kürzeste Weg ist in einer Organisation nicht immer der sinnvollste, weil dann Widerstände da sind. Der beste Weg ist der der Kooperation, dann fühlen sich die anderen eingeladen: Ich biete eine Winner-Winner-Strategie an, jeder hat Nutzen davon.
Wenn ich ein Ziel habe und mir sage, das ist doch logisch, doch es ist mein Bild der Welt, dann marschiere ich dafür und keiner ist mehr neben mir. Das ist wie gegen die Wellen zu schwimmen. Irgendwann säuft man ab. Geschickt ist die Energie zu nutzen und mit den Wellen zu gehen, genauso in der Organisation – sich auf die Dynamik einstellen.
Teilnehmerin 2: Gestern war für mich ein bedeutsamer Satz: Du musst dir klarwerden, ob du mit den Zielen deiner Organisation kongruent bist. Mir ist klargeworden, dass ich weder mit den Zielen noch der Menschenführung meines Schulleiters übereinstimme.
Supervisor: Vielleicht gibt's noch eine Lösung im System.
Es geht im Folgenden darum, dass die Teilnehmerin schon möchte, dass es ihr im System der Schule gut geht.
Supervisor: Wer kann darauf achten, außer dir selbst?
Teilnehmerin 2: Stimmt.
Supervisor: Und da ist jetzt eine 4-Jährige, die sagt: Ich möchte endlich mal jemanden haben, der auf mich achtet. Das stimmt, das hat gefehlt. Die Frage ist: Ob es sich lohnt, weiter drauf zu warten oder nur zu sagen: Und jetzt sorge ich selbst dafür.
Teilnehmerin 2: Ich habe 11 Jahre versucht, den Schulleiter umzukrempeln.
Supervisor: Frag dich mal: Wozu war dieser Kampf für dich gut? Niemand tut das umsonst, er hat was davon oder sie – und du auch. Er hat viel Leid gebracht und dennoch hält dich etwas fest. Es ist wichtig zu erkennen, was es dir unmöglich macht, das loszulassen. Was hast du davon? Es gibt da einen inneren Wert, der höher ist, als es dir gut gehen lassen.

7. Einflussfaktoren auf die schulische Organisation und ihre Auswirkungen

7.1 Die politische Ebene

Unter dem Aspekt der Globalisierung sieht die moderne Managementtheorie Wissen, und damit verbunden Bildung, als einen wesentlichen Erfolgsfaktor der gesellschaftlichen und wirtschaftlichen Entwicklung. Heute spricht man sogar davon, dass Wissen neben den traditionellen Produktionsfaktoren (Kapital, Boden, Arbeit) eine besondere Bedeutung bekommen hat und als weiterer Produktionsfaktor gelten kann. Demnach werden Gesellschaften, die den Faktor Wissen – vielleicht auch nur in Ermangelung der anderen Produktionsfaktoren – eine besondere Bedeutung beimessen, auf Dauer Wettbewerbs- und Standortvorteile erzielen.

Hiermit sind auch die Anforderungen beschrieben, für die nationale Bildungspolitik Antworten finden muss. Die Kulturhoheit der Länder in unserem föderalen System führt dazu, dass es bezüglich dieser Anforderungen unterschiedliche Antworten gibt, die geprägt sind von der spezifischen Wertestruktur der jeweils regierenden Parteien. Diese Wertestruktur ist naturgemäß heterogen und manchmal nicht ganz kompatibel zu anderen Ländern. Es gibt daher auch unterschiedliche Sichtweisen über Struktur und Outcome (Leistung) von Schulen. Da Werte Ausdruck von Überzeugungen und Glaubenshaltungen sind, die als identitätsstiftende Teile im Programm der Parteien verankert sind, haben diese einen überdauernden Charakter bzw. sind nicht so schnell wandelbar. Überzeugungen sind demnach mittel- bis langfristig gültig. Über Glaubenshaltungen zu diskutieren führt in der Regel dazu, dass keinerlei Verständigung möglich ist, da man an Überzeugungen »festhalten muss« – sonst wären es ja keine Überzeugungen und die eigene Identität drohte verloren zu gehen.

Was also unter dem Bildungsbegriff zu verstehen ist, was Kinder und Jugendliche wissen sollten, ist auf der politischen Ebene nicht so sehr geprägt von den tatsächlichen Anforderungen des Lebens oder der Umwelt, sondern eher von den Überzeugungen, die in bildungspolitischen Statements Eingang gefunden haben.

Eine Veränderung der politischen Macht zieht die Veränderung von Überzeugungen und Glaubenshaltungen über Wissen, Bildung und Schule nach sich. Diese Wechsel haben dort, wo sie grundlegend andere Überzeugungen abbilden, enorme Auswirkungen auf das System Schule.

Schule – als Organisation – hat ein individuelles Regel- und Kommunikationssystem ausgebildet, das geprägt ist vom Gleichgewicht der verschiedenen Gruppen innerhalb des Systems. Jedes System – so Maturana – hat eine Binnengrenze, die semipermeabel ist. Sie lässt manches durch und anderes draußen. Bei Veränderungen auf der politischen Ebene kann man nun beobachten, dass die schulischen Systeme – in Abhängigkeit von den spezifischen Glaubenshaltungen, die innerhalb einer Schule vorherrschen – mehr oder weniger stark perturbiert werden. Manche Schulen sehen die Veränderungen als sinnvoll an, andere führen dieselben Anforderungen an die Grenze ihrer bisherigen Identitätsdefinition bis hin zu inneren Kündigungstendenzen des Lehrkörpers.

In jedem Fall muss das spezifische System auf die neuen Anforderungen eine Antwort finden. Dies kann zu einem inneren Gleichgewichtsverlust führen, der nicht mehr auffangbar zu sein scheint. Das System sucht infolge der Perturbation nach einem neuen Gleichgewicht. Diese Suche – bzw. das Herstellen eines vorübergehend stabilen Gleichgewichts kann – in Abhängigkeit von den internen Prozessen der Auseinandersetzung zwischen den verschiedenen Gruppen innerhalb des Systems – unterschiedlich lange dauern. Die Energie ist fokussiert auf die neuen Anforderungen und steht den anderen Anforderungen des Systems nur reduziert zur Verfügung. Die Folge ist häufig eine Arbeitsverdichtung und bei unklaren Vorgaben der Bürokratie die Entwicklung chaotischer Strukturen, die wiederum bei einigen Mitgliedern des Systems Angst auslösen. Insofern sind Veränderungen auf der politischen Ebene, die einen Wechsel in Glaubenshaltungen und Überzeugungen mit sich bringen, eine massive Intervention und Perturbation auf und für das schulische System, dem es gerecht werden muss, obwohl es mit vielfältigen internen Prozessen bereits belastet und/oder beschäftigt ist.

Festzuhalten ist, dass sich sämtliche Veränderungen in der (politischen) Umwelt der Schule mehr oder weniger direkt auf das System auswirken. Bei gravierenden Musterveränderungen auf politischer Ebene, die eine Perturbation im schulischen Kontext erzeugen, kommt es in der Organisation zunächst zu Verstörungen, Blockaden und teilweise »chaotischen« Situationen, auf die das System eine Antwort in Form einer neuen Form von Selbstorganisation finden muss (vgl. hierzu Kapitel 8).

In der Praxis macht sich dieser Zustand daran fest, dass alle im System Schule Tätigen zunächst einmal sehr verwirrt und durcheinander sind. Die alten Muster scheinen nicht mehr gefragt zu sein, dennoch will man an ihnen festhalten und alles dafür tun, dass der alte Gleichgewichtszustand wiederhergestellt wird, obwohl man ihn vielleicht gar nicht so gut fand. Das Neue erzeugt Irritationen, die als unangenehm erlebt werden (physiologische Ebene). Erst dann, wenn es anscheinend keinen Weg mehr zurück zu den alten Mustern gibt, werden Veränderungen vorgenommen, um sich auf die neuen Gegebenheiten einzustellen. Hier entsteht ein neues Gleichgewicht im System.

7.2 Die Eltern der Schüler

Immer wieder hört man im schulischen Alltag von Lehrern Klagen darüber, dass sich die Sozialisationsleistungen der Elternhäuser der Schüler sehr stark verändert haben. Häufig spricht man sogar vom »Versagen« der Elternhäuser in Bezug auf die zu leistenden Erziehungsaufgaben. Kinder tragen Konflikte aus der Familie in den schulischen Kontext hinein und agieren diese dort aus. Lehrer berichten davon, dass sie in vielfältiger Form intervenieren und eingreifen müssen und dabei das reparieren sollen, was in den Elternhäusern an Erziehungsleistung versäumt wurde. Nicht nur an den Äußerungen der Lehrer wird deutlich, dass sich deren Aufgaben im Hinblick auf Erziehung sehr verändert haben.

Gerade in den Großstädten ist es in den letzten Jahren zu einer Auflösung althergebrachter Familienstrukturen gekommen, die die Beziehungsgestaltung zwischen Eltern und Kindern stark verändert hat. Mehr und mehr Kinder leben in Patchwork-Familien oder bei einem alleinerziehenden Elternteil, der zudem noch für den Lebensunterhalt der Restfamilie sorgen muss.

Diese Veränderung der Familienstrukturen und der Familiengewohnheiten hat naturgemäß Auswirkungen auf das Verhalten der Kinder in der Schule. Konflikte, die sich im Rahmen von Familie entwickelt haben, werden in die Schule transportiert und dort ausgetragen, manchmal sogar stellvertretend für den fehlenden oder einschränkenden Elternteil mit der Autoritätsperson Lehrer. Lehrer geraten damit in den Fokus der Familiendynamik der Schülerfamilie und werden als Interaktionspartner auf eine ganz andere Art und Weise gefordert, als es in der Sekundarstufe dem Selbstbild des Lehrers entsprechen würde.

Viele Lehrer zeigen sich von diesem Prozess irritiert – sie sollen auf einmal etwas verantworten und klären, was bislang nicht in den Kontext des schulischen Miteinanders gehörte und wofür sie in der Regel gar nicht ausgebildet wurden. Hier wird ein Mangel deutlich, der bedingt ist durch die einseitige fachliche Ausrichtung der Lehrerausbildung – es fehlt an kommunikativer Kompetenz und Methodik im Umgang mit den sich immer wieder neu und anders formierenden Konfliktsituationen. Viele Lehrer reagieren auf die sich verändernden Interaktionsbedingungen mit Ablehnung als Zeichen der Überforderung. Sie sollen neben ihrem schwierigen Job der Wissensvermittlung auch noch Sozialisationsinstanz sein – dies scheint zuviel. Aus dieser Überforderungssituation heraus werden die Eltern in ihren Forderungen sehr kritisch gesehen und mitunter als Angreifer erlebt.

Die Eltern wiederum haben – auch hier besonders in den Großstädtern zu beobachten – neue Anforderungen an Schule formuliert. Man sieht die Institution kritisch, weil sie anscheinend nicht die Bildungsleistung erbringt, die man von ihr erwarten könnte – Pisa gibt hierfür entsprechende Argumente. Man will mit der deutlichen Äußerung dieser Kritik Schule auffordern, ihr Versagen einzugestehen und dafür die Verantwortung zu übernehmen. Immer wieder berichten Lehrer, dass ein Teil der Elternschaft eine sehr kritische Haltung einnimmt und Schule

dafür verantwortlich macht, wenn das vermeintlich oder tatsächlich vorhandene Potenzial der Kinder nicht ausgeschöpft wird. Aus Sicht mancher Eltern versagt Schule komplett in Bezug auf ihre fachliche Leistung, ihre Förderfähigkeit und ihre Fähigkeit, Kinder zu motivieren und auszubilden. Man unterstellt, dass es viel besser gehen könnte und das System oder auch die Kenntnisse der Lehrer nicht hinreichend sind.
Aus einer kritischen Haltung wird gelegentlich sogar Feindseligkeit, was man z.B. gut an den Auseinandersetzungen zum Thema »Hochbegabung« beobachten kann. Manche Eltern sehen in ihrem »schwierigen« Kind ein hochbegabtes, dem die Schule nicht das bieten kann, was es braucht. Damit haben sie im bestehenden Kontext keine Chance, adäquate Förderung für ihr Kind einzufordern. Schule wird unterstellt, dass sie nicht in der Lage ist, Potenzial zu erkennen und entsprechend zu fördern. Die Atmosphäre des gegenseitigen Misstrauens und – bei Konflikten – der gegenseitigen Schuldzuschreibung erschwert die notwendige Kooperation zwischen Eltern und Schule. Auch hier kann man ein Drama-Dreieck beobachten, in dem die Rolle der Opfer und der Täter immer wieder getauscht wird und am Ende sich jeder als Verlierer sieht.

7.3 Die Schüler

Die Veränderung der Lebensumwelt der Schüler führt zu neuen Verhaltensweisen, auf die Schule zunächst irritiert, manchmal ratlos reagiert.
Die Lebensumwelt der Schüler ist geprägt von:
- familienindividuellen Wertstrukturen,
- familialen Konflikten,
- Medien,
- Anforderungen der Peergroup,
- individuellen Anforderungen.

Familienstrukturen haben sich in den letzten Jahren sehr stark verändert. Die Auswirkung der Auflösung von Großfamilien ist in der Familiensoziologie hinlänglich beschrieben worden. Die gegenwärtigen Lebensbedingungen von Kindern beziehen sich vielfach auf Kernfamilien als Kleinfamilien oder Strukturen mit alleinerziehenden Elternteilen bzw. Patchwork-Familien, die sich zusammensetzen aus den neuen Partnern und deren aus der ersten Beziehung stammenden Kindern. Während in den ländlichen Gebieten noch eher traditionelle Formen von Familienkonstellationen vorzufinden sind, gibt es in den Großstädten mittlerweile die unterschiedlichsten Strukturformen, die von Kindern als »normale«, wenn auch unterschiedliche Lebensbedingungen angesehen werden.
Die abnehmende Geburtenrate führt überdies dazu, dass die bewusste Entscheidung für die Geburt eines Kindes gerade in bildungsorientierten Schichten eher

spät getroffen wird. Kinder bekommen hier einen veränderten Status. Während es noch in den Großfamilien darum ging, dass die Erziehungsarbeit von den Eltern, den Großeltern, aber auch von den älteren Geschwistern übernommen wurde und damit das Kind einfach in das Leben der Familie eingebunden wurde, kann man heute beobachten, dass Kinder einen anderen Stellenwert erhalten. Sie werden in eine gleichrangige Position gebracht. Dies ist zunächst einmal eine wichtige innere kooperative Haltung der Eltern, die aber durchaus auch missverstanden werden kann und zu gravierenden Problemen führt.

7.3.1 Auflösung der Binnengrenzen der Familie und ihre Auswirkungen

Im Beratungsalltag der »Schülerberatung« lässt sich zunehmend mehr beobachten, dass sich aus der Beziehungskonstellation der Familien spezielle Konfliktformen ergeben, die man auf das Phänomen der Entgrenzung zurückführen kann. Im familientherapeutischen Paradigma spricht man davon, dass es eine strikte Binnengrenze zwischen den Erwachsenen und den Kindern in der Familie geben muss und dabei alles vermieden werden sollte, was diese Grenze auflöst. Aufgelöste Binnengrenzen holen Kinder auf die Erwachsenenebene – sie werden »entkindlicht« und geraten damit in eine überhebliche Position, in der sie sich über die Erwachsenen stellen und auf diese herunterschauen (oft aus gutem Grund, wenn man sich die Familiengeschichte ansieht). Aufgelöste Binnengrenzen findet man beispielweise sehr häufig in Suchtfamilien, in denen Kinder Aufgaben für die Eltern übernehmen und diese bei ihren »Ausfällen« ersetzen. Kinder sind hiermit überfordert. Gleichzeitig fällt es ihnen sehr schwer, die zugeschriebenen Positionen, die auch eine neue Form von Freiheit und Autonomie gebracht haben, wieder aufzugeben, sich auf die kindliche Position zurückzuziehen. Die kindliche Position wird mit Ohnmacht assoziiert (Verlust der Autonomie), weil sie im Gegenzug wieder den Wunsch nach Anlehnung hervorruft – hierfür aber kein Erwachsener zur Verfügung steht.

Das Kind bekommt eine »Wichtigkeit«, die sich für einen Fremden, der auf das Familiensystem von außen schaut, wie eine Anmaßung darstellt. Das Kind will auf der Elternebene mitreden und entscheiden und akzeptiert die Grenzen nicht. Dies tut es in der Familie aus gutem Grund (entgrenzendes Verhalten der Eltern), es kommt aber damit in dem anderen Kontext »Schule« nicht zurecht.

Einwurf: Lösungen 1. Ordnung

Wenn das eigene Muster nicht gut funktioniert, so verstärkt man das Verhalten. Kinder aus Familien mit entgrenzter Struktur kommunizieren mit Lehrern und Mitschülern in gleicher Weise, wie sie es aus der Familie kennen. Sie verstärken ihre Anstrengungen dann, wenn die anderen nicht den gleichen Response geben.

Viele Lehrer kennen die Ansprüche dieser Kinder und reagieren – entsprechend ihrer Rolle – ablehnend: Der Lehrer / die Lehrerin soll alles mundgerecht servieren. Sie/er ist nie gut genug. Lehrer sollen sich anstrengen, nicht die Schüler. Entertainment ist gefragt statt Anstrengung.

7.3.2 Triangulierung

In Verbindung mit der Entgrenzung in den Familiensystemen ist auch die sogenannte »Triangulierung« zu beobachten. Es kommt zu wechselseitig intensiven Bindungen zwischen Kindern und einem Elternteil in der Form, dass das Kind in die Rolle des Partners gerät. Ein Elternteil oder auch, wenn mehrere Kinder da sind, jedes Elternteil verbündet sich auf diese Weise mit einem Kind, das die Aufgabe hat, für einen emotionalen Ausgleich zu sorgen und das zu ersetzen, was man vom Partner »nicht bekommt«. Im psychoanalytischen Sinne spricht man hier von einer ödipalen Bindungsform. Auch die Triangulierung ist eine Form der aufgelösten Binnengrenze in der Familie.

7.3.3 Delegationen

Gravierende Auswirkungen auf den schulischen Kontext hat überdies ein Mechanismus, der ebenfalls aus der Familientherapie bekannt ist und mit dem Begriff »Delegation« beschrieben wird. Hierbei handelt es sich um die Übertragung von verdeckten oder offenen Wünschen der Eltern auf die Kinder. So soll z.B. ein Kind den schulischen Erfolg zeigen, den ein Elternteil in seiner Schulzeit nicht hatte. Die Eltern tun alles dafür, dass dem Kind diese Entwicklung möglich gemacht wird. Für das Kind stellen dies aber übernommene ich-fremde Wünsche dar, die nicht ich-synchron sind und daher mit einer Ambivalenz verfolgt werden. Einerseits passt sich das Kind an die Wünsche an, um die Eltern nicht zu enttäuschen, andererseits verhindert es aber den eigenen Erfolg durch Selbstboykott, um damit dem inneren Teil, der für die Autonomie steht, gerecht zu werden.

Im Beratungskontext der Schule bildet sich dieses Problem reduziert als Leistungs- oder Motivationsproblem ab. Dabei wird jedoch häufig nicht seine gesamte Bandbreite deutlich. Vielfach geht man von einer Blockade bezüglich der schulischen Leistungen aus, ohne zu sehen, dass der Widerstand gegenüber dem Schulerfolg auf einer tieferen Ebene, der Ebene der Identität, angesiedelt ist. Wie wir an anderer Stelle noch sehen werden, lässt sich das Ergebnis der Leistungen des Kindes nur verbessern, wenn man den Konflikt in dieser Form versteht und die Interventionen entsprechend gestaltet.

7.3.4 Schüler als Kunden

Mitunter wird heute in Bezug auf den Unterricht davon gesprochen, dass Schüler zu Kunden für die Angebote der Lehrer gemacht werden sollen. Hierbei kann es sehr schnell zu einem missverständlichen Kundenbegriff kommen. Der Begriff »Kunde« wird nicht so verstanden, wie ihn zum Beispiel de Shazer im Bezug auf die Motivationstypologie gebraucht, sondern es wird impliziert, dass sich die Kommunikation eindimensional, ausgehend vom Lehrer als Sender, auf den Schüler als Empfänger ausrichtet. Der Schüler wird also zu Rezipienten des Angebots des Lehrers. Sämtliche Wechselwirkungsprozesse, die aus der Kommunikationspsychologie bekannt sind, werden in dieser Anschauung außer Acht gelassen und der Fokus richtet sich allein auf den Lehrer als kommunikativen Versager, der nicht in der Lage scheint, die Schüler zu »Kunden« für seinen Unterricht zu machen. Schüler – dies kann man mittlerweile häufiger beobachten – reagieren abwertend auf Lehrer, die nicht in der Lage sind, die »Entertainmentqualität« zu liefern, die ein gutes Computerspiel hat, das sie besser fesseln kann.

In ihrem Alltag erleben Kinder und Jugendliche eine fortwährende Stimulation des »Belohnungssystems«, verbunden mit der dopamingestützten Suche nach Neuem (*novelty seeking*) im heutigen Spiele- und Medienalltag. Diese Stimulanzen lassen die angebotenen Reize im Unterricht eher fad und unmotivierend erscheinen. Lehrer sind verstärkt auf der Suche nach Methoden, die dieses Muster der Schüler aufgreifen und sie da abholen, wo diese sich im viel interessanteren Spiele-Alltag befinden. Die Gefahr scheint dabei, dass den Schülern »mehr desselben« (Lösung 1. Ordnung) angeboten und dabei das Muster verstärkt wird. Stattdessen sollte man sie einladen, andere Erfahrungen zu machen. Insbesondere authentische Beziehungsangebote sind entscheidend für das Stimulieren von Motivation und das Herstellen von Kooperation.

7.3.5 Armut der Eltern und ihre Auswirkungen

Immer mehr muss gegenwärtig in Schulen auch der Aspekt der Armut der Eltern beachtet werden. Wir haben es mit Kindern zu tun, die sich um ihr Überleben sorgen müssen und für die der Bildungsbereich nicht die wichtigste Priorität hat. Ihre Potenziale bleiben weitgehend unentdeckt und ungefördert. Sie wachsen bildungsfern auf und bilden innerhalb der Hauptschulen einen Teilbereich ab, der gerade die Arbeit in diesem Schulbereich sehr erschwert. Erlebt sich das Kind als chancenlos, ist es eher demotiviert. Natürlich führt nicht jede Form von Armut zu besonderen Sozialisationsdefiziten. Innerhalb eines funktionierenden Beziehungsgeflechts in der Familie, das geprägt ist von einer stabilen Bindung zwischen Eltern und Kindern, können psychologische Auswirkungen der Armut in gewisser Weise kompensiert werden.

Wenn sich allerdings Familienstrukturen auflösen, indem Eltern ihre Rolle nicht mehr wahrnehmen, Kinder vernachlässigt oder auch parentifiziert werden, so entstehen Formen unsicherer Bindung. Hier ist auf die Arbeit von John Bowlby (1976) zu verweisen, der sehr gut beschrieben hat, wie sich die als unsicher erlebte Bindung des Kindes auf dessen Erleben auswirkt:

Die als unsicher empfundene Bindung zu den primären Bezugspersonen wird vom Kind erlebt als ein Zurückgestoßensein, ein Ausgeliefertsein und eine gefährliche Abhängigkeit. Die Folge dieses Erlebens ist ein sich entwickelnder Demotivationsprozess, der über die erlebte Hilflosigkeit und Ohnmacht zu depressiven Verstimmungen führt. Zur Abwehr der belastenden Gefühle werden verschiedene

Strategien gewählt. Diese beginnen beim Konsum von Suchtmitteln und gehen bis hin zur Gewaltausübung oder zum Abgleiten in eine von strikten Normen und Regeln geprägte möglicherweise »deviante« Peergroup. Die Peergroup gibt dann die gewünschte Struktur und Zugehörigkeit, die in der Familie nicht vorhanden war und übernimmt durch ihre Regeln die Sozialisationsfunktion der Familie. Die Regeln der Peergroup werden wichtiger als die familialen Regeln, die aus Sicht der Jugendlichen versagt haben. Dies gilt ebenso für die schulischen Regeln oder die Regeln, die einzelne Lehrer aufstellen. Die Peergroup kann als Struktur gebendes Element gelten, das dabei mitwirkt, Depression und Hilflosigkeit abzuwehren.

Natürlich sind diese Prozesse nicht im Sinne einer zwingenden Kausalität zu verstehen, darauf weisen schon allein die Ergebnisse der Resilienzforschung hin. Dort wird untersucht, wie Kinder, die in sehr ungünstigen wirtschaftlichen und psychologischen Verhältnissen aufgewachsen sind, dennoch erfolgreich ihren Weg gehen konnten. Dieser »Erfolg« ist darauf zurückzuführen, dass es im Laufe der familialen Sozialisation Momente der Stabilität gab, die den Kindern eine innere Struktur und Stabilität gegeben haben, sodass sie »Copingstrategien« entwickeln konnten, mit deren Hilfe das erlebte Negative in eine Form von Ressource umgedeutet wurde. Im Schlechten das Gute sehen, Dankbarkeit empfinden und die eingeengten Perspektiven als Herausforderungen definieren, das sind die wichtigsten Voraussetzungen dafür, aus ungünstigen Bedingungen Lebenschancen zu entwickeln.

7.4 Der Negativfokus und seine Auswirkungen

Im Rahmen der Weiterbildung von Lehrern ist immer wieder festzustellen, dass das Denken und die Wahrnehmung von Lehrern, die im Schulsystem »sozialisiert« sind, einem Negativfokus unterliegen. Das Bewerten und Beurteilen von Leistungen, Einstellungen und Haltungen von Schülern und die damit verbundene Sicht auf die Defizite beziehungsweise das, was Schüler noch nicht können, führt bei vielen Lehrern zu einer generalisierten, kritischen, das Problem betonenden, teilweise negativen Wahrnehmungsstrategie.

Diese Generalisierung bezieht sich nicht nur auf den schulischen Alltag, hier insbesondere die Sicht auf die Schüler und die Lehrerkollegen, die Schule selbst und die Schulleitung, sondern vor allem auch auf die Sicht auf sich selbst. Die Gefahr besteht darin, dass die Defizitorientierung auf die eigene Person übertragen wird und man sich fortwährend in einem »energetischen Minus« befindet. Immer wieder kann man sehen, dass Lehrer sehr stark darunter leiden, dass ihnen die Arbeit über den Kopf wächst, sie damit nicht fertig werden und sehr unter diesem Druck leiden. Nicht zuletzt sprechen die vielen Erkrankungen und Frühpensionierungen bei Lehrern dafür, dass sich an der Psychohygiene in der Organisation Schule etwas verändern müsste.

Natürlich ist der Negativfokus nur ein Faktor in einem Faktorenbündel, das die Bedingungen, unter denen Lehren und Lernen stattfindet, nicht einfach macht. Bleibt man bei der hier vorübergehend bewusst vorgenommenen Reduktion auf einen Faktor, so lässt sich unschwer erkennen, dass die Auswirkungen des Negativfokus auf alle Beteiligten eine Atmosphäre erzeugt, in der Lernen und Lehren schwierig sein kann. Wir wissen heute, dass die Bedingungen, unter denen gelernt wird, enorme Auswirkungen haben auf das, was gelernt wird. Hierbei geht es um assoziative Verknüpfungen von angebotenem Stoff und psycho-ökologischen Bedingungen, unter denen der Stoff vermittelt wird. Diese Gesamtheit wird gelernt als eine Verknüpfung aus Sachverhalten und kommunikativen Botschaften.
In der Kommunikationspsychologie spricht man von der sogenannten 20/80 Regel (vgl. auch Axiome der Kommunikation: analoge und digitale Interaktion, Kapitel 3.5, Punkt 4). Sie besagt, dass jede Kommunikationssituation unterteilt werden kann in eine Sach- und eine Beziehungsbotschaft. Dabei ist selbst bei ausgesprochenen Sachinformationen die Person und damit die kommunikative Kompetenz des Informierenden von herausragender Bedeutung. Daher gilt die Verteilung: 20 % Sachinformationen, 80% Beziehungsinformationen.
Nur das wird also gut gelernt, was positiv gekoppelt wird mit der Situation, in der es gelernt wird, und damit vor allem mit der Person, von der es gelernt wurde.
Neuere Forschungen bezüglich des Entstehens kindlicher Prägungen zeigen die Auswirkungen von nonverbalen Mustern bzw. emotionalen Zuständen bei Erwachsenen für die Modellierung neuer Erfahrungen bei Kindern.
So konnte beispielsweise festgestellt werden, dass der depressive Zustand einer Mutter beim Wickeln eines Säuglings von diesem modelliert wird. Das Kind passt sich intuitiv an die der Mutter nicht bewusste nonverbale Form der Interaktion an. Es modelliert die energetischen Zustände (Tonalität der Stimme, Gesichtsausdruck der Mutter, physiologisches Energieniveau) und verbindet diese mit der Sachinformation. In der Lernpsychologie spricht man hier von verschiedenen Stufen des Lernens:

- Die einfache Reiz-Reaktionskoppelung (klassisches Konditionieren) bedingt die Verknüpfung zwischen Gefühlszuständen und äußeren Reizen.
- Das Belohnungslernen (operantes Konditionieren) beschreibt die Verstärkung von Lernerfahrungen dann, wenn mit der Darbietung des Reizes eine Belohnung gekoppelt ist.
- Beim Modelllernen (ein dem Kind emotional nahestehender Erwachsener ist ein attraktives Modell) kommt es dagegen zu einer komplexeren und ganzheitlichen Form der Modellierung von Verhaltensmustern.

In allen schulischen Situationen können wir verschiedene Stufen des Lernens vorfinden. Auffällig ist, dass sie alle geprägt sind von der Fokussierung auf Defizite. Gleichzeitig kann man aber beobachten, dass Lehrer sich sehr intensiv um

Entkopplung bemühen und enorm daran arbeiten, positive Lernerfahrungen zu ermöglichen.
Angesichts der eingangs beschriebenen strukturellen Determiniertheit von Organisationen und den in ihnen stattfindenden interaktiven Prozessen muss man annehmen, dass es kaum zu Weiterentwicklungen auf der interaktionellen Lernebene kommen kann, wenn es nicht zu verändernden Wahrnehmungsfokussierungen im schulischen Kontext kommt, die sich in Richtung Ressourcenorientierung oder Lösungsorientierung bewegen.
Insofern wäre die Veränderung des Defizitfokus hin zu einem Ressourcenfokus, der mehr die Möglichkeiten sieht als die Limitationen, die wichtigste und nachhaltigste Musterveränderung im schulischen Kontext. Damit verbunden müsste ein Lösungsfokus sein, der die vorhandenen Ressourcen utilisiert, um neue Lösungen dort zu erzeugen, wo es noch keine Lösungsmuster gibt.
Die Auswirkungen von Ressourcen- und Lösungsorientierung erlebt man sehr deutlich, wenn Lehrer sich über eine längere Zeit mit diesem Ansatz beschäftigt und dabei ihre eigenen Muster und Glaubenssätze verändert haben. Viele berichten, dass sie aus einer »Problemtrance« aufgewacht sind und auf einmal viele Möglichkeiten sehen, die sie bisher nie sahen, von denen sie nicht einmal ahnten, dass es diese überhaupt gibt. Gewichtig sind aber die persönlichen Veränderungsprozesse, die ausgelöst werden durch das Einlassen auf neue Sichtweisen. Hier ergeben sich neue persönliche Ressourcen, der Spaß an der Arbeit und am eigenen Leben. Dies geschieht alles in demselben System Schule, in dem es unter dem alten Negativfokus kaum möglich erschien, sich besser zu fühlen und handlungsfähiger zu sein.
Carl Rogers (1981) hat in seinem Ansatz der Personenzentrierten Psychotherapie den Fokus »empowering the person« verfolgt, in dem er dafür plädierte, die Stärke der Person zu entwickeln, damit diese mit unausweichbaren Konflikten besser zurechtkommt. Wir erkennen in der vorgeschlagenen Veränderung des Negativfokus hin zu einem Lösungsfokus viel von diesem Prinzip wieder.
Im Sinne reziproker Prozesse und dem beschriebenen Effekt der strukturellen Kopplung hat sich an einigen Schulen gezeigt, dass dort, wo sich eine größere Zahl von Lehrern auf lösungs- und ressourcenorientierte Sichtweisen persönlich eingelassen hat, sich Stück für Stück auch der organisationelle Kontext veränderte. Die infolge der persönlichen Veränderung andere, eher entlastende Sichtweise, war eine Einladung an die Kollegen und Schüler, sich selbst einmal anders zu sehen.

8. Das Schulsystem – aus systemischer Sicht

8.1 Strukturmerkmale und ihre Auswirkungen

Schulen als einzelne Einheiten im System der Bildungsorganisation sind ihrerseits wiederum geschlossene Systeme, die an ihrer Außengrenze mit den umliegenden Systemen interagieren. Ein Interaktionspartner in diesem Austausch sind die politisch-rechtlichen Instanzen, die aufgrund der hierarchischen Strukturierung Weisungsbefugnis besitzen und damit bestimmte Systemregeln einführen und die Oberziele, Aufgaben sowie Verhaltensäußerungen von Schule bestimmen. Insofern gibt es bestimmte Vorgaben, an denen Erfolg und Outcome gemessen werden können. Leistungen (als Outcome) der Schüler können zwischen den Institutionen verglichen und bewertet werden. Die Zielvorgaben sind damit von außen definiert, die Methode der Zielerreichung vorgeschrieben, wenngleich der konkrete Zielerreichungsprozess – auch wenn er in Curricula festgelegt wurde – aus systemischer Sicht nicht bis ins Einzelne kontrollierbar ist und die Menschen in der Organisation immer wieder bei Perturbationen chaotische Zustände evozieren. Insofern ist das System ein »gemeinsamer Tanz der Beteiligten« nach einer den Mitgliedern unbekannten Melodie, die aber dennoch erspürt werden kann.
Dieses System zu kontrollieren ist unmöglich, man kann den Prozess jedoch mitgestalten. Wie gesehen, infiziert sich das System Schule immer neu mit den unerledigten und daher ständig wieder aufkeimenden Konflikten aller an Schule Beteiligten. Da Schule auch ein Projektionsfeld bietet, kann sie sich vor den unterschiedlichen Bildern, die andere über sie haben, kaum retten. Alle »traumatischen« oder »hilfreichen« Erlebnisse, die Eltern, Politiker, Lehrer selbst mit Schule in ihrer Schulzeit hatten, wirken als Phantasien und Ansprüche auf Schule und wollen Veränderungen bewirken bzw. den Status quo bewahren.
Auch ist Schule dadurch, dass sie sich mit Kindern beschäftigt, immer in der Gefahr selbst zu infantilisieren. So berichtet beispielsweise ein Schulleiter davon, dass er die Konflikte, die sich in Schule auf den verschiedenen Konfliktebenen abspielen, als Abbildungen kindlicher Konflikte sieht und aus seiner Sicht das ganze System zunehmend in eine Art von Infantilisierung geht. Unter den Strukturgesichtspunkten der Transaktionsanalyse (TA) könnte man sagen, das System ist selbst eher in einem Kind-Ich-Zustand und variiert zwischen angepasstem Kind, rebellischem Kind und kleinem Professor, geht aber nicht auf eine Erwachsenen-Ich-Ebene. Möglicherweise setzt dies voraus, dass die in Schule Tätigen selbst zunächst fürsorglicher mit sich umgehen (Fürsorgliches Eltern-Ich), sich

weniger selbst strafen (kritisches Eltern-Ich) und sich damit weniger als Opfer (Dramadreieck) sehen, die ihre Wünsche nicht erfüllt bekommen. Der Ausweg liegt hier in der Übernahme der Verantwortung für die eigenen Gefühle und den eigenen Zustand.
In der Managementtheorie (vgl. Machacharzina / Wolf, 2005, 470ff.) werden verschiedene Formen von Organisationen auf ihre Vor- und Nachteile hin betrachtet. Die Organisation gilt allgemein als ein abstraktes Phänomen, das sich dem Beobachter allenfalls ausschnitthaft und indirekt anhand von Materialisierung wie Organigrammen, Stellenbeschreibungen und Ablaufplänen oder Arbeitszeitregelungen offenbart. Diese stellen lediglich Oberflächenmerkmale der Unternehmensorganisation dar, sie vermögen jedoch niemals den vielschichtigen Gesamtkomplex der organisatorischen Regelungen vollständig wiederzugeben.

8.1.1 Blockaden in einem hierarchischen Einliniensystem

Anhand der sich dem Betrachter erschließenden Organisationsformen im Schulsystem können einige Ableitungen vorgenommen werden:
Das bestehende Schulsystem kann als ein hierarchisches System mit den Strukturmerkmalen eines Einliniensystems beschrieben werden. Dies bedeutet, dass es eine klare Unter- und Überordnung gibt, mit klaren Anweisungen, Berichtsketten und Berichtspflichten entlang einer vertikalen Organisationsstruktur. Es liegen eindeutige Kompetenzregelungen (Verantwortlichkeiten) sowie gute Kontrollmöglichkeiten vor. Die Schwierigkeiten, die sich aus der Systemstruktur ergeben, liegen in der Vielzahl der Hierarchieebenen und den damit verbundenen langen, von oben nach unten gerichteten Kommunikationswegen, die ihrerseits für langwierige Entscheidungsprozesse verantwortlich sind. Zudem wird durch die genaue Kompetenzabgrenzung Kreativität und Engagement beschnitten. Dass Einliniensystem fördert eine Risikovermeidungs- und Sicherheitshaltung bei den Organisationsmitgliedern. Ebenso erweist es sich bei abrupten Umweltveränderungen als wenig »beweglich«, da die bestehende Kompetenzverteilungen an vergangenen Anforderungen orientiert ist und kein flexibles, informelles, eigenverantwortliches Handeln vorsieht (ebd., 483).
Aufgrund der vorgegebenen Struktur des Systems, die die Lösung für einstmals bestehende bzw. aktuell vorliegende Probleme war oder ist, stellen sich bestimmte Problemmuster mehr oder weniger automatisch ein (strukturdeterminierte Probleme), ohne dass irgendjemand im System dies intendiert hätte. Die Strukturmerkmale, hier insbesondere die hierarchischen, haben Auswirkungen auf die Kommunikation und Interaktion der einzelnen Systemmitglieder. Für ein hierarchisch geordnetes System bedeutet dies eine Top-down-Kommunikation in Form von Anweisungen, die in der Aufbauorganisation auf den unteren Ebenen zu befolgen sind. Diese eindimensionale Kommunikation hat Auswirkungen auf die

Motivation und Flexibilität der unteren Ebenen, die Anweisungsempfänger sind und das auszuführen haben, was verordnet wurde.
In der Ablauforganisation werden – wie in Unternehmen auch – die strategischen Entscheidungen auf der oberen Führungsebene getroffen, während die unteren Ebenen sich um die operative Durchführung dieser Entscheidungen zu kümmern haben. Das Problem ist jedoch, dass es sich bei dem Produkt »Erziehung und Bildung« um einen Bereich handelt, der sich nicht verbindlich für allen Durchführenden operationalisieren lässt, da die Umsetzung von offiziellen Vorgaben durch die einzelnen Lehrer in höchstem Maße subjektiv ist. Wie man etwa aus der Diskussion über die Kopfnoten ersehen kann, ist das, was unter guter Erziehung und Bildung verstanden wird, nicht in allen Bereichen Konsens. Hier werden Beurteilungskategorien vorgegeben, die sich aus der Beziehungsgestaltung von Schülern und Lehrern erschließen. Dieses hoch komplexe Phänomen wird dann entsprechend operationalisiert. Die Diskussion über Erziehungsstile und Erziehungsziele in der Pädagogik zeigt zudem, dass es zu jeder Zeit sehr unterschiedliche Sichtweisen über die »richtige« Pädagogik gibt. Diese Sichtweisen differieren nicht nur zwischen den einzelnen Schulen, sondern auch – teilweise beachtlich – innerhalb der Kollegien. Hier ist man sich nicht einig, was »richtig« ist. Dies ist evident, da bei der Pädagogik individuelle Einstellungen oder sog. Glaubenssätze über »richtig und gut« wirksam werden, die häufig gar nicht bewusst sind und daher natürlich auch nicht reflektiert werden. Sie sind aber Anlass für vehemente Auseinandersetzungen zwischen den verschiedenen Richtungen in der Pädagogik.
Für die Organisation bedeutet dies, dass sich die Mitglieder der Aufbau- und Ablauforganisation unter Umständen nicht einig sind über die Implikationen der Ziele und Inhalte, die verfolgt werden. Um dieses Dilemma zu umgehen, werden daher explizite Ziel- und Handlungsvorgaben top down gesetzt, in der Hoffnung, eine einheitliche Umsetzung der strategischen Vorgaben erreichen zu können.

8.1.2 Das Problem der Führung und Kontrolle in autopoietischen Systemen

An dieser Stelle kommen wir an ein zentrales Problem von Führung und Kontrolle. In hierarchisch organisierten Systemen herrschen vielfach Sichtweisen bei den sog. Instanzen (Leitungsstellen) vor, die Menschen wie auch Organisationen als »Trivialmaschinen« ansehen, die aus ihrer Sicht so funktionieren, dass man einen Input hineingibt und ein vorher intendiertes Ergebnis am Ende herauskommt.
Dies ist jedoch ein enormes Missverständnis. Im systemischen Paradigma sprechen wir davon, dass Veränderungsimpulse, die an ein Individuum oder ein System herangetragen werden, eine mehr oder weniger gewichtige Form von Perturbation auslösen. Also: Je fremder und intensiver der gegebene Impuls ursprünglich ist, desto größer kann die Perturbation sein. Die Perturbation löst eine Form von Suchprozess aus, der eine – nicht genau zu prognostizierende – Form von Selbstorganisation anstößt. Dieser Prozess ist von außen nicht kontrollierbar, er

ist ein autonomes, teilweise unterbewusstes Suchen des Individuums oder des Systems nach einer Antwort auf die Umweltreize. Das Ergebnis dieses Suchprozesses kann etwas ganz anderes sein als das, was der Impulsgeber intendiert hat. Er hat keine Kontrolle über den inneren Prozess. In der Industrie wird versucht, durch starke Prozessstandardisierungen dieses Phänomen in den Griff zu bekommen. Ein Extrembeispiel ist die Fließbandarbeit, bei der der Prozess durch ein Programm, das sich ständig wiederholt, exakt vorgegeben ist – auch hier gelingt es nicht ohne »Störungen«, da Individuen und Umweltbedingungen nicht bis ins Letzte kontrollierbar sind.

Kontrolle in Organisationen ist daher immer nur eingeschränkt möglich. Vor allem gestaltet sie sich dann schwierig, wenn die Durchführenden zu wenig in die operativen Planungsprozesse eingebunden sind.

Die Situation der Durchführung kann nicht kontrolliert werden, allenfalls der Output oder das Outcome. Im Managementbereich spricht man von der sog. *Prinzipale-Agenten-Problematik*, wonach der Prinzipale (politische Instanzen) immer zur Durchführung seiner Vorgaben auf den Agenten (einzelner Lehrer) angewiesen ist und ihn nicht in Gänze kontrollieren kann, sondern mehr oder weniger große individuelle Varianzen in der Durchführung von Programmen hinnehmen muss.

Ein weiteres Strukturmerkmal des Schulsystems ist das Beamtenverhältnis der Lehrer. Beamte haben eine Loyalitäts- und Treueverpflichtung gegenüber ihrem Dienstherrn, wofür sie einen Anspruch auf Versorgung erwerben. Manche Lehrer haben den Beamtenstatus gewählt mit dem Ziel der Unsicherheitsvermeidung, um über eine finanzielle Sicherheit und Arbeitsplatzsicherheit Angstbindung zu erreichen und damit persönliche Lebensrisiken zu reduzieren. Das »sichere« Arbeitsverhältnis und die sehr stark strukturierten Arbeitsbedingungen schaffen einen Existenzrahmen, der allerdings den Preis hat, dass infolge der hierarchischen Ein- und Unterordnung Freiheitsgrade aufgegeben werden müssen. Mit der Loyalitätsverpflichtung geht auch die Pflicht zur Durchführung von hierarchisch vorgegebenen Programmen einher, die gegebenenfalls sogar bei einzelnen Lehrern individuell auf Ablehnung stoßen und zunächst einmal Widerstand und später evtl. sogar Demotivation auslösen. Ein innerer Widerstand entsteht bei diesen Lehrern, da sie für sich keine Chance sehen, ihre eigenen Fähigkeiten und Ressourcen sinnvoll in den Entscheidungsprozess einzubringen. Gerade im Hinblick auf die Frage des »sinnhaften Tuns« gibt es bei Lehrern – nicht anders als bei vielen Führungskräften im mittleren Management – viele Unsicherheiten. Nach der Berufsanfängereuphorie stellt sich bei jungen Lehrern manchmal sehr schnell Ernüchterung ein, weil anzuerkennen ist, dass in dem vorhandenen System (Inhalte, Schule, Schulleitung, Schüler, Eltern, Kollegen) nur ein gewisses Maß an individuellen Gestaltungsspielräumen vorhanden ist, die je nach Freiheitsgraden in dem jeweiligen System der Schule in unterschiedlicher Weise genutzt werden können.

8.1.3 Hilflosigkeit und Demotivation

Gerade in Schulen, die sehr reglementiert und standardisiert sind, leiden Lehrer mit großen kreativen Potenzialen unter dem für sie »sinnentleerten« Schulalltag. Die Sinnstiftung des Berufs und damit die Energie und Motivation schwindet mehr und mehr. Dieser Prozess dokumentiert sich in der hohen Zahl der Frühpensionierungen von Lehrern, die unter den Faktorenbedingungen so leiden, dass sie den Weg in eine Krankheit wählen. Dann, wenn Sinnkonstruktionen nicht mehr gelingen, entwickelt sich in einem beengten Rahmen ein tiefes Gefühl von Hilflosigkeit und Ohnmacht, das schließlich zu depressiven Verstimmungen, psychosomatischen Erkrankungen, die autodestruktiven Charakter haben, oder gar einer massiven Depression führen kann.

Hilflosigkeit und Sinnlosigkeit sind im systemischen Paradigma Konstruktionen, die der Einzelne wählt als Lösungen für ein bestehendes Problem. Ohnmachtsgefühle, Überforderungsgefühle und Demotivation aufgrund erlebter Stressoren (große Klassen, Lautstärke etc.) sind Lösungen, die es ermöglichen, sich zurückzuziehen und damit Distanz zu schaffen zu etwas, was als bedrohlich erlebt wird.

Die Beziehungsgestaltung in der Schulhierarchie und die angesprochenen Implikationen des Beamtenverhältnis haben zur Folge, dass mitunter Veränderungspotenziale nur bedingt entwickelt, aufgegriffen und verfolgt werden. In Supervision mit Lehrern werden – je nach Schule – absolut unterschiedliche Arbeitswelten geschildert. Während es in manchen Schulen enorme Freiheitsgrade gibt, die zur Kreativität im Unterricht und prozessorientierten Gestaltung des Schulalltags einladen, berichten andere Lehrer von zahllosen Restriktionen und Limitationen, die es ihnen nur bedingt ermöglichen, individuelle Stärken und Kenntnisse in den Prozess einzubringen.

Nach unseren Erfahrungen sind diese Limitationen sehr häufig Ausdruck der Unsicherheit der Schulleitung, die den Versuch unternimmt, über strikte Regeln und Kontrollen das dem Wesen nach unkontrollierbare Tun der Lehrer in einen vorgegebenen Rahmen zu bringen. Die jeweiligen schulischen Rahmenbedingungen sind in erheblichem Maße geprägt von den Glaubenssätzen ihrer Führungspersonen. So gesehen definieren Schulleiter einen bestimmten Kommunikationsrahmen, der mit ihren erlaubenden bzw. limitierenden Glaubenssätzen korreliert. Dieses Phänomen ist in der Managementtheorie bekannt, in der man davon ausgeht, dass die Werte und Normen der Führungskräfte in die strategische Ausrichtung des Betriebes einfließen und damit seine Perspektive bestimmen. Eine Weiterentwicklung ist insofern nur dann möglich, wenn sich das gesamte System – mitsamt seinen Führungskräften – auf einen Lernprozess einlässt, der gewissermaßen sogar die Prämissen infrage stellt und eine Musterveränderung in Hinblick auf eine neue Qualität (Veränderung 2. Ordnung) erlaubt.

8.1.4 Blockaden durch limitierende Glaubenssätze

Auch wenn die kommunikativen Prozesse weitgehend von der Werte- und Normenhierarchie der Führungskräfte bestimmt werden, bedeutet dies nicht, das andere Sichtweisen nicht mehr stattfinden. Wie wir bereits an anderer Stelle ausgeführt haben (vgl. Organisations-Eisberg), wirken unter der »erlaubten« Kommunikations-Oberfläche verdeckte Kommunikationsprozesse. Hier zeigen Beobachtungen in Organisationen, dass die verdeckten Regeln und kommunikativen Schleifen in einer Organisation umso mächtiger werden, je limitierender die offiziellen Regeln sind. Demnach ist die gewünschte Kontrolle der Kommunikation nur dann in einem gewissen Maße möglich, wenn die Mitglieder der Organisation voller Angst (Existenzangst, z.B. Verlust des Arbeitsplatzes, Verlust der Zugehörigkeit zum System) sind und ihre eigenen Impulse weitestgehend zurückhalten. Dieses System braucht dazu starre Binnengrenzen (es dringt nicht viel nach außen und darf nicht viel nach innen dringen). Die limitierende Wirkung der Regeln ist aber begrenzt, da infolge der verdeckten Kommunikationsprozesse bei den Mitarbeitern der offizielle Regelrahmen immer wieder unterlaufen wird und sich in einer Organisation zwei vollkommen unterschiedliche Kommunikationsstrukturen aufbauen: die offizielle und die inoffizielle. In dem Moment, wo Mitglieder der Organisation die Suggestion (starre Grenze, Macht, Angst) emotional durchbrechen, kommt das System in Unruhe. Dies geschieht beispielsweise auch sehr schnell, wenn neue Mitarbeiter eingestellt werden, die das bestehende Glaubenssystem nicht teilen – weil man keine Chance hatte, andere, besser passende Mitarbeiter zu finden.

Organisationen, die von limitierenden Glaubenssätzen geprägt sind und nur wenige Freiheitsgrade bei Mitarbeitern erlauben, funktionieren für einen gewissen Zeitraum, solange die Suggestion wirkt und die Mitarbeiter sich in einer »Organisationstrance« befinden. Wird das System von inneren oder äußeren Einflüssen »verstört«, entsteht zwangsläufig ein Prozess, der entweder durch Gegenregulationen des Bestehenden aufgefangen wird oder – dann, wenn eine gewisse Schwelle überschritten ist – zwangsläufig zu Veränderungen führen muss. Je rigider die kommunikativen Prozesse im System waren, desto eruptiver und emotionaler ist dann auch der Wandel. Hier brechen die bislang verdeckten Ängste und die verdeckte Wut nun durch und es kann zu sehr emotionalen Prozessen kommen. *Kommunikation ist ihrem Wesen nach nicht kontrollierbar.*

8.2 Organisationskultur in Schule

Jede Schule als geschlossenes System, das an seiner Außengrenze mit der Umwelt in Interaktion tritt, bildet nach innen sehr spezifische eigene Strukturen aus, die man als die der Schule eigene Betriebskultur oder Unternehmenskultur beschreiben kann. Die Unternehmenskultur einer Organisation kann verstanden werden als die »Gesamtheit aller Normen, Wertvorstellungen und Denkhaltungen, welche das Verhalten aller Mitarbeiter und somit das Erscheinungsbild des Unternehmens prägen« (Thommen / Achleitner 2006, 897).

Die Unternehmenskultur ist für die in der Organisation Tätigen die Grundlage ihres Handelns, die sich aus der gemeinsamen Trance oder Choreographie der Zusammenarbeit ergibt, wobei die Mitglieder der Organisation ihre besondere Kultur nur in Teilbereichen beschreiben können, weil sie ihnen nicht in allen Ausprägungen bewusst ist.

Betriebs- und Unternehmenskultur setzt sich aus bewussten und unbewussten Aspekten zusammen, diese bilden insgesamt den Rahmen des Handelns. Diejenigen, die sich in diesem Rahmen bewegen, erhalten ihre Zugehörigkeit im System.

Die Organisationskultur weist drei verschiedene Ebenen auf, die miteinander verbunden sind:

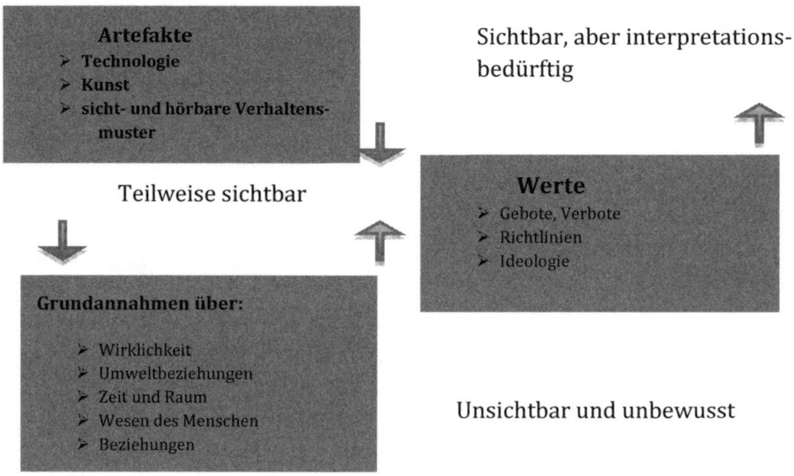

Abb. 18: Die Ebenen der Organisationskultur

Die drei Ebenen der Organisationskultur sind miteinander verknüpft im Sinne einer zirkulären Kausalität. Allein die Materialisierungen der Kultur in Form von aufgeschriebenen Regeln, Leitlinien etc. sind für den Außenstehenden sichtbar, obwohl sie – so zeigen viele Leitlinien in Organisationen – eigentlich nicht das abbilden, was in der Organisation tatsächlich gelebt wird. Die tatsächlichen Normen und Regeln lassen sich aus der Beobachtung der Interaktionen in der Organisation ableiten, sind natürlich auch Ausdruck der Interpretation des Beobachters und sagen damit mehr über den Beobachter aus als über die »Wirklichkeit« der Regeln. Die untere Ebene der »Grundannahmen« der Organisation macht uns, so wie auch der Organisations-Eisberg, noch einmal deutlich, dass die Regeln von den Mitgliedern der Organisation unbewusst wahrgenommen werden, ohne dass diese sie jedoch explizit benennen können. Vielmehr verhalten sich die Mitglieder der Organisation intuitiv unbewusst nach den Regeln. Neue Mitglieder der Organisation geraten schnell in Regelverletzungen, wenn sie sich nicht intuitiv auf die Regeln einstellen. Sie treten in »Fettnäpfchen« und haben manchmal dadurch überhaupt keine Chance zur Ingroup zu gehören und damit einen Platz im System zu erringen. Diese neuen Mitglieder verlassen das System dann schnell wieder, da keinerlei Kompatibilität vorliegt. Neue Mitglieder irren durch den Dschungel der Organisation ohne bei »Fehlern« zunächst verstehen zu können, was sie getan haben und was man alles falsch machen kann. Man braucht erfahrungsgemäß etwa 2 Jahre in der Organisation, um sich über das »Verstehen« des Systems die beständige Zugehörigkeit zu erarbeiten. Dieser Choreographie zugrunde liegt ein energetisches Feld, für das es keine hinreichende Erklärung gibt. Mit entsprechenden Phänomenen hat sich Rupert Sheldrake (2004, 446ff.) beschäftigt, der diese Synchronisationsmechanismen sowie Lernerfahrungen ohne direkte Reize auf sog. morphogenetische Felder zurückführt.

8.3 Die Schulleitung

Schulleiter/innen sind Manager hochkomplexer Systeme, in denen eine spezielle Form von Dienstleistung erzeugt wird. Hochkomplex daher, weil Schulleitung unterschiedliche Anspruchsgruppen berücksichtigen muss und die Kundenstruktur ausgesprochen heterogen ist.

Der Schulleiter hat auf verschiedene Regelsysteme zu achten: Einmal ist er gegenüber seiner vorgesetzten Stelle verantwortlich für das Umsetzen einer bestimmten Politik, die er in manchen Fällen nicht einmal gut findet. Die Loyalitätsverpflichtung, die an seine Position gebunden ist, verlangt aber die stringente Umsetzung der Vorgaben. Liegt bei ihm eine hohe Ambivalenz gegenüber diesen Vorgaben vor, so merken die anderen Mitglieder in der Organisation dieses an seinen analogen Botschaften. Also daran, wie er was sagt oder wie er aussieht, wenn er etwas sagt. Mitunter nehmen Schulleiter offen Stellung gegen die Vorgaben und kommen dadurch in ein anderes Dilemma: Sie werden von Teilen des Kollegiums als »Instanzen der Macht« angesehen, ihnen wird – selbst wenn sie sich von politischen Vorgaben distanzieren – nicht zugestanden eine andere Haltung einzunehmen. Darüber hinaus lädt die innere Ambivalenz bei Schulleitern, ob offen ausgesprochen oder nur gedacht, immer auch zu Ambivalenzen im Kreis des Kollegiums ein. Kommunikative Unklarheiten im Bereich der offiziellen Anordnungen wirken sich direkt auf das System Schule aus und bestimmen dort ebenso die Struktur der Kommunikation.

Schulleiter als Teile des Systems, wenn auch mit einer gewissen Definitionsmacht, sind immer auch gebunden an die Strukturdeterminanten, die im System wirken.

Innerhalb des Schulleitungsgremiums gibt es bisweilen (nicht immer offen kommuniziert) divergierende Auffassung über den richtigen Weg für diese Schule. Noch intensiver sind manchmal die Gegensätze mit dem Kollegium in Gänze oder mindestens mit einzelnen Fraktionen des Kollegiums, deren Charakteristik darin liegt, dass diese grundsätzlich nicht mit der Politik der Schulleitung einverstanden sind. Dies ist ihre Rolle in der Dynamik des Systems. Sie nehmen hier die Position der Kritiker ein.

Der Schulleiter befindet sich in einem großen Dilemma: Er nimmt eine Sandwichposition zwischen Politik und Kollegium ein und muss alles abfedern, was von außen angeordnet wurde, ob er das gut findet oder nicht.

Gleichzeitig ist er Projektionsfläche für die Autoritätsprobleme seiner Lehrerkollegen. In der Hierarchie an oberster Stelle platziert, steht er gleichzeitig immer für die Mutter- beziehungsweise Vaterposition. Unerledigte Autoritätskonflikte bei einzelnen Lehrern oder Subgruppen im Kollegium werden an ihm festgemacht und mit ihm ausgetragen. Er kann machen, was er will, er hat in diesen Fällen keine Chance, für seinen guten Willen und seine wohlgemeinte positive Strategie Akzeptanz zu finden. Die Fronten verhärten in manchen Schulen immer mehr und es kommt zu regelrechten »Kleinkriegen« zwischen Schulleitung und Teilen des Kollegiums, die wiederum mit anderen Teilen des Kollegiums in Streit liegen, weil diese sich loyal zur Schulleitung verhalten.

Ein weiteres Problem liegt darin, dass bislang die Vorbereitung von Lehrern für das Ausüben einer Schulleitungsposition außerordentlich unzureichend ist. Jemand, der von der Lehrerposition auf eine Leitungsposition wechselt, macht sich nicht klar, welche Einsamkeit ihn in dieser Position in einem großen Kollegium erwarten wird. Möchte er weiter wie bisher Kontakt zu seinen Kollegen haben und sich auf einer kollegialen Ebene bewegen, so erlebt er zumindest indifferentes Verhalten von Seiten der Kollegen, wenn nicht sogar klare Ablehnung. Die Erkenntnis, dass dies zunächst einmal nichts mit der eigenen Person, sondern allein mit der Rollenzuschreibung zu tun hat, setzt sich – wenn überhaupt – erst nach und nach durch. Die Folge ist eine Leiderfahrung, mit der mancher Schulleiter in seiner Karriere zu kämpfen hat, wenn er nicht die notwendige Form von Abgrenzung findet und zu akzeptieren lernt, dass die Entscheidung für eine Leitungs- und Führungsposition immer auch die Entscheidung für die Wahl der an diese Position gekoppelten besonderen Einsamkeit ist. Gelingt es auf der Ebene des Schulleitungsgremiums, ein von gegenseitiger Loyalität und Anerkennung geprägtes Unterstützungssystem aufzubauen, so kann diese Einsamkeit kompensiert werden. Schwieriger wird es für Schulleiter dann, wenn auch dieses ihm direkt zugeordnete Subsystem keinerlei Stützungsfunktion übernehmen kann oder will.

Eine weitere Problematik in der Führung einer Schule liegt darin, dass die Ausrichtung von pädagogischen Strukturen immer auch implizite Wertentscheidungen mit sich bringt. Alle konkreten Maßnahmen im schulischen Alltag können zurückgeführt werden auf implizite Normen und Werte, die den Beteiligten häufig gar nicht explizit bewusst sind, aber in alle Handlungen einfließen. Die Auseinandersetzungen über Methodik und Didaktik beziehungsweise den richtigen Umgang mit Schülern sind auf einer tieferen Ebene Auseinandersetzungen über Normen und Werte. Die Charakteristik der Auseinandersetzungen über Normen und Werte kann man darin sehen, dass es hier nur Übereinstimmung oder Gegensätze geben kann, kaum aber Kompromisse. Werte haben Ausschließlichkeitscharakter und Auseinandersetzungen darüber werden auf der Identitätsebene (der logischen Ebene) geführt. Das, was man für richtig hält, wird vehement verteidigt, weil man meint, es könnte einen Identitätsverlust nach sich ziehen diese Überzeugung zur Disposition zu stellen. Hier liegt die Erklärung dafür, dass manche Auseinandersetzungen im schulischen Alltag im Kollegium außerordentlich emotional geführt werden und sogar in Wut und Tränen enden.

Das Leitungsverhalten liegt bei Schulleitern auf einem Kontinuum zwischen den Polen »schizoide« autokratische Abschottung (manchmal als Rettungsversuch aus den Ambivalenzen und Fettnäpfchen, die im Schulalltag für die Person des Schulleiters aufgestellt sind) und Unterwerfung unter den vermeintlichen Willen des Kollegiums. Die Rolle ist demnach geprägt von Stärke und Schwäche in der Ausübung der Weisungsbefugnis.

Die inneren Glaubenssätze des Schulleiters wirken auf die Schulstruktur und die Kommunikation im Kollegium. Dies ist nicht kausal zu verstehen, als ob der Schulleiter alles einseitig dominiert. Doch atmosphärisch sind seine unausgesprochenen Glaubenssätze von immenser Bedeutung. Das System stellt sich in gewisser Weise darauf ein, es kooperiert oder opponiert oder ist ambivalent. Insofern sind die impliziten Glaubenssätze bei Mitgliedern in Schulleitungen von enormer Bedeutung für die Schulatmosphäre. Veränderungsansätze in Schulen müssen daher auch immer die Schulleitung mit einbeziehen, sonst bleiben sie im Ansatz stecken. Verändern Schulleitungen nicht ihre inneren Haltungen, verändert sich wenig am spezifischen System.

8.4 Die Lehrer

Die zentrale Frage, mit der ein Lehrer von Beginn seiner Laufbahn an und dann immer wieder neu konfrontiert wird, ist die Frage nach dem Sinn seiner Tätigkeit. Die Beantwortung der Sinnfrage ist für die Zufriedenheit eines Menschen wesentlich. Wie wir anhand der »logischen Ebenen« erkennen können, steht der Bereich Mission oder Vision an oberster Stelle der Pyramide. Aus der Sinnkonstruktion ergeben sich dann:

- die eigene Identitätsbestimmung als Person und in der Lehrerrolle,
- die Werte und Normen bzw. Glaubenssätze, die sich aus der Identitätsbestimmung ableiten und die den Rahmen für das Handeln bieten,

- das Ausbilden der gewünschten interaktiven, kommunikativen und fachlichen Fähigkeiten, die zu den Werten und Normen passen,
- das daraus abgeleitete konkrete Verhalten im Unterricht und der Organisation.

Nach unseren Beobachtungen haben verständlicherweise nicht alle Lehrer zu Beginn ihrer Tätigkeit eine Vorstellung von dem, was sie in ihrem Beruf erwartet. Sie erleiden den sog. Praxisschock. Gleichzeitig ist es so, dass sich durch die Veränderungen von Umweltvariablen Erwartungen und Vorstellungen immer wieder neu justieren müssen. Da das Schulsystem teilweise auch komplette Paradigmenwechsel vornimmt, müssen von Seiten der Lehrer zwangsläufig – wenn sie im Schulsystem weiter arbeiten wollen – hierzu passende Sinnkonstruktionen geschaffen werden. Eine besondere Schwierigkeit ist, dass Lehrer den Rahmen ihrer Arbeit allenfalls auf einer Mikroebene beeinflussen können, während die Makroebene vorgegeben wird und für sie nicht beeinflussbar erscheint. Nimmt der eigene Einfluss auf die Arbeitsinhalte und Arbeitsprozess mehr und mehr ab, so weiß man, dass sich der in diesem Kontext Tätige zunehmend unwirksamer fühlt und damit einen Motivationsverlust erleidet.

8.4.1 Struktur und Demotivation

In der beraterischen Arbeit mit Lehrern kann man das Phänomen des Motivationsverlustes und der Resignation immer wieder beobachten. Im Vergleich zu Veränderungsprozessen in Unternehmen muss man im Schulsystem leider feststellen, dass ein großes Maß der im System vorhandenen Ressourcen einfach ungenutzt bleibt, da die im System Tätigen an den Prozessen unzureichend beteiligt werden. Ein wichtiger Glaubenssatz im Schulsystem lautet: Es gibt Wissende und es gibt Nicht-Wissende. Lehrer, obgleich schon Jahrzehnte in ihrem Beruf tätig, werden als »Nicht-Wissende« klassifiziert, denen jemand auf höherer Ebene sagt, was eigentlich sinnvoll ist, obschon sie aus ihrer Erfahrung genau sagen können, was funktioniert und was scheitern wird. In der modernen Unternehmensplanung vollziehen sich Planungsprozesse so, dass die vorhandenen Ressourcen, vor allem auch das Wissen im Unternehmen, möglichst effizient genutzt werden. Hierbei geht es um Wissenstransfer und Mitarbeiterbeteiligung. Das Planungsmodell für Veränderungsprozesse ist eine sog. Gegenstromplanung, die auf Feed-Back-Prozessen aufgebaut ist:
Gestartet wird top down mit einem groben Rahmenplanentwurf, der auf den nachgeordneten Ebenen auf Erreichbarkeit geprüft und in Zeitpläne konkretisiert wird. Danach erfolgt ein Bottom-up-Rücklauf, der Ziele und Zeitpläne zu einem Gesamtplan integriert. Der Planungsprozess vollzieht sich in Feed-Back-Schleifen unter Nutzung des Wissens und der Ressourcen der Mitarbeiter. Dieser Prozess muss natürlich moderiert werden, er minimiert Widerstände bei den Mitgliedern der Organisation, braucht aber intensivere Abstimmungsprozesse. Wenngleich

der Prozess aufwendiger ist als die Top-down-Planung, ist er wesentlich effizienter, weil er auch das Principal-Agenten-Problem in seiner Wirkung reduziert.

8.4.2 Bedürfnisse, Sinnkonstruktion und Delegation

Die Berufsrollenidentität eines Lehrers ist geprägt von der dieser zugrundeliegenden Vision oder Mission. Gemeint ist damit die Intention eines Lehrers bei der Wahl des Berufes. Hier gibt es sicherlich die unterschiedlichsten Motive, die von »ein sicherer Arbeitsplatz« bis zu »mit Menschen arbeiten und lehren« gehen. In jedem größeren Kollegium sind bekanntermaßen auch die unterschiedlichen Motive bei Lehrern vorzufinden. Nicht selten beklagen sich die engagierten Lehrer über die Kollegen, die einfach nur ihr Geld verdienen wollen und sich darüber hinaus in Schule nicht mehr als nötig und gefordert engagieren. Manchmal sind die Lehrer, die Schule nicht in das Zentrum ihres Lebens gerückt haben, wesentlich zufriedener mit ihrem Beruf, da Freizeitaktivitäten oder Hobbys für den nötigen Ausgleich sorgen und ihr Engagement für sie Gewinn bringend gebunden ist. Die zunehmende Arbeitsverdichtung macht es mittlerweile aber auch diesen Lehrern schwerer, die nötige Kraft für die Freizeit aufzubringen und sich während des Arbeitsprozesses hinreichend zu motivieren.
Die Frage: Woher beziehe ich meine Motivation und Kraft für die tägliche Arbeit? ist eine ganz wesentliche für alle Menschen, die im Arbeitsalltag stecken. Interessant ist es, sich an dieser Stelle mit den unterschiedlichen Bedürfnissen im Arbeitsprozess zu beschäftigen, wie sie in der „Bedürfnispyramide" von Maslow beschrieben sind (nach Thommen / Achleitner 2006, 713f.):

Abb. 19: Bedürfnispyramide nach Maslow

Maslow zeigt auf, dass es Menschen im Arbeitsprozess zunächst einmal um die Sicherung der »Defizitbedürfnisse« geht, bevor sie sich dem Luxus von »Wachstumsbedürfnissen« nähern können. Betrachtet man die Arbeitssituation von Lehrern, so kann man sagen, dass die unteren drei Bedürfnisse in vielen Fällen

weitgehend gesichert sind und Lehrer diese Sicherung (auch die sozialen Kontakte) in der Schule im Regelfall sehr positiv sehen. Der Preis für diese Sicherheit liegt dann in den geminderten Aufstiegsmöglichkeiten, die auch (allerdings nicht nur in der Schule) die Wertschätzung für die geleistete Arbeit dokumentieren. Selbstverwirklichungsbedürfnisse sind sicherlich durch die individuelle Verantwortung für die Unterrichtsgestaltung in gewisser Weise gegeben, dies reicht aber gewiss nicht aus, um bei engagierten Lehrern diesen Bedürfnisanteil hinreichend abzudecken. Sicherheit und Überschaubarkeit bzw. Berechenbarkeit der Zukunft ist somit ein wichtiger Motivator für den Wahl des Arbeitsplatzes.
Darüber hinaus finden wir bei Lehrern aber weitergehende Visionen und Missionen in Bezug auf Pädagogik und Schule vor. Diese sind dann, wenn es mehr um die pädagogischen Anteile im Beruf geht und weniger um die fachlichen, eng verbunden mit persönlichen Glaubenssätzen über das, was für Kinder / Jugendliche gut ist. Diese persönlichen Glaubenssätze sind wiederum Ausprägungen der eigenen Identität sowie der sog. Delegation. Unter Delegation verstehen wir hier einen wesentlichen Teil der Motivation, in einen helfenden und lehrenden Beruf einzusteigen. In Familienaufstellungen mit Lehrern kann man immer wieder beobachten, dass Lehrer auch »Helferdelegationen« haben und manchmal selbst in Parentifizierungen gefangen sind bzw. als Kinder schon Verantwortung für das Funktionieren des Familiensystems übernommen haben. Die Berufswahl war dann eine logische Folge dieser Rolle in der Herkunftsfamilie. Delegationen gehen auf unbewusste Wahlen zurück, die mit der Energie in der Herkunftsfamilie und der dort eingenommenen Rolle zu tun haben. Diese unbewussten Wahlen (ursprüngliche Lösungen in der Familie) werden dann im Laufe des Lehrerlebens zum Problem, weil die Person merkt, dass sie sich in ihrer Rolle sehr stark verausgabt, nicht genügend schützt und immer wieder in Drama-Dreiecke gerät. Die Lösung in der Delegation wird also zum Problem. Eine neue Lösung liegt im Aufdecken dieser Delegation: Je mehr die Reflexion über die bisherige Rollendefinition in Gang kommt, umso freier kann sich jemand dann auch für oder gegen die Rolle entscheiden. Interessant ist in diesem Prozess, dass durch das Aufheben der inneren Ambivalenz (ich mache diesen Job gern und finde ihn gleichzeitig schlecht) eine neue Freiheit entsteht durch eine neue Hin-zu-Motivation. Interessante Fragen für die Selbstexploration können sein:

- Gibt es eine Delegation bei mir? Wozu war es gut, Lehrer zu werden?
- Inwieweit hängt evtl. die Berufswahl mit meiner Rolle in meiner Herkunftsfamilie zusammen?
- Was will ich besser machen – was ist meine Vision?
- Will ich etwas stellvertretend auskämpfen?
- Welche inneren Bilder habe ich zu Schule?
- Welche Traumatisierungen liegen bezüglich Schule bei mir selbst vor?
- Will ich in Bezug auf die Traumatisierungen etwas besser machen?

8.5 Prinzipien der gelungenen Ordnung in Organisationen

Abschließend wollen wir uns mit der Frage beschäftigen, wie das Zusammenspiel in Organisationen besser gelingen kann. Hierzu wollen wir uns zunächst einige Prinzipien vergegenwärtigen, die als Erklärung für »gutes Zusammenwirken« dienen können.

Wir erinnern uns daran, dass Systeme und damit auch Organisationen nach Gleichgewicht (Homöostase) streben. Das Gleichgewicht ergibt sich aus den Gegensätzen Morphostase und Morphogenese, also aus der Veränderung und dem gleichzeitigen Bewahren. Wenn Krisen (meist ausgelöst durch die Veränderungen in der Umwelt) entstehen, für die eine Organisation keine Antwort hat, entsteht Verwirrung, Chaos und gegebenenfalls eine Neuorganisation durch die Veränderung der Interaktionsmuster.

Eine wichtige Aufgabe der Organisation besteht im Systemerhalt. Hierzu gehört auch die Bestimmung der Systemgrenzen, also die Bestimmung der Zugehörigkeit zur Organisation. I. Sparrer (2000, 91ff.) weist auf Grundprinzipien für den Systemerhalt von Organisationen hin:

1. Das Prinzip der Gleichwertigkeit der Zugehörigkeit: Alle Teile eines Systems sind gleichwertig in Bezug auf ihre Zugehörigkeit

Jedes Mitglied des Systems, der Organisation, hat ein Recht auf Zugehörigkeit, das so lange gilt, wie dieses Mitglied sich für den Erhalt oder auch Veränderung der Organisation einsetzt. Das Recht auf Zugehörigkeit kann dann verloren gehen, wenn zentrale Werte und Normen der Organisation verletzt oder nicht mehr akzeptiert werden. Probleme entstehen in einer Organisation dadurch, wenn einzelnen Mitgliedern der Organisation, die sich noch innerhalb der Werte und Normen bewegen, das Recht auf Zugehörigkeit abgesprochen wird. Bei gravierenden Konflikten in Organisation kann es schnell dazu kommen, dass Einzelne oder einzelne Gruppen anderen das Recht auf Zugehörigkeit absprechen wollen. Da sie aber nur einen Teil der Gesamtorganisation darstellen, ist dieses Anliegen eine »Anmaßung« von Macht, die sich letztlich für das System nicht auszahlt. Werden Einzelne aus einem System ausgestoßen, kann es dazu kommen, dass andere ihnen nachfolgen oder die Regeln der Organisation in eine rigide Richtung verändert werden, die den Systemerhalt mittelfristig gefährdet. Wir finden in Schulen Subgruppen in Kollegien, die im Extremfall des Konflikts anderen Gruppen die Zugehörigkeit absprechen wollen – mit der Folge, dass sich symmetrische Eskalationen in der Interaktion entwickeln und die Organisation blockiert ist. Auch bei Mobbingphänomenen unter Lehrern kann man die Tendenz beobachten, dem »Mobbingopfer« das Recht auf Zugehörigkeit abzusprechen. Wie im Lehrerkollegium so gilt auch für Schulklassen: Solange ein Lehrer / Schüler nicht sein Recht auf Zugehörigkeit durch gravierende Regelverletzungen verwirkt hat, ist er Teil der Schule und der Klasse. Wenn diese Regel vom Lehrer eingeführt und offensiv vertreten wird, kann sie zur Konfliktklärung der beschriebenen Bullying-Problematik sehr nützlich sein. Ganz gleich, was ein Mitglied der Organisation denkt oder fühlt, es hat zunächst einmal ein Recht auf Zugehörigkeit.

2. Das Prinzip des Systemwachstum (Systemextension): Frühere haben Vorrang vor Späteren

Eine Aufgabe der Organisation liegt darin, ihr eigenes Wachstum zu sichern. Im Laufe der Zeit kommen immer wieder neue Mitglieder in die Organisation, die dort auch einen bestimmten Raum einnehmen sollen und können. Die älteren Mitglieder der Organisation müssen also in gewisser Weise Platz machen für die neuen. Die neuen Mitglieder würdigen den Raumverlust der älteren Mitglieder dadurch, dass sie den Vorrang der älteren Mitglieder anerkennen. Gleichzeitig ist es wichtig, dass die älteren Mitglieder neue willkommen heißen, um das Wachstum des Systems in Gang halten zu können. Wie wir aus Schulen wissen, gibt es in Bezug auf das Prinzip des Vorrangs des Älteren diverse Verwerfungen: Ältere Kollegen werden für ihre Leistung, die sie für das System über die Jahre erbracht haben, nicht gewürdigt und wertgeschätzt oder sie werden bei Veränderungen nicht genügend eingebunden, neuen Kollegen wird andererseits im System zu wenig Raum gegeben. Auf diese Weise behindert Schule also ihre Möglichkeit der Veränderung. Man muss an dieser Stelle noch einmal anmerken, dass es sich hierbei auch um strukturdeterminierte Probleme handelt. Dennoch können durch Würdigung der Verdienste der älteren Kollegen und bessere Eingliederung der neuen Kollegen enorme Hygienefaktoren in der Organisation geschaffen werden.

3. Das Prinzip der Systemfortpflanzung (Systemreplikation): Neuere Systeme haben Vorrang vor den älteren

Die zwei Systemprinzipien Morphostase und Morphogenese werden als gleichrangig angesehen und je nach situativen Bedingungen, in denen sich die Organisation befindet, hat möglicherweise eines von ihnen für eine gewisse Zeit Vorrang, um schließlich wieder zurückzutreten. In diesem Sinne können neu hinzukommende Mitglieder der Organisation auch neue Impulse geben, die wesentlich und wichtig sind, um die Systemveränderung und damit den Systemerhalt zu sichern. Gleichzeitig muss die Organisation den neuen Mitgliedern Rahmen und Raum geben, um in ihr wachsen zu können. Auch dies gelingt dann gut, wenn beide Seiten (alt und neu) bei allen Gegensätzen, die wichtig sind, einander würdigen und wertschätzen können.

4. Das Prinzip der Systemimmunisierung: Vorrang des höheren Einsatzes

Einzelne Mitglieder in der Organisation leisten unabhängig von ihrer Stellung in der offiziellen Hierarchie durch ihren engagierten Einsatz viel zur Sicherung der Stabilität der Organisation. Die Stabilität der Organisation ist wichtig, damit sie sich in Krisensituationen neu formieren und regenerieren kann. Engagierte Mitglieder der Organisation sorgen dafür, dass diese Krisensituationen bewältigt werden. Wird ihr besonderer Einsatz für die Organisation zu wenig gewürdigt, verlieren sie ihr Engagement und ihre Motivation und setzen sich weniger für die Stabilisierung ein. In Kollegien findet man immer wieder Lehrer, die sich um wesentliche stabilisierende Aufgaben der Schule kümmern, ohne dass die Organisation dies bewusst wahrnimmt. Erst dann, wenn sie ausfallen, wird ihre besondere Leistung deutlich. Ein wichtiger Stabilisierungsfaktor ist es daher, wenn Schulleiter würdigend den Blick auf die Kollegen richten, die durch ihren höheren Einsatz das System stabilisieren. Der Vorrang des höheren Einsatzes gilt auch gegenüber den »älteren« und »jüngeren« Kollegen. Dann, wenn der Einsatz der älteren Kollegen für das System nicht mehr gegeben ist und die neuen Kollegen noch nicht wissen, was wirksam ist oder sogar wenig Motivation zeigen, haben diejenigen den Vorrang im System, deren Einsatz der größere ist. Also nicht allein die Länge der Zugehörigkeit zur Organisation sichert die Bedeutung des Einzelnen, sondern vor allem auch sein Einsatz für die Organisation.

5. Das Prinzip der Systemindividuation: Leistungs- und Fähigkeitsvorrang

Ausgehend vom Prinzip der »bezogenen Individuation« kann man sagen, dass innerhalb einer Organisation der Einsatz für das System gleichrangig behandelt werden muss mit der Individuation oder Entwicklung der Mitglieder im System. Die Individuation ist somit ein wichtiger Wachstums- und Veränderungsfaktor. Dies bedeutet auch, dass in einer Organisation die unterschiedlichen Fähigkeiten und Leistungen gesehen und anerkannt werden müssen. Diejenigen, die größere Leistungen und Fähigkeiten einbringen, haben Vorrang vor denjenigen, die geringe Leistungen und Fähigkeiten zeigen. Leistungen und Fähigkeiten sind wichtige Entwicklungsfaktoren für eine Organisation, da sie den Zugang zu Ressourcen ermöglichen. Eine Organisation, die diese Ressourcen bei ihren Mitgliedern nicht wertschätzt und abruft, vergibt enorme Entwicklungspotenziale.

Zur Auflösung von Konflikten, die sich aus organisationellen Verwerfungen ergeben, schlägt G. Weber (2000, 34ff.) einige Strategien vor:

- Anerkennen dessen, was ist, statt hadern und zaudern,
- Würdigungen und Anerkennungen statt Abwendung und Abwertung,
- Danken, Nehmen, Bitten statt Fordern und Verweigern,
- Anerkennung von eigener Schuld und Unrecht statt Verleugnen und Verschieben der Schuld,
- Sich nicht einmischen in die Angelegenheiten anderer und Fremdes zurückgeben statt Identifizierung und Übernahme von Schwerem,
- Sich aufrichten und seine Würde wahren statt sich beschämt und wehmütig verdrücken,
- Sich verabschieden statt wortlos zu verschwinden
- Sich aggressiv abgrenzen statt zu dulden,
- Vom angemaßtem zum gemäßen Platz gelangen.

Die hier aufgeführten Prinzipien der gelungenen Ordnung in Organisationen haben sich in der Beratungspraxis für die Lösung von Konfliktfeldern als hilfreich erwiesen. Werden sie in den einzelnen Schulen besser berücksichtig, so kommen sehr fruchtbare Prozesse in der Gesamtorganisation in Gang, die sich auch auf die direkte Interaktion zwischen Lehrern und Schülern auswirken. Auch kann man diese Prinzipien gut auf die Klassenorganisation übertragen. Hiermit kann Lehrern ein Wegweiser gegeben werden, wie Konflikte besser eingeschätzt und in welche Richtung sie gelöst werden können. Schwierig bleiben aber weiterhin die Auswirkungen, die die Einbindung der Organisation Schule in ein politisches und verwaltungstechnisches Umfeld nach sich zieht, das sicherlich nicht nach diesen Ordnungsprinzipien organisiert ist. In der politischen und Verwaltungs-Hierarchie, die Schulen übergeordnet ist, gelten andere Vorrangsprinzipien, die andere Ziele verfolgen als Lehrer in Schulen. Das heißt nicht, dass diese Ziele schlechter sind, die Frage ist nur, ob sie funktional im Hinblick auf die pädagogischen Aufgaben von Schule wirken.

9. Blockaden und Verstrickungen: Konfliktebenen in der Schule

9.1 Konflikte konstruieren

Abb. 20: Die verschiedenen Perspektiven des Konflikts (nach Montamedi 1999, 26).

In der systemisch-konstruktivistischen Anschauung resultieren Konflikte aus unterschiedlichen Vorstellungen über die »Wirklichkeit«. Die Wahrnehmung einer Situation ist bestimmt durch die personenspezifische »innere Landkarte« sowie die individuellen Wahrnehmungsfilter; beide Faktoren tragen dazu bei, dass aus Umweltinformationen eine eigene Wirklichkeit konstruiert wird.
Mit seiner individuellen »inneren Landkarte« kann der Mensch Umweltinformationen in bereits vorhandene, erlernte und in der Sozialisation ausgebildete Kategorien einordnen. Dieser Vorgang hilft dabei, die Informationsflut, die von außen an den Menschen herangetragen wird, besser zu bewältigen – sie dient der Komplexitätsreduktion und der Verbesserung der Handlungsfähigkeit, hat allerdings den Preis, dass Informationen nicht immer angemessen bewertet werden können. Die innere Landkarte bildet daher immer nur einen Teil der objektiven Realität außerhalb der Person ab: Die Landkarte ist nicht das Territorium.

Konflikte sind häufig die Konsequenz von Missverständnissen, resultierend aus den die individuelle Wirklichkeit konstruierenden Wahrnehmungs- und Bewertungsstrategien. Ein Sachverhalt wird von unterschiedlichen Menschen oder denselben Menschen in unterschiedlichen Gefühlslagen komplett anders kodiert.

9.1.1 Anmerkungen zur Konfliktentwicklung und Konfliktdynamik

Eine Situation kann im Allgemeinen als konfliktär beschrieben werden, wenn sie folgende Merkmale aufweist (nach Littkemann 2008, Bd. 1, 83):

- Zumindest zwei *Personen oder Gruppen interagieren* miteinander.
- Es existieren einander *ausschließende Ziele oder Mittel.*
- Interaktionen sind häufig darauf gerichtet, die jeweils andere Person / Gruppe zu beeinflussen, zu unterdrücken oder gar zu besiegen, um die *eigenen Interessen* besser *durchsetzen* zu können.
- Die von den Personen/Gruppen initiierten *(Re-)Aktionen* stehen teilweise in *Widerspruch* zueinander.

Folgende Ursachen für Konflikte lassen sich benennen (ebd.):

- *Ziel- bzw. Motivkonflikte*: unterschiedliche Interpretation von Arbeits- und/oder Abteilungszielen,
- *Rollen- oder Ressortkonflikte*: unterschiedliche Rollenerwartungen oder institutionell vorgegebene Ziele,
- *Wahrnehmungs- und Wissenskonflikte*: unterschiedliche Informationsstände oder Begrifflichkeiten / Definitionen,
- *Ressourcenkonflikte*: unterschiedliche Ansprüche auf knappe Ressourcen,
- *Machtkonflikte*: unterschiedliche Ansprüche auf Potenziale zur Lösung zukünftiger Konflikte.

Anhand dieser Auflistung kann man sehr leicht erkennen, dass Konflikte innerhalb von Organisationen und Gruppen die Normalität sind. Dies wird zunächst nicht gern akzeptiert, denn jeder Konflikt hat für die Beteiligten, aber auch für die Organisation selbst, negative oder aversive Aspekte, die jedoch notwendig sind, damit überhaupt ein Konflikt erkennbar wird. Ein Konflikt kann deshalb nur ein richtiger Konflikt sein, wenn er emotional aufgeladen ist und unterschiedliche Standpunkte aufeinanderstoßen. Unterscheiden können wir Konflikte auch nach ihrem Eskalationspotenzial. Dieses Potenzial ergibt sich aus dem Interaktionsverhalten der Beteiligten, das sich entweder in Richtung symmetrischer oder komplementärer Schismogenese (vgl. Axiome der Kommunikation) entwickelt.

9.1.2 Negative Folgen von Konflikten:

- *Instabilität* und *Verwirrung* aus Sicht der Organisation,

- *Stress* und *Unzufriedenheit* bei den Mitarbeitern,
- *Funktionsstörungen* im Rahmen betrieblicher Abläufe, Störungen der Kommunikation und Kooperation sowie *Vergeudung von Ressourcen*,
- *Wahrnehmungsverzerrungen* und *Stereotypenbildungen* als Folge rückläufiger Interaktionen sowie
- Abnahme an Rationalität und Aufbau von *Emotionalität*.

Die Konstruktion von Konflikten aufgrund unterschiedlicher Ziele, Sinnkonstruktionen oder Allokationsprobleme (z.B. Mitteleinsatz, Stundenplan etc.) ist notwendig, um über die erlebten Störungen zu Veränderungen zu gelangen. Die Einschätzung der Konfliktstärke ist dabei eine sehr individuelle (das, was der Einzelne aushalten kann) und korrespondiert mit dem Niveau der individuellen Frustrations- und Ambiguitätstoleranz sowie der Reagibilität und Sensibilität der Wahrnehmung. Diese individuellen Faktoren sind sowohl genetisch bedingt (Reagibilität) als auch in der Sozialisation erworben (Frustrationstoleranz) und können durch ein individuelles Stressmanagement beeinflusst werden. Auch die Organisation selbst kann durch den Aufbau von Regeln für die Klärung von Konflikten (sog. Konfliktkultur) viel dazu beitragen, dass Konflikte nicht eskalieren müssen. Eskalierende Konflikte kann man in Schulen immer wieder feststellen. Einmal liegt dies an der bereits beschriebenen Infektion des Systems mit den Themen des umgebenden Kontextes, den Schüler, Eltern und Lehrer in das System einbringen. Dadurch wird die Konfliktdynamik weitergetragen, ohne dass diese ursächlich etwas mit Konflikten der Organisation zu tun hat. Hierbei handelt es sich um Stellvertreterkonflikte, die nur dann gelöst werden können, wenn die Organisation sich zur Abgrenzung gegenüber den Regeln des umgebenden Kontextes entschließt und neue organisationelle Regeln einführt, die innerhalb der Organisation dann auch durchzusetzen sind. In vielen Schulen kann man in Kollegien aber auch langjährige symmetrische Konflikte feststellen, die immer wieder eskalieren und deren Wesen darin liegt, dass keiner der Konfliktgegner nachgeben will. Die eigene »Wahrheit« ist den Konfliktbeteiligten dabei so wichtig, dass zu ihrer Verteidigung selbst sehr starke negative Konsequenzen in Kauf genommen werden. Zur Lösung des Konflikts müsste sich der Konfliktgegner dieser Wahrheit unterwerfen, was er, weil er die gleiche Absicht verfolgt, aber partout nicht will. Die Folge ist ein immer wieder auflebender Konflikt, der sich in der Dynamik verstärkt und immer belastender wird. Interessanterweise haben beide Konfliktparteien eigentlich eine positive Absicht: Sie wollen etwas für die Organisation erreichen und engagieren sich enorm dafür. Allerdings leuchtet ihnen die positive Absicht des Konfliktgegners gar nicht ein. Hierfür Empathie zu entwickeln, hieße schon aus dem Konflikt auszusteigen, weil man die eigene Haltung hinterfragen müsste. Deutlich wird, dass ein »richtiger« Konflikt mit symmetrischen Konfliktbeiträgen komplett auf jede Form der Empathie oder des Verstehens der Position des anderen verzichten muss, damit seine Dynamik auf-

rechterhalten wird. Verstehen oder Empathie für die positive Absicht des Anderen wäre der erste Schritt in eine Musterveränderung (Veränderung 2. Ordnung).
Wann verändert man also seine Haltung im Konflikt? Zur Annäherung an die Antwort auf diese Frage lässt sich ein interessanter Gedanke aus der Psychoanalyse nutzen: Hier geht man davon aus, dass in einer Krankheit möglicherweise auch ein sog. Krankheitsgewinn liegen kann. Auf Probleme oder Konflikte bezogen, kann man dies fast ausnahmslos beobachten. Die Konfliktparteien haben immer einen Gewinn, den sie aus dem Vertreten ihrer Haltung ziehen: Sie können beispielsweise von anderen als »konsequent, klar und kämpferisch« bewundert werden und erhalten einen besonderen Status. Darüber hinaus gibt es aber auch innere Gewinne: So ist manchmal deutlich, dass ein Konfliktpartner den Konflikt aus einer inneren Loyalitätsverpflichtung zu einem Elternteil aufrecht erhält und ihm die negativen Konsequenzen in der aktuellen Situation dabei weniger wichtig sind als das Verletzen der inneren Loyalität. Ein möglicher Glaubenssatz kann hier lauten: »Männer / Frauen der Familie X lassen sich nicht so einfach unterkriegen.« Symmetrische Konfliktsituationen sind häufig gekoppelt mit inneren Loyalitätskonflikten bei beiden Konfliktparteien, sonst könnten nicht so dauerhaft konsequent und vehement eigene Standpunkte vertreten werden, ohne sich fragen zu wollen, welche positive Absicht der andere mit seiner Haltung verfolgt. Aus dieser Dynamik kann man gut ersehen, dass es unterschiedliche Gewinne geben kann: durch andere Personen und durch innere Loyalitätsverpflichtungen, die in sog. limitierenden Glaubenssätzen ihren Ausdruck finden.
Allerdings hat diese konsequente Konflikthaltung auch ihren Preis: Sie erzeugt inneres und äußeres Leid. Die Leidwahrnehmung ist in der akuten Konfliktsituation noch nicht gegeben, da sämtliche Körperfunktionen auf Angriff ausgerichtet sind und daher der eigene Standpunkt nicht hinterfragt werden kann. In Konfliktpausen kann es hier indes zur Sensibilisierung für die Wahrnehmung der eigenen Anstrengung kommen (Preis), die die Aufrechterhaltung des Konflikts nach sich zieht. Erst dann, wenn eine innere Bilanzierung zwischen Gewinn und Verlust im symmetrischen Konflikt vorgenommen werden kann und dabei für den Einzelnen deutlich wird, dass der Preis zu hoch ist, entsteht der sog. Leidensdruck und es besteht die Chance zum Ausstieg aus der Konfliktdynamik, indem einfach anders gehandelt wird (Musterveränderung) und der Konfliktpartner sich ob dieser Einstellungs- und Verhaltensänderung stark verwirrt zeigt (Perturbation). Zunächst einmal kommt es zu einer sog. Gegenregulation: Der Konfliktpartner verstärkt sein Konfliktverhalten, weil er denkt, der andere ist schwach und es besteht die Chance zu obsiegen. Da es dem Partner aber nicht mehr wichtig ist zu siegen, geht die Konfliktenergie ins Leere. Wie wir wissen, wird eine Konfliktsituation nach Veränderungen von Verhaltensmustern eines Konfliktpartners erst einmal schlimmer und dann erst besser. Hält also der Konfliktaussteiger seine Haltung aufrecht und hat er keine verdeckte Absicht, dem anderen durch einen Taktikwechsel doch noch zu zeigen, wer besser ist, ist er also ganz aus dem Kon-

fliktmuster ausgestiegen, dann ebbt der Konflikt ab und wird überflüssig. Wie wir gesehen haben, brauchen wir für die Konfliktdeeskalation eine andere Sichtweise und eine andere innere Haltung. Konflikte lassen sich demnach am besten klären, in dem man die eigene Haltung verändert und zwar so, dass keinerlei Absicht mehr vorhanden ist, den anderen besiegen zu wollen. Mehr noch: nicht einmal die Absicht, dass der andere endlich merkt, dass man die Haltung verändert hat. Ein absichtsloses Verhalten hilft zu deeskalieren.

9.1.3 Positive Aspekte des Konfliktes – das kreative Potenzial

In der Interaktion in Organisationen, Gruppen, aber auch Schulklassen geht es fortlaufend um Konfliktlösung. Eine wesentliche Aufgabe von Lehrern und Schulleitungen liegt daher im Management der vielfältigen, manchmal konfliktären Beziehungsaspekte. Gefragt ist ein konstruktiver Umgang mit Konflikten.
Bei aller – vornehmlich emotionaler – Belastung, die Konflikte mit sich bringen, haben sie aber auch positive Aspekte:

Ein Konflikt…
- führt zur Entwicklung *neuer Energien und Aktivitäten* (vor allem in Wettbewerbssituationen),
- stimuliert *neue Ideen und weckt Interesse* (als Voraussetzung für Kreativität und Innovation),
- erhöht die *Gruppenkohäsion* (was nicht immer positiv beurteilt werden muss),
- führt zur *besseren Wahrnehmung* von Individuen und Gruppen (Zwang zum Überdenken der eigenen Situation und Position) und
- führt zum *Abbau von Spannungen* und schafft klare Verhältnisse (wenn latente Konflikte zu manifesten werden),
- stellt die Voraussetzung für *organisatorischen Wandel* dar (durch Unzufriedenheit mit dem Status quo).

Die kreativen Potenziale des Konflikts zeigen sich nicht automatisch in der Konfliktsituation, die ja emotional aufgeladen sein muss, um überhaupt ein Konflikt sein zu können, sondern werden erst bei abklingender Konfliktstärke deutlich. In der Konfliktsituation verhalten sich die Konfliktpartner »assoziiert« – sie werden eins mit ihrem Standpunkt und ihrer Emotion. Dies muss auch so sein, da sonst die Befürchtung entstehen könnte, dass der eigene Standpunkt möglicherweise nicht wichtig genug wäre (sowohl für die Person selbst als auch gegenüber dem Konfliktgegner).

9.1.4 Konfliktstärke und Lösungsenergie: die drei Positionen

Heftige emotionale Konflikte sind das Kennzeichen dafür, dass zentrale Glaubenssätze bei den Konfliktgegnern angesprochen werden, für die sie sich einsetzen und die für sie nicht verhandelbar sind. Zentrale Glaubenssätze sind gleichzeitig auch Ausdruck wesentlicher Aspekte der Ich-Identität (vgl. logische Ebenen). Je größer die Konfliktstärke, desto größer ist auch die assoziierte Komponente. Es hilft also wenig, in einer Eskalation den anderen aufzufordern, erst einmal ruhig zu werden – dies ist eher eine Einladung zur weiteren Eskalation. Einen durch die Auseinandersetzung auf der Ebene der Ich-Identität geprägten Konflikt zu lösen, verlangt eine tiefere Veränderung. Diese bedarf eines inneren Prozesses, der viel Energie abverlangt und daher auch nur langsam voranschreiten kann. Daher können diese Konflikte nicht von den Konfliktpartnern allein gelöst werden. Zur Klärung des Konflikts ist ein neutraler Dritter nötig, der eine Äquidistanz zu den Konfliktpartnern einhält und neutral ist. Zur Klärung von Konflikten können verschiedene lösungsorientierte Methoden eingesetzt werden, die sich alle in einem wesentlichen Merkmal ähnlich sind, in der Einführung der sog. Meta-Position.

In weniger von Ich-Identität geprägten Konflikten gelingt es dem Protagonisten mitunter in einer ruhigen Minute einmal neben sich zu treten und sich selbst sowie den Konflikt von außen anzuschauen mit der Frage: »Um was geht es hier eigentlich?« Dieses Heraustreten stellt das Einnehmen der Meta-Position dar, die gleichzeitig hilft, sich zu dissoziieren. Eine gelungene Dissoziation ist ein wesentliches Element der Konfliktlösung. Erst über sie kann der Protagonist in dem Konflikt Abstand gewinnen und erkennen, welchen Mustern die Interaktion folgt und was die Einzelnen brauchen, um den Konflikt zu klären. Bei stark von Ich-Identität geprägten Konflikten kann die Metaebene allein nicht hergestellt werden, der externe Dritte (der Coach oder Berater) nimmt dann diese Ebene ein und darf sie auf keinen Fall verlassen.

Der wichtigste Schritt zur Erfassung der positiven Aspekte des Konflikts liegt zunächst im Herstellen der Position der Metaebene.

Abb. 21: Die drei Positionen im Konflikt – die Metaebene kann durch den Berater / Mediator eingenommen werden

Die drei Positionen können innerhalb der Beratung auch vom Berater auf sich selbst angewandt werden.

Preframing durch den Berater: Der Berater geht selbst in eine Lösungstrance, die den Rahmen definiert, in dem Beratung möglich wird.
Er ist zuständig für:
- die Sicherheit (seine eigene und die des Klienten),
- seine Authentizität (das einzubringen, was er wahrnimmt, in Wertschätzung für sich selbst und den Klienten),
- seine Empathie (für sich selbst und den Klienten).

Um diese Bedingungen einzuhalten und immer wieder zu erneuern, muss er sich abwechselnd in einer der drei Positionen bewegen:
- Die Ich Position: assoziiert Bei-sich-selbst-Sein und spüren, was mit ihm los ist. Kontakt haben zu seinem kinästhetischen Referenzsystem, das ihm Auskunft darüber gibt, ob etwas stimmig ist oder nicht. Sich auch immer wieder fragen, was er selbst in der Situation braucht. Die Aufgabe liegt auch darin, dafür zu sorgen, dass er »saubere Sinneskanäle« behält. Wenn er sich eingeladen sieht, in innere Filme zu gehen oder Amnesien über Informationen in der Beratung zu entwickeln, achtet er darauf, dass diese Tendenzen in der Wertschätzung und Empathie für sich selbst wahrgenommen und reflektiert werden. Er muss daher immer wieder auf die Metaebene gehen können, um sich zu fragen, was genau in dieser Situation passiert.
- Die Du-Position steht für die Empathie mit dem Klienten. Es ist wichtig, das Problem zu verstehen, in dem man sich auf die innere Welt des Klienten einlässt und durch seine Wahrnehmungskanäle adaptiert.
- Die Meta-Position hilft zum einen zu klären, was das Thema ist (»Um was geht es hier eigentlich?«), zum anderen aber auch die Position des freundlichen Beobachters einzunehmen, der dem Berater dabei hilft herauszufinden, was er selbst in der Beratungssituation braucht.

Die Erlaubnis, sich laufend in unterschiedlichen Ich-Positionen zu bewegen, um im Prozess zu sein, ist die wichtigste Voraussetzung für die »gelungene« Beratung. Der eigene Erlaubnisrahmen wirkt seinerseits als Tranceinduktion für sich selbst und den Klienten, Neues ausprobieren zu können, neugierig sein zu dürfen, Dinge auszusprechen, die mit Tabus belegt sind und dabei authentisch sein zu können.

9.1.5 Zusammenfassung: Wirkungen der Konfliktenergie

Über die Wirkung des jeweiligen Konfliktniveaus können wir Folgendes feststellen: Sowohl ein *zu niedriges* (fehlende Ideen, Kreativität, Innovationskraft) als auch ein *zu hohes Konfliktniveau* (Stress, Intrigen, fehlende Integrationskraft) sind wenig zielführend.

Ein *mittleres Konfliktniveau* scheint dagegen ein gewisses Innovationspotenzial für die Organisation in sich zu tragen und kann von den Mitgliedern der Organisation mit eigenen Mitteln bewältigt werden.
In den Fällen, in denen ein Berater zur Moderation gebraucht wird, ist es sinnvoll, wenn ein Punkt der Konfliktklärung (neben der Würdigung des Leids, das durch den Konflikt entstanden ist) darin liegt, immer auch die »positive Absicht« des Konflikts im Auge zu behalten. Diejenigen, die assoziiert im Konflikt stecken, können natürlich zunächst keine positiven Aspekte darin erkennen.
Aus einer übergeordneten Position kann man erkennen, dass es auch um die Frage geht, wie ein soziales interaktives Gebilde aus einer Sackgasse, in die es geraten ist, herauskommen kann. Den Beteiligten, die ihre subjektive Position im Konflikt einnehmen (müssen), ist dies zunächst nicht klar. In jedem Konflikt steckt also eine positive Absicht für das gesamte System, in dem sich die Konfliktpartner befinden. Im Konfliktgeschehen ist die mögliche Entwicklungsperspektive »das Gute vom Schlechten«.

9.2 Die Konstruktion von Blockaden, Konflikten und Konfliktfeldern

Im Folgenden wollen wir uns Konfliktdynamiken in der Schule aus der Sicht der Interaktionsprozesse zwischen den einzelnen Gruppen und Beteiligten im System Schule anschauen. Die durch die strukturellen Bedingungen der Organisation ausgelösten Konflikte werden an anderer Stelle näher beschrieben.
Zur Erläuterung der »Missverständnisse« in der Interaktion zwischen Lehrern und Schülern bietet sich die Integration von hypno-systemischen Sichtweisen und dem Modell der Transaktionsanalyse (TA) (nach E. Berne, vgl. Stewart / Joines 2005) an.
Die Integration hypno-systemischer Sichtweisen in ein Strukturmodell eröffnet die Möglichkeit, Dynamiken der Interaktion prägnanter darstellen zu können. Prägnanz bedeutet hier auch eine bewusste Komplexitätsreduktion zugunsten einer verständlicheren Darstellung. Wie wir in Supervisionsveranstaltungen in Schulen sehen konnten, erweist sich die Verbindung dieser beiden Ansätze zur Darstellung der Dynamik von Schulkonflikten als sehr hilfreich und aufschlussreich. Wir sind uns bewusst, dass der hier vorgenommene Rückgriff auf das Modell der Transaktionsanalyse diese nicht vollumfänglich darstellt, dazu sei auf die entsprechende Literatur verwiesen. In der Folge beschränken wir uns auf die Sichtweisen der TA, die zur Erläuterung der Konfliktdynamiken für Lehrer Sinn machen.
Die Transaktionsanalyse bedient sich der Einteilung der verschiedenen Instanzen der Persönlichkeit aus der Psychoanalyse (Es, Ich, Über-Ich), erweitert und verändert sie aber zugleich. Im Ich-Zustands-Modell der Transaktionsanalyse unterscheiden wir drei Ich-Zustände, die wiederum in Unterzustände gegliedert wer-

den. Nachfolgend stellen wir das Grundmodell kurz dar und diskutieren, welche Relevanz es für das Verständnis gelungener und misslungener Kommunikation zwischen Lehrer und Schülern hat.

9.3 Die Ich-Zustände der Konfliktpartner

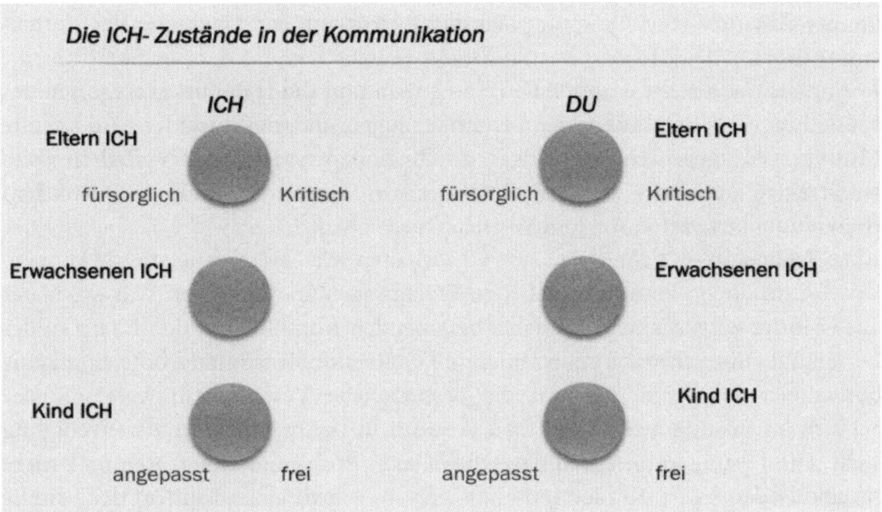

Abb. 22: Die drei Ich-Zustände im Modell der Transaktionsanalyse

Grundsätzlich wird in der Transaktionsanalyse davon ausgegangen, dass jeder Mensch sich tagtäglich in drei verschiedenen Ich-Zuständen bewegt, die in unterschiedlichen Kommunikationskontexten unterschiedlich ausgeprägt und gewichtet sind. Die Ausprägung der Ich-Zustände ist dabei das Ergebnis der familialen Sozialisation. Menschen haben in ihrer Kindheit gelernt, auf die Kommunikationsangebote der Umgebung – prägend waren dabei die primären Bezugspersonen – in entsprechender Weise zu antworten. Aktuelle Kommunikationsmuster von Menschen in verschiedenen Interaktionssituationen gehen daher zurück auf automatisierte Muster, die in der Kindheit erlernt wurden und sich durch erfolgreiche Anwendung im Sinne eines »Lösungshandelns« in Kommunikationssituationen weiter verfestigt haben.

Diese Muster sind auf einer vorbewussten Ebene anzusiedeln und damit nicht direkt kognitiv verfügbar, sondern laufen intuitiv automatisiert ab. Auslöser für die jeweiligen Operationen sind verschiedene Trigger (Hinweisreize aus der Umgebung), die den Agierenden auf einer vorbewussten Ebene erreichen und ihn dazu einladen, im Sinne seiner erlernten automatisierten Verhaltensstrategien auf die Situation zu reagieren. Die Bewertung der Situation geschieht nach dem Muster der »inneren Landkarte«, die den Handelnden auf vermeintlich bekannte Hinweisreize mit erlernten »Lösungsstrategien« reagieren lässt. Zurückgegriffen wird dabei immer auf bereits erprobte Lösungsmuster (die möglicherweise bereits zum Problem geworden sind), die einfach intuitiv auf die Situation übertragen werden, wenn diese Ähnlichkeiten zu früheren Situationen aufweist. Die aktuelle Situation wird nach bekannten Hinweisreizen gescannt, die dann bewertet und mit emotionalen Vorerfahrungen verbunden werden. Die emotionale Bedeutung, die der Situation gegeben wird, prägt dann wiederum den Charakter der Verhaltensantwort.

Je eingeschränkter die emotionalen Kategorien und die Handlungskategorien des Individuums als Ergebnis seiner Lernerfahrungen sind, desto rigider wird auf alte Muster zurückgegriffen oder sogar durch ein entsprechendes Verhalten dazu beigetragen, dass sich der Interaktionspartner eingeladen fühlt, in einer dem Individuum bekannten Art und Weise zu reagieren.

Also: Schüler laden Lehrer ein, sich zu verhalten wie Erwachsene, die sie kennen. Unter Umständen kommt es dabei zu Einladungen an die Lehrer, sich wie Vater oder Mutter zu verhalten und dabei bestehenden Konflikte mit den Eltern in der Beziehung zum Lehrer zu reinszenieren. Die Reinszenierungsangebote sind keine böswilligen Strategien, sondern die bestmögliche Verhaltensstrategie, die der Schüler als Lösung gelernt hat und die ihm in dieser Situation zur Verfügung steht. Die Lösung kann allerdings schnell zum Problem werden, wenn sie nicht situationsadäquat ist. Kinder verhalten sich so, wie sie es im Kontext der Familie als sinnvoll erfahren haben und sind dann komplett verwirrt, wenn Schule nicht Familie ist.

Beispiel: Schule für Erziehungshilfe

Der Schulkontext weist für die dort tätigen Lehrer überaus belastende Momente auf, da sich innerhalb der schulischen Interaktionen immer wieder sehr starke Aggressionen bei den Schülern zeigen, die sich direkt gegen Mitschüler wie auch Lehrer richten. Zudem zeigen die Schüler gegenüber dem »Zwangskontext Schule«, den sie für sich als einengend und wenig lustvoll erleben, offene Ablehnung und sind wenig motiviert, sich auf die Angebote einzulassen. Die Frage ist nun: Wie können wir diese Kinder erreichen?

An Schulen für Erziehungshilfe versuchen Kinder ihren Hauptschulabschluss zu machen. In der tagtäglichen Arbeit erweist sich, dass es eine Gruppe von Schülern gibt, die sehr wohl in der Lage wären die kognitiven Anforderungen zu erfüllen, aber in keiner Weise motiviert zu sein scheinen. Zunächst einmal wollen wir danach fragen, welche guten Gründe Schüler haben, wohlmeinende und engagierte Angebote von Seiten der Lehrer mehr oder weniger auszuschlagen:

Die Schüler kommen aus sog. »dysfunktionalen Familien, in denen Gewalt, Abwertung, teilweise Missbrauch sowie ausgesprochene Demotivation herrscht und die daher komplett anderen Regeln, Normen und Werten folgen, als sie im System der Schule angezeigt wären. Die Schüler zeigen sich in ihrem Verhalten sehr nahe an den Familienregeln und reinszenieren in der Interaktion mit Lehrern das, was sie kennen. Lehrer werden zudem – wie Eltern – als Erwachsene angesehen, denen man nicht vertrauen kann, weil die Erfahrung bisher gezeigt hat, dass man, wenn man hofft und vertraut, tief enttäuscht wird. Die Folge ist also ein ausgeprägtes Misstrauen gegenüber Erwachsenen und eine große Vorsicht, sich auf intensivere Bindungen einzulassen. Denn wer sich einlässt, kann dann noch tiefer verletzt werden. Der aggressive Habitus ist demnach auch als

Abwehr der Bindungswünsche und gleichzeitiger Kontaktwunsch zu verstehen. »Wer sich einlässt, droht den Rest von Kontrolle zu verlieren.« Die Beziehungsgestaltung zwischen Schülern und Lehrern ist in diesem Schulkontext der wichtigste Fokus. Wenn die Beziehung nicht geklärt ist, wird nicht gelernt. Ein weiterer Aspekt, der prägend für den Lernerfolg ist, liegt in der Loyalitätsbindung des Kindes zum Elternhaus. Selbst zu dysfunktionalen Eltern besteht von Seiten der Kinder eine verdeckte tiefe Loyalitätsbindung. Je weniger sie an Liebe, Wärme und Geborgenheit im Elternhaus bekommen haben, umso tiefer ist die Sehnsucht danach, die sofort aber abgewehrt wird und in aggressiven oder autoaggressiven Verhaltensweisen Ausdruck findet. Die Sehnsucht des nicht erfüllten Angenommenseins äußert sich in einem verdeckten Wunsch, von den Eltern doch noch das zu bekommen, was bisher versagt blieb. Dies geschieht in der Regel nicht, sodass die Wünsche kompensiert werden mit Substituten wie Alkohol, Zigaretten, Drogen, Computerspielen – all dies dient dem Selbsttrost und gleichzeitig auch der Selbstverletzung als automatisierte Wiederholung der erlittenen Verletzungen von Seiten anderer. Diese unerfüllten, auf die Eltern bezogenen Wünsche binden das Kind in seiner Loyalität. Schulteilnahme oder sogar Schulerfolg könnten sie von den Eltern entfernen (die ihrerseits häufig auch gescheiterte Schulkarrieren hinter sich haben) und werden somit vermieden: Das Kind hält den Eltern durch den Schulmisserfolg die Treue. Lehrer, die sich nun intensiv um die Motivation dieser Kinder für schulische Abläufe bemühen, drohen damit gleich in zwei Paradoxien zu geraten:

Je mehr sich das Kind auf die Beziehung zum Lehrer einlässt, umso mehr droht es die Loyalitätsbindung zu den Eltern zu verletzen.

Je besser es mit dem schulischen Kontext zurechtkommt und evtl. auch Erfolg haben könnte, umso mehr muss es sich selbst boykottieren, um den elterlichen Delegationen und Glaubenssätzen gerecht zu werden. Lehrer haben also kaum eine Chance zur Motivation des Kindes.

Um diesen Beziehungsfallen aus dem Wege zu gehen, hat sich folgendes Vorgehen als sehr hilfreich erwiesen. Der Lehrer verhält sich paradox.

Er reflektiert zunächst einmal seinen eigenen Auftrag: den offiziellen der Schule und den persönlichen (die eigene Mission, die mit dem Lehrersein verbunden ist).

Er fragt sich, welche Aspekte der Aufträge zu beachten sind.

Er definiert für sich realistische Ziele. (Was kann ich überhaupt in diesem Kontext erreichen?)

Er ist bereit, sich mit den Kollegen über die Frage der Erreichbarkeit der Ziele auseinanderzusetzen.

Er lässt den Veränderungswunsch fallen. Je mehr er verändern will, umso mehr geht der Schüler in den Widerstand. Der Lehrer weiß, dass er gegen den Widerstand des Schülers hilflos ist, da er ihn nicht brechen und kontrollieren kann.

Durch das Fallenlassen der Veränderungsmotivation kann er ein nicht intendiertes und verdecktes Beziehungsangebot an den Schüler machen.

Der Schüler sucht den Kontakt mit den interaktiven Mittel, die ihm vertraut sind: Provokationen, aggressives Verhalten etc.

Der Prozess der Beziehungsgestaltung steht im Mittelpunkt der Interaktion. Die Technik der Beziehungsgestaltung ähnelt dabei einer asiatischen Kampftechnik: Man nimmt die Energie des anderen auf, um sie in Bezug auf die eigenen Ziele zu utilisieren.

- Pacing und Leading: die Ausgangssituation des Schülers akzeptieren und sich darauf einstellen (ihn abholen, wo er emotional und kognitiv steht),
- Aufbau einer Ja-Haltung (sog. Yes-Set),
- Bedenken vorwegnehmen,
- Ideen säen, ohne Veränderungen zu wollen,
- Leading: immer dann, wenn Kontakt da ist, (im Moment) weiterführende Angebote machen, die aber in so kleine Schritte zerlegt werden, dass viele Erfolgserlebnisse (vgl. operantes Konditionieren) beim Schüler initiiert werden können,
- kleine Veränderungsziele definieren, die sensorisch erfahrbar sind (als Bilder, Sätze, Gefühle im Gehirn repräsentiert werden können und damit zu Attraktoren werden),
- Verknappung von Angeboten: Je wichtiger und knapper in einem Kontext bestimmte Angebote sind und damit eine Bedeutsamkeit erhalten, umso mehr Wettbewerb gibt es um die begehr-

te Knappheit. Insofern kann die Verknappung von Beziehungsangeboten und schulischen Inhalten bedeuten: Je mehr sich ein Schüler dafür einsetzen muss, eine Leistung oder die Aufmerksamkeit des Lehrers zu erhalten, umso mehr investiert er in die Beziehung. Dieses Muster kann genutzt werden, um Veränderungen einzuleiten.

Spätestens an dieser Stelle wird deutlich, wie viel Pädagogik mit Beziehungsarbeit und Kommunikation zu tun hat. Gelungene Kommunikation (nach dem oben aufgezeigten Modell) ist somit ein wesentlicher Erfolgsfaktor für die bessere Beziehungsgestaltung.

Lehrer verlangen von Schülern ein für den Kontext Schule angemessenes und passendes Verhalten. Schüler kennen die geforderten Verhaltensweisen aber nicht, haben keine passenden Verhaltenskategorien hierfür und sind verwirrt. Aufgrund dieser Verwirrung wird zunächst zurückgegriffen auf verfügbare erlernte Verhaltensweisen, die in der Familie funktionieren. Ist nun aber die Erwartung des Lehrers an kompatibles Verhalten des Kindes komplett anders als das Verhalten, was im Verhaltensrepertoire des Kindes zu Verfügung steht, kommt es zu Störungen in der Interaktionen, die sich dann schnell zu Eskalationen entwickeln können.

Angesichts der unterschiedlichen Sozialisationserfahrungen von Lehrern und Schülern, aufgrund von Altersunterschied, Schichtzugehörigkeit und Kulturzugehörigkeit kommt es häufig zu Missverständnissen in der Interaktion. Diese prägen dann den Schulalltag und sind die Ursache für Beziehungsstörungen, die sich in interaktionellen Störungen niederschlagen und zu Konflikten führen.

Hier gibt es also eine Logik des Missverstehens. Anfänglich verfolgen alle eine positive Absicht, die vom anderen jedoch nicht erkannt werden kann, weil er nach anderen Kategorien wahrnimmt, Situationen bewertet und komplett andere, von Alter und soziokulturellem Hintergrund geprägte, Verhaltensweisen hat.

Auch der Lehrer handelt entsprechend seiner inneren Landkarte in der aktuellen Situation und reinszeniert seine Erfahrungen mit ähnlichen Situationen sowie seine eigenen Konfliktverarbeitungsmuster. Gehen wir noch einmal für uns selbst in die Schülerperspektive, so können wir uns sehr genau daran erinnern, welche Macken der eine oder andere unser eigenen Lehrer hatte und was wir an Auslösern (Stichwörter, Verhalten) liefern mussten, dass dieser komplett in eine Trance fiel und, sich aus der realen Situation abmeldend, nur noch seinem inneren Film folgend, eine ganze Unterrichtsstunde etwas erzählte, was nichts mit dem aktuellen Stoff zu tun hatte. Dies gab dann der Klasse Gelegenheit sich zurückzulehnen und das Ganze gelassen zu beobachten, um einen ungeliebten Stoff zu vermeiden.

Situative Trigger wirken demzufolge als Tranceinduktionen, die es den Beteiligten erlauben auf Erfahrungen zurückzugreifen, in innere Bilder und Filme zu gehen und dabei die Realität an das anzupassen, was der inneren Landkarte entspricht. Limitationen werden, ohne sie als solche zu erkennen, reinszeniert. Mehr noch: Es wird sogar so getan, als ob die eigene Limitation die allgemeingültige Interpunktion für die Situation darstellt, was jederzeit gut zu begründen ist. Insofern kann jedes problematische Verhalten unter Rückgriff auf das Erklärungsmuster der Limitation als die bestmögliche Wahl verklärt werden. Im interaktionellen Kon-

text Schule und Unterricht, mit klar definierten hierarchischen Rollen und damit Machtverhältnissen, wird die Definitionsmacht des Lehrers gleichzeitig zum Problem der Schüler.
Wie wohltuend könnte hier folgende Aussage Watzlawicks wirken: »Widerstand beim Klienten (beim Schüler) ist Ausdruck der fehlenden Flexibilität des Kommunikators.«

9.4 Ich- Zustände und die Inszenierung von Konflikten

In der TA werden die Ich-Zustände beschrieben:

Eltern-Ich-Zustand: Verhalten, Denken und Fühlen, das von den Eltern oder Elternfiguren übernommen wurde.

Erwachsenen-Ich-Zustand: Verhalten, Denken und Fühlen, das eine direkte Reaktion auf das Hier und Jetzt ist.

Kind-Ich-Zustand: Verhalten, Denken und Fühlen, das aus der Kindheit stammt und jetzt wieder abläuft.
Menschen wechseln ständig die Ich-Zustände in Abhängigkeit von den verschiedenen Kontexten, in denen sie sich bewegen.

Das funktionelle Modell der TA (vgl. Stewart / Joines 2005, 47ff.) unterteilt die Ich-Zustände weiter nach ihrer Art des Einsatzes:

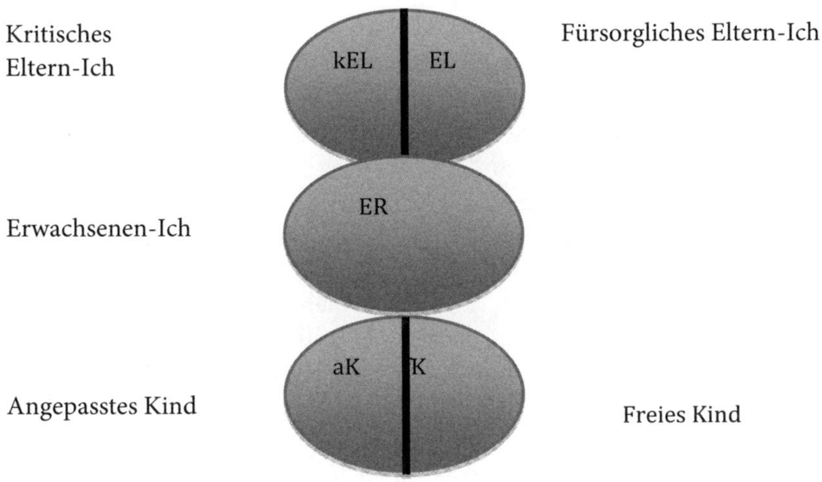

Das *Eltern-Ich* gliedert sich demnach in zwei Funktionen: den fürsorglichen und den kritischen Teil. Der kritische oder auch kontrollierende Elternteil besteht aus erlernten Verhaltensvorschriften, die quasi wie die Stimmen und das Bild der Eltern auditiv abgespeichert sind und im Konfliktfall unter einer begleitenden Altersregression aktiviert werden. Häufig kommt es sogar zu einer Synästhesie mit visuellen Reizen: Man hört die Stimme der Mutter, sieht ihr Gesicht oder die Körperhaltung und geht automatisch in den zum Tadel passenden Gefühlszustand. Diese – durch das eigene kritische Eltern-Ich ausgelöste – Altersregression (man ist dann wieder in dem Alter, in dem man den Tadel als besonders schlimm empfunden hat) ist auch verbunden mit einer Amnesie über die tatsächlichen Kompetenzen und Fähigkeiten, die Situation oder den Konflikt »erwachsen« zu bewältigen. Die Sätze des kritischen Eltern-Ichs bezeichnen wir auch als limitierende Präskriptionen, die zu sogenannten limitierenden Glaubenssätzen werden können, wenn sie aus generalisierenden normativen Aussagen bestehen, denen sich die Person in einer Altersregression hilflos unterwirft. Sie entwickelt dann einen Tunnelblick (»es gibt keinen anderen Ausweg als der Limitation zu gehorchen«) und eine Amnesie hinsichtlich der tatsächlich vorhandenen Kompetenzen des Erwachsenen.

Aus systemisch-lösungsorientierter Sicht sind die Einwürfe des kritischen Eltern-Ichs auch eine Lösung (die jetzt zum Problem wird): Zu der Zeit der Installation dieser Sätze des kritischen Eltern-Ichs in der Kindheit lag der Sinn der Sätze der Eltern in der Sozialisation oder Enkulturation des Kindes, die es für die Welt vorbereiten sollte, wie die Eltern sie sehen und verstehen. Es waren demnach in den meisten Fällen durchaus wohlmeinende Präskriptionen, von denen die Eltern glaubten, dass sie nötig wären, damit das Kind in der Welt zurechtkommt. Im Rahmen der Sozialisation hat das Kind sich dann diese Sätze zueigen gemacht und als innere Elternrepräsentanzen in das Denken und Fühlen eingebaut. Insofern kann das kritische Eltern-Ich auch in einen negativen (rigide limitierenden) und in einen positiv kritischen Teil geschieden werden, dessen Aufgabe im Schutz und der Förderung des Kindes liegt. Dieser Teil des positiv kritischen Eltern-Ichs präsentiert eine sinnvolle pädagogische Haltung vieler Lehrer, die aus der Fürsorge für Schüler heraus agieren, dabei aber aufgrund der unterschiedlichen Bewertung ihrer »positiven Absicht« durch Schüler irritiert sind, weil diese die Intention des Lehrers missverstehen und darauf mit Widerstand antworten.

Je rigider die Bedingungen der Sozialisation waren (strenge, wenig verzeihende Eltern), desto rigider sind die Repräsentanzen dieser Teile in der Person des Kindes verankert. In der Gestalttherapie spricht man hier von sog. »Introjekten« und meint damit Instanzen in der Person, die »wie ein Stein im Magen liegen«, eigentlich nicht zu der Person gehören und in der therapeutisch-beraterischen Arbeit aufgelöst werden sollten. Kritische Stimmen als Beitrag von wohlmeinenden Eltern zu sehen, gilt allerdings nur für Beziehungskonstellationen in der Herkunftsfamilie, die nicht von Gewalt und Missbrauch der Kinder geprägt sind.

Das fürsorgliche Eltern-Ich wird differenziert nach dem positiven fürsorglichen Eltern-Ich und dem negativ fürsorglichen Eltern-Ich (vgl. Stewart / Joines 2005, 53ff.): Aus dem positiven fürsorglichen Eltern-Ich heraus handelt die Person wohlwollend und wertschätzend, um den anderen zu unterstützen, zu begleiten und zu fördern. Diese Haltung korrespondiert stark mit einer empathischen und gleichrangigen Grundposition, die darauf ausgerichtet ist, den anderen in seinen Motiven und Bedürfnissen zu verstehen und ihn zu fördern. Das negativ fürsorgliche Eltern-Ich hingegen will aus einer Überlegenheitsposition heraus Hilfe leisten und setzt somit den anderen herab (»Du schaffst es vermutlich nicht – ich helfe dir«). Es stellt sich über die andere Person mit Geringschätzung und gleichzeitiger Selbsterhöhung. Diese innere Haltung findet man unausgesprochen und unreflektiert häufiger bei Menschen in beraterischen / pädagogischen Berufen, die diese Tätigkeit gewählt haben, um anderen überlegen zu sein und das eigene »Größenselbst« damit füttern, dass sie sich wichtig und gebraucht fühlen. Der narzisstische Gewinn dieser Haltung ist evident: »Ohne mich geht hier nichts." Emanzipatorisches, auf die Autonomie des anderen bedachtes Handeln wird in diesem Ich-Zustand unmöglich und ist auch nicht gewünscht. Es gibt Schulen, die sehr stark von einer Omnipotenzhaltung der Schulleitung und des Kollegiums geprägt sind und die Ansprüche, die von Politik, Eltern und Schülern geäußert werden, als wenig reflektiert und unwissend abwerten. Diese Haltung nährt auf Dauer die zunehmend eskalierenden Konflikte zwischen den Fronten (Schulleiter versus Lehrer; Lehrer versus Schüler; Eltern versus Lehrer), die sich in Abwertung oder gar Gewalt im Schulalltag ausdrücken.

Häufig entstehen im Kontext solcher Beziehungskonstellationen sog. »Drama-Dreiecke«, auf die später noch näher eingegangen werden soll.

Das *Erwachsenen-Ich* ist die Instanz, die im Hier und Jetzt in einer angemessenen Weise mit den situativen Bedingungen umzugehen weiß. Es kann auf die Kompetenz des Erwachsenen zurückgreifen und befindet sich demzufolge in einem Zustand der Lösungstrance, der gekennzeichnet ist von der vollen Orientierung der Sinneskanäle auf die aktuelle Situation, die realistisch bewertet wird und mit allen Möglichkeiten, die dem Erwachsenen zu Verfügung stehen, bewältigt werden kann. Gleichzeitig hat das Erwachsenen-Ich auch ein »realistisches« Urteil über die eigenen Ich-Zustände des Eltern-Ichs und Kind-Ichs. Demnach stellt das Erwachsenen-Ich einen reflektierten Teil der Person dar, der sich seiner eigenen inneren Prozesse bewusst ist, die eigenen Limitationen im Blick hat und kognitiv wie emotional angemessen auf die Anforderungen des Hier und Jetzt reagieren kann. Aus Sicht der hypno-systemischen Orientierung geht es um einen Zustand, in dem die Person zwischen einer assoziierten und dissoziierten Situationswahrnehmung wechselt, in der intuitiv genau gespürt und verstanden wird, welche Verhaltensantwort die Situation erfordert. Gleichzeitig ist aber auch eine doppelt dissoziierte Haltung durch das Einnehmen einer Meta-Position wichtig, um genügend Abstand zu haben, die möglicherweise auftauchenden Reaktionen aus dem

eigenen Eltern-Ich und Kind-Ich positiv willkommen zu heißen, sie zu begrüßen und ihre positive Absicht abzufragen. In diesem inneren Dialog und im Wechsel zwischen assoziiertem und dissoziiertem Zustand (zwischen Innenwahrnehmung und Außenwahrnehmung) entsteht die Handlungsfähigkeit des Erwachsenen-Ich.
Das *Kind-Ich* lässt sich differenzieren in das angepasste und das freie Kind.
Der Ich-Zustand des angepassten Kindes beinhaltet sämtliche gelernten Regeln der Kindheit, die es brav, also gehorsam befolgt. Altersregressionen sind demnach Reisen in das Kind-Ich. Situationsspezifische Trigger (also Reize, die im Hier und Jetzt die Person erreichen), die in enger Kontiguität mit Reizen der Vergangenheit liegen (ohne dass dies der Person bewusst ist), lösen ähnliche Gefühle aus wie sie die Person als Kind in der Ursprungssituation des Konflikts hatte. Zu dem angepassten Teil des Kind-Ichs gehört auch ein rebellischer Teil, der sich gegen die Präskriptionen und Regeln auflehnt. Da dieser Ich-Zustand rein reaktiv ist, ist er auf der gleichen logischen Ebene anzusiedeln wie der angepasste Teil. Diese Anschauung der TA ist auch für die Einordnung von jugendlichem rebellierendem Verhalten in der Pubertät sehr aufschlussreich. Wir wissen, dass die Rebellion gegen die Regeln der Erwachsenen und die schulischen Normen als Versuch der Abgrenzung mit dem Ziel der Selbstfindung anzusehen ist. Im Dagegensein erfährt sich der Jugendliche als anders als die Erwachsenen, wenngleich er energetisch auf sie ausgerichtet ist. Die Rebellion ist somit nur die Kehrseite der Anpassung: Der Jugendliche empfindet die Ambivalenz und versucht sie durch Opposition zu beseitigen. Das Heraustreten aus dem Zustand des angepassten / rebellischen Kindes wäre somit in einem Zustand der Gelassenheit und der Selbstzentriertheit zu sehen, in dem die Person sich frei (also nicht ausgerichtet auf die Elternsubstitute) *für sich* entscheidet (nicht für oder gegen etwas).
Der andere Teil des Kind-Ichs ist das »freie Kind«. Dieser Zustand zeichnet sich aus durch Unmittelbarkeit des Gefühlserlebens und der Gefühlsäußerung: Spaß haben, traurig sein, wütend sein etc. Die Wiederentdeckung des freien Kindes wäre für viele Erwachsene und auch Kinder ein wichtiges Persönlichkeitsziel. Spontaneität und Flexibilität in der Wahrnehmung und das situationsadäquate Ausdrücken von Gefühlen sind nach »gelungener« familialer Sozialisation in vielen Fällen verschüttet und müssen erst wieder mühsam aufgebaut werden.
Die einzelnen Ich-Zustände bekommen je nach kommunikativer Situation eine unterschiedliche Dominanz. Aufgrund der individuellen Lernerfahrung reagieren wir in bestimmten Situationen also eher aus einem fürsorglichen oder strafenden Eltern-Ich, einem Erwachsenen-Ich oder einem freien bzw. angepassten Kind-Ich. Diese Reaktionen beziehen sich zum einen auf die eigene Person: Wir können mit uns selbst sehr strafend-kritisch oder fürsorglich-tröstend umgehen, wenn unser Eltern-Ich entsprechende Muster gelernt hat und/oder wir auf einen Kommunikationspartner aus einem bestimmten Ich-Zustand reagieren. Schule hat aufgrund ihrer permanenten Bewertungssituationen eher den Charakter eines kritischen Eltern-Ichs, das sowohl Lehrer und Schüler stark unter Druck setzt und wenig

Platz für Fürsorglichkeit bietet. Dies hängt mit der Strukturdeterminiertheit der interaktiven Muster in einer Organisation zusammen, in der die Regeln »Bewertung« und »Selektion« die Kommunikation bestimmen. Die Kommunikation bezieht sich dabei immer auf die inneren Teile – also die in der Person unterschiedlich stark ausgeprägten Instanzen – und die externen Interaktionspartner. Das Konzept der inneren Teile der Person geht auf Virginia Satir zurück und beschreibt jede Person als aus vielen sich ergänzenden, aber auch sich widersprechenden, mitunter sogar antagonistischen Teilen (unterschiedliche »Personen«) bestehend. Diese Teile werden in Abhängigkeit von den in der Kindheit erlernten Mustern durch spezifische Hinweisreize und die darauf aufgesetzten kognitiven und emotionalen Bewertungen aktiviert. Die Unterschiede in den individuellen Reaktionen auf Umweltreize und Personen liegt also in der unterschiedlichen Ausprägung dieser inneren Teile, die in anderen Zusammenhängen auch manchmal als »innere Familie« beschrieben werden. Das Konzept der inneren Familie führt uns plastisch vor Augen, wie innere Teile quasi zu Personen werden, denen ein Aussehen, eine Stimme und eine eigene innere Haltung zugeordnet werden kann. Diese inneren Personen verhalten sich sehr konsistent aus ihrem inneren Wertebereich und gehen dann in Konflikte zu anderen inneren Personen. Innere Konflikte können demzufolge auch beschrieben werden als Konflikte zwischen den Personen der inneren Familie:

Beispiel: »Korrigieren oder Freizeit haben« –typischer Konflikt eines Lehrers mit Korrekturfächern
Das freie Kind möchte seine Zeit ohne jegliche Verpflichtungen verbringen und sich spontan entscheiden, wozu es Lust hat, dabei möglichst Unlust vermeiden. Es kommt in einen eskalierenden Konflikt mit dem kritischen Eltern-Ich, das verlangt, sich als Erstes hinzusetzen und seine Arbeit zu erledigen, bevor Freizeit angesagt ist. Die beiden Teile streiten heftig miteinander und blockieren so jegliche Handlung. Der betroffene Lehrer sitzt kataton vor seinen Heften und versteht gar nicht genau, was die Blockade ausmacht, wenn er sich der inneren Stimmen nicht gewahr wird.

9.5 Blockaden als Folge typischer Konfliktsituationen in der Schule

9.5.1 Konfliktebene Lehrer – Schüler

Die Standardinteraktion in der Schule vollzieht sich zwischen kritischem Eltern-Ich des Lehrers mit dem Appell an das angepasste Kind-Ich des Schülers. Befindet sich der Lehrer eher in der negativ strafenden Eltern-Ebene, kann er bei angepassten Schülern durchaus eine »Gehorsamreaktion« initiieren. Andererseits ist aber jeder Appell an die Selbstverantwortung des Schülers sinnlos, weil dieser von dem »angepassten Kind« des Schülers gar nicht verstanden werden kann. Die Interaktion verlangt demnach eine fortwährende Positionierung des Lehrers in der Haltung des kritischen Eltern-Ichs. Lässt er damit nach, droht er die Kontrolle über die Interaktion zu verlieren, da das angepasste Kind ja nicht wissen kann, was als

Nächstes verlangt wird. Der Lehrer bindet sich also selbst in der Beziehung und muss laufend Kontrolle ausüben. Aus systemischer Sicht ist der Versuch, Kontrolle über einen anderen Organismus zu gewinnen, aussichtslos. Der Mensch ist keine Trivialmaschine und reagiert häufig unberechenbar (wenig rational), mitunter chaotisch. Demnach ist ein enormer Energieaufwand auf Seiten des Lehrers notwendig, um die bis zu 30 Schüler in der Klasse aus dem kritischen Eltern-Ich heraus zu »kontrollieren« – was, wie wir gesehen haben, ohnehin nur scheitern kann. Hilfreicher wäre hier eine systemisch-lösungsorientierten Intervention, die in Richtung Aufbau von Kooperation geht. Wie wir an anderer Stelle gesehen haben, liegt die einzige Möglichkeit der Kontrolle über Situationen in der Kontrolle über die eigene Haltung und die eigenen Verhaltensweisen.
Kommunikative Angebote, die aus dem kritischen Eltern-Ich kommen und auf das rebellische Kind-Ich treffen, sind häufig Ausgangspunkte für eskalierende Konflikte. In diesen Fällen geht es bald nicht mehr um die Sache, sondern um einen Dominanz-Unterwerfungs-Konflikt, in dem jemand dann verliert, wenn er seinen Standpunkt aufgibt. Im systemischen Paradigma spricht man hier von symmetrischen Eskalationen: Der Konflikt schaukelt sich mehr und mehr hoch und kann durch die Beteiligten schließlich nicht mehr allein gelöst werde. Vielmehr braucht es zur Konfliktlösung einen Konfliktmediator oder -moderator, der eine neutrale Position behält und Äquidistanz zu den Konfliktbeteiligten hält.

Die emotionale Logik in diesen Konflikten sieht folgendermaßen aus:
- Ich habe eine berechtigte Kritik am anderen,
- ich will, dass er/sie die Kritik zur Kenntnis nimmt,
- ich bin von meinem Standpunkt so überzeugt, dass ich ihn mit allen Mitteln verteidigen werde.

Bleibt der andere jetzt bei seiner Haltung, geht es so weiter:
- Jetzt meine Haltung aufzugeben, wäre Kapitulation,
- Kapitulation bedeutet für mich einen Verlust meiner Selbstachtung.

In der Folge kämpft dann Selbstachtung gegen Selbstachtung.

Aus systemischer Sicht beschäftigen wir uns bei der Betrachtung der Phänomene im Konfliktgeschehen mit der Frage der Bedeutung der jeweiligen Verhaltensweise für den Konfliktpartner. Sehr schnell wird dieser wichtige Ansatz plausibel, vergegenwärtigt man sich, dass unterschiedliche Menschen Situationen unterschiedlich bewerten. Demnach erscheint dem einen Lehrer das Verhalten des Schülers als rebellisch, während der andere dies als sehr autonome und kluge Reaktion ansehen könnte. Die Bedeutung, die ein Konflikt für die Konfliktparteien bekommt, hängt unmittelbar mit den Glaubenssätzen der Beteiligten zusammen. Vornehmlich von der Antwort auf die Frage: »Was bedeutet es für mich, wenn sich mir jemand widersetzt?« Der Widerstand bei Schülern wird von Lehrern mitunter als so schwerwiegend empfunden, dass sie sich selbst als Person zutiefst in Frage gestellt sehen. Diese Bedeutung geben sie aber selbst dem Konflikt, da er mit den in der Situation aktualisierten Zweifeln über die eigene Kompetenz korrespondiert. Während einige Lehrer Widerstände bei Schülern als Herausforderung für die eigene Flexibilität ansehen, sind sie für andere eine tiefe Kränkung und Verletzung der eigenen Identität.

Demzufolge können wir also gut sagen: »Triffst du auf Widerstand bei dem anderen, verändere deine eigene Haltung und frage dich, was es für dich bedeutet, wenn jemand nicht auf dich hört.« In diesem Sinne wäre eine Lösung darin zu sehen das kritische Eltern-Ich zu verlassen und einen Perspektivwechsel vorzunehmen auf die Metaebene mit der Frage: »Was passiert hier jetzt eigentlich? Worum geht es eigentlich?« Wichtig ist, die Position des anderen zu verstehen: Welche guten Gründe hat er jetzt für seinen Widerstand? Wo war etwas zu schnell, zu viel etc.?

Ebenso wichtig ist es, die eigene Position neu zu justieren: Was wäre eine neue hilfreiche Haltung für mich?

Und auf der Metaebene ist zu betrachten: Welche Auswirkungen auf die Beziehung hätte es, wenn ich diese andere Haltung einnehme?

Durch ein neues, qualitativ anderes Verhaltensmuster kommt es zu einer Perturbation beim anderen und damit ist die Möglichkeit zur Konfliktlösung gegeben.

Diese Strategie gelingt nicht in bereits eskalierten symmetrischen Konflikten, da Lehrer dann zu sehr emotional aufgeladen sind und es ihnen nicht mehr gelingen kann, eine Metaebene einzunehmen. In diesen Fällen sollte ein externer neutraler Moderator oder Berater angesprochen werden, der zur Konfliktklärung beitragen kann. Dieser Moderator muss aber seinerseits von beiden Konfliktparteien einen Auftrag zur Moderation bekommen.

Das freie Kind des Schülers äußert sich im unmittelbaren Ausdruck aktueller Gefühle und Impulse (vgl. Stimulanzsystem), die nicht zensiert werden durch innere Instanzen wie etwa ein inneres kritisches Eltern-Ich. Schüler bewegen sich immer wieder in diesen Ich-Zuständen, vor allem dann, wenn die bestehenden Schulregeln fern zu sein scheinen: in Pausen und in Momenten ohne Lehreraufsicht.

Die Reaktion des kritischen Eltern-Ichs des Lehrers auf diese Zustände wird vom freien Kind-Ich des Schülers dann als Eingrenzung, Lustreduktion und Kritik mit manchmal einhergehender Abwertung verstanden. Aus dem Kind-Ich heraus, die Situation nach Lust-Unlust-Kategorien klassifizierend, treffen die Aufforderung des Lehrers auf keine Resonanz (das freie Kind–Ich ist ein absolut assoziierter Zustand und kann in diesem Moment nur in seinen Informationsverarbeitungskanälen reagieren). Das bedeutet, es hat keinerlei Kategorie für Vernunft. Erst dann, wenn der Ich-Zustand wieder umgeschaltet wurde (Er-Ich oder angepasstes Kind-Ich), ist es zu der vom Lehrer gewünschten Reaktion überhaupt fähig. Demnach ist es sehr wichtig, dass Lehrer Schüler, die sich im Zustand des freien Kind-

Ich bewegen, einladen den Zustand zu verlassen. Diese Einladung muss aber wertschätzend und wirklich attraktiv sein, da ansonsten für das freie Kind-Ich keinerlei Möglichkeit zur Kooperation gegeben ist.
Lehrer berichten in Supervisionen häufiger davon, dass es für sie immer wieder schwer ist, Schülern aus dem Zustand des Freien-Kind-Ich erneut in einen Zustand der Arbeitsfähigkeit zu bringen.
In diesen Fällen helfen (hypo-systemische) Rituale des Übergangs:
- sich auf den energetischen Zustand der Klasse einstellen (pacing),
- benennen, was man wahrnimmt (»ihr seid jetzt noch …«) und damit Aufbau eines Yes-Sets (»Wir haben jetzt die x. Stunde und das Fach, mit dem wir uns beschäftigen ist x. Während eure Energie teilweise noch in y steckt, können eure Augen sich nach vorne ausrichten, eure Ohren beginnen zu hören, was ich sage usw.«),
- die Klasse hinführen auf den neuen Focus (leading).

Lehrer berichten immer wieder von Situationen, in denen sie Schüler gern (fürsorglich) zu etwas veranlassen oder bringen wollen, dabei aber nicht in allen Fällen erfolgreich sind. Wir wollen uns Fälle ansehen, in denen Lehrer aus ihrem fürsorglichen Eltern-Ich-Teil aufrichtig (das ist wichtig!) einem Schüler helfen möchten, dieser indes nicht auf die Hilfe eingeht bzw. sie nicht in der erhofften Form nutzt.
Der Appell aus dem fürsorglichen Eltern-Ich des Lehrers kann auf drei verschiedene Varianten des Kind-Ichs beim Schüler treffen:
- fürsorgliches Eltern-Ich des Lehrers ⇨ angepasstes Kind-Ich,
- fürsorgliches Eltern-Ich des Lehrers ⇨ rebellisches Kind-Ich,
- fürsorgliches Eltern-Ich des Lehrers ⇨ freies Kind-Ich.

Trifft der Lehrer auf den angepassten Teil, so ist die Interaktion einfach, weil der Schüler die Fürsorge zunächst anzunehmen scheint. Das lässt allerdings keine Aussage über den Umstand zu, ob das, was vom Lehrer angeboten wird, tatsächlich auch genutzt werden kann. Mitunter findet man bei Schülern einen inneren Widerstand, der aus den Loyalitätsbindungen zur Herkunftsfamilie gewachsen ist: Das Kind signalisiert die äußere Anpassung, kommt aber in einen inneren Widerspruch zwischen den Regeln der Herkunftsfamilie und denen der aktuellen Kommunikationssituation, der es ihm nicht erlaubt, die Fürsorge tatsächlich auf sich zu beziehen. Eine weitere Schwierigkeit liegt darin, dass die Fürsorge sehr gut dosiert sein muss, um die Autonomie des Schülers zu fördern. Fürsorge ist dann hilfreich, wenn sie nur soviel gibt, bis der andere sich selbst managen kann. Die fürsorgliche Begleitung erfordert den Respekt vor der Autonomie und den individuellen Entwicklungsschritten des anderen. Da der andere eine »geschlossenes System« ist, kann Fürsorge dabei unterstützen, eigene Wege zu entwickeln und den Mut zu finden, sie auch zu gehen. Von dem Fürsorge-Gebenden verlangt dies

viel Respekt vor der anderen Person, ein ständiges Sich-zurücknehmen-Können und die Wertschätzung für den individuellen Weg des anderen, selbst dann, wenn er (zunächst) nicht gefällt.
Das Verhalten aus dem fürsorglichen Eltern-Ich heraus ist auch immer wieder ein wichtiges Thema in der Rollendefinition zwischen Fachleitern und Referendaren. In diesen Beziehungskonstellationen spielen sich mitunter regelrechte Dramen ab, die für die Interaktionsteilnehmer schwer zu regeln sind. Aus dem fürsorglichen Eltern-Ich heraus will der Fachleiter den jungen Referendar dabei unterstützen, seinen eigenen Weg im Prozess des »Lehrer-Werdens« zu finden. Das Ziel ist die Ausbildung einer individuell geprägten Lehrerpersönlichkeit. Dieses Ziel ist aber schwer zu operationalisieren, sodass es in der Interaktion zwischen Fachleiter und Referendar zu Unterschieden in den Sichtweisen bezüglich eines angemessenen Verhaltens kommt. Mit ihren Anregungen – aus dem fürsorglichen Eltern-Ich kommend – stoßen Fachleiter bei Referendaren auf unterschiedliche Reaktionen: Einige versuchen (angepasstes Kind-Ich) herauszufinden, was der Fachleiter gut finden könnte und richten sich nur danach – was der Herausbildung der Eigenständigkeit komplett widerspricht. Andere sprechen Fachleitern die Kompetenz ab (rebellisches Kind-Ich) oder wollen Feedback nicht annehmen (freies Kind Ich). Die Schwierigkeiten in der Interaktion ergeben sich vornehmlich aus den Kontextmarkierungen. Es ist immer schwer, sich auf Feedback-Prozesse einzustellen, die von der Sache her ja nicht wertend verlaufen sollten aber in einem »bewertenden« Prüfrahmen stattfinden. Insofern schafft der Rahmen die Probleme, mit denen die Beteiligten kämpfen. Viele Probleme in diesem Kontext sind keine Wissensprobleme, sondern Fähigkeits- oder Verhaltensprobleme. Ein hilfreicherer Umgang mit diesen Schwierigkeiten wäre dann gegeben, wenn – möglicherweise auch durch unterschiedliche Personen in der Ausbildung – ein Splitting zwischen wertschätzenden Coaching-Prozessen und einem reinen Ausbildungs- und Prüfungskontext mit entsprechenden Feedback-Schleifen geschaffen würde. Erstere setzen dann ein, wenn der Referendar für sich erkannt hat, dass er an eine individuelle Limitation in seinem Verhalten gestoßen ist.
Ein koevolutionärer und gleichrangiger Ansatz (nicht bezogen auf das fachliche Wissen, sondern bezogen auf die Veränderungsperspektive) hat sich hier als sehr hilfreich erwiesen.

Die Interaktion »Fürsorgliches Eltern-Ich des Lehrers und rebellisches Kind-Ich des Schülers« wird nicht nur in schulischen Kontexten als Widerstand des Kindes gegenüber dem fürsorglichen Erwachsenen verstanden. Das, was fürsorglich gemeint ist, wird vom rebellischen Kind-Ich als kritisierend erlebt.
Wie wir wissen, bestimmt »die Landkarte das Territorium« bzw. die Botschaft bestimmt der Empfänger. Wohlmeinende Angebote des fürsorglichen Eltern-Ichs werden demnach vom rebellischen Kind-Ich verstanden als Autonomie einschränkende Botschaften. Sie bekommen beim Empfänger eine andere Konnota-

tion als der Sender ursprünglich intendierte. Widerstände gegenüber wohlmeinenden Transaktionen weisen jedoch in der Regel darauf hin, dass der Sender der Botschaft etwas übersehen hat und die Reaktion des Empfängers aus dessen Hintergrundgeschichte durchaus einen Sinn macht. Widerstände bei Schülern können daher verstanden werden als Ausdruck der Unflexibilität des Kommunikators (Lehrer). Diese Ansicht stößt bei manchen Lehrern zunächst einmal auf Unverständnis bis Ablehnung, weil sie der Auffassung sind, dass sich der Schüler an dem auszurichten hat, was der Lehrer anbietet und sie ihr eigenes Verhalten nicht hinterfragen bzw. reflektieren wollen. Sie verstärken dann ihre Bemühungen, zum Schüler durchzudringen (»mehr desselben«) und navigieren die Interaktion damit in eine Sackgasse. In Supervisionen werden sodann die widerspenstigen Schüler zum Thema, verbunden mit der Frage, welchen Trick es geben könnte, sie in Kooperation zu bringen.

Systemisch-lösungsorientiert denkende Lehrer wissen hingegen, dass Schülerverhalten nicht dadurch zu verändern ist, dass der Lehrer ein anderes Verhalten gut findet, sondern vor allem dadurch, dass dieser sein eigenes Verhalten zu Schülern verändert und damit eine deutliche Perturbation auslöst, in dem er etwas macht, womit der andere nicht gerechnet hat (»neues Muster«). Die hierdurch entstehende Perturbation beim Schüler kann der Lehrer seinerseits nutzen, um neue Interaktionsmuster anzubieten und zu etablieren.

Das rebellische Kind-Ich ist ein Teil des angepassten Kind-Ich und will eigentlich ebenso wie dieses vom fürsorglichen Eltern-Ich geliebt werden. Aus Sicht der Entwicklungspsychologie kann das rebellische Kind-Ich als Ausdruck eines zugrunde liegenden Autonomie-Abhängigkeits-Konflikts mit den Eltern verstanden werden.

Die Rebellion hat also zwei Seiten: die Suche nach Nähe und die Suche nach Abgrenzung. Gerade in der Pubertät ist die Findung der eigenen Lebensposition und die damit einhergehende Ablösung von den Eltern eine zentrale Aufgabe des Jugendlichen. Hierzu muss er Autonomie entwickelt und dies geschieht häufig über das »Anderssein«. Das Dilemma für Jugendliche und Kinder liegt dann darin, dass sie auf der einen Seite autonome Wesen sind, gleichzeitig aber die Erwachsenen ganz oder zumindest teilweise zum Überleben brauchen. In diesem Konflikt ist eine Antwort zu finden auf die wichtige Frage: Kann ich in Beziehungen dennoch ich selbst sein und bleiben? Eine ähnliche Beschreibung dieser Konfliktsituation liefert Helm Stierlin (1978), der den Ausdruck »Bezogene Individuation« als Entwicklungsaufgabe geprägt hat. Demzufolge kann sich in der Beziehung zwischen Eltern und Kind (nicht nur) das Ich des Kindes individuieren und braucht sogar das Du (Martin Buber: »Das Ich entwickelt sich am Du«), um sich als Ich finden zu können. Die Kunst gelungener Beziehungsgestaltung liegt also in einer situationsangemessenen Nähe-Distanz-Regulation zum sozialen Umfeld: im Sich-einlassen- und im Sich-abgrenzen-Können. Damit diese Aufgabe gelingt, muss aber erst die eigene Position in der Individuation gefunden werden. Die

Konflikte zwischen Kindern / Jugendlichen und Erwachsenen um die Frage der Autonomie und Abhängigkeit sind auch zentral für die Beziehungsgestaltung zwischen Lehrern und Schülern. Ein Beispiel zeigt, dass selbst wohlmeinende Haltungen von Lehrern zu Missverständnissen führen können:

Eine Lehrerin berichtet in der Supervisionsgruppe von ihrem tiefen Wunsch, den Schülern der Klasse (Förderschule) helfen zu wollen. Sie äußert dies in einer sehr kongruenten Haltung, die die Tiefe ihres Fürsorgewunsches deutlich macht. Der Schüler mit dem sie besondere Schwierigkeiten hat, geht ihr aus dem Weg und verhält sich ablehnend und aggressiv. Bei der Betrachtung der Kontextbedingungen, in denen diese schulische Interaktion stattfindet, wird deutlich, dass der Schüler- wie die meisten Kinder in dieser Schule – Erfahrungen mit den primären Bezugspersonen gemacht hat, die nicht dienlich dabei waren, Vertrauen zu Erwachsenen aufzubauen. Vielmehr waren sie vielfach Gewalt und Vernachlässigung konfrontiert, sodass sie für sich deutlich entschieden haben, dass man mit Erwachsenen vorsichtig umgehen muss. Die aggressive Ablehnung ist dabei das gelernte Kontaktverhalten zu Erwachsenen. Das, was von Erwachsenen angeboten wird, kann also nicht einfach genommen, sondern muss sehr vorsichtig betrachtet und zunächst einmal abgelehnt werden. In manchen Fällen kann das Kind den angebotenen Kontakt auch deshalb nicht annehmen, weil es eine tiefere innere Überzeugung hat, dass ihm Fürsorge nicht zusteht. Hierbei handelt es sich um ein sog. »Introjekt«, bei dem die Ablehnung der Eltern auf sich bezogen, in sich hineingenommen und gegen sich selbst gerichtet wird. Der ablehnende Elternteil wird also Teil der Person. Kommt nun jemand daher, der sich fürsorglich verhält, gibt es keinerlei Resonanz auf dieses Angebot, weil das Introjekt jede Form von Annäherung verhindert.
Der Schüler konnte also das fürsorgliche Angebot der Lehrerin gar nicht annehmen, weil er es einmal nicht kategorisieren konnte und zum anderen auch keine Verhaltensantwort in seinem Verhaltensrepertoire darauf verfügbar hatte. Die Lösung lag hier im Verstehen dieser Zusammenhänge durch die Lehrerin, die damit ihre Frustration auflösen konnte und für sich eine Strategie der langsamen Annäherung (»Pacing«) durch beiläufige, quasi nicht Veränderung intendierende Interaktionen entwickelte, die Kontakt und Vertrauen aufbauen. Also in einem gemeinsamen Tun, ohne zu wollen, dass das Kind dies schön findet und genießt – es dennoch aber tut, ohne es eingestehen zu müssen. Dies ist für den vorsichtigen Teil des Kindes, der gelernt hat, dass Erwachsene gefährlich sein können, ein sehr sinnvolles Verhalten.

Trifft das fürsorgliche Eltern-Ich auf das freie Kind-Ich, so sind beide sehr schnell in einer gemeinsamen Verständnistrance und die energetischen Interaktionen synchronisieren sich. Der Kontakt zwischen den Personen ist gut und hilfreich, solange das freie Kind-Ich nicht mit Grenzen konfrontiert wird, die es nicht akzeptieren mag. Ein wesentliches Element des fürsorglichen Eltern-Ichs besteht aber im Aufbau von positiven, die Auseinandersetzung mit der eigenen Limitation fördernden Grenzen. Fürsorge bedeutet hierbei, die Wachstumsperspektive des Schülers im Fokus zu haben. Wachstum ist manchmal nicht ohne das Erfahren von Grenzen, Limitationen und deren Überwindung möglich.
Milton Erickson (bei S. Rosen 1994, 54f.), der nach einer Polioerkrankung wieder neu Laufen lernen musste, erzählt eine sehr schöne Geschichte über mühevolles, mit den eigenen Grenzen konfrontierendes Lernen:

»Du weißt nicht, was du tust, wenn du gehst. Du weißt nicht, wie du aufstehen gelernt hast. Du hast es gelernt, indem du mit der Hand hochgegriffen und dich hochgezogen hast. Da lag der Druck auf den Händen, und dann entdecktest du zufällig, dass du dein Gewicht auf deine Füße verlagern konntest. Das ist wahnsinnig kompliziert, denn deine Knie geben immer nach, und wenn sich deine Knie gerade hielten, dann gaben deine Hüften nach. Dann überkreuzten sich deine Füße, und du konntest nicht aufstehen, weil sowohl Knie als auch Hüften immer nachgaben. Deine Füße waren über Kreuz und du lerntest rasch, sie weit auseinanderzusetzen, und du ziehst dich hoch und musst lernen, wie man die Knie gerade hält ... Nun konntest du endlich stehen. Die Füße weit auseinander, aufgestützt auf deinen Händen.«

Das erste Aufstehen ist also ein sehr mühseliges Unterfangen, da es bis dahin kein Körperschema und keine automatisierten Handlungsabläufe dafür gibt. Jeder Mensch, der zum ersten Mal mit neuen Anforderungen konfrontiert wird, die ihn an seine bisherigen Grenzen führen, fühlt sich in dieser Auseinandersetzung (wenn er »gesund« reagiert) zunächst einmal »inkompetent«. Das heißt, er verfügt über keine passenden kognitiven und physiologischen Strategien und Verhaltensweisen, um den neuen Anforderungen gerecht zu werden.

Von der unbewussten Inkompetenz zur bewussten Kompetenz

Jeder Mensch, der sich neuen, vollkommen unbekannten (komplexeren) Anforderungen stellt, reagiert individuell unterschiedlich auf diese neuen Erfahrungen. Wenn etwas komplett Neues gelernt werden soll, werden bei Kindern wie auch bei Erwachsenen alte unbewusste Erfahrungen mit dem Lernen aktiviert. Interessant ist dabei zu beobachten, wie selbst sehr erfahrene Lehrer bei der Übung von neuen – für sie bis dato vollkommen unbekannten – Kommunikationsstrategien in eine individuell unterschiedlich stark ausgeprägte Altersregression verfallen und sich mitunter sehr klein und hilflos fühlen und dies kaum aushalten können. Auch kann man bei Übungen zum Erforschen der eigenen Lernstrategie immer wieder interessante Varianten der Selbstblockade beobachten.

Neue unbekannte Erfahrungen aktivieren alte Muster des Lernens und der Lernblockaden. Es gibt unterschiedliche Herangehensweisen an diese Situationen:

- Neugierig, wenn auf der Glaubenssatzebene die Erlaubnis vorhanden ist, sich Neuem unbefangen zu nähern und dies als spannende Herausforderung zu genießen.
- Ängstlich, wenn es Vorerfahrungen mit neuen Situationen gibt, die belastend und (zunächst) nicht erfolgreich verlaufen sind. Diese Vorerfahrungen können generalisieren zu Handlungsmustern: Aus wiederkehrenden Negativerfahrungen, die auch in einem engen Zusammenhang mit den elterlichen Bewertungen der Aktivitäten des Kindes stehen (kritisches Eltern-Ich zu angepasstem Kind-Ich), werden limitierende Glaubenssätze abgeleitet (z.B. wirkt sich die elterliche Botschaft: »Mädchen können keine Mathematik – ich bin ein Mädchen« – gravierend negativ auf die innere Haltung zum Fach Mathematik aus).

Bei der Konfrontation mit neuen, bislang vollkommen unbekannten komplexeren Strategien wird zunächst ein Zustand ausgelöst, den man als »bewusste Inkompetenz« bezeichnet. Der Zustand also, in dem sich die Person mit so vielen neuen Mustern konfrontiert sieht, dass sie in eine Altersregression geht, sich also auf einmal klein und inkompetent fühlt, und dabei gleichzeitig eine Amnesie hinsichtlich anderer, ihr eigentlich verfügbarer Kompetenzen hat. Der »bewussten Inkompetenz« voraus geht die »unbewusste Inkompetenz« – also der Zustand, in dem man noch nicht weiß, was es Neues, die eigene Kompetenz Bereicherndes, zu lernen gibt. Nach vielem Einüben der neuen Verhaltensmuster und -strategien entwickelt sich schließlich eine »bewusste Kompetenz«, in der man auf einmal merkt, dass man etwas Neues kann, ohne dass dieses jedoch in adäquaten Situationen automatisch hervorgerufen wird. Nach weiterer Automatisierung der Verhaltensweisen und -strategien geht das Ganze in eine Form von Trance über, in der man das Neue abrufen kann, ohne darüber Nachdenken zu müssen. Dieser Zustand wird als »unbewusste Kompetenz« bezeichnet. Trancen sind demnach also auch unbewusste Kompetenzen.

Jede Form der Veränderung, die die bisherigen Grenzen sprengt, verlangt zunächst mühevolle Erarbeitung. Zwar sind grundsätzlich die Ressourcen da, die man braucht um neues Verhalten zu entwickeln, der Weg dahin ist aber von einem beschwerlichen »Versuch-Irrtum-Lernen« geprägt, in dem das Individuum seine eigenen Erfahrungen machen kann und muss. Im Ausprobieren der Möglichkeiten, im Hinfallen und im Wiederaufstehen, liegen die wichtigsten Lernerfahrungen: Das Individuum entwickelt seine eigenen Fähigkeiten und Kompetenzen sowie die Motivation und die Gewissheit, schwierige Situationen überwinden zu können. In diesem Prozess geht es auch um die Entwicklung der eigenen Selbstgewissheit und der eigenen Lösungskompetenz. Erwachsene, die dem Kind diese Erfahrungen mit Grenzen, Niederlagen und Anstrengungen aus dem Weg räumen wollen, verhindern das mögliche Wachstum des Kindes und bauen eine Form von Beziehungsabhängigkeit auf, bei der das Kind denkt, es brauche immer wieder die Außenkompetenz zur Lösung und könne sie aus sich heraus nicht finden. Das fürsorgliche Eltern-Ich muss also gleichzeitig fordern und fördern. Es fördert, in dem es angemessen und wertschätzend fordert. Allerdings müssen die Forderungen so gestaltet sein, dass Ziele für das Kind aus eigener Kraft erreichbar sind (vgl. »gute Zielkonstruktionen«) und es nicht überfordert und damit auf Dauer demotiviert wird. Das freie Kind wird mit Unmut reagieren, wenn es sich überfordert fühlt. Kooperation kann mit dem freien Kind am besten über die spielerische Komponente hergestellt werden. Spricht die gestellte Aufgabe sowohl die Neugier an und ist sie gleichzeitig Herausforderung, so zeigt das freie Kind sich motiviert die Aufgabe zu lösen. Im Sinne eines guten Pacing- und Leading-Verhaltens (vgl. Herstellen von Kooperation) des Lehrers kann Kooperation mit dem freien Kind sehr gut über die Aktivierung von Neugier und die Konfrontation mit neuen Herausforderungen hergestellt werden.

Bei der Betrachtung des interaktionellen Geschehens zwischen fürsorglichem Eltern-Ich und freiem Kind-Ich sollte auch ein weiteres Phänomen Beachtung finden, von dem Lehrer zunehmend mehr berichten: die narzisstische Zentriertheit von Kindern.

Die Entgrenzung als familiendynamisches Phänomen ist bereits an anderer Stelle beschrieben worden. Hier wollen wir uns kurz die Dynamik ansehen, die sich aus der Interaktion zwischen einem »absolut« fürsorglichen Eltern-Ich des Erwachsenen und einem freien Kind-Ich des Kindes/Jugendlichen ergeben kann.

Bei Elternpaaren, die aus »gebildeten« Schichten stammen, lässt sich beobachten, dass Kinder in Bezug auf das Lebensalter der Eltern eher später geboren werden. Beide Elternteile sind nach der Ausbildung zunächst damit beschäftigt »einen Platz im Wirtschaftsleben« der Gesellschaft zu finden. In dieser Zeit wird der Kinderwunsch zurückgestellt. Sobald das Paar sich einigermaßen gesichert sieht, entsteht der Kinderwunsch und in einem mittleren Alter (35+) wird das erste Kind geboren. Es entwickelt sich dann unter Umständen eine Interaktionsdynamik, die man auch aus vielen Familien mit Einzelkindern kennt, in denen die

Mutter es als ihre Lebensaufgabe und Lebensleistung ansieht, das einzige Kind optimal zu betreuen und versorgen. Das Kind steht im Fokus der Aufmerksamkeit und bekommt eine Bedeutung, die als Überhöhung beschrieben werden kann und Kinder dazu einlädt, sich als wichtigste Person im Familiensystem zu erleben (narzisstische Komponente), um die sich alles dreht. Das Kind wird dabei auf die gleiche Ebene wie die Erwachsenen gehoben – mehr noch: Es wird teilweise wichtiger als ein Elternteil. Kinder reagieren auf diese »Überhöhung« in der eigenen Familie mit »Anmaßung« in anderen Kontexten, vornehmlich auch dem schulischen. Sie können sich nicht damit abfinden, nicht die »erste Rolle« zu spielen, weil sie glauben, ihnen stehe diese zu. Lehrer berichten immer wieder davon, dass Schüler kaum mehr zum Perspektivwechsel in das Du fähig sind und damit kaum Empathie für andere Schüler oder gar den energetischen Zustand des Lehrers haben. Sie sind gewohnt, dass es nur um sie geht und werden von den Eltern auch darin unterstützt. Dies zeigen dann die Elterngespräche, in denen von Lehrern noch mehr Einsatz für das eigene Kind verlangt wird. Das Kind befindet sich als Folge dieser Überhöhung in einer »angemaßten Bedeutung«. Gibt es viele Schüler mit entsprechenden Familienkonstellationen in der Klasse, wird die Grenzziehung für den Lehrer immer schwieriger, da von Erwachsenen gesetzte Grenzen für sie eine Herausforderung darstellen und nicht einfach akzeptiert werden. Die Auswirkungen des fürsorglichen Eltern-Ich, das keinerlei kritische Aspekte zulässt, auf die Entwicklung des freien Kind-Ich, das keinerlei Anpassung leisten will, zeigen sich in diesen Dynamiken. Da Lehrer aber auch aus ihrer (Berufs-)Rolle heraus immer wieder in das kritische Eltern-Ich wechseln müssen, kommt es zu Kämpfen mit den Schülern, die sich vorwiegend im freien Kind-Ich bewegen, in die schließlich auch die Eltern einbezogen werden. Die Grenzen des Kindes (intellektuell, emotional) werden von den Eltern nicht gesehen oder wahrgenommen, da diese Kinder der Spiegel der eigenen »Großartigkeit« der Eltern (zumindest der Großartigkeit ihrer Erziehungsbemühungen) sein sollen. Jede Form von Begrenzung käme dem Versagen der eigenen Anstrengungen und der Vergeblichkeit der eigenen Entbehrungen gleich – dies wird in vollem Umfang abgewehrt.

Das Einklagen von Noten durch das Einschalten von Rechtsanwälten und das Abwerten der Lehrerpersönlichkeit sind ebenso Ausdruck dieser Entwicklung. Aus Sicht der Eltern werden ihre Kinder nicht korrekt bewertet oder Lehrer erkennen einfach nicht die »einzigartige Kompetenz« des Kindes. Schulschwierigkeiten, die sich aus der Überhöhung der Kinder ergeben, die sich nicht an die Regeln des neuen Lernkontextes anpassen können, werden der Schule und dem jeweiligen Lehrer angelastet. In vielen Fällen entsteht um dieses Problem eine sog. »symmetrische Eskalation«, die sich mehr und mehr zum Konflikt hochschaukelt und auf der Ebene des Rechthabens nicht mehr zu klären ist. Lehrer tragen ihren Teil dazu bei, weil sie das Rechthaben qua Rolle in vielfältiger Weise ausleben.

In Supervisionen werden diese Formen von Verstrickungen von Lehrern aus weiterführenden Schulen immer häufiger thematisiert; sie erleben es zunächst einmal als Entlastung, wenn diese Dynamiken benannt werden (»Anerkennen, was ist«). Eine weitere wichtige Lösungsstrategie liegt dann darin, bei der Auseinandersetzung mit Schülern und Eltern Formen von Selbsthypnose aufzulösen, die die eigenen Fähigkeiten blockieren (Altersregression, Altersprogression, Amnesie, Tunnelblick). Dies gelingt sehr gut, in dem eine Metaebene eingenommen wird, aus der das Konfliktgeschehen dissoziiert betrachtet werden kann. Die Lösungen auf der kommunikativen Ebene liegen meist in einer grundlegenden Wertschätzung der eigenen Sichtweisen und der Sichtweisen der anderen und in einer Strategie, die Kommunikation über Ich-Botschaften zu führen, um damit Grenzen aufzeigen zu können, ohne andere zu Verhaltensänderungen zwingen zu wollen.

9.5.2 Die Rollenumkehrungen

In allen interaktionellen Kontexten bewegt sich die Rollendefinition, die sich die einzelnen Interaktionspartner geben, auf einem Kontinuum zwischen rigider Festschreibung und flexibler, an aktuelle Gegebenheiten angepasster Gestaltung. Dabei sind die Grundrollen (z.B. Lehrer und Schüler, Schulleiter) zunächst einmal aus Sicht der Bedürfnisse und des Auftrags der Organisation klar definiert. Dies schafft Eindeutigkeit und Verlässlichkeit, weil jedem im System klar ist, was er wann in welcher Situation vom anderen erwarten kann. Die individuelle Ausgestaltung dieser offiziellen Rollenanforderungen ist Varianzen unterworfen. Je nach persönlichem Hintergrund des einzelnen Akteurs im System wird die Rolle auf eine individuelle Art und Weise gestaltet. Nicht unbedingt immer genau zu wissen, wie der andere reagiert, macht Kommunikation und Interaktion spannend und interessant. Andererseits findet man in allen Organisationen, so auch in der Schule, ständig Situationen vor, die dadurch geprägt sind, dass einzelne Mitglieder oder ganze Gruppen sich nicht der Rolle angemessen verhalten oder sogar ihre Rollen verlassen oder sie gar nicht einnehmen wollen. Die Folge dieser »Rollenkonfusion« ist ein Chaos in der Interaktion: Man weiß nicht mehr, wer was darf und für was verantwortlich und zuständig ist. So gibt es immer wieder Lehrer, die ihre Lehrerrolle vermeiden, Schulleiter, die nicht führen wollen, Eltern, die die besseren Lehrer sein wollen.

In manchen Fällen kommt es auch zu Limitationen in der Rollendifferenzierung oder der Rollengestaltung: Der Betreffende ist nur in der Lage, mit einer eng gefassten Reaktionsweise in die Interaktion einzusteigen. Diese Limitation ist wiederum Ausdruck einer Lösung, die in der Vergangenheit des Betreffenden liegt, in der es sinnvoll war sich genau so zu verhalten. Eine lebendige Interaktion zwischen Schülern und Lehrern wäre indes gekennzeichnet durch ein situationsangemessenes Rollenverhalten jeweils beider Gruppen und durch die Möglichkeit, die Rollen entsprechend der aktuellen Gegebenheiten im Hinblick auf die Ziele variieren zu können.

In der Schule – wie in anderen Arbeitskontexten auch – lösen aktuelle Konflikte Rollenkonfusionen zwischen den Interaktionspartnern aus. Die diesen Rollenkonfusionen zugrunde liegenden Konflikte sind vornehmlich auf der Beziehungsebene angesiedelt. Es geht also nicht um Sachinformationen (hier ist richtig und falsch ja schnell zu klären), sondern um Beziehungsinformationen: Was bedeutet es für mich, etwas Falsches gesagt zu haben – welche Bedeutung hat es für mich, Fehler zu machen auf der Ebene der Glaubenssätze oder der Identität? Konflikte entstehen durch die unterschiedliche Bedeutungszuschreibung der Beteiligten, indem die aktuelle Situation in Bezug zu bereits erlebten Situationen gesetzt wird. Gibt es hier eine Resonanz, so können alte Erinnerungen, Gefühle, Bilder, Sätze wieder virulent werden und sich als Film über die gerade ablaufende Interaktion legen. Der Film ist dann wichtiger als der gegenwärtige Situationsbezug.

Beispielsweise kann eine falsche Sach- oder Beziehungsinformation des Lehrers zu Verstrickungen führen, wenn er nicht zu seinem Fehler steht und sich gleichzeitig für eine Altersregression entscheidet: Ein ungenaue oder falsche Information wird von Schülern wahrgenommen (»Lehrer hat etwas Falsches gesagt«), vom Lehrer nicht korrigiert und von den Schülern beurteilt (kritisches Eltern-Ich). Anstatt zu seinem Fehler zu stehen und sich somit authentisch zu verhalten, gerät der Lehrer in die Abwehr (»ich habe da etwas Falsches gesagt, das darf nicht sein«). Die Schüler merken dies und verstärken ihr kritisches Eltern-Ich. Die Situation endet in einer Rollenkonfusion, weil an dieser Stelle der Interaktion ein limitierender Glaubenssatz beim Lehrer aktualisiert wird, der sein weiteres Verhalten bestimmt, z. B.: Es ist etwas ganz Schlimmes, Fehler zu machen ⇨ Es kommt einem Versagen gleich. ⇨ Ich bin dann nichts wert. ⇨ Es darf keiner merken.

Diese Sequenz führt automatisch in eine Altersregression: Lehrer reagieren dann aus dem Kind-Ich heraus, haben Angst, etwas falsch zu machen und tragen damit zu einer Interaktionsschleife bei, in der sie Schüler zur Abwertung des Lehrers einladen.

Befindet sich der Lehrer als Folge der Altersregression im angepassten Kind-Ich, so hat er nicht mehr die Definitionsmacht in der Situation und wird von den Urteilen der Schüler abhängig. Dies kann auch eine ganz milde Form annehmen: Ich möchte von meinen Schülern gemocht werden. ⇨ Dafür verhalte ich mich angepasst. Entgegengebrachte Wertschätzung korrespondiert indes sehr stark mit der Wertschätzung, die die Person für sich selbst hat. Der Wunsch nach Anerkennung ist somit häufig ein Ausdruck von Unsicherheit und Zweifeln über den Wert der eigenen Person. Geben Lehrer Schülern die Möglichkeit, über ihren persönlichen Wert zu urteilen oder wollen sie nur beliebter sein als die Kollegen, kommt es unter Umständen zu einem »Schaulaufen« der Lehrer – mitunter auch der ganzen Schule im Vergleich zu anderen Schulen. Lehrer wie Schule unterwerfen sich dem Urteil der Schüler und machen ihren eigenen Wert abhängig von dem ihnen zugeschriebenen Wert. Die Folge ist eine enorme »Unfreiheit«, fehlende Spontaneität und Unflexibilität in der Interaktion mit Schülern. Dieses Verhalten bei Referendaren erklärt sich noch aus deren Unerfahrenheit, bei gestandenen Lehrern ergibt sich daraus eine Lernaufgabe für die eigene Person, bei der es darum geht, die eigene Souveränität so zu entwickeln, dass die Selbstwertschätzung nicht in Abhängigkeit von der Fremdwertschätzung steht. Gerade auch die heutige Möglichkeit, dass Schüler ihre Lehrer über Internetforen bloßstellen oder loben, mag nicht unerheblich dazu beitragen, dass Schüler durch dieses »Machtmittel« Lehrer zu Wohlverhalten einladen (disziplinieren).

Eine weitere, nicht selten zu beobachtende Variante der Interaktion zwischen Lehrer und Schülern liegt im Appell des angepassten Kind-Ichs des Lehrers an das fürsorgliche Eltern-Ich der Schüler: »Ich strenge mich für euch an und gebe mein Bestes – bitte liebt mich dafür.«
Auch hier kann man davon ausgehen, dass beim Lehrer ein altes, unerfülltes, aus Sicht eines nicht erwachsen gewordenen Teils durchaus berechtigtes Bedürfnis aktualisiert wird. Ebenso wie bei anderen Auslösesituationen für Altersregressionen bei Erwachsenen spielen situative Reize (Trigger) als Tranceinduktionen eine ausschlaggebende Rolle. Da unerfüllte, an die eigenen Eltern gerichtete Zuwendungsbedürfnisse auf einer basalen emotionalen Ebenen ablaufen und damit erst mit Abstand (Metaebene) für den Betroffenen rational und kognitiv erfassbar sind, werden sie in aktuellen, mit ähnlichen Reizen assoziierten Situationen virulent. Und zwar unabhängig davon, ob es jemand will oder nicht will. Erst dann, wenn der Betroffene Zugang zu den verdeckten Wünschen gefunden hat und diese zunächst einmal für sich als existent anerkennt, kann er damit beginnen, die Reize zu »entmachten« und damit auf einer für einen Lehrer in der Auseinandersetzung mit Schülern angemessenen Erwachsenenebene reagieren. Erwachsenenebene heißt in diesen Fällen: Der Betroffene nimmt in der Situation deutlich den altersregredierenden Teil wahr, begrüßt ihn freundlich und fragt ihn, was dieser sich eigentlich wünscht. Wird der Wunsch dann erfahrbar, so kann man schnell erkennen, dass er für die reale Situation unangemessen ist und ihm stattdessen etwas anderes angeboten werden muss (»Was ist deine eigentliche Absicht?«). Erst wenn die Kooperation mit dem Wunschteil hergestellt werden konnte; er sich gewürdigt und gesehen fühlt, kann die Entscheidung eingeleitet werden, aus der Erwachsenenebene heraus zu reagieren.

Bei den hier beschriebenen Rollenumkehrungen handelt es sich um Formen der Altersregression bei Lehrern, die ausgelöst werden durch Trigger, die den Einstieg in innere Filme bewirken.
Stellen sie sich nun vor, wie ein Lehrer, ausgelöst durch einen aktuellen Konflikt in der Klasse, schlagartig in eine Alterregression geht, sich wie ein 7-Jähriger fühlt, sämtliche Kompetenzen des Erwachsenen zur Problemlösung vergessen hat (Amnesie) und als 7-Jähriger mit den Schülern spricht. Die Schüler sind zunächst verwirrt und wissen nicht genau, wer vor ihnen steht und wie sie zu reagieren

haben. Im Sinne eines guten Pacings (dazu sind Schüler gut in der Lage) stellen sie sich auf den überraschenden neuen Zustand des Lehrers ein und reagieren mit einer Altersprogression (erheben sich auf eine fürsorgliche oder kritische Eltern-Ich Ebene) und interagieren so angemessen bezogen auf die neue Situation.
Der Appell an das fürsorgliche Eltern-Ich der Kinder aus dem angepassten Kind-Ich des Lehrers hat den Effekt, dass der Lehrer die Generationsgrenze aufhebt und sogar umdreht. Er macht sich damit abhängig und ist in seiner Handlung nicht frei, sondern limitiert durch die Einschränkungen, die die Altersregression mit sich bringt.

Begegnen sich Kind-Ich der Schüler und Kind-Ich des Lehrers, so entsteht ein freies Spiel mit viel Kreativität, gutem Pacing und möglicherweise manchmal sogar auch Teilen von Leading. Die Lebendigkeit dieser Interaktion kann man plastisch nachvollziehen. Bleibt der Lehrer jedoch in dieser Haltung, verlässt er auf Dauer seine Rolle und nimmt seinen Auftrag nicht mehr in einer angemessenen Form wahr. Er wird schließlich mit anderen Teilnehmern im Interaktionsfeld Schule (Kollegen, Eltern, Schulleiter) Ärger bekommen, weil Forschritte im Lernprozess nicht erkennbar sind. In vielen Schulen gibt es Lehrer, die sich vornehmlich, wenngleich nicht immer, im Kind-Ich bewegen und so tun, als ob Schule ein schönes Spiel wäre. Dies empfinden Schüler wegen der Abwesenheit quälender Leistungsanforderungen zunächst als angenehm, später entziehen sie diesem Lehrer möglicherweise jedoch die Wertschätzung, da er aufgrund seiner Weigerung, in die Führungsrolle zu gehen, nicht die nötige Fürsorglichkeit aus dem Eltern-Ich heraus zeigt. Die brauchen Schüler aber um zu wissen: Hier ist ein Erwachsener und hier geht es um Schule und Schule bedeutet auch Leistung und Selektion. Zur Flexibilität eines Lehrers gehört es, dass er immer mal wieder die Ich-Zustände wechseln kann, sich dabei auf eine spielerische Ebene mit den Schülern begibt und dann, wenn es für den Lernprozess angemessen scheint, die Ebene wieder wechselt.
In der gelungenen Interaktion zwischen den Erwachsenen-Ich-Teilen von Lehrern und Schülern liegt eine große Chance für eine gute Kommunikationsatmosphäre in Schulen. Unsere Erfahrungen zeigen, dass selbst Kinder der Unterstufe sehr wohl auf der Erwachsenen-Ich-Ebene angesprochen werden können. Erinnern wir uns noch einmal daran, dass auf der Erwachsenen-Ich-Ebene eine Form rationaler Kommunikation stattfindet, die Reflexionen auf einer Metaebene und dann eben auch Vereinbarungen über Regeln sowie Verträge zum Einhalten dieser Regeln beinhaltet.
Ein wichtiger Aspekt der Konfliktklärung liegt in der Reflexion des Konfliktverhaltens auf einer Metaebene. Selbst im Vorschulalter sind Kinder bereits in der Lage, Konflikte in Bezug auf die Verletzung von Regeln zu durchleuchten. Hier spielt die Frage eine Rolle, wer wann welche Regel durchbrochen hat und welche Regeln überhaupt gelten. Eine explizite Regeldiskussion auf einer gemeinsamen

Erwachsenen-Ich-Ebene, die geprägt ist von einer Gleichrangigkeit in Bezug auf die Verantwortung zur Beachtung der Regeln, wird selbst in der Mittelstufe recht selten geführt. Lehrer wie Schüler gehen davon aus, dass der andere schon weiß, welche Regeln gelten. Dabei wird häufig jedoch aus vollkommen unterschiedlichen Regelsystemen heraus kommuniziert – in der Meinung, die andere Gruppe sei über die Regeln informiert und – mehr noch – es herrsche ein Konsens über die gültigen Interaktionsregeln. Dies ist in den meisten Fällen ein zu Konflikten und Eskalationen führendes Missverständnis.

Die Chance der Interaktion auf der Erwachsenen-Ich-Ebene liegt also darin, Schüler als gleichrangig in die Verantwortung für den Rahmen des Unterrichts und die dort gültigen Kommunikationsregeln einzubeziehen. Gleichrangigkeit ist hier das entscheidende Gestaltungselement. Sie besagt eben nicht, dass alle gleich sind, sondern dass alle gleichrangig an dem Prozess der Beziehungskommunikation teilnehmen, wobei jeder aus seiner Rolle heraus kommuniziert und handelt. Für die Atmosphäre in der Klasse, für die Art und Weise, wie kommuniziert und im Konfliktfall gestritten wird, sind alle Beteiligten verantwortlich, Lehrer wie Schüler. Die Erfahrungen zeigen, dass Schüler nach einer expliziten Klärung der Regeln der Kommunikation sehr intensiv darauf achten, dass diese auch eingehalten werden. Kommt es zu Störungen in der Klasse, kann der Lehrer wiederum auf eine Metaebene gehen und die Schüler fragen, welche Regeln für den Umgang mit diesen Störungen gelten und wer was zu tun hat. Man sieht, je deutlicher und transparenter die Regeln sind, umso deutlicher kann in der Metakommunikation (zwischen den Erwachsenen-Ich-Teilen von Lehrer und Schülern) darauf Bezug genommen werden. Immer wieder muss im Konfliktfall auch die Frage gestellt werden, ob die bisherigen Regeln noch gelten oder ob sie modifiziert werden müssten. Da Interaktionen Schwankungen und Veränderungsprozessen unterworfen sind, ist es sehr sinnvoll, immer wieder die Regeln neu zu justieren, damit jeder weiß, was Gültigkeit hat. Die Justierung erfolgt im Diskurs mit den Schülern. Zur Klärung des Rahmens, in dem Unterricht stattfindet, ist die Interaktion auf der Erwachsenen-Ich-Ebene ein wichtiges Instrument.

Das Missverständnis: Störungen haben Vorrang

In Supervisionsgruppen von Lehrern wird manchmal das Verständnis der »Themenzentrierten Interaktion« über Störungen zitiert, das da lautet: Störungen haben Vorrang.

Nach Auffassung mancher Lehrer sollte diese Regel so weit gehen, dass sämtliche Störungen in der Klasse zunächst thematisiert werden, damit der Sachunterricht dann wieder möglich ist. Im Prinzip ist diese Auffassung richtig, da bei einer gestörten Beziehungsebene Sachinformationen nicht sinnvoll verarbeitet werden können, weil die emotionale Ebene sich mit anderen Fragestellungen beschäftigt und wenig Platz für den kognitiven Teil lässt. Die Gefahr dieser Orientierung liegt – so berichten Lehrer – dann darin, dass Schüler, wohl wissend, dass sich der Lehrer in erster Linie um die Störungen kümmert, immer wieder Störungen produzieren um sich vor dem Unterricht zu drücken. Ist dies der Fall muss auch hier eine Metakommunikation der Regeln erfolgen.

Auch die sog. »kritisch-kommunikative Didaktik« (vgl. Raithel u.a. 2009, 81), die die Beziehungsstruktur zwischen Schülern und Lehrer in den Mittelpunkt stellt und sich dabei vornehmlich auf die Störfaktoren im Unterricht konzentriert, kann dazu beitragen, den Lehrer auf einen Störfokus

auszurichten und damit die Wahrnehmung zu zentrieren. Der Effekt wäre dann im Extremfall die fortwährende Suche nach Störfaktoren. Der Preis dieses Suchprozesses läge darin, dass die Ressourcen und Lösungskompetenzen zu wenig gesehen und gewürdigt würden.
Eine sehr erfahrene Fachlehrerin, die auch Beratungslehrerin an ihrer Schule ist, berichtete in diesem Zusammenhang davon, dass sie sich von Schülern ihres Leistungskurses Französisch immer wieder eingeladen fühlte, den Unterricht hintanzustellen, um auf aktuelle Fragen und Konflikte der Schüler einzugehen. Nachdem sie dies bemerkt hatte und deutlich ihren Widerwillen wahrnahm, sich auf die Anforderungen der Schüler einzulassen und damit selbst in Schwierigkeiten zu kommen, das Curriculum nicht einhalten zu können, besann sie sich darauf sehr deutlich ihre Rolle als Französischlehrerin einzunehmen. Sie führte die Regel ein: Hier geht es um Französisch – Konflikte werden woanders geklärt. Sie verhielt sich damit absolut kongruent in Bezug auf ihr Ziel. Dies hatte den Effekt, dass die Schüler sich aufgrund der eindeutigen Positionierung der Lehrerin neu justieren mussten. Nach kurzer Zeit wurde nur noch Französisch gelernt. Einer solchen Fokussierung vorausgehen muss immer die Wertschätzung für die Schüler und ihre Konflikte und eine energetisch klare Haltung der Lehrerin: Eure Konflikte sind wichtig, sollen auch ihren Platz haben, jedoch an anderer Stelle.

9.6 Weitere Konfliktebenen in der Schule

9.6.1 Schulleiter und Lehrer

Ein sehr interessantes Konfliktfeld in der Schule sind die vielgestaltigen Kooperationen und/oder Auseinandersetzungen zwischen Schulleiter und Lehrern. Hieraus ergeben sich viele Chancen und Verwerfungen, die atmosphärisch auf das gesamte System wirken.
Zwei Pole der Beziehungsgestaltung sind vorzufinden: Während in manchen Schulen autokratische Leiter agieren, die versuchen alles unter Kontrolle und im Griff zu haben, wenig delegieren und sehr misstrauisch gegenüber den Kollegen sind, ist es in anderen Schulen so, dass sich das Kollegium gar nicht geführt fühlt. Zwischen den beiden Polen rigide Kontrolle und Laissez-faire lässt sich das jeweilige Leitungsverhalten ansiedeln. Auch die sog. »Machtdistanz« ist ein wesentlicher Faktor in der Beziehungsgestaltung zwischen Leiter und Mitgliedern der Organisation (vgl. von Rosenstiel 2007, 306). Der Begriff beschreibt die Partizipation, die den Mitgliedern der Organisation vom Leiter zugestanden wird. Diese ist natürlich interkulturell wie intrakulturell variabel, abhängig von der Struktur der Organisation und der persönlichen Einstellung des Leiters. Erwähnt werden muss, dass – ähnlich wie in Industriebetrieben – »Leitungsverhalten« in der Regel nicht gelernt wurde, sondern in einer Form von »learning by doing« entwickelt wurde. Das Managen der Komplexität eines großen Schulzentrums mit ca. 100 Lehrern und 1700 Schülern erfordert jedoch ein hohes Maß an Führungskunst.

Der freundliche Schulleiter

In einer Supervisionsgruppe stellt eine Gymnasiallehrerin ihr Problem vor: Sie habe nach wie vor große Lust auf Schule, nur könne sie die Atmosphäre kaum mehr aushalten. Sie fühle sich unterfordert, bevormundet und sei sehr ärgerlich über ihren Schulleiter. Bei der Frage nach ihrer genauen Problemdefinition zeigt sich Folgendes:

Sie arbeitet mit dem Schulleiter jetzt seit 25 Jahren zusammen, zunächst als Kollegin. Vor 12 Jahren sei er dann auch auf ihr Betreiben hin (sie habe ihn ermutigt, sich zu bewerben) Schulleiter geworden. Die ersten Jahre wären auch o.k. gewesen, jetzt mache er aber so viel Unsinn, dass sie es kaum mehr aushalte und der Ruf der Schule aus ihrer Sicht gefährdet sei. So würden es auch die Kollegen sehen. Bei weiterer Nachfrage zeigt sich, dass der Schulleiter sich als freundlicher Mann zeigt, der immer wieder darum kämpfen muss, sich in seiner Rolle des Chefs einzufinden, emotional noch sehr nahe bei den Kollegen ist und den typischen Loyalitätskonflikt des im System Aufgestiegenen hat: In der Einsamkeit der neuen Leitungsrolle sucht er immer wieder den Kontakt auf Kollegenebene und bringt damit die Beziehungen durcheinander. Immer wieder fragt er die ehemaligen Kollegen nach ihrer Meinung und will sich damit absichern, dass Entscheidungen, wenn sie einmal getroffen sind, auch von allen toll gefunden werden.
Betrachtet man den Konflikt, so wird deutlich, dass der Schulleiter seine Rolle und die damit verbundene Einsamkeit des Leiters scheut. Zwar will er Leiter sein, dafür aber keinen Preis bezahlen. Er geht also immer wieder auf die Ebene des angepassten und bedürftigen Kindes, das an das fürsorgliche Eltern-Ich der Kollegen appelliert. Die Kollegen sehen dies sehr kritisch und reden hinter seinem Rücken über die »Unmöglichkeit« seines Verhaltens. Die offene Auseinandersetzung mit ihm wird aber nicht gesucht, da es ja möglich sein könnte, dass der Preis des offenen Konflikts im Aufgeben der »Komfortzone« läge, in der jeder mehr oder weniger machen kann, was er will, ohne dass der Chef dies ahndet. Man hat also einen Deal miteinander: Wir helfen dir – du tust uns nichts. Dieser Deal hat indes einen Preis: Die Lehrerin verliert die Achtung vor dem Leiter. Hier handelt es sich einerseits um eine Übertragungssituation: Der eigene Vater hat Verantwortung nicht übernommen und eine tiefe Verletzung hervorgerufen. Nachdem der verdeckte Wunsch an den eigenen Vater deutlich wurde und aufgelöst werden konnte, wird die Frage wichtig: Wie kann ich authentischer mit der Situation in der Schule umgehen, mit dem Ziel, mich wirksam und kompetent zu fühlen.

Das Beispiel zeigt, dass es bei nicht vollständiger Annahme der Leitungsrolle durch die Schulleitung zu Irritationen im System kommen muss. Immer wieder kann man – nicht nur in der Schule – beobachten, dass Leitungskräfte durch die Einnahme einer Kind-Ich-Position, in der sie gesehen und für ihre schwierige Aufgabe getröstet werden wollen, nicht nur Verwirrung bei den Mitarbeitern schaffen, sondern auch auf Dauer deren Zorn erregen. Mitarbeiter fühlen sich dann in ihren Anstrengungen nicht mehr gewürdigt, da der Chef immer wieder betont, dass es ihm ja in seiner Position am schlechtesten geht.
Mitunter stellen wir in Schulen auch Beziehungssituationen fest, die davon geprägt sind, dass sich Schulleiter konsequent am Wohlergehen ihres Kollegiums ausrichten und dabei vergessen, dass der eigentliche Auftrag in der Versorgung der Schüler als Kunden sowie in der Sicherstellung des Funktionierens der Organisation liegt.

Fürsorgliches Eltern-Ich des Schulleiters und Kind-Ich der Lehrer
Ein Schulleiter stellt in seinem Führungshandeln die Zufriedenheit der Kollegen im Kollegium an die oberste Stelle. Er folgt damit einem Glaubenssatz, der beinhaltet, dass eine Organisation (Schule) dann besonders gut läuft, wenn es den Lehrern in der Organisation gut geht. Der Schulleiter sorgt also dafür – vor allem auch bei der Erstellung des Stundenplans –, dass es den Kollegen gut geht. Häufig geht er dabei über seine eigenen Grenzen und fühlt sich bedingt durch seinen immensen Einsatz für die Schule immer wieder sehr müde. Er ist enttäuscht, wenn er erlebt, dass alle seine wohlwollenden Aktivitäten von den Kollegen kaum gewürdigt oder wertgeschätzt werden. Vielmehr kann er seit längerer Zeit sogar feststellen, dass die Unzufriedenheit im Kollegium

immer wieder aufkeimt. Hierauf verstärkt er sein Bemühen, kommt aber nicht zu dem von ihm selbst gewählten Ziel, dass alle – oder zumindest die meisten – Kollegen mit ihrer Arbeitssituation vollkommen zufrieden sind. Im Sinne des Drama-Dreiecks wird er vom Retter / Helfer zum Verfolger und zum Opfer seiner Bemühungen.

Während seiner Interaktionen mit dem Kollegium befindet er sich vornehmlich in einem fürsorglichen Eltern-Ich Zustand und sieht die Kollegen in erster Linie im Kind-Ich-Zustand. In diesem Zustand fordern sie Aufmerksamkeit, Zuwendung und Privilegien. Sie wechseln dabei vom angepassten Kind-Ich (Unterwürfigkeit, Autoritätsfixierung) in das rebellische Kind-Ich, wenn sie nicht das bekommen, was sie sich gewünscht haben oder die Zuwendung ihnen nicht »richtig und angemessen« erschien; alternativ in den »Kleinen Professor«, der immer weiß, was der Schulleiter falsch macht und wie er sich richtig(er) verhalten müsste. Die Interaktion folgt hier einem Suchtmechanismus: Es ist nie richtig, nie genug – das Kind-Ich ist nie zufriedenzustellen.

Dem Schulleiter fällt diese Interaktion kaum auf, da er aufgrund seiner Delegation aus der Herkunftsfamilie und seiner dort parentifizierten Kindposition sich ohnehin für alles verantwortlich fühlt und Unzufriedenheit bei anderen als »Versagen« seiner Führungsfunktion konnotiert.

Erst in der Situation, in der der Schulleiter sich am Ende seiner Kräfte wähnte und nicht mehr wusste, was er noch machen könnte, war er bereit, die eigene Position und vor allem hier seine Identitätsdefinition sowie die hieraus abgeleiteten Glaubenssätze zu überprüfen und dabei zu erkennen, welchen Preis dieses Verhalten kostet. Dabei musste bei der Intervention aber ein Umweg gegangen und zunächst nicht seine Zufriedenheit als Ziel definiert werden, denn diese konnte er sich ja nur erlauben, wenn die anderen zufrieden sind, was – wie gesehen – ja nie erreicht werden kann. Sein Wunsch nach Zufriedenheit für andere musste also zunächst utilisiert werden.

Dies führte zu folgender Intervention:

Aufbau einer Ja-Haltung (Yes-Set):

»Sie sind Schulleiter.«

»Ja.«

»Sie sind für die Schule verantwortlich.«

»Ja.«

»Sie fühlen sich für die Zufriedenheit der Kollegen verantwortlich.«

»Ja.«

Reframing:

»Zufriedenheit könnte ja auch bedeuten, dass sich jemand anderes im Kollegium ähnlich wie Sie selbst engagiert und dabei dann zufrieden fühlt.«

Überprüft dies am eigenen Zustand und stimmt zu.

»Angenommen, Sie könnten den Kollegen jetzt mehr Raum geben, sich zu engagieren. Könnte dies zur Folge haben, dass sie sich ebenso wie Sie im Engagement zufriedener fühlen?«

Stimmt zu.

»Angenommen, Sie ließen den Kollegen mehr Raum, eigene Erfahrungen mit ihrem Engagement zu machen, auch auf die Gefahr hin , dass sie den einen oder anderen Fehler machen – wobei Fehler ja bekanntlich auch zum Handeln gehören. Wie wäre das für Sie?«

Stimmt zu, dass die anderen auch diese Erfahrungen machen sollten.

Weitere ableitende Intervention:

»Könnte das dann nicht bedeuten, dass Sie selbst besonders fürsorglich zu den Kollegen wären, wenn Sie ihnen mehr Raum für Erfahrungen und Verantwortung geben, damit diese möglicherweise noch zufriedener werden?«

Er stimmt zu.

»Dies hätte aber den Effekt, dass sie sich weniger um die anderen kümmern müssten, die möglicherweise selbstständiger würden. Wäre das in Ordnung für Sie?«

Er stimmt zu.

»Nun haben wir aber ein Problem: Was machen Sie dann mit der übrig gebliebenen Fürsorge?«

»Ich könnte mich dann um was anderes kümmern.«

Intervention Teilearbeit:
»Etwas anderes könnte ja zum Beispiel auch ein Teil in Ihnen sein, oder?«
Stimmt zu.
»Gibt es z.B. einen Teil in ihnen, der mehr Fürsorge bräuchte?«
»Ja, manchmal meine Gesundheit.«
»O.K. Was könnten Sie diesem Teil für eine Fürsorgeleistung anbieten?«
Usw.

Erwartungen und Rollenzuschreibungen sind an die jeweilige Position gebunden. Werden sie nicht erfüllt, entsteht ein Vakuum, das durch andere Mitglieder der Organisation ausgefüllt wird, aber nie in Gänze abgedeckt werden kann. Häufig treten in Organisationen, in denen der Leiter emotional nicht in die erste Position rückt (mitunter handelt er nach einem inneren Verbot: Du hast kein Recht vorn zu stehen), heimliche Leiter an seine Stelle. Dies ist eine die Struktur ersetzende oder ergänzende kluge Handlung des Systems, das den Mangel energetisch ausgleicht. Heimliche Leiter haben jedoch keine offizielle Legitimation für ihre Tätigkeit und können schnell in eine angemaßte Bedeutung kommen.

Leitungswechsel
In einer großen Schule ist nach dem Weggang des Leiters dessen Stelle über einen Zeitraum von drei Jahren nicht konstant wiederbesetzt worden. Es gab einen Leiter, der nur kurze Zeit da war, und die Nachbesetzung zog sich länger hin. Schon während der Zeit des alten Leiters war ein Lehrer aufgrund seiner Fähigkeit, gut organisieren zu können, in die wichtige Funktion gekommen, den Stundenplan zu machen. Nach und nach gewann er eine enorme Bedeutung für das System, da er sich um alles gut kümmerte. Über diesen Weg entstanden Loyalitätsbindungen anderer Lehrer zu ihm. Nach Ausscheiden der Schulleitung und der anschließenden Vakanz der Stelle ergab sich ein Leitungsvakuum im System. Zwar war Schulleitung nach wie vor vorhanden (Stellvertreter, Abteilungsleiter, didaktische Leitung), jedoch war der erste Platz nicht besetzt, was den Lehrer dazu aufforderte, sich noch mehr für das System zu engagieren. Der Lohn für das Engagement war ein Bedeutungsgewinn innerhalb des Systems: Die Wichtigkeit nahm zu, weil es jemanden gab, der eine gewisse Macht hatte. Nach Neubesetzung der Leitungsstelle kam es zu einem Konflikt der neuen Schulleitung mit dem Kollegen. Dieser wollte die neue Autorität nicht akzeptieren und sah sich damit konfrontiert, dass ihm nun Aufgaben entzogen wurden, die, da genuin Leitungsaufgaben, wieder bei der Leitung angesiedelt wurden. Der Kollege sieht in dieser Umstrukturierung eine Form von Mobbing, wird krank und aktiviert seine Unterstützungssysteme im Kollegium, die die Schulleitung dafür anklagen, »schändlich« mit einem verdienten Kollegen umgegangen zu sein. In diesem massiven Konflikt sollen alte Machtpositionen verteidigt werden, während die neue Schulleitung das System neu strukturieren muss. Es kommt zu Gegenregulationen.
Deutlich wird die angemaßte Bedeutung des Kollegen, der als Retter (vgl. Drama-Dreieck) in einer schwierigen Situation eingesprungen ist und nun aus seiner Sicht zum Opfer wird. Die Klärung kann nur erfolgen, indem seine Leistung für das System gewürdigt und gleichzeitig eine neue Grenze gesetzt wird, mit der verdeutlicht wird, wer zukünftig für was zuständig ist – vor allem, dass die Leitung zukünftig ihre Rolle ausüben und nicht stellvertretend ausführen lassen wird. Im System entsteht viel Wut, Trauer und Enttäuschung. Diese »Ent«-Täuschung ist enorm wichtig, weil vorher Täuschung (Rollenkonfusion) vorherrschte.

Führungsrollen in Organisationen sind vornehmlich gebunden an die fürsorgliche und kritische Eltern-Ich-Position. Sind Leiter zu fürsorglich, nähren sie das Kind-Ich der Mitarbeiter, fühlen sich für alles verantwortlich, delegieren schlecht und drohen ob der vielfältigen Aufgaben, die zu bewältigen sind, auszubrennen. Der Gewinn dieser Haltung liegt natürlich in der Anpassung der Lehrer. Leiter in der Rolle des kritischen Eltern-Ichs sind sehr anstrengend für das Kollegium, da sie alles besser wissen, besser können und wenig Wertschätzung und Würdigung für die Leistungen des Kollegiums haben.
Schulleiter, die aus dem rationalen Erwachsenen-Ich heraus agieren und an die Rationalität der Kollegen appellieren, sich über Emotionalität und Irrationalität ärgern, vernachlässigen wichtige Aspekte der emotionalen Führung. Zur Führung gehören neben motivationalen Faktoren auch sog. Hygienefaktoren. Sind diese zu wenig vorhanden, fühlen sich die Mitarbeiter zuwenig wertgeschätzt und gewürdigt. Eine Folge dieses Vorgehens sind hohe Krankenstände im Kollegium.
Herzberg (vgl. Olfert 2006, 34) beschreibt zwei Faktoren, die für die Zufriedenheit von Mitarbeitern in Organisationen ausschlaggebend sind:

1. Motivatoren – in direktem Zusammenhang mit der Arbeitsaufgabe des Mitarbeiters stehend (z.B. Anerkennung, Aufstieg, Arbeitserledigung, Erfolg),
2. Hygienefaktoren – nicht in direktem Zusammenhang mit der Arbeitsaufgabe stehend (Vorgesetztenfähigkeiten, Kollegenbeziehungen, Vorgesetztenverhältnis).
    - Fehlen Hygienefaktoren, so ergibt sich Unzufriedenheit.
    - Sind sie vorhanden, gelten sie als selbstverständlich und können nicht Motivatoren sein.
    - Motivatoren können Hygienefaktoren nur teilweise und unvollständig ausgleichen.

Im Schulsystem entfalten die Motivatoren in Bezug auf Erfolg durch Aufstieg eher geringere Wirkung, da hier wenig Flexibilität herrscht und der Erfolg des Aufstiegs nicht allein von den Lehrern abhängt. Motivatoren durch Erfolg müssen daher in anderen Bereichen errungen werden. Da die Arbeitsverdichtung immer mehr zugenommen hat, wirken diese intrinsischen Motivatoren (Arbeitserledigung) kaum mehr, da Lehrer sehr häufig mit ihren Aufgaben unter enormem Zeitdruck stehen.
Für das Führungsverhalten von Schulleitern können die genannten zwei Faktoren Folgendes bedeuten:

- Durch die Wertschätzung der Leistung der Kollegen kann Motivation gefördert werden.
- Faktoren wie Zugehörigkeit und Wirksamkeit schaffen Zufriedenheit.
- Ein klares Führungsverhalten, das sowohl Motivation wie Hygienefaktoren berücksichtigt, ist ausschlaggebend für eine produktive Arbeitsatmosphäre.

Angemessenes Verhalten eines Leiters liegt in der gelungenen Nähe-Distanz-Regulation:

Das Fürsorgliche Eltern-Ich

- übernimmt die Verantwortung für die Gestaltung des Rahmens und damit der Arbeitsbedingungen,
- tritt für die Organisation nach außen auf, verteidigt deren Grenzen und Bedürfnisse,
- kümmert sich um die Entwicklung und Innovation und somit um den Fortbestand (als strategische Führungsaufgabe),
- wertschätzt die Traditionen und Rituale,
- verdient Respekt und Anerkennung für seine Leistung.

Das kritische Eltern-Ich

- sanktioniert Regelverstöße,
- bewertet Leistungen,
- vertritt Grenzziehungen,
- verfolgt nicht das Motiv, von allen geliebt werden zu wollen.

Das Erwachsen-Ich

- moderiert Konflikte,
- wahrt Neutralität und Äquidistanz zu Nachgeordneten,
- entscheidet nach Kriterien der Rationalität,
- delegiert operative und übernimmt strategische Verantwortung.

Das heißt, der Leiter der Organisation muss alle genannten Ebenen des Denkens und des Fühlens ansprechen können. Dies ist natürlich eine sehr schwierige Herausforderung und verlangt von Seiten des Leiters eine gute Reflektionsfähigkeit und hohe Selbstmanagementfähigkeiten. Alle kommunikativen Beiträge eines Leiters in einem System werden von den anderen Mitgliedern in der Art und Weise kodiert, wie es ihren Wahrnehmungsstrategien entspricht (die Botschaft bestimmt der Empfänger). Allein durch die Position des Schulleiters bekommen interaktive Prozesse eine bestimmte emotionale Bedeutung. Der Leiter kann es ganz anders meinen, er wird aber aus der Position verstanden. Auch hier ist eine Position auf der Metaebene sehr wichtig, weil der Leiter über die hierdurch mögliche Dissoziation zum Geschehen und den einzelnen Beiträgen der anderen Mitglieder im System herausfinden kann, welche Appelle an ihn als Person gerichtet sind und welche die Position betreffen. Konflikte im Schulsystem entstehen immer wieder auch dadurch, dass einzelne Lehrer, mitunter auch Subgruppen im Kollegium, in die Haltung rebellischer Kinder gehen und in allem, was ein Schulleiter sagt, sofort die Herausforderung zur Opposition erkennen. Dabei ist die Person des Schulleiters nicht entscheidend. Selbst wenn ein neuer Schulleiter kommt, wird das Muster aufrecht erhalten. Offene oder nicht bewältigte Konflikte, die Mitglieder der Organisation aus der Kindheit / Jugend mit Autoritäten in

sich tragen, werden so in der Organisation reinszeniert. Der Leiter kann sich verhalten, wie er will, er kommt aus dieser Projektion so lange nicht heraus, bis der Konflikt z.B. in einer Supervision deutlich wird und aufgelöst werden kann.
Ein weiteres Problem der Interaktion zwischen Leitern und Mitgliedern der Organisation liegt in einer fehlenden Abgrenzung zwischen Leitungsebene und Mitgliedern der Organisation. Hier gelten ähnliche Regeln, wie sie aus der Familiendynamik bekannt sind. Fehlt eine Abgrenzung zwischen den Instanzen, so findet man »aufgelöste Grenzen« vor, Leiter laden dann die Mitglieder der Organisation dazu ein, sich auf der Leitungsebene zu betätigen. Dies bringt die Organisationsstruktur derart durcheinander, dass es auf Dauer zu massiven Konflikten kommt. Dieses Phänomen kann man in Organisationen immer wieder da beobachten, wo Leiter ihre Verantwortung nicht wahrnehmen wollen und Mitglieder der Organisation in Entscheidungsverantwortung einladen, die ihnen aufgrund der Stellung im System nicht zukommt. Dies ist eine Form von »Missbrauch« und Überforderung, den die beteiligten Mitglieder der Organisation zunächst nicht so empfinden, weil sie sich zuallererst als wichtig und gebraucht erleben. Hier beginnt eine Dynamik, die wir aus dem Drama-Dreieck kennen:

Mitglieder der Organisation
- sehen sich zunächst als Helfer oder gar Retter des Leiters,
- übernehmen mehr und mehr Verantwortung, die sie eigentlich von ihrer Stellung im System her nicht übernehmen dürfen,
- werden von anderen wegen dieser »Anmaßung« oder »Übergriffigkeit« angeklagt,
- empfinden sich als zu Unrecht verfolgt,
- empfinden sich zu Unrecht als Opfer ihrer Versuche, helfen zu wollen.

Diese Drama-Dynamik ist der Ausgangspunkt für sich entwickelnde Eskalationen im System. Es wird also nicht besser, sondern immer schlimmer Das Aussteigen aus der Dynamik gelingt nur, wenn eine der beteiligten Parteien sich für ein prinzipiell anderes Verhalten entscheidet: die Begrenzung auf die eigene Position und die Übernahme der Verantwortung, die an diese Position gebunden ist.
Eine große Schwierigkeit, die mit der Übernahme von Leitungsverantwortung verbunden ist, ist das Aushalten der »Einsamkeit«. Der Leiter ist auf einmal nicht mehr Kollege und verliert seine soziale Bezugsgruppe, ohne dass sich eine neue anbietet. Kommt er von außen in ein neues System, so gelingt die Distanzierung besser, es sein denn, der Wunsch dazu zu gehören ist so groß, dass die Grenzen seinerseits aufgelöst werden. Steigt jemand aus dem System innerhalb des Systems in Leitungsfunktionen auf, besteht die Gefahr, in einen Loyalitätskonflikt zu geraten zwischen den an die Leitungsfunktion gebundenen Aufgaben und dem Wunsch nach Nähe zu den Kollegen. Leiter brauchen aber ebenfalls eine emotionale Zugehörigkeit im System – diese schaffen sie durch die Entwicklung von

Subsystemen. Das adäquate Subsystem wäre dabei die erweiterte Schulleitung. Aber auch hier treten dann möglicherweise wieder neue Schwierigkeiten auf: Mitglieder der erweiterten Schulleitung drohen in eine »Sandwichposition« zu kommen. Sie geraten in den Loyalitätskonflikt zwischen ihrer Rolle der »erweiterten« Schulleitung und der nach wie vor bestehenden emotionalen Nähe und Einbindung ins Kollegium. Die sich aus dieser Verstrickung ergebende Entwicklungsaufgabe muss angenommen werden, sonst droht das »Ausbrennen«. Ein gutes Modell der Rollenklarheit kann man aus dem Prinzip der »bezogenen Individuation« ableiten: Ich bin eingebunden in ein System und gleichzeitig Individuum und damit für meine eigenen Gefühle, Gedanken und Entscheidungen verantwortlich – diese vertrete ich gegenüber anderen, ob Leiter oder Kollege in Verantwortung für mich selbst.

Die Loyalität der Mitglieder der Schulleitung und des Schulleiters gehört in erster Linie den Mitgliedern der Schulleitung. Hier ist ihr emotionales Bezugsfeld, das aufgebaut und auch gepflegt werden muss, damit Zusammenarbeit und Vertrauen gelingen kann. Mitglieder von Schulleitungen brauchen ihre eigenen Räume und Gelegenheiten für ihre Psychohygiene, um den Teamfindungsprozess vorantreiben zu können. Konflikte im Leitungsgremium ergeben sich, wenn man die Entscheidungen der anderen nicht mehr mittragen kann oder will. Hier hat man die Wahl, entweder bei den anderen Mitgliedern der Schulleitung Kunden für seine eigenen Ideen zu gewinnen und damit Entscheidungen beeinflussen zu können oder sich klar zu positionieren, wenn etwas nicht mitgetragen werden kann.

9.6.2 Konflikte auf der Lehrerebene

Kollegien haben unterschiedliche Größen. Mitglieder von Organisationen neigen dazu, sich in Gruppen zu formieren, die nach Merkmalen der Ähnlichkeit ausgerichtet sind, um das Alleinsein innerhalb der Organisation zu kompensieren. Da, wo an Schulen größere Kollegien tätig sind (an manchen Schulen findet man über 100 Lehrer in einem Kollegium), ordnet sich das System automatisch in Richtung einer Reduktion von Komplexität. Weil man nicht mit allen in einer großen Gruppe kommunizieren und vor allem auch nicht die für eine emotionale Eingebundenheit notwendige Intimität und Nähe schaffen kann, bilden sich Subgruppen heraus. Subgruppen organisieren sich wiederum nach Sympathie und/oder inhaltlicher Nähe. Um den nötigen emotionalen Rückhalt in der Organisation zu erhalten und die für die Arbeitszufriedenheit wesentliche Zugehörigkeitsgefühle entwickeln zu können, organisieren sich Menschen mit ähnlichen Sichtweisen (Werten und Normen) in Subgruppen. Innerhalb einer größeren Organisation, wie sie eine große Schule darstellt, findet man unterschiedlichste Subgruppen, die sich auch hinsichtlich ihrer Binnengrenzen und Homogenität unterscheiden. So gibt es sehr festgefügte Grenzen, die zur Konsequenz haben, dass neue Mitglieder in die Subgruppen kaum aufgenommen werden, aber auch Gruppen mit durchlässigen Grenzen. Die Interaktion zwischen diesen Subgruppen ist von der Gesamtatmosphäre in der Schule abhängig. Daher gibt es gute kooperative Beziehungen, die bis hin zu gemeinsamen Feiern reichen, die Zugehörigkeit vermitteln, aber auch regelrechte Feindschaften zwischen den einzelnen Gruppen. Die Struktur der Konflikte in der Interaktion zwischen den einzelnen Gruppen innerhalb der Organisation folgt den in der Gesamtorganisation gültigen Regeln. Herrschen in der Gesamtorganisation Werte und Regeln wie Wertschätzung, Entscheidungsfindung im Diskurs und Gleichrangigkeit vor, so kann man dies auch in der Interaktion zwischen den Subgruppen wiederfinden. Ist die Schulatmosphäre hingegen geprägt von Abwertung der Haltung des anderen, rigiden Normen, einem klaren »richtig und falsch« , der Suche nach »Schuldigen« bei Fehlern, also wenig Flexibilität und situativem Denken, so wirkt sich dies auf die Interaktion zwischen Lehrern aus.

Konflikte zwischen Lehrern sind meist:
- Ziel- bzw. Motivkonflikte,
- Wahrnehmungskonflikte,
- Ressourcenkonflikte,
- Machtkonflikte.

Natürlicherweise herrschen in einem Kollegium unterschiedliche Vorstellungen bezüglich passender und nützlicher Ziele für die pädagogische Arbeit. Diese ergeben sich automatisch aus den unterschiedlichen Einstellungen (Glaubenssätze der Lehrer). Da Konflikte, die Glaubenssätze beinhalten, auch Norm- und Wertekonflikte sind, weisen sie ein beträchtliches Maß emotionaler Energie und damit auch potenzieller Destruktivität auf. Konflikte sind auf der Glaubenssatzebene eng an berufliche und persönliche Identitätskonstruktionen gebunden. Gibt also jemand Auskunft über das, was er über Werte, Normen und infolgedessen auch Ziele denkt, so ist dies auch eine potenzielle »Selbstoffenbarung« seines eigenen Wertebereiches, der Teil der eigenen Identitätskonstruktion ist. Die Diskussion pädagogischer Normen und Zielvorstellungen mag daher in einem Kollegium sehr schnell emotional werden, da ja fundamentale Aspekte der eigenen Überzeugung angesprochen werden. Aufgrund bestehender gravierender Unterschiede in den Sichtweisen kann sich ein symmetrischer Konflikt entwickeln. Symmetrische Konflikte sind dann eher wahrscheinlich, wenn die kommunikativen Regeln eher rigide in Richtung »richtig« oder »falsch« tendieren.
Wahrnehmungskonflikte entwickeln sich häufig um die Frage der Beurteilung von Schülern und Schulsituationen. Da jeder der Beteiligten nur immer einen Teil der Wirklichkeit wahrnimmt und aus diesem Teil auf die gesamte Wirklichkeit schließt, kommt es natürlich zu mehr oder weniger großen Wahrnehmungsunterschieden. Die könnten im Rahmen einer kollegialen Fallarbeit sehr gut genutzt werden, um die verschiedenen Aspekte von Schülerverhalten und Schulsituatio-

nen besser verstehen und nutzen zu können. Leider entstehen jedoch auch immer wieder Konflikte über die »richtige« Wahrheit, eine Frage, die aus konstruktivistischer Sicht überflüssig ist.

Ressourcenkonflikte bzw. Konflikte über die richtige Allokation von Ressourcen in der Schule sind ein weiterer Bereich des Konfliktgeschehens zwischen Lehrern. Auch diese Konflikte lassen sich letztlich auf verdeckte Glaubenssätze zurückführen und sind dann häufige Stellvertreterkonflikte, bei denen es eigentlich um die richtige Sichtweise dessen geht, was nützlich und sinnvoll ist.

Ebenso können wir auf der kollegialen Ebene Machtkonflikte erkennen, obgleich die Kommunikation hier nicht von hierarchischem Gefälle geprägt ist. Machtkonflikte entstehen aus den unterschiedlichen sozialen Positionen, die Einzelne innerhalb der Gruppe einnehmen. Die Stellung des Einzelnen in der Gruppe ist Ausdruck einer spezifischen Gruppendynamik. Wie wir an anderer Stelle näher beschrieben haben, unterscheiden wir die offizielle und die inoffizielle Struktur in der Gruppe. Während eine Person in der offiziellen Struktur einer anderen von der Position her gleichrangig ist, unterscheidet sie sich in ihrer Funktion und Bedeutung für die Gruppe. Wie beschrieben, kann es aufgrund von Vakanzen auf der Leitungsebene oder aufgrund nicht ausgefüllter Leitungsfunktionen dazu kommen, dass Mitglieder der Organisation in eine inoffizielle Leitungsfunktion hineingleiten, die ihnen aufgrund ihrer Position in der Organisation gar nicht zusteht. Sie füllen damit eine Funktion in der Organisation, die nicht ausgefüllt ist, für das Funktionieren der Organisation aber unabdingbar erscheint. Die Einnahmen dieser Rolle kann sich für den Handelnden unter Umständen sehr negativ auswirken, weil andere im System die informell eingenommene Position als »angemaßt« empfinden und natürlich nicht bereit sind, Anweisungen und Empfehlungen Folge zu leisten. Die Rolle des informell Handelnden beinhaltet eben keinen offiziellen Auftrag der Organisation und wird so lange hingenommen, wie alles funktioniert. Kommt es im Machtgleichgewicht der Organisation zu Verschiebungen, sind diejenigen, die inoffizielle Funktionen ausüben daher auch sehr angreifbar (vgl. Anmerkungen zur Strukturdynamik).

9.6.3 Interaktionsebene: Lehrer-Eltern

Das Verhältnis zwischen Eltern und Lehrern hat sich in den letzten Jahren verändert. Während es in einigen Schulen sehr gute kooperative Beziehungen mit Eltern gibt, sehen an anderen Schulen – auch bedingt durch die Diskussion der Defizite und des Versagens von Schule in der Öffentlichkeit – Eltern Lehrer und Schule kritisch. Schule wird für die Defizite der Kinder verantwortlich gemacht und Eltern sehen sich aufgerufen, Schule hierfür auch anzuklagen. Auf der anderen Seite gibt es aber auch Eltern, die durch angepasstes Verhalten einen Appell an das fürsorgliche Eltern-Ich des Lehrers starten, um dem eigenen Kind damit zu helfen. Darüber hinaus gibt es dann noch die Schulen und/oder Lehrer, die Eltern sehr kritisch sehen und diese für die zunehmenden Schwierigkeiten in ihrer Arbeit verantwortlich machen. In der Konfliktdynamik können wir daher als dominante Interaktionen beobachten:

- Strafendes Eltern-Ich der Eltern an angepasstes / rebellisches Kind des Lehrers,
- angepasstes Kind-Ich der Eltern an fürsorgliches Eltern-Ich des Lehrers,
- kritisches Eltern-Ich des Lehrers an angepasstes / rebellisches Kind-Ich der Eltern.

Eltern, die sich im Recht fühlen, mit der »versagenden Schule« in einen Konflikt zu gehen, sind emotionalisiert und bewegen sich meist in der Position des strafenden Eltern-Ich. Sie nehmen die Interaktionsdynamik auf, die sie als schultypisch ansehen und die beschrieben werden kann als »one up – one down« – also jemand ist oben und klagt denjenigen an, der unten ist. Die Aspekte der negativen Haltung zu Schule (resultierend aus eigener Schulerfahrung oder aus dem Bild der Schule in der Öffentlichkeit bzw. aus den Berichten der eigenen Kinder) können hier gut als Ausgangspunkt für die »One up Position« genutzt werden. Eltern fühlen sich im Recht und gehen aus dieser Haltung auf Lehrer zu. Da in Organisationen nie alles nach Wunsch läuft, trifft Kritik immer auch ein Stück weit zu und lädt den Kritisierten möglicherweise in eine Altersregression ein: Er fühlt sich klein und kann aus dieser Position schlecht argumentieren.

Beinahe jedem Lehrer sind aber auch die über angepasstes Verhalten agierenden Eltern bekannt, die an die Fürsorglichkeit des Lehrers appellieren. Lehrer, die sich schwer abgrenzen können und gelernt haben, Freundlichkeit mit Freundlichkeit zu begegnen, kommen manchmal in Gewissensnöte, wenn sie dann »zu gut« beurteilen. Geschickte Eltern und Kinder wissen in diesen Fällen genau, welche Werte und Normen beim Lehrer angesprochen werden müssen, um ihn in eine Kooperation einladen zu können, die darin bestehen soll, dass er ihren Vorstellungen folgt.

Angesichts der zunehmenden Arbeitsverdichtung in der Schule, der Aufgabenvielfalt und manchmal auch Aufgabenunklarheit infolge neuer Verordnungen sowie des immer wieder aufkommenden Chaos in der Organisation sind manche Lehrer sehr gestresst. Die Folge dieses Stresses ist zunächst eine Form von unbewusster Selbstabwertung (»Du hast mal wieder nicht alles so geschafft, wie du es dir vorgenommen hast«), die sich in einer latenten Gereiztheit ausdrückt, aus der man dazu neigt, andere, die neue Anforderungen an einen richten, abzuwerten oder als Angreifer anzusehen. Eltern, die fordernd auftreten, werden dann in der Interaktion sehr kritisch gesehen. Bekommt ein Lehrer z. B. die Information, dass Eltern ihn sprechen wollen und vermutet er Kritik oder Angriff, so geht er gleich in eine unbewusste energetische Abwehrhaltung. Da wir ja wissen, dass die nonverbale Kommunikation entscheidender wirkt als die digitale Ebene, nimmt der Gesprächspartner vorbewusst sofort diese Energie wahr und geht seinerseits in eine Abwehrenergie. Hieraus entwickelt sich die symmetrische Kommunikation

und Eskalation. Andererseits ist aber auch die energetische aggressive Aufladung der Eltern eine Einladung an den Lehrer, mit ähnlicher Energie zu antworten – auch hieraus entwickelt sich die symmetrische Eskalation.
Die einzige Möglichkeit des Lehrers, diesen verschiedenen Formen der Eskalation zu entgehen, liegt in dem konsequenten Einnehmen der Erwachsenen-Ich-Ebene. Aus dieser heraus kann dann kommuniziert werden, damit die Einladungen des Gegenübers zur Eskalation wirkungslos bleiben. Ist man jedoch selbst in seinen eigenen »inneren Filmen« gefangen, werden alle Interaktionsangebote des Gegenübers aus diesem Film heraus interpretiert. Das Einnehmen dieser abgegrenzten Erwachsenen-Ich-Position setzt daher immer einige Vorarbeit der Introspektion und Selbstklärung des Lehrers voraus:

- Was bewegt mich eigentlich im Moment?
- Was sind meine dominanten Gefühle?
- Wo gehören diese Gefühle eigentlich hin?
- Was brauche ich, damit ich mich besser fühle?
- Um was geht es eigentlich in diesem Gespräch?
- Was brauche ich für die Gesprächssituation? (Raum, Zeit, positive Anker, Ziel)
- Welchen Anker kann ich finden, der mich daran erinnert, bei meinem Fokus zu bleiben?
- Woran kann ich für mich erkennen, dass es ein gutes Gespräch war?
- Was ist mein erster Schritt?

Die generelle Lösung für Elterngespräche liegt also in einer gleichrangigen Interaktion auf der Erwachsenenebene.

9.7 Das Drama–Dreieck und seine Auflösung

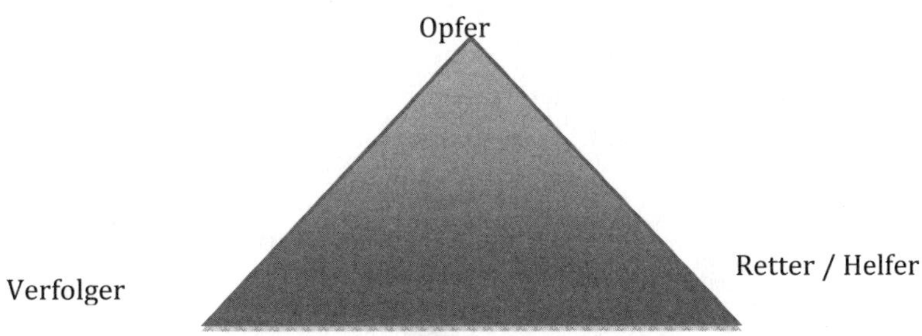

Abb. 23: Das Drama-Dreieck

Das Drama-Dreieck ist ein Modell, das aus der Transaktionsanalyse (Karpman) stammt. Es beschreibt unterschiedliche Positionen, in die Menschen in Konfliktsi-

tuationen geraten können. Bei der Analyse der Dynamik in den verschiedenen Konfliktebenen in der Schule hat es sich als hilfreich erwiesen.
In der Theorie des Drama-Dreiecks wird davon ausgegangen, dass in manchen Konfliktsituationen die beteiligten Personen eine seiner drei vorgegebenen Rollen einnehmen. Dabei bleiben die Rollen nicht konstant, sondern wechseln im Laufe des Prozesses. Am besten lässt sich dies an einem Beispiel erklären.

Eine Lehrerin berichtet in der Supervision darüber, dass sie ein etwas übergewichtiges 12-jähriges Mädchen in der Klasse hat, bei der sie viel Potenzial vermutet, welches das Mädchen aber nicht zeigt. Innerlich davon angerührt, merkt sie, dass sie den Wunsch hat, dem Mädchen zu helfen (es scheint hier Opfer seiner Verhältnisse zu sein, die Lehrerin ist Helfer oder Retter). Immer wieder versucht sie das Mädchen zu ermutigen, spricht mit ihm allein und will es motivieren, mehr aus sich heraus zu kommen. Zeitweise wirkt diese Ermutigung, das Mädchen beteiligt sich etwas mehr. Dies zeigt der Helferin, dass ihre Bemühungen Sinn machen und ermutigt sie bei ihrem Verhalten zu bleiben (mehr desselben). Da es aber immer wieder zu Rückschlägen kommt und die Situation sich nicht grundlegend verändert, entsteht langsam Zorn in der Lehrerin, teilweise auf sich selbst (»Ich habe noch nicht das Richtige gefunden, was ihr helfen könnte«), teileweise aber auch auf das Mädchen. Nach weiteren, nun ausgesprochen erfolglosen Versuchen, das Mädchen zu ermutigen, wird die Lehrerin jetzt sehr ärgerlich auf das Mädchen (Verfolger), auch darüber, dass sie die Hilfe nicht annimmt. Sie äußert dem Mädchen gegenüber ihre Verärgerung. Das Mädchen geht noch mehr in die Defensive. Die Lehrerin sieht, dass ihre Bemühungen nicht fruchten, klagt sich nun selbst an (»Warum engagierst du dich eigentlich?«) und bekommt das Gefühl, selbst Opfer ihrer eigenen Helfermotivation zu sein. Das Mädchen merkt, dass die Lehrerin sich auf einmal anders verhält und die bisherige Aufmerksamkeit (gleich ob Zuwendung oder Ärger) abnimmt. Weil die Aufmerksamkeit der Lehrerin abnimmt, verhält sich nun das Mädchen angepasst und bemüht sich, den vermeintlichen Erwartungen der Lehrerin durch verändertes Verhalten gerecht zu werden. Dies bemerkt ihrerseits die Lehrerin, ihr Zorn verfliegt langsam und sie denkt »vielleicht sollte ich es noch einmal versuchen«. Das Spiel beginnt von vorn, sie ist wieder in der Helfer- oder Retterrolle.

Dieses Beispiel weist auf ein Phänomen hin, dass in der Beratung oder Therapie lange Jahre bekannt ist: *die hilflosen Helfer*. Eine förderliche Form der Hilfe liegt in den Situationen, in denen der Hilfesuchende keinen Zugang zu seinen Potenzialen hat, vor allem in der Perturbation der bestehenden Muster, wobei die Autonomie des anderen wertgeschätzt wird und der Helfer keinen Veränderungsdruck ausübt. In dem Moment, in dem der Veränderungswunsch auf Seiten des Helfers sehr dominant wird, braucht ihn der andere nicht mehr. Dies funktioniert in einem energetischen Gleichgewicht:

Abb. 24: Veränderungsmotivation des Helfers und des »Problemkinds«

Die Veränderungswünsche zwischen Helfer und »Problemkind« sind im Sinne eines Gleichgewichtsprozesses verbunden: Die Energie bleibt in diesem Prozess immer gleich, wechselt aber die Seiten. Je mehr der Helfer die Veränderung will, umso weniger muss sie das Kind wollen. Macht der Helfer die Arbeit, braucht sie das Kind nicht mehr zu machen. Das Beziehungsgeflecht, das sich aus der Verbindung zwischen Helfer und Problemkind ergibt, ist dabei sehr subtil. In den Situationen, in denen die Lehrerin an ihrer Helferrolle verzweifelt, wird auf einmal das Mädchen zum *Retter*, indem es dem Helferteil der Lehrerin ein neues Beziehungsangebot über Kooperation macht und damit die Lehrerin wieder motiviert, aus der Opferrolle erneut in die Helferrolle einzusteigen. Die Rollen zwischen Helfer und Problemkind wechseln daher im Prozess. Auch kann der Klient zum Verfolger werden, wenn er merkt, dass der Helfer seine Hilfe reduziert. Es gibt Kinder, die dann direkt Hilfe einfordern oder indirekt über die Verstärkung der Problemsymptomatik den Helfer unter Druck setzen. Aus dem Drama-Dreieck gibt es also über die Veränderung 1. Ordnung (mehr oder weniger desselben) keinen Ausstieg, dieser kann nur über eine Musterveränderung (Veränderung 2. Ordnung) geschehen. Zunächst wollen wir uns noch einmal die Dynamik bei Helfer und Problemkind genauer ansehen.

Das Problemkind zeigt problematisches Verhalten in einem spezifischen Kontext (hier Schule), dieses Verhalten ist im Kontext, in dem es entstanden ist (Familie) ursprünglich eine Lösung gewesen. Kommt jetzt ein Helfer und will, dass das Kind sein Verhalten verändert, so verletzt dass Kind möglicherweise Loyalitätsbeziehungen zur Familie, da das Problemverhalten dort ja funktional und sinnvoll ist. Wenn nun eine Beziehung zwischen Kind und Helfer aufgebaut wird, die vom Kind als einigermaßen gut erlebt wird, so ist das Kind bereit, zum Erhalt der Beziehung Verhaltensmuster zu verändern. Diese Veränderung geht aber nur so weit, bis es von Seiten der inneren Teile, die die Loyalität zur Familie darstellen, Einsprüche gibt, die sich dann als Widerstand gegenüber Veränderungen äußern und aus Sicht der Bindung zur Familie Sinn machen. Die Loyalität zur Familie (selbst da, wo die Familie dysfunktional ist) ist immer größer als die Loyalität zum Helfer. Übersieht der Helfer diese Dynamik, trägt er zu einem Loyalitätskonflikt im Kind bei, den dieses nicht auflösen kann. Sich für den Helfer zu entscheiden, würde bedeuten, die Familie möglicherweise zu verraten oder schlimmstenfalls zu verlieren. Der Helfer, der sich im Drama-Dreieck bewegt, folgt ebenso einer inneren verdeckten Dynamik. Mitunter befindet er sich in einem »Größenselbst«, in dem er von sich selbst denkt, dass seine Hilfe andere aus ihrer Not retten könnte. Diese innere Haltung entspringt ebenfalls einer sog. Familiendelegation. Wie wir in vielen Bereichen der Helferberufe (auch Lehrer zählen hierzu, wenn sie ihre pädagogischen Aufträge wichtig nehmen) beobachten können, haben Helfer eine »Retterdelegation« aus der Herkunftsfamilie übernommen und sich selbst dann zum Auftrag gemacht. Man könnte auch sagen, Helfer befinden sich in der Rolle des fürsorglichen Eltern-Ichs, um dann, wenn sie in die Verfolger-Position wechseln, in das strafende Eltern-Ich einzutreten und schließlich sich als Opfer ihrer Rettungsversuche im Kind-Ich wiederfinden. In keinem Falle geht es aber um eine Interaktion auf der Erwachsenen-Ich-Ebene.

Wenn es einmal angeschoben ist, geht das Drama-Dreieck immer wieder von vorn los, es sei denn, einer der Akteure steigt aus. Die ist aber nicht so einfach. Zunächst einmal muss er ja selbst erkennen, was genau passiert. Da Helfer in der Regel sehr leidensfähig sind und diese Leidensfähigkeit auch dadurch aufrechterhalten wird, dass die Problemkinder immer wieder neue Beziehungsangebote machen, wenn der Helfer als Opfer darniederliegt, braucht der Ausstieg einen tieferen Anlass. Vergegenwärtigt man sich noch einmal den an anderer Stelle beschriebenen Trauerprozess (Kübler-Ross), so kann sich der Ausstieg in mehreren Schritten vollziehen:

- Bilanz ziehen: Den Kreislauf sehen und spüren, dass man nicht mehr kann.
- Reflektieren: Einnehmen der Metaebene: Was passiert hier eigentlich?
- Kapitulieren: Sich eingestehen, dass man nicht mehr kann.
- Standpunkt verändern: Welches alternative Verhalten wäre hilfreich für mich? Was würde mir gut tun?
- Neues Verhalten zeigen (qualitativ, Veränderung 2. Ordnung)

Diese Verabschiedung aus dem Drama-Dreieck ist ein sehr emotionaler Prozess, der auch nur dann gelingt, wenn jemand bereit ist, wirklich von bestehenden Glaubessätzen und verdeckten Loyalitätsverpflichtungen loszulassen. Bei tieferen inneren Konflikten ist das Abschiednehmen von alten Mustern nur möglich in der Begleitung durch einen Supervisor oder Coach.

Wie wir in Schulen beobachten konnten, ist die Verstrickung in Drama-Dreiecke ein häufiges Phänomen, das sich auf allen Ebenen wiederfindet (Schulleiter zu Lehrern, Lehrer zu Schülern, Eltern zu Lehrern und Schülern).

Der Ausstieg aus einem Drama-Dreieck vollzieht sich in mehreren Schritten. Eine dazu nützliche Grundhaltung ist die Verantwortungsübernahme für die eigenen Gefühle. Zum Drama gehört auch immer, dass der andere »schuld« ist an den in der Konfliktsituation erlebten Gefühlen und man sich selbst eher als Opfer der Situation sieht. Der Ausstieg durch die Übernahme der Verantwortung für die eigene Position befreit auch davon, sich für den anderen verantwortlich zu fühlen. Das Einnehmen einer Erwachsenen-Ich-Position bedeutet demnach auch eine Abgrenzung. Diese Abgrenzung fällt nicht immer leicht, da ja Teile des Eltern-Ichs und des enttäuschten Kind-Ichs (das angepasste Kind, das geliebt werden möchte) noch weiter wirksam sind. Die Abgrenzung bedeutet: Ich bin für meine Gefühle und meine Entwicklung verantwortlich und der andere ist für seine Gefühle und Entwicklung verantwortlich.

Nun könnte man einwenden: Wie soll ein Kind Verantwortung übernehmen können? Diese Verantwortungsübernahme kann eingeleitet werden, indem der Erwachsene ein Modell für getragene Verantwortung wird und aus dieser Position nicht mehr enttäuscht oder ärgerlich sein muss, da er den Konflikt für sich selbst und den anderen als Lernaufgabe sieht. Durch diese veränderte Konnotation wird der Konflikt entemotionalisiert und der Ausstieg aus dem Drama gelingt. Lehrer bekommen hierdurch automatisch eine andere Rolle: Sie bieten Erfahrungen und Lernen an, achten dabei darauf, dass dies hochprofessionell geschieht (methodisch, didaktisch, mit interaktivem Geschick – sind sie hierin nicht gut, müssen sie Neues lernen), laden den Schüler in neue Erfahrungen ein, sind aber nicht dafür verantwortlich, ob ein Schüler sich darauf einlassen will. Dies können sie nicht beeinflussen, sie können aber durch Verstörungen Unruhezustände evozieren, die Schüler in eine Form der Neuorganisation einladen. Verhandelt werden kann dann auf der Erwachsenenebene nach welchen Regeln oder Verträgen der Unterricht verlaufen soll.

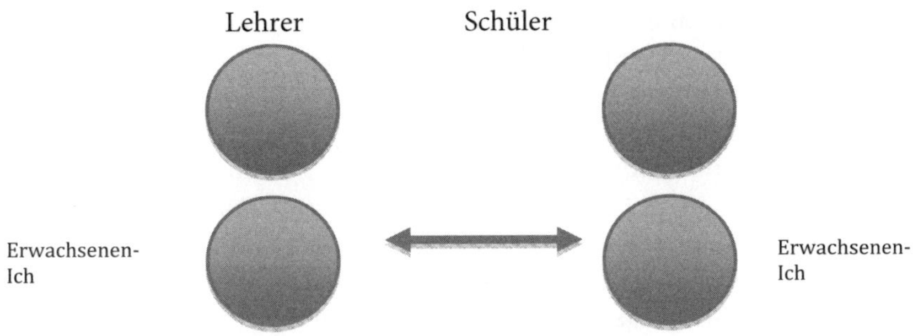

Abb. 25: Auflösung des Drama-Dreiecks durch Einnahme der Erwachsenen-Ich-Position

Die Auflösung des Drama-Dreiecks geschieht auf der Erwachsenen-Ich-Ebene. Der den Konflikt verstehende Lehrer steigt aus dem Drama-Dreieck aus und beginnt aus der Erwachsenen-Ich-Ebene zu kommunizieren.

Zur Vielfältigkeit der Schüler-Lehrer-Interaktion gehört natürlich, dass von beiden Seiten alle Positionen eingenommen werden können. Der situationsangemessene Wechsel der Positionen wäre ein Beispiel für gelungene Interaktion. Sobald sich einer der Beteiligten allein auf eine Position zurückzieht, lädt er den anderen in die Komplementärposition ein. Da Lehrer von ihrer Rolle her eher den Rahmen der Interaktion bestimmen können, sind sie auch dafür verantwortlich, die Struktur der Interaktion zu reflektieren und gegebenenfalls Veränderungen einzuleiten.

9.8 Burnout-Prophylaxe

Betrachtet man die Diskussion über gehäufte Burn-Out-Situationen in der Gruppe der Lehrer, so kann man schnell einen Bezug zur Gewichtung der Ich-Zustände herstellen: Jemand, der sich vorwiegend im fürsorglichen und kritischen Eltern-Ich-Zuständen bewegt, ist in der Regel fokussiert auf das Kind-Ich des Gegenübers und vernachlässigt sein eigenes Kind-Ich. Jede länger andauernde Überforderungssituation führt automatisch dazu, dass derjenige, der in ihr steckt, sich mehr und mehr dafür abwertet, dass er »alles nicht so gut schafft«. Natürlich ist das Stress-Erleben individuell unterschiedlich. Was für den einen Menschen Stress bedeutet, kann für den anderen Anregung oder Herausforderung sein. Das Stresserleben ist also auch bestimmt durch die individuell unterschiedliche Reagibilität und Sensibilität gegenüber Umweltreizen. Insofern ist es wichtig herauszufinden, auf welche Auslöser man vermehrt mit Überforderungsgefühlen reagiert. Halten Überforderungsgefühle länger an, so nehmen alternative Lösungsmuster automatisch ab, da man sich in einer »Stresstrance« befindet und dabei alle hierzu passenden Symptome erlebt:

- Tunnelblick: »Es gibt keinen oder nur einen Ausweg.«
- Altersregression: »Ich fühle mich klein und unfähig.«
- Amnesie: »Ich weiß nicht, wie man hier rauskommen kann.«
- Anästhesie: »Ich spüre mich nicht mehr.«
- Halluzination: »Alles wird mir zuviel.«
- Katalepsie: »Ich bin bewegungslos.«

Die Stress-Symptomatik ist wiederum wie ein inneres Drama-Dreieck, in dem man laufend die Positionen zwischen Retter, Verfolger und Opfer wechselt. Auch depressive Verstimmungen als Ergebnis der empfundenen Hilflosigkeit gegenüber der Situation sind die Folge.

Um sich vor dieser Stresstrance zu schützen oder sich zu dehypnotisieren (wenn es noch allein gehen sollte) bedarf es einer verstärkten Empathie für sich selbst und einem guten Kontakt mit den verschiedenen inneren Teilen, die sich melden, aber in der Trance ausgeblendet oder nicht gehört werden. Man könnte auch sagen, hilfreich wäre ein guter Kontakt zu dem eigenen Kind-Ich, das sich unterversorgt fühlt und an das eigene fürsorgliche Eltern-Ich appelliert. Das eigene Kind-Ich wird in Stress-Situationen stark vernachlässigt. Das häufigere Wechseln der Ich-Zustände wäre hier eine Lösung, um nicht in das Drama-Dreieck zu gelangen:

- Frage: Wie geht es mir jetzt?
- Frage: Was will ich erreichen?
- Frage: Was ist es mir wert?
- Frage: Welches tiefere Motiv / welcher tiefere Wunsch soll eigentlich erfüllt werden?
- Lösungsraum: Woran könnte ich erkennen, dass es mir besser geht? (alle Sinneskanäle durchgehen)
- Realitätsprüfung: Geht das hier überhaupt?
- Trauerprozess: Von welchen Vorstellungen muss ich mich eventuell verabschieden?

- Erneuter Realitätscheck: Ist mein Veränderungswunsch jetzt stimmig und gibt es von keinem inneren Teil Einwände?
- Zukunftsvision: Gehe ein Jahr in die Zukunft. Ich habe mich jetzt konsequent ein Jahr anders verhalten. Was hat mir dies ermöglicht? Wie bin ich jetzt anders?

Eine Anregung für die eigene Positionierung bieten auch die verschiedenen Grundhaltungen, die in der Transaktionsanalyse beschrieben wie folgt werden:
- Ich bin o.k. – du bist o.k.
- Ich bin o.k. – du bist nicht o.k.
- Ich bin nicht o.k. – du bist o.k.
- Ich bin nicht o.k. – du bist nicht o.k.

Hier werden verschiedene Grundhaltungen für die Interaktion benannt, deren Auswirkungen evident sind. Jede Haltung, die ein »nicht o.k.« beinhaltet, ruft automatisch einen Konflikt hervor. Die hilfreiche Grundhaltung für eine lösungsorientierte Beratung und Pädagogik kann nur die Haltung »Ich bin o.k. – du bist o.k.« sein. Sie beinhaltet auch, dass der Kommunikator laufend dafür sorgen muss, dass er wirklich in seiner Kompetenz und in seinen Ressourcen ist und, da es ihm selbst gut geht, er auch auf andere freundlich blicken und diese wertschätzen kann. Um den anderen auch in Problemsituationen in seiner Person wertschätzen zu können, muss zwischen Verhalten und Person differenziert werden: Ein Verhalten kann nicht o.k. sein, die Person ist allerdings o.k. Diese Haltung beinhaltet daher auch die Erlaubnis zur Abgrenzung: Während ich die Person wertschätze, kann ich inakzeptable Verhaltensweisen konfrontieren. Für diese Konfrontation bieten sich dann sog. »Ich-Botschaften« an, also Aussagen über die eigenen Gefühle, Eindrücke, Konsequenzen, Verhaltensweisen – ohne den anderen dazu bringen zu wollen, sich zu verändern. Das Einnehmen der Haltung »Ich bin o.k. – du bist o.k.« ist also zugleich Empathie und Abgrenzung – bezogen auf die eigene Person und auf den anderen.

10. Lösungsorientierte Interventionen und die logischen Ebenen

»Die Lösung des Problems kann nie auf der gleichen logischen Ebene liegen wie das Problem.«
Albert Einstein

10.1 Die logischen Ebenen

In der systemischen Beratung von Einzelnen und Teams, in der Schulentwicklung, der Organisationsentwicklung und auch in der individuellen Supervision hat sich ein an das Konzept der »logischen Ebenen« von Robert Dilts (1993, basierend auf den »logischen Typen« von Bateson, 1984) angelehntes Analyse- und Interventionsmodell als sehr hilfreich erwiesen, um die verschiedenen Blockaden in der Organisation Schule wie auch bei Einzelnen besser verstehen zu können. Da wir im Kontext von Schule immer von der Strukturdeterminiertheit der Probleme ausgehen, können wir bei der Analyse von organisationellen und individuellen Problemfeldern auch immer die Isomorphie der Problemstrukturen konstatieren. Nachfolgend wollen wir uns mit dem Modell sowie seiner Bedeutung für die organisationelle und individuelle Beratung eingehend beschäftigen.

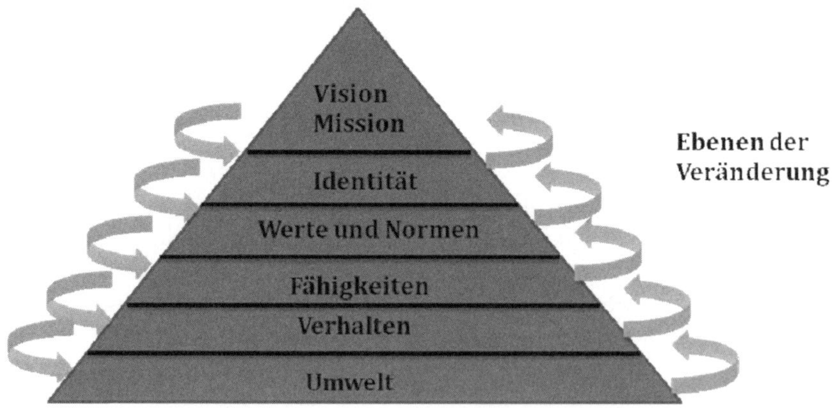

Abb. 26: Ebenen der Veränderung

Das Modell wird von uns gleichzeitig zur Analyse des Konfliktgeschehens und zur Intervention erfolgreich eingesetzt.
Bei Fragestellungen, die ein Klient in den Beratungsprozess einbringt, geht es im ersten Schritt darum, eine konkrete Problemdefinition vorzunehmen, um über diesen Weg die Struktur und die Implikationen des Konfliktes erkennen zu können und in der Folge hilfreiche Interventionen einzuleiten.
Wir gebrauchen das Modell im Sinne einer zirkulären Kausalität. Das heißt: Wir betrachten die Ebene, auf der das Problem augenscheinlich angesiedelt ist und beschäftigen uns mit den Auswirkungen des Problem auf die darüber liegenden Ebenen. Jede Ebene hat Auswirkungen auf die andere und beeinflusst diese zugleich. Die verschiedenen Ebenen hängen miteinander zusammen und formen somit die Gestalt der Organisation.
Probleme, die in Organisationen in der Beratung und von Einzelnen in der Supervision geschildert werden, ordnen wir den verschiedenen logischen Ebenen zu. Ist diese Problemebene gemeinsam mit dem/den Klienten definiert, können wir uns sofort ein Bild von der möglichen Lösungsebene machen und hierzu passende Interventionen entwickeln. Als wichtigster Hinweise für die Einordnung von Problemen und Lösungen gilt: Ein Problem ist auf einer der logischen Ebenen angesiedelt, kann aber nicht durch Interventionen auf der gleichen Ebene gelöst werden Die Lösung dieses Problems kann nur auf der nächst höheren Ebene in der Pyramide erfolgen. Andererseits hat – wie wir noch sehen werden – jede Veränderung auf einer höheren Ebene wiederum Auswirkungen auf die darunter liegenden.

10.2 Logische Ebenen der Organisation Schule

Das Modell der logischen Ebenen erweist sich in der systemischen Organisationsentwicklung als ein sehr hilfreiches analytisches Element, weil jeder Konflikt in der Organisation auf einer der vorgegebenen Ebenen angesiedelt und in seinen Auswirkungen auf die anderen Ebenen betrachtet werden kann.

Ebene: Umwelt
Der Umweltbegriff lässt sich weiter differenzieren in:
- die *allgemeine Umwelt*: Hier werden Einflussfaktoren sozialer, politisch-rechtlicher, technischer, ökonomischer und ökologischer Art unterschieden.
- die *Aufgabenumwelt*: Dies betrifft alle Institutionen, Interessengruppen und Einzelpersonen, mit der die Schule direkt interagiert.

Die Fragen zur Umwelt lassen sich wie folgt formulieren:
- Wo ist unser Umfeld?

- Wie sind wir eingebettet?
- Was wird von uns verlangt?
- Wer sind die »Kunden« unserer Dienstleistung?
- Welche Anspruchsgruppen haben wir?

Die Umweltebene beschreibt die erweiterten ökologischen Bedingungen, in denen sich die konkrete Schule befindet. Variablen wären beispielsweise:
- die rechtlichen und politischen Rahmenbedingungen,
- die direkte physische Umwelt – auch deren ökologische Bedingungen,
- die Eltern der Schüler,
- die Familien / Partner der Lehrer.

Veränderungen auf der Umweltebene haben gravierende Auswirkungen auf die Organisation. Man denke hier z.B. an
- Veränderungen in der Schulpolitik,
- Veränderungen in den sozialen Verhältnissen der Schüler,
- sinkende Schülerzahlen
- Veränderungen in den finanziellen Mitteln der Schule,
- Veränderungen in den Ansprüchen der Eltern,
- Veränderungen in den Aussagen von Medien über Schule.

Diese Einflüsse wirken auf das System, ob es dies will oder nicht. Die Organisation hat keine andere Chance als sich dazu zu verhalten.
Überschreiten die Außenanforderungen eine kritische Stufe, so kann die Organisation die Veränderungen nicht mehr kompensieren oder abwehren und muss sich, um ihr Überleben zu sichern, einem Veränderungsprozess stellen. Gravierende Veränderungen in der Umwelt, die auf das geschlossene System treffen, sind Perturbationen, die dann einen neuen Prozess der Selbstorganisation einleiten. Die Folge der Perturbation sind (nachdem die Veränderungen 1. Ordnung ja nicht funktioniert haben) qualitative oder strukturelle Veränderungen. Dies bedeutet, die Organisation muss ein anderes Verhalten entwickeln, um passende Antworten auf die veränderten Anforderungen der Umwelt zu finden. An dieser Stelle zeigt sich der Grad der Lernfähigkeit einer Organisation.
Im Bereich der Wirtschaft hat ein Unternehmen keine Überlebenschance, wenn es keine passenden Antworten auf einen veränderten Markt findet. An dieser existenziellen Gefährdung für Betriebe, die sich in einem Markt positionieren müssen, wird der Aspekt der Notwendigkeit der Entwicklung einer organisationellen Lernfähigkeit (»Lernende Organisation«) viel deutlicher als es beispielsweise (noch) für die Institution Schule gilt, wenngleich die zurückgehenden Schülerzahlen einen bislang nicht explizit kommunizierten Wettbewerb auch unter Schulen auslösen werden. Neben den Standortbedingungen (Lage der Schule) wird bei der Entscheidung über das Weiterbestehen einzelner Schulen – vor allem in den

Ballungsgebieten – die Frage der Marktattraktivität bei den Anspruchsgruppen eine große Rolle spielen.
In allen Bereichen lässt sich demnach das Wirken gleicher Prinzipien zeigen: Eine Organisation, die keine Antworten auf aktuelle Anforderungen findet und sich einer Entwicklung versperrt, wird immer stärker in Konflikte geraten und möglicherweise ihr Überleben gefährden.
Ein schöner Leitsatz des systemischen Denkens sagt hierzu: Nur wer sich laufend ändert, bleibt sich treu. Oder: Wir haben keine andere Chance als die der Veränderung, weil wir uns verändern, ohne dass wir dieses »wollen müssen«.

Nicht alle Veränderungen in der Umwelt werden von den Mitgliedern der Organisation auch wahrgenommen (vgl. Problemtrance). Auf die Einschränkung der Wahrnehmung der Organisation bzw. der Mitglieder der Organisation weisen sowohl die systemische Theorie wie auch die Wahrnehmungspsychologie hin.
Wie wir aus dem systemischen Paradigma wissen, dringen Umweltveränderungen nur bedingt in das Bewusstsein ein. Im Kontext der Organisationsentwicklung merkt man immer wieder, dass erst eine bestimmte Schwelle von Reizen, die aus der Umwelt kommen, überschritten sein muss, damit die veränderte Situation überhaupt wahrgenommen wird. Solange etwas noch nicht schlimm genug ist, wird es nicht verändert. Durch verschiedene Anpassungsleistungen wird an der alten Strategie festgehalten. Dies ist im Grunde ein sehr kluges Verhalten, da die irgendwann in der Historie der Organisation entwickelten Strukturen und interaktiven Prozesse Lösungen für die damalige Zeit waren. Diese Lösungen sind im Laufe der Entwicklung immer weiter modifiziert, nicht aber auf ihre ursprüngliche Bedeutung, ihre Implikationen und die damit verbundenen Limitationen hin überprüft worden. Watzlawick sagt: »Die Lösungen von gestern sind die Probleme von heute.« Erst wenn es nicht mehr weitergeht, wenn die Organisation aus eigener Kraft nicht mehr aus der Sackgasse herauskommt, weil sich die Systemmitglieder in der Trance befinden und eine Amnesie über die eigenen Kompetenzen und Ressourcen entstanden ist, kommt es zu einem – mitunter schmerzhaften – Prozess, der Veränderungen ermöglicht. Ähnlich wie das Individuum, das sich in einer existenziellen Krise neu formieren muss (sofern es will) und dabei, wenn es fundamentale Veränderungen vornimmt, an einer Bilanzierung des bisher Gewesenen und einem darauf aufbauenden Trauerprozess, der im Abschiednehmen von alten Mustern gipfelt, nicht vorbeikommt, muss sich auch die Organisation neu positionieren.
Auslöser für Veränderungen sind »Unterschiede, die einen Unterschied machen«. Das heißt, erst dann, wenn eine Perturbation aufgetreten ist, die so nachhaltig wirkt, dass sie nicht mit Veränderungen 1. Ordnung (mehr oder weniger desselben) kompensiert werden kann, kommt die Organisation aus dem Gleichgewicht (Homöostase) und muss sich neu positionieren. Ist die Schwelle noch nicht erreicht, wird der Impuls abgewehrt.

Die Frage nach dem, was denn genau wahrgenommen wird, lässt sich sehr gut mit dem Leitsatz »Die Landkarte ist nicht das Territorium« beschreiben. Die Veränderung in der Umwelt wird zwar sensorisch erfahren, dies meist auf der Ebene von Lust und – die Bedeutung, die diese Veränderung hat, wird aber erst von Personen zugeschrieben – es entsteht also eine veränderte Wirklichkeitskonstruktion. Dem Geschehen wird ein Sinn gegeben. Aus dieser Sinnzuschreibung werden dann die Maßnahmen auf der Verhaltensebene abgeleitet.
Im Bereich von Wirtschaftsunternehmen ist gerade dieser Mechanismus ein großes Problem. Die Neuausrichtung des Unternehmens wird aufgrund bestimmter Annahmen und Prognosen über Entwicklungen gemacht, es sind also reine Konstruktionen und Projektionen, die als Prämissen der Entscheidungsfindung dienen. Werden die falschen Prämissen gesetzt, werden falsche operative Entscheidungen getroffen und es kommt sehr schnell zu Absatzeinbußen, da die Bedürfnisse des Marktes falsch eingeschätzt wurden. Der Ausweg ist hier ein ständiges abweichungsorientiertes Überprüfen (Controlling, besser: Feedforward-Controlling) der Prämissen. Die Organisation muss also ständig bereit sein sich neu zu erfinden, um im Prozess der Veränderung von Umweltvariablen die passenden Antworten zu finden. In neueren Managementsystemen wie z.B. der sog. Balanced Score Card wird daher auch immer auf die Kategorie »Innovationen« eingegangen. Hat ein System auf diese Dimension zu wenig Aufmerksamkeit gerichtet, gerät es in Gefahr, die eigene Zukunftsfähigkeit zu verspielen. Infolgedessen muss der Einsatz der Ressourcen neu geordnet und mehr Kraft in diese Dimension investiert werden.
Die Krise ist auch hier eine Chance. Mit Erickson könnte man sagen, der Veränderungsdruck wird utilisiert. Die Organisation nutzt die Veränderungen in der Umwelt und die dadurch ausgelöste Energie für den eigenen Veränderungsprozess. Sie erfindet sich neu und richtet ihre Aktivitäten an den veränderten Anforderungen der Umwelt aus.
Fazit: Lassen sich die Umweltveränderungen nicht absorbieren, so muss neues Verhalten entwickelt werden.

Ebene: Verhalten

Die neuen Anforderungen auf der Umweltebene verlangen andere Verhaltensweisen und Verhaltensstrategien. Im Bereich von Unternehmen wäre hier von einer Neuausrichtung der Strategie in Bezug auf veränderte Marktbedingungen zu sprechen. Neben den strategischen Entscheidungen, die die Grundlage für das Handeln bilden, geht es auch um ganz konkrete operative Tätigkeiten, die an die neuen Bedingungen angepasst werden müssen.
Diese Analogie zur Wirtschaft wird mitunter in »sozialen« Institutionen abgelehnt, weil man meint, hier wären die Bedingungen anders. Dies ist teilweise natürlich richtig; was dennoch wirkt, sind die energetischen Zusammenhänge, die

sich einfach daraus ergeben, dass einzelne Anspruchsgruppen im Arbeitsfeld die Positionen verändert haben. Da wir aus dem systemischen Paradigma wissen, dass wir andere nicht ändern können, sondern allenfalls unsere eigene Haltung zu den Veränderungen, bleibt es nicht aus, dass bei gravierenden Veränderungen der Umweltvariablen selbst in Bildungsinstitutionen neue Handlungsalternativen nötig werden.
Die Frage auf der Organisationsebene lautet hier: Welche besonderen Verhaltensweisen brauchen wir, um den neuen Anforderungen gerecht zu werden – gegenüber der Behörde, den Eltern, den Schülern, der eigenen Mission, den Kollegen, der Hierarchie?

Auf dieser Ebene findet man die verschiedenen Verhaltensweisen der agierenden Gruppen wieder:
- Schüler,
- Lehrer,
- Schulleitung,
- Hausmeister,
- Reinigungskräfte etc.

Ihre unterschiedlichen Verhaltensbeiträge sind aufeinander bezogen, verstärken oder schwächen (löschen) sich gegenseitig. Im Sinne der Rekursivität wirken sich die Verhaltensweisen der einzelnen Gruppen aufeinander aus. Vermeintlich »unwichtige« Personen in diesem Geschehen (z.B. Hausmeister) können sehr starke Bindungsfunktionen entwickeln (»gute Seele« oder »böser Geist«) und damit die Atmosphäre entscheidend beeinflussen, ohne das die anderen Handelnden sich dessen bewusst sind oder dies gezielt in ihr strategisches Konzept integrieren.
Es gibt also keine unwichtigen Personen und Positionen, da alle Teil des Systems sind und unterschiedliche Rollen einnehmen. Sobald sich an dieser Rolle etwas gravierend verändert, hat dies Auswirkungen auf die anderen Beteiligen. Die Verhaltensweisen der einzelnen Systemmitglieder sind wie in einer Choreographie aufeinander bezogen. Energetisch bedeutsame Veränderungen fordern Kooperationen oder Gegenregulationen heraus.
Im Beratungsprozess der Organisationsentwicklung ergibt sich in Bezug auf dieses Problem die Frage: Was sind die passenden Verhaltensweisen? Haben wir diese bereits oder müssen wir sie noch lernen?
In Anlehnung an das stringent lösungsorientierte Beratungsmodell von Steve de Shazer kann man hier die Frage nach den Ausnahmen vom Problemverhalten im System stellen. Impliziert wird dabei ja die Annahme, dass es Ausnahmen vom Problem gibt, also Lösungen, die bereits als Ressource vorhanden sind und an anderer Stelle, in anderen Kontexten, bereits gezeigt wurden. Diese Ausnahmen bieten den Lösungsrahmen und müssen nicht neu modelliert, sondern nur an die veränderten Rahmenbedingungen adaptiert werden.

Durch das Bewusstmachen dieser Ressourcen und vorhandenen Lösungen soll ein Transfer der Fähigkeiten und des Lösungsverhaltens erreicht werden. Gibt es keine passenden Verhaltensweisen im Verhaltensrepertoire des Individuums oder der Organisation, so müssen diese modelliert werden. Dies geschieht über Anregungen durch den Berater, der dabei hilft, neue – passende – Verhaltensweisen zu suchen und im Probehandeln des »So tun als ob es schon da wäre« als neue Ressource im Denken und Fühlen des Einzelnen oder der Organisation zu implementieren.

Um diesen Prozess der Modellierung einzuleiten, muss die Ebene des Verhaltens verlassen und die Ebene der Fähigkeiten betrachtet werden, da es hier um die fundamentale Fähigkeit »Lernen« als Kernkompetenz geht.

Fazit: Sind in dem bisherigen Verhaltensrepertoire die passenden Verhaltensweisen als Lösungen für die Problemsituation nicht vorhanden, so müssen sie auf der Ebene der Fähigkeiten gelernt oder entwickelt werden.

Ebene: Fähigkeiten

Auf der Ebene der Fähigkeiten findet man die besondere Kompetenz von Einzelnen oder der Organisation. Bei den Fähigkeiten der Organisation stehen insbesondere diejenigen im Vordergrund, die zur Erreichung ihrer Ziele wichtig sind. Hier spricht man von den spezifischen (Kern-)Kompetenzen, die den Unterschied zu anderen Organisationen ausmachen.

In Analogie zu Wirtschaftsunternehmen kann hier folgender Zusammenhang hergestellt werden: Der Erfolg eines Unternehmens (einer Organisation) ist von Binnenvariablen (Stärken und Schwächen des Unternehmens) und Außenvariablen (Wettbewerbsumwelt) abhängig. Beide Klassen von Variablen sind in der Kombination entscheidend für den Erfolg beziehungsweise den Grad der Zielerreichung in Bezug auf die Ziele, die sich die Organisation gesetzt hat.

Auf der Fähigkeitsebene der Organisation geht es nun darum, wie diese in der Lage ist, unter Einsatz von verschiedenen Ressourcen (Personal, Sachen, Wissen) ein gutes Ergebnis zu erzielen.

Natürlich ist jede Schulumwelt anders (sozio-emotionale Bedingungen) und daher braucht eine bestimmte Schule unter dem Einsatz gegebener Ressourcen ganz bestimmte Fähigkeiten, um erfolgreich zu sein. Diese besonderen Fähigkeiten erwachsen aus den erfolgreich bewältigten Konflikten mit den Umweltanforderungen. Jede Krise und jeder Konflikt ist somit ein Lernfeld und führt dazu, dass die Kompetenzen weiter ausgebaut werden können.

Kernkompetenzen einer Organisation speisen sich aus folgenden Quellen (vgl. Bouncken 2000, 89):

- der Organisationsstruktur,
- der Organisationskultur,
- den Mitarbeitern,

- den eingesetzten Technologien,
- der Außenwirkung der Organisation.

Die besondere Stärke einer Organisation und ihre Innovationsfähigkeit bzw. Lernfähigkeit kann über folgende Aspekte erschlossen werden:
- Wie gut ist die Struktur der Organisation? (offiziell – informell)
- Welche Unternehmenskultur liegt vor? Was ermöglicht– was verhindert sie?
- Wie sind die Mitarbeiter ausgebildet und motiviert?
- Welche Innovationen sind auf der methodisch-didaktischen Ebene möglich?
- Wie ist der Ruf der Schule in der Umwelt?

Kernkompetenzen sind nicht direkt erschließbar, sondern lassen sich nur aus den Ergebnissen der Tätigkeit der Organisation retrospektiv ermitteln.
Das heißt: Schulen sind sich ihrer spezifischen Kernkompetenzen gar nicht bewusst. Im Rahmen von Projekten der Organisationsentwicklung in Schulen haben wir häufig die Fragen nach den speziellen Kernkompetenzen einer Schule gestellt und damit zunächst einmal Irritationen ausgelöst, weil den Mitgliedern der Organisation ihre eigenen besonderen Kernkompetenzen nicht klar waren.
Die Frage löste einen Suchprozess bei allen Beteiligten aus, der – im moderierten Prozess –nach und nach zu einer Bewusstwerdung der eigenen Stärken führte.
Die Nicht-Bewusstheit der Kernkompetenzen ist aber keine Besonderheit von Schulen, sondern ist eine Form von Tranceinduktion, die in allen Organisationen vorzufinden ist, die automatisierte Prozesse vollziehen: Man hat das, was man gut kann, automatisiert und setzt sich nicht ständig bewusst damit auseinander.
Kernkompetenzen der Organisation sind das, was sich im Laufe des organisationellen Lernens als erfolgreiches Handlungsmodell etabliert wurde. Dieser Prozess hat längere Zeit gedauert, dauert permanent an und ist nie zu Ende, solange die Organisation besteht. Reflektiert man diese Fähigkeiten im Prozess der Organisationsentwicklung, so werden sie bewusst und versetzen vielfach die Mitglieder der Organisation in Staunen (Motto: »Wir wussten gar nicht, dass wir so gut sind«).
In Situationen starker struktureller Veränderungen (auf der Umweltebene) finden Organisationen und Einzelne zunächst einmal keine passenden Handlungsmuster, die dazu dienen können, die neuen Anforderungen sinnvoll zu bewältigen. In diesem Zustand entsteht eine Irritation, die mit Unlustgefühlen gekoppelt ist und teilweise von den Mitgliedern der Organisation als Chaos empfunden wird. Dieser Zustand ist Folge der Perturbation durch neue, unbekannte Anforderungen, auf die es keine vorhandene Antwort gibt. Das System geht in einen Suchprozess der zunächst einmal verbunden ist mit der Hoffnung, aus alten Verhaltensstrategien Antworten ableiten zu können. Gelingt dies, so ist die Krise bewältigt. Gelingt dies nicht, so setzt ein Versuch-Irrtum-Handeln ein, bis eine neue Handlungsalternative gefunden wird beziehungsweise das System sich in der Sackgasse befindet, aus der es allein nicht mehr hinausfindet.

Die neue Umweltanforderung löst also eine Erfahrung von bewusster Inkompetenz aus, die vorher als unbewusste Inkompetenz schlummerte, solange keine Konfrontation mit einer Herausforderung vorhanden war. Die besondere Kernkompetenz einer Organisation zeigt sich darin, ob sie über eine große Lernbereitschaft und Lernfähigkeit verfügt. Ist dies der Fall, so kann sie nach der Phase der Perturbation und des Versuch-Irrtum-Handelns eine neue bewusste Kompetenz (Fähigkeit) entwickeln, die sie dann ständig einübt und verbessert, um schließlich eine neue unbewusste Kompetenz zu erhalten, die im Sinne einer »Lösungstrance« wirkt.

Dieser Prozess ist im Prinzip das, was P. Senge (1997) als »Lernende Organisation« beschrieben hat. Die Frage auf der Ebene der Fähigkeiten heißt also: Welche besonderen Fähigkeiten brauchen wir, um neue Verhaltensanforderungen erfüllen zu können?

Hier einige Beispiele für Fähigkeiten, die auf dieser Ebene angesiedelt sind:
- Lernbereitschaft und -fähigkeit der Einzelnen und der Organisation,
- Konfliktlösungsfähigkeit,
- Konfliktlösungsstrategie,
- Kommunikationsstile.

Kernkompetenzen können als Stärken der Schule wie eine Marke herausgestellt und für das Marketing benutzt werden, was jedoch bei öffentlichen Schulen – im Gegensatz zu privaten – selten vorkommt.

Das Erlernen neuer Fähigkeiten geschieht aus verschieden Motiven: Das erste Motiv liegt im Erleben einer Krise infolge neuer Anforderungen auf der Umweltebene zu der keine passenden, also lösenden Verhaltensmuster zur Verfügung stehen.

Die Krise, in die ein Individuum oder eine Organisation gerät, ist der Auslöser für eine qualitative Veränderung im Verhalten (Lösung 2. Ordnung) und damit für das Erlernen einer neuen Fähigkeit. Diese Krise (stuck state) wird als Sackgasse erlebt, aus der es mit den bekannten Verhaltensmustern kein Herauskommen gibt. Hier setzt eine Form von Problemtrance ein, die dazu beiträgt, dass die eigene Lösungskompetenz zunächst vergessen wird. Das »Gute vom Schlechten« ist hierbei jedoch, dass das Individuum (die Organisation) mit den alten Verhaltensweisen nicht mehr weiter kommt und lernen »muss«, um zu überleben. In der Krise kann somit eine neue Fähigkeit geboren werden.

Der zweite Aspekt der Entwicklung neuer Fähigkeiten liegt in einer inneren Haltung der Neugier (*novelty seeking* oder Innovationsbereitschaft), die ausgelöst wird durch bislang unbekannte oder ungelöste Strukturen oder Probleme. Das Ungelöste ist die Herausforderung. Da die Lösung mit den bisherigen Mustern

nicht gelingt, müssen zur Entwicklung einer anderen Lösung neue Muster generiert werden. Diese werden im Versuch-Irrtums-Prinzip auf Relevanz getestet und bei Erfolg gelernt und verfestigt (operantes Konditionieren).
Ob letztlich eine Fähigkeit tatsächlich entwickelt wird, hängt von gegebenen Limitationen ab. Die Limitationen im Bereich der Fähigkeiten führen dazu, dass ein bestimmtes Verhalten nicht gelernt werden kann und damit auch nicht als Kompetenz zur Verfügung steht. Bei Individuen und auch bei Systemen gibt es eine Vielzahl von Limitationen, die im Wesentlichen nach drei Bereichen unterschieden werden können:

- Limitationen, die aus der Umgebung des Individuums bzw. des Systems resultieren:
  direkt beeinflussbare Faktoren,
  nicht direkt beeinflussbare Faktoren
- Limitationen, die aus der physischen Ausstattung des Individuums bzw. des Systems resultieren:
  Sie sind als physisch unveränderbar zu akzeptieren oder
    durch Maßnahmen und Lernprozesse zu überwinden
- Limitationen, die aus den Glaubenssätzen und Loyalitätsverpflichtungen des Individuums bzw. des Systems resultieren.

In Bezug auf die Formen von Limitationen muss also unterschieden werden, welche Veränderungsmöglichkeiten bei der Organisation und ihren Mitgliedern bzw. beim Individuum liegen und welche sie/es nicht beeinflussen können. Diese Unterscheidung ist in Grenzbereichen sehr schwierig zu treffen und Diskussionen hierüber führen in Teams und Kollegien immer wieder zu »Glaubenskriegen«. Gleichwohl können weitaus mehr Limitationen, die aus der Umwelt resultieren bzw. von der physischen Ausstattung vorgegeben sind, modifiziert werden als dies zunächst von den Mitgliedern der Organisation angenommen wird. Auch die Limitationen sind ja teilweise Wirklichkeitskonstruktionen der Mitglieder der Organisation. Aus diesen vermeintlichen Limitationen werden Konsequenzen gebildet, also Kausalitäten formuliert, die nicht zwingend zutreffen müssen. So ist z.B. für die Schulatmosphäre nicht allein der materielle Bau und die Ausstattung verantwortlich, sondern unter anderem auch die Bedeutung, die Mitglieder der Organisation diesem Zustand geben, und die daraus abgeleiteten Handlungen.
Limitationen können sich insofern auflösen, wenn sie in einen anderen Rahmen (reframing) gesetzt werden, wo ihnen eine andere Bedeutung und infolgedessen andere Auswirkungen zukommen.
Liegen neue Handlungsmuster und Handlungsformen im Bereich der eigenen Kompetenzen und Ressourcen und werden sie nicht genutzt, geschieht dies aus den unterschiedlichsten Gründen. Möglicherweise liegen Zielkonflikte vor, die es sinnvoll machen, sich auch bewusst innerhalb der Limitationen zu bewegen und keine neuen Handlungsmuster einzuführen. Eine Sonderform dieser Zielkonflikte

bezeichnen die im letzten Punkt aufgeführten Limitationen, die durch Loyalitätsverpflichtungen zustande kommen. Hier verzichtet das Individuum / die Organisation bewusst auf Veränderung, um andere Werte nicht zu gefährden, die wichtiger erscheinen.
Bezüglich der Zielbestimmung ist es sehr sinnvoll, sich noch einmal an das Konzept von »guten Zielen« zu erinnern:

Gute Ziele können nach folgenden Kriterien bestimmt werden:
- Sie sind aus eigener Kraft erreichbar.
- Sie sind attraktiv: Beim Imaginieren des Zielzustandes erlebt man eine energetische Aufladung.
- Sie sind einfach: Je komplexer Ziele strukturiert sind, desto weniger sind sie in Handlungsfolgen zu fassen.
- Sie sind sensorisch definit – d.h. man kann sich das Ziel über die Sinneskanäle (visuell, auditiv, kinästhetisch, olfaktorisch, gustatorisch) erschließen.
- Sie sind realistisch: Sie sind im Rahmen der Kernkompetenzen des Individuums der Organisation erreichbar.

Gute Ziele können über eine Zukunftsvision (man geht in die Zukunft und tut so als ob das Ziel schon erreicht sei) erschlossen werden. Sie wirken als Attraktor, d.h. sie ziehen die Person oder die Organisation in die Richtung des Ziels, da sie mit Energie aufgeladen sind und daher zur Handlung motivieren. Ein Ziel ohne Attraktion wird in der Regel nicht verfolgt. Attraktivität bedeutet, dass sich der oder die Handelnden einen Gewinn von der Zielerreichung versprechen. Ohne Gewinn oder Imagination eines Gewinns entsteht keine Motivation.
Ausgehend von der Zukunftsvision als Attraktor kann man dann ein sog. »Backtracking« vollziehen. Man zerlegt vom Zustand der Zielerreichung aus rückwärts gehend den Zielerreichungsprozess in einzelne Abschnitte, definiert dabei, an welchem Zeitpunkt in diesem Prozess welche Aktion vorzunehmen ist, und kommt so schließlich auf einer Zeitlinie zum ersten Schritt, der zu gehen ist, um mit dem Zielerreichungsprozess zu beginnen.
Es muss immer genau differenziert werden, ob es sich bei der möglichen Überwindung der Limitation überhaupt um ein attraktives, realistisches Ziel handelt, das aus eigener Kraft erreichbar ist. Aspekte, die nicht innerhalb des Fähigkeitsspektrums des Individuums oder der Organisation liegen, sollten gar nicht verfolgt werden.
Limitationen in Bezug auf Veränderungen oder Ziele können nach zwei Arten unterschieden werden: Es gibt beeinflussbare Limitationen und unbeeinflussbare.
Unbeeinflussbare Limitationen sind durch Umweltbedingungen, eigene Potenziale und Kompetenzen vorgegeben. Unveränderbar sind sie dann, wenn sie außerhalb der Einflussmöglichkeiten der Individuen liegen (z.B. die biodyamischen Strukturen, die einen Sprung über 3 Meter physiologisch unmöglich machen).

Natürlich könnte man manchmal einen Weg finden, Unmögliches möglich zu machen. Doch ist dies dann häufig nur mit einem immensen Kraft- und Energieaufwand möglich, der in Bezug auf die eigene Ökonomie keinen Sinn macht.
Der für die Veränderungen benötigte Energieeinsatz kann auch unter dem Konzept der sog. »Opportunitätskosten« betrachtet werden. Dieses Konzept beschreibt, dass die Verfolgung eines bestimmten Ziels immer nur auf Kosten anderer Ziele möglich ist. Wenn ich eins tue, kann ich anderes nicht tun, oder: Alles hat seinen Preis. Selbst die sog. Multitasker, die viele Dinge gleichzeitig machen und anscheinend auch erledigen, können dies nur, wenn sie auf eine Orientierung am Detail verzichten und Tiefungen vermeiden.
Innerhalb von Organisationen kann man häufig feststellen, dass sich an den erfahrbaren Limitationen Konflikte entzünden. Wir unterscheiden Rollen, Positionen und Personen. Innerhalb der Organisation sind die Rollen, die an bestimmte Positionen gebunden sind, genau definiert, häufig den einzelnen Mitgliedern der Organisation aber nicht bewusst. Im Beratungskontext kann man nun immer wieder beobachten, dass Probleme in Organisationen (hier: Kollegien) durch nicht eingenommene Rollen oder durch sog. Rollenanmaßungen zustande kommen. Dieses Verhalten hat immer gute Gründe, die sich aus der Interaktionsdynamik der Mitglieder der Organisation auch erschließen lassen und die immense Auswirkungen auf die Systemordnung haben.
Eine wichtige Limitation ist daher in Organisationen das Aufrechterhalten der Binnengrenzen wie sie gegeben sind zwischen Schulleitung und Lehrern, Lehrern und Schülern. Verschwimmen diese Grenzen dadurch, dass einzelne Systemmitglieder sich nicht entsprechend ihrer von den anderen erwarteten Rolle verhalten, kommt es zu mehr oder weniger großen Problemen, die schließlich die gesamte Systemdynamik bestimmen und zu interaktionellen Störungen führen. In diesem Sinne sind strukturdeterminierte Limitationen, die sich aus den Positionen und Rollen der Mitglieder der Organisation ergeben, sehr sinnvolle Grenzziehungen.
Zu den beeinflussbaren Limitationen zählen diejenigen, die durch Verbote auf der Glaubenssatzebene induziert sind. Dies gilt in besonderem Maße für gewählte Limitationen infolge von Loyalitätsverpflichtungen.

Einwurf: Was ist für mich veränderbar?
Im Bereich der Selbsthilfegruppen kursiert zur Unterscheidung zwischen lösbaren und unlösbaren Problemen der sog. Gelassenheitsspruch, der folgendermaßen lautet:
»Gott gebe mir die Gelassenheit, Dinge hinzunehmen, die ich nicht ändern kann, den Mut, Dinge zu ändern, die ich ändern kann, und die Weisheit, das eine von dem anderen zu unterscheiden. Gott gebe mir Geduld mit Veränderungen, die ihre Zeit brauchen, und Wertschätzung für alles, was ich habe, Toleranz gegenüber jenen mit anderen Schwierigkeiten und die Kraft, aufzustehen und es wieder zu versuchen, nur für heute.« Friedrich Christoph Oetinger, 1702–1782

Fazit: Dort, wo Verhaltensstrategien nicht mehr hinreichen, um neue Anforderungen der Umwelt zu lösen, müssen neue Fähigkeiten gelernt werden. Ob eine Organi-

sation oder ein Individuum die Erlaubnis dazu hat, neue Fähigkeiten zu erlernen, hängt von ihren/seinen Glaubenssätzen ab.

Glaubenssätze, Werte und Normen

In der Organisationsberatung wie auch in der Einzel- oder Teamberatung werden anscheinend unlösbare Konfliktsituationen als Sackgasse erlebt. Es entsteht eine Amnesie über vorhandene Kompetenzen, der Tunnelblick ist bei allen Beteiligten ausgerichtet auf die eine Lösung (1. Ordnung), die aber das Problem verstärkt. Zeit und Wahrnehmung (auch von Beziehungen) wird verzerrt. In dieser Situation ist der Einzelne, das Team oder die Organisation kaum handlungsfähig. Fragt man sich, wieso die kompetenten Mitglieder der Organisation von sich aus keine Lösung initiieren können, so liegt das an verschiedenen Faktoren:

- Das bestehende Problem (die Blockade) ist zur Zeit die beste Lösung. Alternative Lösungen würden möglicherweise den Systemerhalt gefährden.
- Die bestehenden Kommunikationsprozesse verhindern Schlimmeres (z.B. Schismogenese – d.h. das Spalten des Systems).
- Sie sind derzeit die beste Wahl auf einer Metaebene (eine Entwicklung in eine andere Richtung wäre noch gefährlicher).
- Es handelt sich um ein System mit sehr rigiden Regeln, in dem Veränderungen hochgradig angstbesetzt sind (auch hier ist Nicht-Veränderung die beste Lösung).
- Es gibt im System systemische Verstrickungen: Wer hält wem die Treue zu welchem Zweck?
- Blockaden / stuck states können nicht aufgelöst werden, es gibt Hindernisse.
- Die Glaubenssätze der Organisation versagen, limitieren andere Lösungen und Entwicklungen.

Glaubenssätze sind Konstruktionen über Wirkungszusammenhänge, Bedeutungen und Identitätsbeschreibungen, sie resultieren aus den Werten und Normen, auf denen das Wahrnehmen und Handeln einer Organisation oder Person aufgebaut ist. Ein Glaubenssatz ist assoziiert mit einem bestimmten Bewusstseinszustand von intensiver Aufmerksamkeit und Aufnahmebereitschaft sowie intensiverer Reaktionsbereitschaft gegenüber einer bestimmten Menge von Parametern und Filtern.

»In einem gewissen Sinne stabilisieren Glaubenssätze unser Modell von der Welt und sagen uns, was Sinn macht und was nicht; sie garantieren den inneren Zusammenhalt unseres Weltmodells. Unser Glauben bestimmt unsere Reaktionsweisen und tendiert dazu, sich wie eine sich selbst erfüllende Prophezeiung immer wieder zu bestätigen. Glauben wirkt wie ein Wahrnehmungsfilter, der nur bestimmte Informationen als Grundlage für eine Entscheidung zulässt. In sofern es schon vor der eigentlichen Entscheidung eine Verzerrung, Tilgung o.ä. erfolgt. Wie man ein Problem definiert, bestimmt, wie man damit umgeht.« (Grochowiak 1996,75)

Wir entwickeln oft Glaubenssätze, wenn wir nicht wissen, was wirklich geschieht (A. Korzybski). Wir unterscheiden verschiedene Arten von Glaubenssätzen: Glaubenssätze in Bezug auf Ursachen (Ziel sich auf Ursache-Stärkung-Beziehungen: wenn A., dann B)

- Glaubenssätze in Bezug auf die Bedeutung (einem Ereignis oder Tatbestand eine Bedeutung zugeordnet),
- Glaubenssätze in Bezug auf die Identität (Aussagen über das eigene Ich).

In der Schule kommt eine Vielzahl von impliziten Erwartungen zum Tragen, die zu Überlappungen, Störfeldern und Konflikten führen. Zudem ist die Schule auch der Ort, an dem – wie in jeder Organisation – Mitglieder des Systems eigene individuelle Konflikte aus der Herkunftsfamilie reinszenieren. Man kann sich dies etwa so vorstellen, als ob im Klassenraum neben Schülern und Lehrern auch noch alle relevanten Familienmitglieder der Anwesenden sitzen und mitreden. Die Unterrichtsituation kann daher unter Umständen einen ständigen Loyalitätskonflikt der Anwesenden (auch des Lehrers) darstellen.

Dennoch bilden sich in der Interaktion der Organisationsmitglieder infolge der Synchronisation spezifische Werte und Normen heraus, die dann in Glaubenssätzen ihren Ausdruck finden. Für die Mitglieder der Organisation ist es schwierig herauszufinden, auf welchen Glaubenssätzen die Interaktion innerhalb des Systems und mit der Umwelt aufgebaut ist. Dies erschließt sich aber dann, wenn die Fähigkeit gegeben ist, auf eine Metaebene zu gehen und das System in seinen kommunikativen Schleifen von außen zu betrachten.

Veränderungen können in der Organisation nur dann vorgenommen werden, wenn sie in Bezug auf die Erwartungen der Umwelt keine limitierenden Glaubenssätze hat oder in die Lage versetzt wird, diese aufzulösen.

Die Bewusstmachung limitierender Glaubenssätze und deren mögliche Auflösung – sofern dies Auftrag der Organisation ist, da Veränderung ja kein Selbstziel darstellt – kann nur mit Hilfe eines externen Beraters hinreichend gelingen, da einige Aspekte der Limitation von den Mitgliedern der Organisation nicht wahrgenommen werden können. Glaubenssätze zu verändern bedeutet aber, dass die Organisation Werte, Normen und Regeln hinterfragen und schließlich verändern muss. Dieser Prozess ist als Veränderungsaufgabe in den logischen Ebenen der Pyramide der schwierigste und nachhaltigste. Hier gibt es viele Widerstände. Die Strategie für diese Veränderungsprozesse ist das sog. Change Management. Zur Veränderung von Glaubenssätzen muss die Ebene der Identität einbezogen werden.

Fazit: Können zur Entwicklung benötigte Fähigkeiten nicht ausgebildet werden, um neue Verhaltensweisen als Antworten auf veränderte Umweltanforderungen zu zeigen, so liegen limitierende Glaubenssätze vor. Limitierende Glaubenssätze können aufgelöst und durch neue „Erlaubnissätze" ersetzt werden. Hierzu bedarf es einer veränderten Identitätsbeschreibung der Organisation bzw. des Individuums

Identität

Bei der Identitätsdefinition handelt es sich um eine sehr komplexe Konstruktion, die teilweise offen und in vielerlei Hinsicht verdeckt ist. Jede Organisation braucht eine Identitätsdefinition als Ausdruck ihrer Mission, an der andere und die Organisationsmitglieder selbst erkennen können, was die Organisation darstellt. Wenn diese Definition in Form von Leitsätzen vorgenommen wird, ist das hilfreich, um Ableitungen für die vorgenannten Ebenen zu treffen. Dies ist leider in vielen Schulen nicht gegeben. Je weniger die Mitglieder der Organisation an der Entwicklung der Definition der Identität beteiligt waren, umso fremder stehen sie zu deren Identität und entwickeln eine verdeckte Identitätsdefinition, die allerdings in der Interaktion viel mächtiger wirkt als die offizielle. Eine gute Kooperation kann man nur dann erreichen, wenn alle Teilnehmer (auch Schüler) an der Entwicklung der Corporate Identity beteiligt werden. Woran können wir erkennen, dass dies unsere Schule ist? Was unterscheidet unsere Schule von anderen Schulen? Die Beteiligung schafft Identifikation und Motivation und damit Nachhaltigkeit. Insbesondere werden Konflikte weniger dramatische Ausprägungen haben als in einem System, das als fremd und nicht ichsynchron wahrgenommen wird.
Fazit: Um den veränderten Umweltanforderungen gerecht werden zu können, bedarf es in den Fällen, in denen keine Lösungen auf der Ebene des Verhaltens und der Fähigkeiten gefunden wurden, der Veränderungen auf der Ebene der Glaubenssätze, um qualitativ neue Muster entwickeln zu können. Die Veränderung der Glaubenssätze setzt voraus, dass zugrundeliegende Werte und Normen hinterfragt werden um über diesen Weg zu einer veränderten Beschreibung der Identität (Aussage über sich selbst oder die Organisation) kommen zu können.

Vision oder Mission

Die Bestimmung der Vision oder Mission ihrer Organisation ist für Schulen zunächst einmal fremd. Zum einen gibt eine Außendefinition, in der die anderen Anspruchsgruppen Aussagen darüber treffen, was Schule ist oder sein soll und woran man Schule erkennen kann. Auch Lehrer haben – wie gesehen – individuelle Missions- und Visionskonstruktionen. Was häufig fehlt, ist eine konsensuelle Aussage der Mitglieder über den Sinn ihrer Organisation. Bei Wirtschaftsunternehmen spricht man hier von einem »mission statement«, das an erster Stelle der Firmenleitlinien aufgeführt ist. Solche Statements sollen den Sinn des Unternehmens und dessen Nutzen für die Umwelt verdeutlichen. Wenn sie nicht in einem Diskurs mit den Mitgliedern der Organisation entwickelt wurden, wirken sie lächerlich, da sie auf der Verhaltensebene nicht gelebt werden. Fragen nach der Mission oder Vision in Schule können wie folgt lauten:

- Was soll Sinn dieser Schule sein?
- Worin soll sie sich von anderen unterscheiden?
- Welchen Nutzen soll sie den Mitgliedern und den Anspruchsgruppen bringen?

Fragt man das Kollegium nach der Vision oder Mission der Schule, stößt man erst einmal auf Irritation, da es hierzu häufig keinen Konsens gibt bzw. sich bisher noch niemand darüber Gedanken gemacht hat. Andererseits kann man aber in vielen Schulen dann schnell die entscheidenden Punkte herausarbeiten. Es gibt dann Aussagen wie:

- »Wir geben hier keinen Schüler verloren.«
- »Wir überleben in einem schwierigen Umfeld.«
- »Wir wollen eine gute Lernumwelt schaffen.«
- »Wir sind die beste Schule in der Stadt.«

In Supervisionsprozessen zeigt sich z.B., dass manche Hauptschulen sehr unter einer Sinnkrise leiden. Bevor man jedoch an dieser Sinnkrise verzweifelt, ist es hilfreich, einen eigenen Sinn zu konstruieren, der die Handlungsfähigkeit wiederherstellt. Neue Sinnkonstruktionen verlangen ein radikales Verlassen der eingefahrenen Wege, da die Lösung für das neue Problem nicht in alten Mustern liegen kann. Die Suchstrategie nach diesen neuen Sinnkonstruktionen liegt daher eher in der Fragestellung: Was ist weder das Problem noch die Lösung?

Diese Fragestellung ist stark perturbierend, lässt man sich auf sie ein, wirkt sie nach einiger Zeit ausgesprochen klärend. Ziel ist es, die bisherige Wirklichkeitsbeschreibung komplett zu verlassen, sich von Gedankenmustern und emotionalen Mustern zu lösen und sich von einer neuen Lösung »finden« zu lassen. Je mehr man nach einer Lösung sucht, umso mehr verschwindet sie. Unter Rückgriff auf Ericksons Geschichte des verirrten Pferdes kann man sagen, wenn wir unserem klugen Unbewussten erlauben, den Weg zu etwas Neuem zu finden, so wird es dies auch bewerkstelligen. Überrascht sein werden wir allerdings davon, dass das Gefundene etwas Unerwartetes ist. Nun stellt sich die Frage, ob man sich hierauf einlassen kann. Wenn ja, hat dies außerordentlich erweiternde und ermöglichende Konsequenzen.

Fazit: Bei gravierenden Veränderungen in der Umwelt der Organisation / des Individuums, die dazu geführt haben, dass alle Lösungsversuche gescheitert sind, ist es u. U, sinnvoll, sich neu zu erfinden und andere Sinnkonstruktionen zu wählen, die zu anderen Lösungsmustern führen. Neue Sinnkonstruktionen sind tiefgreifende Musterveränderungen, die auf einer anderen Lösungsebene liegen: im Weder – Noch oder Sowohl – Als auch.

Ein Beispiel für die Wirkweise der logischen Ebenen in der Organisation Schule

1. Ebene: Umwelt
   Die Anzahl der sich anmeldenden Schüler wird geringer (Umweltvariable).
2. Ebene: Verhalten
   Die Schule muss sich hierauf einstellen.
3. Ebene: Fähigkeiten
   Möglicherweise fehlen dieser Schule aber die Kenntnisse, im sozialen Kontext marktbildend für

sich zu werben, da es bisher nie nötig war. Es müssen also neue Fähigkeiten entwickelt werden. Die Frage lautet jetzt: Darf das sein? Gibt es hierfür eine positive Entscheidung?

4. Ebene: Glaubenssätze
   Diese neuen Fähigkeiten zu entwickeln, bedeutet eine Umentscheidung auf der Ebene der Werte und Normen und der Glaubensätze: »Wir haben das immer so gemacht – warum sollen wir das ändern?«
5. Ebene: Identität
   Um diese Entscheidung zu treffen, braucht es unter Umständen eine neue Identitätsdefinition der Organisation, die sich in den Markt begeben und nach außen kommunizieren muss, wer sie ist und für was sie steht.
6. Ebene: Mission oder Vision
   Die Identitätsbeschreibung wiederum ist nicht möglich ohne Aussagen über die eigene Mission (»Was können wir im Gegensatz zu anderen anders oder besser? Was sind unsere übergeordneten Lernziele oder Sinnziele? Woran könnte man einen Schüler erkennen, der die Bildungsziele internalisiert hat?« – Hier geht es also um die corporate identity, die Unverwechselbarkeit einer spezifischen Organisation. Auf der Visions- oder Missionsebene ist die Aussage über den Sinn der Organisation für die Umwelt zu treffen. Diese Sinnaussage (»mission statement«) ist sehr wichtig, um den Mitgliedern der Organisation Orientierung geben zu können. Wird diese Aussage vermieden, kommt es in der Organisation zu unterschiedlichen Sinnkonstruktionen der einzelnen Mitglieder oder Subgruppen, was sich auf alle darunterliegenden Ebenen auswirkt und letztlich die Botschaft, die aus der Organisation an die Umwelt geht, überaus inkonsistent erscheinen lässt. Die Umwelt weiß dann nicht, mit wem sie es zu tun hat.

In Supervisions- und Organisationsentwicklungskursen mit Lehrern und Schulleitern zeigt sich immer wieder die Interdependenz zwischen den einzelnen logischen Ebenen im Sinne isomorpher Strukturen: Die Struktur der Konflikte zwischen Schülern ist bezogen auf die Struktur der Konflikte zwischen Lehrern und Lehrern und Schulleitung bzw. zwischen Mitgliedern der Schulleitung. Diese Konflikte sind wiederum Ausdruck von Blockaden auf einer der genannten logischen Ebenen. Da wir wissen, dass Konflikte strukturdeterminiert sind, müssen wir also bei ständig wiederkehrenden Konfliktmustern, die nicht durch »mehr oder weniger desselben« (Lösungen 1. Ordnung) lösbar sind, auf die zugrunde liegende Struktur der Regeln und Normen der Kommunikation fokussieren. Diese Erkenntnis ist für keine Organisation angenehm, da beinahe alle Teilnehmer in der Organisation jeweils die Konfliktgegner als Verursacher oder Schuldige des Konfliktes sehen. So sind es für die Lehrer möglicherweise die Schüler und umgekehrt. Oder die Fraktionen innerhalb des Kollegiums sind so gestaltet, dass man sich jeweils gegenseitig für Schwierigkeiten verantwortlich sieht. Beinahe nie werden in der Konfliktsituation die eigenen Anteile gesehen. Dies verwundert nicht, da jeder im Konfliktfall in seiner eigenen Problemtrance steckt und emotional so engagiert ist, dass er nicht mit dem Standpunkt der anderen empathisch sein kann.

Jede Organisation oder Institution erlebt im Laufe ihrer Existenz eine Vielzahl von Krisensituationen, die bis hin zur Existenzbedrohung führen können. Diese Krisen sind Ausdruck der inneren Entwicklung der Organisation und der Auseinandersetzung mit den äußeren Einflüssen aus der Umwelt der Organisation.

Die von den Kriseneinflüssen betroffenen Mitglieder der Organisation bewerten Krisen häufig sehr negativ. Sie scheinen auf ein Versagen der Konfliktlösungsstrategien der einzelnen Mitglieder hinzuweisen, so dass das kreative Potenzial des Konfliktes nicht gesehen werden kann. Auch Lehrer sind in vielfältiger Weise betroffen und entwickeln individuelle Abwehrstrategien:

- Sie suchen einzelne „Schuldige" für den Konflikt oder
- sie verleugnen den Konflikt, oder
- sie werden, nachdem sie sich zunächst aktiv um die Bewältigung bemüht haben, bei Nicht-Gelingen zunehmend aggressiver, später dann hilflos und schließlich autoaggressiv in Form von Krankheiten oder Selbstanklagen und Selbstabwertungen.

In der täglichen Arbeit entwickeln alle Mitglieder der Organisation ihre eigenen individuellen Strategien und Verhaltensweisen zur Regulation der als permanente Störungen erlebten inneren und äußeren Einflüsse. Angesichts des stetigen Regelungsbedarfs treten dabei manchmal die eigentlichen Aufgaben der Institution in den Hintergrund. Bei der Suche nach den Ursachen für den Konflikt greift man auf Erklärungen zurück, die zunächst die Hoffnung erzeugen, jetzt wirklich verstanden zu haben woran es liegt. Später aber – bei einer Neuauflage des gleichen Konfliktmusters – zerplatzen diese Hoffnungen schnell, um einer tiefen Frustration Raum zu geben. Beständig wird übersehen, dass die entstehenden Schwierigkeiten in Organisationen und Institutionen zu einem übergroßen Teil Ausdruck kommunikativer Störungen im System sind. Also nicht Einzelne sind Schuld an etwas, sondern das gesamte Kommunikationsmuster der Mitglieder der Organisation trägt zur Entstehung und Aufrechterhaltung des Konflikts bei.

Im systemisch-konstruktivistischen Denken gehen wir davon aus, dass sämtliche Schwierigkeiten im Miteinander nicht zufällig entstehen, sondern durchaus sinnvolle Konstruktionen der Mitglieder der Organisation sein können. Probleme und Krisen haben für jeden Beteiligten eine andere Bedeutung. Was für manches Mitglied schon über die subjektive Belastungsgrenze geht, ist für ein anderes nicht einmal irritierend.

Im systemisch-kostruktivistischen Denken sind Probleme oder Krisen sehr kunstvolle kollektive Wirklichkeitskonstruktionen, die, wenn man sie später mit etwas Abstand betrachtet, sogar fast witzig erscheinen. Im unmittelbaren Konfliktgeschehen indes gehört die emotionale Involviertheit zwingend zum Problem. Oder: Ein richtiges Problem muss sehr belastend erlebt werden.

Auch hier – bei der Bedeutung des inneren Erlebens – gehen wir wiederum ganz konsequent konstruktivistisch vor, indem wir Emotionen als sehr komplexe subjektive Konstruktionen verstehen, die – und dies stellen wir manchmal ja sehr schmerzhaft fest – nicht von allen Beteiligten geteilt oder gar gleich erlebt werden.

Auch Organisationen und Institutionen verstehen es sehr gut, ausweglose Krisenkonstruktionen zu erzeugen.

Bei der Implementierung von Veränderungen oder Innovationen in ein System wie auch bei strukturellen Krisen kommt es in jedem System immer wieder zu Sackgassen oder stuck states. In der Regel handelt es sich hierbei um Situationen, die das Ergebnis vieler Versuche, alles besser zu machen, sind und dann schließlich nur zu mehr Vorschriften, Regeln und Normen geführt haben.
Existenzielle Krisen entstehen aus dem »Mehr desselben« der bisher praktizierten, zuletzt aber nicht mehr erfolgreichen Lösungsstrategie. Indem man wie hypnotisiert an dieser Strategie festhält, verstärkt man die Schwierigkeiten noch, die eigentlich beseitigt werden sollten. Dies ist dann zugleich auch der Ausgangspunkt vieler systemischer Analysen: Systemisches Denken hilft da, wo man mit kausal-linearem Denken in der Sackgasse gelandet ist. Die Hauptfrage im kausal-linearen Denken ist immer: Was ist der Grund (die Ursache) für die Krise? Oder noch besser – und hierin sind wir alle sehr geübt: Wer ist schuld an dem Problem?
Auf diese Fragen gibt es keine valide Antwort, dennoch wird aber eine konstruierend gefunden, damit es eine Lösung gibt. Diese Erklärungsstrategie ist uns allen sehr geläufig, weil sie zu unseren Denk- und Handlungstraditionen gehört und eben auch schon sehr lange in der Menschheitsgeschichte praktiziert wird. So ist sie bereits im alttestamentarischen »Sündenbockritual« vorzufinden.
Im systemischen Denken dagegen interessiert uns die Ursache zunächst einmal sehr wenig, denn es gibt sie als isoliertes Phänomen in dieser Form nicht. Ursachen gibt es allenfalls als Faktorenbündel, bei dem man nicht genau weiß, welcher Faktor zuerst da war und welcher dann folgte. Systemisch gesehen, interessiert uns nur das Zusammenwirken der Faktoren und die Kunstfertigkeit aller beteiligten Menschen in der Konstruktion des Problems.
Wir fragen nach zirkulären Prozessen, nach Auswirkungen und Sinnkonstruktionen. Wichtig ist nicht die Schuld- oder Ursachenfrage, sondern die Lösungsfrage.
Diese Strategie lässt sich sehr gut auf individuelle, interindividuelle und institutionelle Probleme anwenden und führt zu überraschenden Lösungen.
Veränderungen brauchen aus systemischer Sicht daher neue Muster. Anstelle quantitativer Veränderungen, die als »mehr desselben« das Problem zementieren, müssen qualitative Veränderungen her, die mehr sind als Erneuerungen. Neue Muster verlangen anderes Denken, verlangen das Verlassen der gewohnten Bahnen, die Metaperspektive, die wirklich Neues ermöglicht.

Arbeit mit den logischen Ebenen in der Schulentwicklung

1. Phase: Vorarbeit
Bei der Übernahme der Aufgabe, pädagogische Tage oder Schulentwicklungsmaßnahmen zu moderieren, hat es sich als zwingend erforderlich erwiesen, die Problemdefinition der Mitglieder der Organisation genau zu kennen und vor allem eine dezidierte Auftragsklärung mit den wichtigen Subgruppen in der betreffenden Schule vorzunehmen. Daher sind vor der Durchführung von Schulentwicklungsmaßnahmen mindestens 1-2 Vorgespräche mit den Vertretern der wichtigen Gruppen im Kollegium nötig, um die Gefahr des Misserfolgs der Veranstaltung zu minimieren.

Alle Bedenken müssen angesprochen und evtl. vom Berater vorweggenommen werden. Zur Minimierung von Widerständen im Kollegium müssen alle Standpunkte als gleichrangig akzeptiert werden. Der Berater ist zur Neutralität und Allparteilichkeit verpflichtet und baut eine Äquidistanz zu den einzelnen Gruppen auf.

Der Berater bereitet die Veranstaltung über ein Pre-Framing vor:
- Er kommuniziert seine Lösungsorientierung und setzt damit erste Veränderungsanker.
- Er benennt, wer für was verantwortlich ist (er für den Prozess, das Kollegium für Ergebnisse).
- Er gibt einen transparenten Überblick über seine Arbeitsweise.
- Er lässt sich Feedback geben, ob dieses Vorgehen gewünscht ist oder ob es Einwände gibt – falls es Einwände gibt, geht er auf diese ein.
- Er nennt als Bedingung, dass die Teilnahme an der Veranstaltung für alle freiwillig sein muss.
- Er erklärt, wie durch eine Verknappungsstrategie Lehrer neugierig auf die Teilnahme gemacht werden können.

Der Berater regt in der Vorbereitungsgruppe eine lösungsorientierte Problemdefinition an:
- Was genau ist das Problem?
- Wer sieht was als Problem?
- Wann, in welchen Situationen, ist das Problem da?

Der Berater fragt nach Ausnahmen vom Problem:
- Wann war es einmal besser?
- Was genau war da anders?
- Wer hat was anders gemacht?

Der Berater regt eine gemeinsame Zieldefinition in der Vorbereitungsgruppe an:
- Woran könnten Sie merken, dass das Problem gelöst ist?
- Was sehen, hören, fühlen Sie da anderes?)

Der Berater klärt seinen Auftrag:
- Was genau ist mein Auftrag bei der Lösung des Problems?
- Woran könnten Sie merken, dass ich hilfreich bin?

Der Berater fragt sich auf einer Metaebene, welche inneren Stimmen zum Auftrag in ihm sind:
- Gibt es Widerstände oder Einwände?
- Welches Signal gibt das kinästhetische Referenzsystem (Bauchgefühl)?
- Will er den Auftrag übernehmen (Rückmeldung an die Gruppe)?

2. Phase: Durchführung
Der Auftrag der Schule lautet: Standortbestimmung und Klärung der Frage, was möglicherweise verändert werden sollte
Setting: Alle Lehrer gemeinsam in einem großen Raum. Möglichst ohne Tische. Die Teilnahme ist freiwillig.

Einführungsphase:
- Der Berater sagt etwas zu seiner Person und Motivation sowie zu den Vorgesprächen. Er würdigt die Bereitschaft der Organisation, sich mit dem Thema auseinanderzusetzen.
- Der Berater stellt Transparenz über seine Orientierung und seine Ziele her.
- Der Berater gibt eine Einführung zum Thema der Konstruktion von Problemen und Lösungen, dabei würdigt er die Ambivalenz der Organisation gegenüber Veränderungen.
- Cover all bases – der Berater spricht alle Gruppen gleichrangig an.
- Bedenken vorwegnehmen – der Berater spricht die Bedenken an, die er wahrzunehmen meint oder von denen er aus dem Vorgespräch weiß.

- Der Berater erklärt das weitere Vorgehen und wozu es dienen soll.

Durchführungsphase:

- Jeder Lehrer schreibt seine eigenen Antworten zu den einzelnen logischen Ebenen jeweils auf einen Zettel (Metaplantechnik).
- Wunderfrage nach de Shazar: »Stellen Sie sich einmal vor, Sie gehen heute Nacht wie üblich schlafen und über Nacht geschieht ein Wunder in der Schule. Sie kommen in die Schule und alles ist auf einmal so, wie Sie es sich schon immer gewünscht haben. Was glauben Sie, woran können Sie die Veränderungen merken?«
  - Wie sieht die Umwelt die Schule auf einmal anders?
  - Was hat sich an den Verhaltensweisen der Einzelnen geändert?
    am Verhalten des Schulleiters,
    am Verhalten der Kollegen,
    am Verhalten der Schüler,
    am Verhalten der Eltern,
    am Verhalten anderer Anspruchsgruppen.
  - Welche besonderen Fähigkeiten hat die Schule durch das Wunder entwickelt?
  - Welche neuen Werte und Normen sind auf einmal entstanden?
  - Wie schätzt die Schule, wie schätzen die in ihr Arbeitenden ihre Identität ein?
  - Angenommen man könnte jetzt eine Leuchtreklame über der Schule errichten auf der steht, was das Besondere an dieser Schule ist. Was stände dort?

Austausch-Phase:
Alle Zettel werden auf vorbereitete Metaplanwände gepinnt. Jede Metaplanwand steht für eine logische Ebene. Die Teilnehmer gehen herum und lesen die Zettel der anderen.

Phase Zukunftswerkstatt:
Die Teilnehmer formieren sich in gleich großen Kleingruppen (5-7 Personen) und diskutieren folgende Frage: Angenommen man könnte einen Teil dieses Wunders jetzt schon wahr werden lassen, was wäre hier der erste Schritt und woran würde man dann die Veränderung merken?"

Abschlussphase:
Die Teilnehmer geben im Plenum ein kurzes Feedback, wie es ihnen in der Arbeit ergangen ist.
Ausdrücklich weist der Berater darauf hin, dass keine kognitive Analyse geliefert werden soll, sondern es nur darum geht, wie man sich jetzt fühlt.
Das Vorgehen in der Veranstaltung aktiviert die bereits vorhandenen Lösungsressourcen unter den Teilnehmern.
Der Berater setzt hier zuvor schon einen Lösungsrahmen, indem er impliziert, dass es Ressourcen und Lösungen und Wunder gibt.
Die Bemerkungen des Beraters sind als sog. Seeding-Technik zu verstehen. Das ist eine Technik aus der Hypnotherapie, bei der der Therapeut Bemerkungen beiläufig fallen lässt ohne dass der andere diese aufnehmen muss. Sie wirken als Suggestionen nach und präformieren neue Lösungsmuster.
Die Arbeit des Beraters besteht in der Perturbation des Systems und der Anregung, die eigenen Lösungsressourcen zu nutzen. Über diese Intervention wird die Organisation und werden alle einzelnen teilnehmenden und auch die nicht teilnehmenden Mitglieder eingeladen, in eine neue Form von Selbstorganisation einzutreten. Aus dieser Strategie kann man ersehen, dass die Teilnahme freiwillig sein muss, die nicht-teilnehmenden Mitglieder der Organisation können sich der Veränderung gar nicht entziehen, weil sich die Positionen der teilnehmenden Mitglieder verändert haben und sie sich automatisch neu dazu verhalten müssen. Die weitere Arbeit geschieht dann in der Organisation selbst. Erfahrungsgemäß wird nach einiger Zeit der Berater erneut gefragt, ob er weiterführende Prozesse moderieren würde. Dann muss eine neue Auftrags- und Zielklärung erfolgen.

10.3 Die Klärung individueller Blockaden mithilfe der logischen Ebenen

Das Modell der logischen Ebenen kann nicht nur auf organisationelle Probleme angewandt werden, es ist auch für die Klärung individueller Konflikte sehr nützlich. Im Rahmen unseres Beratungskonzepts nutzen wir die logischen Ebenen sowohl als Analyse- und Planungs-, wie auch als Interventionsinstrument.

Die Rolle des Beraters und Lehrers

Schildert in der Beratung oder Supervision jemand ein Problem, so ist unser Fokus darauf gerichtet, verstehen zu wollen, auf welcher der logischen Ebenen die Auslöser für das Problem angesiedelt sind. Danach kann die Ebene der Lösungsintervention identifiziert werden. Dies ist zunächst einmal ein Hilfsmittel, um sich an eine erste Beschreibung und Verflüssigung des Problems heranzuwagen, wobei sich die Problemdefinition und auch die Zuordnung des Problems auf einer der logischen Ebenen im Beratungsprozess verändern kann. Da wir die Beratung im wortwörtlichen Sinne als Prozess sehen, ist auch die Modifikation des Problems eine sehr sinnvolle Phase, die zeigt, dass im Laufe der Interaktion zwischen Berater und Klient neue Wirklichkeitskonstruktionen und damit Problemdefinitionen entstehen und verworfen werden können. Im systemisch-lösungsorientierten Beratungsmodell herrscht eine Gleichrangigkeit im Verhältnis zwischen Klient und Berater, die eben auch bedeutet, dass Problemdefinitionen und Lösungskonstruktionen miteinander definiert werden. Weil Problemdefinitionen sich in dem Moment, in dem sie getroffen werden, schon wieder verändern können, gibt es also nicht »das Problem« als Wirklichkeit, sondern nur eine Beschreibung von interaktiven Prozessen und von Wahrnehmungskonstruktionen, die sich wiederum durch ihre Benennung auf eine bewusste Ebene emporheben und damit automatisch transformiert werden. Beratung ist daher eine konsekutive Arbeit, die auch bereichert werden kann mit Konfrontationen von Seiten des Beraters im Sinne von »So-tun-als-ob»-Experimenten: Der Berater bietet hier eine andere Wirklichkeitskonstruktion (eine andere Sichtweise des Problems oder das Ausprobieren neuer Muster) an und perturbiert damit die eingeschliffenen Muster des Klienten, ohne dass der Berater für sich in Anspruch nimmt, dass seine Sichtweise die richtige ist. Es handelt sich bei diesem Vorgehen um eine prozesshafte gemeinsame Kreation von Lösungskonstruktionen, die darauf untersucht werden, inwieweit sie dem Klienten bei der Bewältigung seines Problems helfen können. Allein das Feedback des Klienten hinsichtlich der Nützlichkeit des Lösungswegs ist ausschlaggebend für den weiteren Prozess. Insofern ist die Arbeit mit den logischen Ebenen eine Perturbation bisheriger Wahrnehmungs- und Kodierungsmuster beim Klienten und als solche außerordentlich wirksam.

Die Rolle des Beraters unterscheidet sich damit von der traditionellen Rolle des Lehrers, der in der herkömmlichen Anschauung den Weg weiß und die passenden

Antworten hat. Ein interessantes Experiment für den Pädagogen liegt darin, sich auf der Beziehungsebene (nicht auf der Fachebene, wo er Experte ist), also bezogen auf all das, was in der Interaktion im Unterricht geschieht, selbst als Suchender und Nicht-Wissender zu definieren. Erfahrungsgemäß setzt diese Haltung enorme Lösungsressourcen bei den Schülern frei, wenngleich der Lehrer zu Beginn seines neuen Rollenverhaltens darauf eingestellt sein muss, dass zunächst mehr Chaos entsteht und sich erst dann die Lösungsmuster in der Emergenz entwickeln. Wie wir gesehen haben, reagiert das System bei Musterveränderungen mit Gegenregulationen, daher gilt: Erst wird es schlechter, dann wird es besser.

Logische Ebenen als Analyse- und Interventionsinstrument
Neben der Nutzung als Analyse-Instrument zur Einordnung von Problemen auf den logischen Ebenen kann das Modell auch zur Intervention eingesetzt werden.
Ein wichtiger Hinweis vorneweg: Das Modell bezieht sich in erster Linie auf die Klärung intrapsychischer Konflikte, die in der Interaktion entstanden sind und die jemand für sich lösen möchte. Man kann also herausfinden, auf welcher Ebene neue Muster etabliert werden können, um neue Lösungen zu erzielen.
Bei der Beschreibung des Problems durch den Klienten gibt es erste Hinweise darauf, auf welcher Ebene die Schwierigkeiten angesiedelt sind. Typische Aussagen, die auf die Problemebene hinweisen, sind:
- »Die anderen machen etwas nicht so, wie ich es will.« (Umwelt)
- »Ich weiß nicht, was ich tun soll. « (Verhalten)
- »Ich weiß nicht, wie ich das ändern kann.« (Fähigkeiten)
- »Ich darf das nicht.« (Glaubenssätze)
- »Ich bin zu dumm dafür.« (Identität)
- »Das macht alles keinen Sinn für mich.« (Mission / Vision)

Zur Intervention und weiteren Problemanalyse kann das Format »chunking up chunking down« aus dem NLP eingesetzt werden. Unter »chunks« werden im NLP die Größenordnungen von Informationsorganisationen verstanden. Chunking up bedeutet daher das Wechseln auf eine umfassendere allgemeine Ebene, chunking down hingegen das Wechseln auf eine spezifischere konkrete Ebene.
Beginnt man bei der Problemdefinition auf der Umweltebene und will herausfinden, welche weiteren Ebenen für das Problem ein Rolle spielen, so wählt man das Chunking up und fragt man nach der Bedeutung des Problems auf den höheren Ebenen. Das Chunking up kann bis zur Ebene der Vision / Mission vollzogen werden, um einen möglichen Transformationsprozess der Bedeutung und damit der Problemdefinition hin zu einer neuen Lösung einzuleiten.
Will man sich hingegen damit beschäftigen, welche Auswirkungen Lösungen haben, die auf den höheren Ebenen der Pyramide gefunden wurden, so bewegt man sich bis zur Umwelt Ebene für Ebene nach unten (Chunking down).

Um herauszufinden, auf welcher Ebene das Problem angesiedelt ist, wird zunächst nach der Problemdefinition gefragt: »Was genau siehst du als Problem?«

Ein individueller Fall
Lehrer: »Ich fühle mich gestört durch die Unruhe in der Klasse.«
Dies ist eine Problemdefinition, die auf der Umweltebene angesiedelt ist.
Frage: »Wie müssten sich die Schüler anders verhalten, damit es für dich besser ist?«
Lehrer: »Na, sie müssten ruhiger sein.«
Frage: »Glaubst du, dass sie es von sich aus tun werden oder müsstest du selbst etwas machen?«
Lehrer: »Von sich aus sollten sie das machen, werden sie aber nicht. Also muss ich mir was einfallen lassen.«
Er spricht von sich aus die Verhaltensebene an.
Frage: »Wie genau könntest du dich anders verhalten, um sie einzuladen sich anders zu verhalten?«
Lehrer: »Ich habe keine Ahnung, habe alles mögliche schon probiert.«
Frage nach den Ausnahmen (gehört zum lösungsorientierten Vorgehen, nicht zu den logischen Ebenen): »Kannst du dich an andere Situationen in dieser Klasse oder anderen Klassen erinnern, wo es auch so war und es dann besser wurde?«

Wenn ja: Sollte er sich an eine andere Situation erinnern können, braucht keine weitere logische Ebene mehr angesprochen zu werden. Aus der Ausnahmesituation wird dann die Lösungsressource abgeleitet und verankert.
Wenn nein: Übergang auf die Ebene der Fähigkeiten.
Frage: »Glaubst du, dass du eine Verhaltensstrategie entwickeln kannst als Lösung für das Problem?«
Lehrer: »Grundsätzlich ja, aber ich weiß nicht, wie.«
Frage: »Was bedeutet das für dich, wenn du etwas nicht weißt?«

Übergang zur Ebene der Glaubenssätze.
Lehrer: »Ich fühle mich dann nicht so gut, irgendwie hilflos.«
Frage: »Was bedeutet es für dich, wenn du dich hilflos fühlst?«
Lehrer: »Das mag ich an mir selbst nicht so gern.«
An dieser Stelle wird ein Glaubensatz sichtbar, der sich in Form einer sog. »komplexen Äquivalenz« äußert: Man kann sich nur mögen, wenn man weiß, was zu tun ist, wenn man nicht hilflos ist.

Übergang zur Ebene der Identität.
Frage: »Was bedeutet es für dich, wenn du an dir selbst etwas nicht magst?«
Lehrer: »Ich kann mich dann selbst nicht leiden und fühle mich dann nicht so viel wert.«
Frage: »Was bedeutet es für dich, wenn du dich als nicht so wertvoll empfindest?«
Lehrer: »Wenn ich für mich nichts wert bin, bin ich auch für andere nichts wert.«

Übergang zur Ebene der Spiritualität oder Vision / Mission:
Frage: »Was bedeutet es für dich, wenn du für dich und andere nichts wert bist?«
Lehrer: »Ich habe dann eigentlich keine richtige Existenzberechtigung.«
Intervention: »Das heißt also, dass man nur dann, wenn man für sich selbst und für andere wertvoll ist, eine Existenzberechtigung hat?« Hier wird die Verallgemeinerung bewusst gewählt, um den Widerspruch der Aussage zu verdeutlichen. Dies gelingt dem Klienten dann besser, wenn er die Aussage auf andere überträgt und infolge dessen eine Dissoziation entstehen und damit die emotionale Verstrickung (Assoziation) aufgelöst werden kann.
Lehrer: »Eigentlich ist das Quatsch. Natürlich hat man eine Existenzberechtigung, auch wenn man sich selbst und andere einen als nicht so wertvoll ansehen.«

Frage: »Angenommen, es könnte auch für dich gelten, dass du eine Existenzberechtigung unabhängig davon hast, ob du oder andere dich als wertvoll ansehen. Welche Auswirkungen hätte das auf dich und dein Leben?« Form der Intervention: So tun als ob, damit der andere mit der Idee ein dissoziiertes Probehandeln unternehmen kann ohne die Erlaubnis gleich auf sich anwenden zu müssen. Gleichwohl wendet er sie aber automatisch auf sich an.
Lehrer: »Ich könnte dann viel freier und unbeschwerter mein Leben leben.«

Wechsel auf die Ebene der Identität:
Frage: »Welche Auswirkungen hätte es für dich, freier und unbeschwerter zu sein?«
Lehrer: »Ich würde mich viel wohler in meiner Haut fühlen.«

Wechsel auf die Ebene der Glaubenssätze:
Frage: »Welche Auswirkungen hätte es für dich, wenn du dich wohler in deiner Haut fühlen würdest? Was würdest du da über dich und die Welt denken?«
Lehrer: »Ich könnte lockerer sein und würde dann auch Störungen von anderen nicht direkt auf mich beziehen und denken, ich wäre unfähig.«

Wechsel auf die Ebene der Fähigkeiten:
Frage: »Angenommen, du gehst jetzt lockerer durch die Welt, welche Auswirkungen hätte das für dich in Bezug auf dein anfangs geschildertes Problem?«
Lehrer: »Ich könnte die Unruhe in der Klasse gelassener hinnehmen.«

Intervention zur Verdeutlichung der Fähigkeit: »Das heißt, wenn du lockerer bist, hast du dann die Fähigkeit gewonnen, gelassen zu sein.«
Wechsel auf die Ebene des Verhaltens:
Frage: »Angenommen, du hast nun die Fähigkeit zur Gelassenheit, welche Auswirkungen hätte die auf dein Verhalten?«
Lehrer: »Ich wäre offener zu den Schülern und könnte Probleme besser ansprechen ohne zu denken, ich sei schuld.«

Wechsle auf die Ebene der Umwelt:
Frage: »Angenommen, du zeigst dich jetzt in der Klasse offener und könntest direkt das ansprechen, was du bemerkst, welche Auswirkungen hätte dies auf die Schüler?«
Lehrer: »Die würden auf einmal merken, dass ich mehr präsent bin, geerdeter, und könnten mit mir besser in Beziehung treten, weil ich nicht mehr mit inneren Zweifeln über meine Fähigkeiten beschäftigt bin.«

Es folgt der sogenannte Öko-Check, oder die Frage, ob es noch irgendwelche inneren oder äußeren Einwände gegen das neue Verhalten gibt. Sollten diese kommen, müssen sie aufgegriffen werden und können ebenso auf über das Format aufgelöst werden. Bei sehr starken Loyalitätskonflikten, sog. systemischen Verstrickungen auf der Ebene der Identität, kann zur Auflösung dieser Konflikte ein weiteres Format – z.B. das Format »Reimprint« – eingebaut werden)
Frage: »Darf das sein?«
Lehrer: »Ja, das wäre o.k.«

Das Beispiel zeigt eine sehr wirksame Möglichkeit der Konfliktklärung auf, wie wir sie in vielen Fällen in der Arbeit mit Lehrern und Schülern in der Weiterbildung bzw. in der Supervision und im Coaching erlebt haben. Allerdings werden auch die Begrenzungen des Modells an den Stellen deutlich, wenn sich sog. systemische Verstrickungen zeigen. Diese systemischen Verstrickungen erscheinen meist auf der Ebene der Identität oder Spiritualität / Vision bei der »So-tun-als-ob-Intervention« des Beraters. Hier kann der Klient dann nicht mehr folgen, wenn er keine innere Erlaubnis zur Lösung hat. In diesen Fällen arbeiten wir mit dem Reimprint-Format weiter, das kurz gesagt dazu dient, fehlende Ressourcen in die Lebensgeschichte einzubauen und damit neue Erlaubnis-Sätze als Glaubenssätze generieren zu können. Dort wo Klienten in sehr ressourcenarmen Elternhäusern aufgewachsen sind, möglicherweise sogar Traumatisierungen davon getragen haben, haben sie kein Modell und vor allem auch keine Erlaubnis für eine Lösung. Erst durch das Auflösen dieser limitierenden Glaubenssätze und das Einführen neuer Ressourcen wird dann eine Lösung möglich.

Problemmustern in Schülerberatung

In der Beratungspraxis werden an die hierfür ausgebildeten Beratungslehrer die unterschiedlichsten Problembereiche von Schülern herangetragen. Ordnet man diese Probleme in Gruppen ein, so handelt es sich vorwiegend um:

- Leistungsproblematiken,
- Angstsymptomatiken,
- Suchtsymptomatiken,
- Soziale Konflikte (Opfer werden oder Täter sein),
- Selbstwertproblematiken.

Die systemisch-lösungsorientierte Beratung bezieht sich indes nicht primär auf das Problemverhalten (Verhaltensebene), sondern beschäftigt sich mit der Lösung der Problemmuster (vgl. Hubrig / Herrmann 2005).

Während Problembereiche wie soziale Konflikte in der Mediation gelöst werden können, wird es schon schwieriger, wenn wir uns mit den anderen genannten Symptomatiken beschäftigen wollen. Hier zeigt sich sofort, dass Interventionen, die auf der Verhaltens- oder Fähigkeitsebene ansetzen, sehr schnell ins Leere laufen.

Worin ist dieses Phänomen begründet? Wie wir aus der systemischen Familientherapie wissen, sind Symptome bei Kindern kommunikative Botschaften, die Aussagen über die Interaktionsbeziehungen in der Familie beinhalten. Symptome erhalten, wie wir gesehen haben, ihre Bedeutung in dem Kontext, in dem sie entstanden sind. Demzufolge sind Symptome bei Kindern und Jugendlichen immer sehr sinnvolle Haltungen in Bezug auf die Herkunftsfamilie. Eine Beratungspraxis, die allein beim Symptomträger »Kind« ansetzt, hätte sofort die Implikation, dass das Symptom ein individuelles Geschehen und nicht aus der Interaktion zu verstehen ist. Wir halten daher einen Ansatz von Beratung, der allein das Symptomverhalten des Schülers in den Vordergrund stellt und die Angemessenheit des Symptoms im familialen Kontext vernachlässigt, für nicht gerechtfertigt. Vielmehr noch: Aus unserer Sicht schafft er dem Schüler zusätzliche Probleme.

Unter Berücksichtigung dieser Problematik können aber sehr wohl Einzelgespräche vorgenommen werden um herauszufinden, auf welcher der logischen Ebenen das Problem angesiedelt ist. Gleichzeitig kann in der Einzelsituation stellvertretend mit den inneren Repräsentanzen der Familie (Introjekten) gearbeitet und können mögliche Blockaden aufgelöst werden. Lösungen von übernommenen familialen Glaubenssätzen setzen nicht die Einbeziehung der Eltern in das Gespräch voraus. Wichtig ist nur, dass der Berater weiß, dass die Eltern immer imaginär mit im Beratungsraum sind, wenn nicht sogar die Großeltern und Urgroßeltern, sobald es sich um Probleme handelt, die wie eine »heiße Kartoffel« von einer Generation auf die nächste übergegangen sind. »Heiße Kartoffeln« sind tradierte Familienregeln, die nicht offen kommuniziert werden und mächtig in den Beziehungen wirken. Kinder gehen aus dem Wunsch nach Zugehörigkeit und dem Mechanismus der Synchronisation automatisch in eine Loyalitätsverpflichtung zur Herkunftsfamilie. Kinder übernehmen also Muster, die für ihr außerfamiliales Lebensumfeld möglicherweise nicht funktional sind, aber dennoch unbewusst gelebt werden.

Bei den beschriebenen Symptomen und Problemen kann man in der Beratung regelmäßig eine Beziehung zu Glaubenssätzen bzw. Identitätsdefinitionen der Schüler herausarbeiten, daher greifen verhaltensmodellierende Interventionen in der Regel zu kurz. Wichtig ist es, sich mit den Bedeutungen des Verhaltens in der Familie und für den Schüler selbst zu beschäftigen.

Ein weiterer wichtiger Aspekt in der Schülerberatung ist die Frage nach den Strategien. Wie gehen davon aus, dass jedem Problemverhalten eine Strategie zugrunde liegt, die über einen bestimmten Auslösereiz wie eine Trance abgerufen wird.

Strategien können definiert werden als eine Sequenz bewusster oder unbewusster Verhaltensweisen, die ausgelöst werden durch Trigger in der Umwelt. Die Strategie wird durch die Rezeption bestimmter visueller und/oder auditiver und/oder kinästhetischer Reize in Gang gesetzt. Eine Strategie ist wie eine Trance, sie wird von außen angeregt und verläuft nach innerlich genau formalisierten Abläufen ab. Demnach können Problemsituationen, in die ein Schüler immer wieder kommt, auch als Strategien verstanden werden, dieses Problem zu evozieren. Die Fragen in der Beratung lauten also folgerichtig:

- »Wie machst du es, Prüfungsangst zu bekommen?«
- »Wie machst du es, dich selbst zu blockieren?«
- »Wie machst du es, schlecht über dich selbst zu denken?«

Die Fragen an den Schüler nach seiner Strategie, das Problem zu entwickeln, sind in höchstem Maße lösungsorientiert, weil sie immer implizieren, dass jemand das Problem selbst konstruiert. Natürlich stößt der Berater bei dieser Frage zunächst einmal auf Widerstand, da der Schüler sich selbst ja (wie es jeder Erwachsene auch täte) als Opfer irgendwelcher Verwerfungen in der direkten Umwelt definiert, die eigentlich für das Problem verantwortlich sind. Der Berater bleibt aber hier bei der

Stringenz seiner Fragestellung und kann nach einiger Zeit auch die Problemstrategie mit dem Schüler »elizitieren« (so heißt es im NLP).
Beim Elizitieren der Problemstrategie zeigt sich bei den genannten Symptomen schnell, dass an der wesentlichen Stelle der Entscheidung für das Problem oder die Lösung ein limitierender Glaubenssatz auftritt, der die schnelle Lösung verhindern will. Dieser Glaubenssatz korrespondiert mit den Verstrickungen des Schülers in die Familiendynamik. Lässt sich nun dieser Glaubenssatz transformieren – hierzu gibt es verschiedene Lösungsformate – kann das Problem gelöst werden.

Intervention bei Leistungsblockaden
Ein 16-jähriger Schüler kommt in die Beratung. Er beschreibt sein Problem damit, dass er sich nicht auf seine Aufgaben konzentrieren könne. Er habe zwar den Druck und manchmal sogar den Wunsch, alles richtig anzugehen aber wenn er dann am Schreibtisch in seinem Zimmer sitze, beschäftige er sich mit vielen anderen Sachen, nur nicht den Hausarbeiten. Bei der Frage nach der Strategie der Problemkonstruktion (»Wie machst du es, keine Lust zu haben?«) zeigt sich, dass er direkt nach der Schule noch Lust hat, in dem Moment aber, wenn er zum Elternhaus kommt (visueller Anker) und die Tür öffnet (Synästhesie aus auditivem und kinästhetischem Anker) wäre automatisch die Lustlosigkeit da. Wir lassen nun den lustlosen Teil zu Wort kommen (»Welchen guten Grund kann es für den lustlosen Teil geben, sich gegenüber dem Teil, der Lust hat durchzusetzen?«). Deutlich wird, dass der lustlose Teil ein Synonym für Freiheit und Autonomie ist (»Ich empfinde zu Hause die Erwartung der Eltern, dass ich was tun soll und werde sofort lustlos«).
Berater: »Das bedeutet, dass der lustlose Teile für einen sehr wichtigen Aspekt der Autonomie und Freiheit steht und dafür, dass diese beiden Werte erfüllt sind, sogar in Kauf nimmt, Druck zu bekommen und nicht erfolgreich zu sein.«
Klient: »Eigentlich schwachsinnig.«
Deutlich wird in diesem Fall, dass das Symptomverhalten »Unlust und Blockade« ein Äquivalent auf der Identitätsebene hat. Der Hintergrund der Blockade ist der innere Kampf der Teile zwischen Anpassung an die Elternwünsche und Autonomie. Ist der Konflikt virulent, führt er zu der vorhandenen Blockade, die eine Art Selbstbestrafung in Bezug auf die Abgrenzungswünsche gegenüber den Eltern darstellt. Aufgelöst werden kann dann der Konflikt durch einen erlaubenden Glaubenssatz: »Auch wenn ich meine Aufgaben mache, kann ich autonom sein.«

Intervention bei »Depressionen«
Vorbemerkung: Es gibt verschiedene Depressionen, wie auch verschiedene Süchte. Allen ist aber gemeinsam, dass sie Auswirkungen auf die Person selbst und das soziale Umfeld haben bzw. mit diesem in Wechselwirkungsprozessen stehen.

1. Probieren sie einmal folgendes Experiment mit sich selbst: Was müssen sie sich vorstellen, um depressiv zu werden? VAKOG (visuell, auditiv, kinästhetisch, olfaktorisch, gustatorisch) In welcher Haltung sind sie jetzt? Was müssten Sie denken, um wieder herauszukommen? Wieder VAKOG: Dies wäre ein therapeutischer Ansatz, um aus der Depression zu kommen.
2. Die Grundlage: Depression ist, wie Sucht auch, eine ursprüngliche Lösungsstrategie des Menschen, die zum Problem geworden ist. Nach einiger Zeit richtet sich der Organismus und das Denken darauf ein und vergisst andere Lösungen bzw. lernt keine alternativen Lösungen mehr.
3. Was passiert im Körper? Problemphysiologie und die Korrelate der Neurotransmitter: Mit der Zeit verändert sich die Chemie im Gehirn, neue Physiologie verändert das Denken.
4. Depression als Trance: Anker oder Trigger sind die Auslöser für die Entscheidung des Organismus, in eine Depression zu gehen. Gelernte Auslöser lenken den Prozess der Depression: Tranceprozesse, Altersregression, Tunnelblick, Zeitverzerrung, Amnesie, Dissoziation oder Assoziation, Negative Halluzination.

Hinweis: Die Depression oder Sucht ist auf der Ebene der Glaubenssätze, Identität und Spiritualität angesiedelt. Der Betroffene erlebt seine Umwelt als ablehnend, trist und unlebendig – macht sie für seine Stimmung mit verantwortlich. Die Wahrnehmung ist negativ fokussiert auf das, was alles nicht gelingt. Demzufolge werden laufend auch Misserfolge erlebt. Es entsteht eine »erlernte Hilflosigkeit« (nach Seligman). Diese Haltung wird zu einem Muster und generalisiert das Denken und Handeln: dauerhaft schlechte Schulleistungen führen zu einer Spirale von Selbstzweifel, Selbstabwertung, Hoffnungslosigkeit, Krankheit.

Mögliche Lösung auf der Verhaltensebene:
- Neues Verhalten lernen,
- Prinzip der Verhaltensmodellierung,
- ein erfolgreiches Modell modellieren,
- genaue Instruktionen, wie man etwas anders machen kann.

Wenn das nicht funktioniert, dann eine Ebene höher: Fähigkeiten
- Der Schüler kann das Lernen lernen.
- Er kann »sich selbst motivieren« lernen.
- Gedankenstop als Interventionsmöglichkeit.
- Aus der Spirale aussteigen, indem etwas anderes getan wird.

Wenn das nicht funktioniert, dann eine Ebene höher: Glaubenssätze
- Frage: Darf ich es mir gut gehen lassen?
- Woran erkennt man einen zufriedenen Menschen?
- Systemische Verstrickungen mit der Herkunftsfamilie: z.B.: »Aus lauter Liebe zu dir versaue ich mir mein Leben.«
- Welchen Nutzen habe ich von der Depression?
- Welchen Preis kostet es, damit aufzuhören?

  Interventionen: Skriptanalyse, Teilearbeit, Verhandlung zwischen den Teilen (Glaubenssätzen), Auseinandersetzung mit den elterlichen Glaubenssätzen und Abschied nehmen (Gestaltarbeit), Neuentscheidung und Aufbau neuer Glaubenssätze

Wenn das nicht funktioniert, dann eine Ebene höher: Identität
- sog. frühe Störung: »Ich habe kein Recht auf Leben und Lebendigkeit.«
- Autoaggressionen, Drogen, Essstörungen, Krebs etc.
- Angst vor der Vernichtung, wenn nicht die Anpassung erfolgt.
- Typische Form der Depression (Angst vor dem Alleingelassen werden).
- Erpressung und Gefühlsausbeutung (»Nur wenn du da bist, geht es mir gut.«)

  Interventionen: Lebensbilanz, Trauerprozess über das, was in der Kindheit gefehlt hat, Neuentscheidung und Verantwortungsübernahme, Reimprint.

  Bei systemischen Verstrickungen: Familientherapie, Familienaufstellungen:

5. Spiritualität: Bei allen schwerwiegenden chronischen Krankheiten kann man davon ausgehen, dass es einen Mangel an Sinnkonstruktion im Leben gibt.
   Ohne Sinnkonstruktion kann niemand auf Dauer gesund sein.
   Sinnkonstruktion heißt: etwas, wofür es sich zu leben lohnt.
   Sinnkonstruktion heißt: Jeder muss dies für sich selbst konstruieren.
   Für jemanden anderen zu leben (auch wenn es die Kinder sind), greift zu kurz und funktioniert nicht als unabhängige Sinnkonstruktion. Beratung kann sich der Frage nach der passenden Sinnkonstruktion letztlich nicht entziehen. Berater, die sich selbst diese Frage nicht stellen, sind nur begrenzt hilfreich. In der lösungsorientierten Beratung werden Menschen auch angeleitet, neue Sinnkonstruktionen zu finden oder zu erfinden. Gute Sinnkonstruktionen sind geprägt von der Übernahme der Verantwortung für die eigene Person, andere Menschen im Sinne von Empathie und vor allem auch für das, was man als Schöpfung bezeichnen kann.

11. Ansätze einer lösungsorientierten Beratung und Pädagogik

11.1 Das Verhältnis von Beratung und Pädagogik

Worin unterscheidet sich Beratung von Pädagogik? In der Diskussion über die Relevanz des systemisch-lösungsorientierten Beratungsansatz für den schulischen Kontext hören wir in pädagogischen Weiterbildungen immer wieder die Argumentation, dass der Beratungsansatz einen anderen Gegenstandsbereich als die Schulpädagogik anspricht. Geht man diesen Argumenten nach und formuliert vor allem die spezifischen pädagogischen Fragestellungen, so wird in der Regel schnell deutlich, dass wesentliche Aspekte des systemisch-lösungsorientierten Ansatzes sowohl für Beratung als auch für die Schulpädagogik Relevanz haben.
In der Supervision zu Schulproblemen wird den teilnehmenden Lehrern sehr schnell klar, welche Chancen in lösungsorientierten Sichtweisen und Strategien für ihren Alltag versteckt sind. Bei der Frage, worin sich nun eine pädagogische Intervention von einer beraterischen unterscheidet, zeigt sich häufig, dass im Schulalltag »Pädagogik« als ein Synonym für Grenzziehung oder Bestrafung, zumindest aber für Reglementierung benutzt wird. Beratung wird hingegen in zweierlei Hinsicht verstanden:

- als Laufbahn- oder Lernberatung, die auch Informationen gibt und Ratschläge erteilt,
- als Beratung im therapeutischen Sinn, in einem empathischen Eingehen auf den Schüler in Konfliktsituationen.

Letztere wird dann in der Regel delegiert an ausgebildete Beratungslehrer, Sozialpädagogen oder Schulpsychologen.
Gerade in der systemisch-lösungsorientierten Ausbildung von Beratungslehrern hat sich nun gezeigt, dass die ausgebildeten Lehrer nicht nur mehr Kompetenz für beide Beratungsformen entwickeln, sondern dass sie sich auch im normalen Unterrichtsgeschehen grundlegend anders verhalten, dabei weniger gestresst zu sein scheinen und ihre Arbeit mehr genießen können. Hier zeigt sich, dass das Einnehmen einer systemisch-lösungsorientierten Haltung zu einer anderen Form von Interaktionsverhalten führt und dabei alle Teilnehmer (der Lehrer selbst, Schüler, Eltern, Kollegen) in diesem Interaktionsfeld profitieren; blockierte Prozesse kommen auf einmal in Gang, Konflikte sind einfacher zu lösen. Die Veränderung der inneren Haltung in Richtung einer systemisch-lösungsorientierten Ausrich-

tung hat also gravierende Auswirkung auf das Lehrersein, ganz gleich, ob es um beraterische Fragen oder das Führen einer Klasse bzw. das Durchführen des Unterrichts geht. Aus dieser Veränderung entwickelt sich also automatisch eine systemisch-lösungsorientierte pädagogische Haltung, die dann aber eine vollkommen andere Bedeutung hat als das, was wir weiter oben beschrieben haben. Die zentralen und wesentlichen Grundzüge von systemisch-lösungsorientierter Beratung und systemisch-lösungsorientierter Pädagogik sind identisch.
Wir folgen mit diesem Ansatz auch den Erkenntnissen von Huschke-Rhein (2003, 22ff.), der vorgeschlagen hat, Pädagogik als Beratungswissenschaft anzusehen und dies wie folgt begründet:

»Alle konsultativen und alle kurativen Tätigkeiten gehören von Anfang an zum Auftrag und zum Geschäft der Pädagogik. Darum ist es mir wichtig zu betonen, dass Hilfe, Unterstützung, Förderung, Beratung und auch Therapie von Anfang an zur ›normalen Pädagogik‹ hinzugehören.«

Die Begriffe »Unterstützung, Pflege, Förderung und Hilfe« sind bereits von Schleiermacher als traditionelle Basisaufgaben der Pädagogik bezeichnet worden (vgl. Huschke-Rhein 2003, 25).

11.2 Wie bekomme ich ein Problem? Oder: Die Zielsetzung der systemischen Beratung in der Schule

Was ist der Sinn und das Ziel von Interaktionen, die als Beratung bezeichnet werden können? Zunächst einmal braucht man jemanden, der ein Problem hat und das Problem auch als Problem sieht. Kommt er selbst mit der Lösung voran, gibt es in der Regel keinen Anlass für ihn, jemand anderen um Hilfe zu bitten. Demnach ist es also wichtig, dass das Problem auch als Problem erlebt wird. Problemerleben geht mit einer Reihe von Tranceerscheinungen einher und hat in der Regel zwei wesentliche Folgen: das Gefühl, in einer Sackgasse zu sein und eine entsprechende Problemhaltung oder Problemphysiologie.
Derjenige, der das Problem »hat«, ist über eine Reihe von Tranceinduktionen in eine Situation gekommen, in der er sich unfähig fühlt, eine Lösung für das Problem zu finden. Probleme sind aus systemischer Sicht sog. Verdinglichungen von Prozessen – Fritz Simon hat mit seinem Buch *Meine Psychose, mein Fahrrad und ich* wunderbar auf solche Prozesse hingewiesen. Gleichzeitig waren Probleme früher ja Lösungen, die dadurch, dass die ursprünglichen Verhaltensweisen kontextinvariabel angewandt werden unangemessen erscheinen, weswegen die gewünschte Wirkung nicht mehr eintritt. Durch »mehr oder weniger desselben« wird dann über die Intensivierung oder Abschwächung des Verhaltens (Lösungen 1. Ordnung) versucht, doch noch die ursprüngliche Lösungswirkung wieder zu erreichen. Tritt dies regelmäßig nicht ein, hat der Mensch ein Problem. Dieses Problem bekommt einen Namen, wird mitunter zu einem wichtigen Teil der

Person und spielt in der Interaktion mit der Umwelt eine zentrale Rolle, indem es die Kommunikation bestimmt. Probleme sind also im Verständnis der systemisch-konstruktivistischen Anschauung »Wirklichkeitskonstruktionen«, die dadurch, dass sich die Person kongruent danach verhält, andere Menschen in der Umwelt einladen, sich reziprok zu verhalten, womit gemeinsame Sinnkonstruktionen entstehen, die dann das Problem als Verdinglichung abbilden. Die gleichen Interaktionen könnte man auch komplett anders beschreiben, indem man den ursprünglichen Auslösekontext betrachtet und das Problem als eine sinnvolle Lösung für die Person in Bezug auf ihre Erfahrungen mit Beziehungspartnern in einem spezifischen Kontext sieht. Das Problem wird also dadurch zum Problem, dass sich der Kontext der Person verändert hat und dabei auch die Kommunikationspartner. Ein Verhalten, was vorher durchaus sinnvoll war, wird auf einmal problematisch.

Ein Problem bekommt man also am ehesten, wenn man sich in ein Insuffizienzgefühl begibt, alles vergisst, was man an Lösungsfähigkeiten und Ressourcen im Leben sonst hatte – und daran glaubt, dass es keine Lösung gibt. Man hat sich in etwas hineinbegeben, aus dem es kein Entrinnen mehr zu geben scheint. Offenbar scheint es aber andere Menschen zu geben, die sehr wohl solche oder ähnliche Probleme bewältigen. Allein dieser Gedanke führt dazu, dass man noch tiefer in die Problemtrance eintritt. Zum Problem gehört das Erleben der eigenen Lösungsunfähigkeit und die Sackgasse sowie der Tunnelblick (»Es gibt nur eine einzige Lösung für mich, aber die geht nicht« – oder »Wenn die anderen endlich anders wären, hätte ich kein Problem mehr«) und die Annahme, dass die Lösung des Problems nicht in der eigenen Macht liegt, sondern bei anderen oder der Umwelt. Jemand, der sich also in eine solche Haltung begibt, verzweifelt immer mehr und entwickelt so seine eigene Hilflosigkeit. Auf der Ebene der Körperenergie kann man den Zustand des Körpers im Problem als Problemphysiologie beschreiben. Andere können also allein an der Körperhaltung des »Problemhabenden« erkennen, wie es um ihn steht. Zugleich verstärkt diese Körperhaltung wiederum das Problemerleben, da sie ein Beziehungssignal an die Umwelt darstellt, die entsprechend reagiert. Ursache und Wirkung ist im Sinne einer zirkulären Kausalität nicht mehr feststellbar.

Angemerkt sei an dieser Stelle, dass es vor allem bei Kindern und Jugendlichen zu ausgeprägten Problemtrancen kommt, da sie aufgrund der fehlenden Erfahrung mit gelösten Problemen und möglicherweise fehlenden positiven Modellen in der Familie über keinerlei innere Strategien verfügen, um ein Problem tatsächlich lösen zu können.

Beratung beginnt häufig dann, wenn sich der Klient in »seiner« Sackgasse befindet, mehr oder weniger tief in seiner Problemphysiologie feststeckt und der Überzeugung ist, dass er allein das Problem nicht lösen kann. Dies ist so, wenn die Klienten aus eigenem Antrieb zum Berater kommen. Daneben gibt es natürlich auch diejenigen Klienten, die kommen, weil andere ein Problem mit ihnen haben, sie jedoch davon überzeugt haben, das Problem zu sein (Kollege x schickt Schüler y zu Beratungslehrer z, damit der Schüler sein Problem bespricht und es anschließend Kollegen x besser geht im Kontakt mit dem Schüler). Im Zwangskontext Schule bestimmt in der Regel der Lehrer, welcher Schüler ein Problem hat. Er hat hierfür die Definitionsmacht (dies ist im Übrigen im medizinischen Bereich ähnlich – auch hier beschreiben Therapeuten und Ärzte über sog. Diagnosen Interaktionsverhalten von Patienten als problematisch). Der Kontext Schule produziert auf diese Art und Weise seine eigenen Problemfälle: Kinder, die sich in der Familie kongruent zu den Werten und Normen verhalten, stoßen auf die Definitionsmacht der Organisation Schule und der jeweiligen Lehrer und bekommen dann ein Problem, wenn ihr Verhalten nicht kontextadäquat erscheint. Das Problemverhalten des Schülers besteht also nicht an sich, sondern es entsteht in der Interaktion des Schülers mit den Regeln des Systems Schule und den individuellen Normen des jeweiligen Lehrers. Problematisches Schülerverhalten kann somit als Konstruktion des Kontextes verstanden werden. So wird verständlich, wie wenig Schülern sofort einleuchtet, dass ihr Verhalten ein Problem sein soll. Aus ihrer Sicht verhalten sie sich durchaus angemessen, gemessen an den Regeln eines anderen Kontextes.

Es kommen also zwei unterschiedliche Personengruppen in Beratung:

- diejenigen, die ein Problem haben,
- diejenigen, mit denen andere ein Problem haben und die dadurch ein Problem bekommen haben.

Zusammenfassung:

- Eine Lösung von Gestern wird zum Problem für Heute.
- Mehr desselben oder weniger desselben liegt auf der gleichen logischen Ebene und verstärkt das Problem.
- Aktuelle Reize aktivieren Erinnerungen an vorhandene Lösungsmuster.
- Unser Gehirn greift auf bekannte Lösungen zurück, um möglichst ökonomisch mit der Energie umzugehen. Denken verbraucht die meiste Energie.
- Stuck state oder Sackgasse als erlebte Krise, in der die Musterveränderung (Lösung 2. Ordnung) einsetzen kann.
- Musterveränderungen durch Utilisation, Verstörung und Modellierung neuer Muster
- Synergetik: Kontrollparameter werden immer energiereicher, Ordner (neues Muster) bildet sich heraus (Emergenz nach anfänglichem Chaos) und wird mit Energie aufgeladen, dominiert damit die anderen Teile und ist gleichzeitig von ihnen abhängig (zirkuläre Kausalität).
- Lösungs- und Problemkonstruktion als Aktion der Sinneskanäle.
- Probleme sind Konstruktionen, oder mentale Lösungen für beunruhigende Situationen, die der Organismus energetisch gespeichert und codiert hat.
- Emotionen sind konstruiert als Reaktionen auf Aktivitäten der Sinneskanäle.

- Erinnerte Sinneseindrücke schieben sich vor die aktuellen Eindrücke.
- Hier und Jetzt wird verglichen mit Vergangenem und mit rigider Wiederholung von Verhalten beantwortet (Rückgriff auf bereits erprobte Lösungen).
- Der Preis: Limitationen und fehlende Flexibilität, die zu situativ eingeschränkter Wahrnehmung und Verhalten führen.
- Verändern sich Umweltanforderungen, gerät der Organismus in die Krise.

11.3 Woran man Lösungen erkennt

Nachhaltige Lösungen für Probleme sind Musterveränderungen. Musterveränderungen (Lösungen 2. Ordnung) setzen kritische Zustände (Krise) voraus, die einen Wunsch nach Veränderung hervorrufen. Die Person, die sich in einer problematischen Situation sieht, hat die Wahl, sich für eine Veränderung 1. Ordnung oder 2. Ordnung zu entscheiden. Das geschlossene System »Person« wird von den Veränderungen in der Umwelt, also von neuen, anderen Außenreizen , die sich von den bekannten gravierend unterscheiden, in einen Zustand der Verstörung / Perturbation eingeladen. Perturbationen kann man an der Unsicherheit des Systems oder auch am leeren Blick des Klienten erkennen, einem Zeichen der Trance, die durch innere Suchprozesse ausgelöst wurde und aus der sich dann eine neue Selbstorganisation entwickeln kann. Nachdem sich der Zustand des Suchenden zunächst einmal verschlechtert, da er sich in der Verstörung sehr unkomfortabel fühlt – wobei der Wunsch, dieses Gefühl abzustellen, auch Anlass für die Veränderung ist –, wird es nach dem Prozess der Selbstorganisation besser. Die Einleitung von Musterveränderungen gelingt in der Regel nicht allein, man braucht zur Unterstützung bei der Dehypnose eine Außenperspektive. Werden in der Beratung neue Lösungsstrategien etabliert, können später Probleme, die nicht mit gravierenden »blinden Flecken« einhergehen, im Selbstcoaching gelöst werden.
Die Lösung 2. Ordnung – also die Musterveränderung – liegt immer auf einer anderen logischen Ebene als das Problem. Die Lösung ist also ein Zustand jenseits des Problems. Man kann sie daher nicht erzwingen oder suchen, sondern sie finden den Suchenden nach der Verstörung. Sie liegen auf der Ebene des Sowohl – Als auch oder des Weder – Noch.

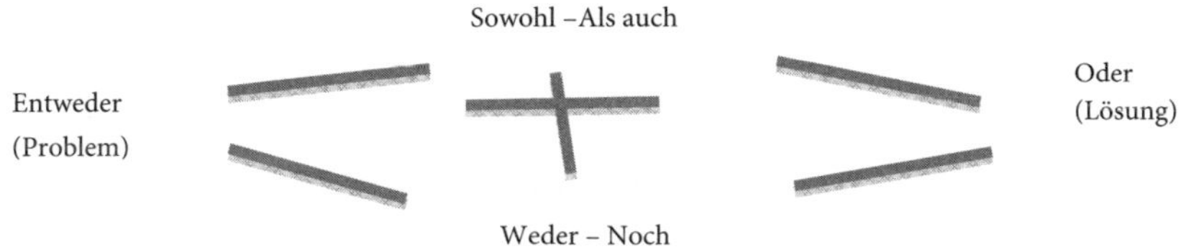

Abb. 27: Ebenen der Lösung (der »Diamond«), vgl, H

Sich von den Denk- und Fühlmustern des Problems frei zu machen, auf eine Metaebene zu gehen, aus der Assoziation zum Problem herauszugehen, sind Wege zum Weder – Noch. Die neuen Lösungen ereignen sich meist dann, wenn man nicht an das Problem denkt, etwa bei einem langen Spaziergang oder beim Joggen. Diese Effekte sprechen dafür, dem Unbewussten als der klugen und über enorme Ressourcen verfügenden lösungsorientierten Instanz die Gelegenheit zu geben, die für den Organismus passende Lösung zu finden. In dem Moment, wenn man sie bewusst finden will, verschwindet sie in der Regel. Die neuen Muster müssen dann noch als neue Lösungen akzeptiert werden. Sie zu akzeptieren heißt, sich um sie zu kümmern und sich für sie einzusetzen. Da neue Lösungen in der Regel auf den logischen Ebenen der Glaubenssätze oder der Identität entstehen, bedeutet das Kümmern auch das Erlernen neuer Fähigkeiten und Verhaltensweisen. Ohne die Umsetzung der Lösung auf die Verhaltensebene bleibt sie ein theoretisches Gedankenspiel. Veränderungen auf der Verhaltensebene wirken als neue Botschaften in die Interaktion mit anderen und der Umwelt und bewirken dort reziproke interaktionelle Beiträge als Antworten auf verändertes Verhalten. Neue Interaktions- und Kommunikationsbeiträge laden also andere Personen dazu ein, sich ebenfalls anders zu verhalten. Mehr noch, diese können auf Dauer gar nicht anders als sich anders zu verhalten. Da sie bisher über die Veränderung nichts wissen und sie auch noch nicht erlebt haben, werden sie versuchen, die alten Interaktionsmuster wieder aufzugreifen (Gegenregulation). Mitunter gibt es dann Rückfälle in das alte Interaktionsmuster auf beiden Seiten. Da Rückfälle aber zum Veränderungsprozess gehören und als neue Lernaufgaben zu akzeptieren sind, kann die Musterveränderung hierdurch nur gestärkt werden. Neue Muster verfestigen sich und die interaktiven Strukturen passen sich daran an. Jederzeit hat die Person, die die Musterveränderung vorgenommen hat, aber auch die Möglichkeit, wieder in die alten Problemmuster zurückzukehren. Dies wird sie dann vollziehen, wenn es innere und äußere Einsprüche gegen die Veränderung gibt und Loyalitätskonflikte entstehen. Die Angst vor der Möglichkeit, die Zugehörigkeit zur Bezugsgruppe zu verlieren, kann hier schwerer wiegen als das Leid durch das Problem. Die aus den Loyalitätskonflikten neu erwachsenden Krisen können dann wieder der Anlass für ein Weiterlernen sein und damit für weitere Veränderungen. Wie wir wissen, lernt unser Gehirn und Körper bis ins hohe Alter, wenn es durch Krankheiten nicht zu stark beeinträchtigt ist.

11.4 Das Selbstverständnis und die Rolle des lösungsorientierten Beraters

Als Ausgangspunkt der Suche nach dem Verständnis einer systemisch-lösungsorientierten Pädagogik wollen wir die wesentlichen Eckpfeiler zusammenfassen.

Die systemisch-lösungsorientierte Beratung orientiert sich an den Eckpfeilern:

- *Ressourcenorientierung:* Aufgabe des Beraters ist es, einen Kontext zu schaffen, in dem der Klient Zugang zu Fähigkeiten und Mitteln finden könnte, die er bis dahin zur Lösung seiner Probleme nicht hat anwenden können bzw. die ihm bis dahin noch nicht als Lösungsmodell zur Verfügung standen.
- *Interventionen dienen der Auflockerung starrer limitierender Muster beim Klienten*, mit dem Ziel, neue oder andere Denk- und Verhaltensweisen anzuregen und entwickeln zu können. Das Ziel ist die Veränderungen der Problemmuster (Veränderung 2. Ordnung) und die Etablierung neuer Lösungsmuster.
- *Utilisationsansatz*: Alles, was der Klient präsentiert, wird für den Prozess genutzt. Widerstände des Klienten, sich auf Interventionen des Beraters einzulassen, zeigen, dass der Rapport zwischen Berater und Klient nicht stimmt. Infolgedessen muss der Berater seine innere Haltung und seine Interventionen überprüfen. Widerstände des Klienten sind zurückzuführen auf die fehlende Flexibilität des Beraters (Watzlawick).
- *Gegenwarts- und Zukunfts-Orientierung*: Die Haltung der Gegenwarts- und Zukunftsorientierung lässt sich am besten mit einem Zitat beschreiben:

  »Psychotherapie wird nicht hauptsächlich zur Aufklärung der unveränderlichen Vergangenheit in Anspruch genommen, sondern wegen der Unzufriedenheit mit der Gegenwart und dem Wunsch nach einer besseren Zukunft. Die Vergangenheit kann nicht verändert werden, lediglich unsere Ansichten darüber und unsere Deutungen und selbst diese ändern sich im Laufe der Zeit. Deshalb sind Ansichten und Deutungen über die Vergangenheit nur bestenfalls dann von Wichtigkeit, wenn der Mensch durch Verdummung in eine starre Haltung getrieben wird. Das Leben wird in der Gegenwart für das Morgen gelebt.« (Milton Erickson, 1980)

Der systemisch- lösungsorientierte Berater

- lässt Spielraum für alternative Erklärungen, Bedeutungen und Motivationen menschlicher Verhaltensweisen und Erfahrungen.
- fokussiert anders: Statt um »wahr« und »falsch« geht es um die Kriterien »nützlich« oder »weniger nützlich«.
- sieht jeden Menschen als einzigartig an, er hat sich flexibel darauf einzustellen, um dem Individuum gerecht zu werden.
- Weiß: Wenn eine Handlungsweise nicht den gewünschten Erfolg bringt, muss man eine andere wählen.
- Ist neugierig und flexibel in Verbindung mit einer scharfen Beobachtungsgabe.

Seine Verantwortung besteht darin, eine Atmosphäre für Veränderungen zu schaffen, durch

- den Aufbau einer Atmosphäre der Erfolgserwartung (durch Worte und Taten).
- die Utilisation der Widerstände.

- die Etablierung einer gemeinsamen Lösungstrance. Die Trance des Beraters steht in Wechselwirkung mit der Trance des Klienten. Der Berater lädt den Patienten in seine Trance ein.
- die Ermutigung des Klienten, sich auf Veränderungen einzulassen. Der Klient muss die gesamte Arbeit leisten. Ziel ist es daher, ihn zu irgendeiner Art von innerer (Erfahrung) oder äußerer (Verhalten) Aktivität zu bewegen.

Ausschlaggebend für den Erfolg und die Effizienz systemisch-lösungsorientierter Beratung in der Schule sind Faktoren wie

- der passende Kontext, oder die innere Bereitschaft der Schule, sich auf lösungsorientierte Modelle der Interaktion einzulassen.
- die gelungene Implementierung in den schulischen Kontext durch passende Räumlichkeiten, die als sensorische Anker dienen. Dies kann mit der Metapher beschrieben werden: Berater und Schüler treten in einen ressource- und lösungsorientierten Raum ein, der neue Erfahrungen jenseits der problemdefinierten Strukturen in Schule ermöglicht.
- klare Auftragsgestaltung zwischen Kollegen, Schulleiter und Beratungslehrer. Der Beratungslehrer ist nicht der Retter, als der er gern ge(miss)braucht wird, oder das Feigenblatt, damit die Schule so tun kann, als ob Beratung stattfindet.

Der Beratungslehrer definiert für sich die Rahmenbedingungen, die er braucht, um gut arbeiten zu können. Leitlinie ist dabei sein kinästhetisches Referenzsystem (Bauchgefühl), das ihm ein Signal gibt, ob die Bedingungen stimmig sind. Unklare Aufträge klärt der Beratungslehrer oder lehnt sie ab, wenn sie momentan noch nicht zu klären sind. Er fragt sich wiederkehrend, ob der Kontext für Beratung und die damit verbundenen Aufträge noch passend sind, oder ob er die innerhalb des Kollegiums und mit der Schulleitung klären muss.
Der Beratungslehrer informiert die Schüler über seine Tätigkeit und stellt dabei seine Möglichkeiten und Limitationen ebenso wie seinen beraterischen Ansatz und die damit verbundenen Ziele transparent dar. Die innere Haltung des Beratungslehrers ist geprägt von dem fortwährenden Streben, innerhalb des Schulsystems bei sich selbst für saubere Sinneskanäle zu sorgen. Hierzu ist wichtig, immer wieder auf eine Metaebene zu gehen und sich zu fragen: „Mache ich das, was ich eigentlich machen will?"
Wahrnehmungsverzerrungen, die sich infolge der strukturdeterminierten Probleme in der Schule natürlich auch auf den Beratungslehrer auswirken, laden ihn dazu ein, seinen lösungsorientierten Fokus zu verlassen. In diesem Falle werden lösungsorientierte Interventionen unwirksam, da sie eine kongruente Haltung des Beraters voraussetzen.

Die innere Haltung des lösungsorientierten Beratungslehrers und Beraters lässt sich mit folgenden Prinzipien umreißen:

1. *Freie Aufmerksamkeit:* Der Berater verzichtet auf herkömmliche Etikettierungsprozesse und kann das problematische Verhalten erst einmal als eine sinnvolle Lösung in einem definierten Beziehungskontext sehen. Dieses Verhalten unterliegt allerdings rigiden, ritualisierten Regeln und wird mitunter dem Betroffenen selbst zum Problem. Die Problemdefinition durch den Klienten ist dann der Anlass für die Veränderungsinterventionen.
2. *Gemeinsame Problemdefinition:* Der Berater entwickelt zusammen mit dem Klienten eine gemeinsame Problemdefinition, auf deren Grundlage der weitere Beratungsprozess erfolgt. Sie kann im Beratungsprozess modifiziert, spezifiziert oder auch durch eine vollkommen neue ersetzt werden. Hierzu lassen sich Berater und Klient die Freiheit.
3. *Ressourcen- und Lösungsorientierung:* Systemisch-lösungsorientierte Beratung fokussiert auf die bereits vorhandenen Ressourcen und Lösungen, verstärkt diese und sucht die Lösungsmuster, um sie anschließend zu verankern und zu generalisieren.
4. *Prozessorientierung:* Systemisch-lösungsorientierte Beratung ist prozessual. Zu Beginn der Beratung können vollkommen andere Themen relevant sein als im weiteren Prozess. Alle Lösungsansätze des Klienten werden dabei utilisiert und für den Lösungsprozess nutzbar gemacht. Probleme werden im Laufe des Beratungsprozesses in einen anderen Rahmen gestellt (de-framing und re-framing).
5. *Auftragsklärung:* Zu Beginn der Beratung muss zuerst der Auftrag geklärt werden, der an den Berater herangetragen wird (von wem? mit welchem Ziel?) oder den der Berater sich selbst erteilt. Im Beratungskontext Schule werden sehr häufig Aufträge von Seiten anderer an den Berater herangetragen, nicht immer direkt vom zu beratenden Schüler. Erst dann, wenn dieser einen Auftrag erteilt, beginnt die Beratung. Unlösbare Aufträge sind häufig die Ursache des Scheiterns der Beratung.
6. *Zieldefinition:* Jede Beratung braucht eine Zielperspektive mit der Operationalisierung des Zielzustandes. Der Zielzustand wird sensorisch definit beschrieben (VAKOG), damit er als Attraktor dienen kann. Möglicherweise verändern sich die Ziele im Beratungsprozess, dies ist unter der prozessoralen Prämisse in Ordnung. Die Konstruktion von Zielen geschieht nach den vorgegebenen Kriterien der attraktorischen Ziele. Auch der Berater muss im Beratungsprozess seine Zielvorstellung definieren (»Was kann und will ich anbieten und erreichen?«). Ziele transformieren sich im Prozess und sind daher zwischen Berater und Klienten immer wieder auszuhandeln.
7. *Feedback-Schleifen.* Der Klient ist der Supervisor des Beraters. Durch ständige Feedback-Schleifen zum Klienten kann der Berater überprüfen, ob die gemeinsame Arbeit noch an den gleichen Zielen ausgerichtet ist und ob der ursprüngliche Auftrag noch gilt oder neu verhandelt bzw. angepasst werden muss.
8. *Beobachterperspektive:* Der Berater ist immer Teil des Systems, er muss daher sehr intensiv darauf achten, nicht Teil des Problems zu werden. Die Chance der

Beobachterperspektive liegt wiederum darin, dass der Berater als Teil des Systems durch Veränderungen in seiner Haltung und Physiologie den Klienten ebenfalls in Veränderungen einladen kann. Die Intensität dieser Möglichkeit ist abhängig von der Güte des Rapports zwischen Berater und Klienten. Die Beobachterperspektive ist in diesem Sinne eine gute Möglichkeit für pacing und leading.

9. *Neutralität:* Mitentscheidend für das Gelingen einer Beratung ist die Neutralität gegenüber den verschiedenen Anteilen beim Klienten. Alle Teile müssen gleichermaßen wertgeschätzt werden. Nicht allein eine Veränderung des Symptoms ist der Indikator für eine erfolgreiche Beratung. Manchmal fangen die Probleme erst an, wenn das Symptom beseitigt ist. Ebenso ist die Neutralität gegenüber allen Beteiligten des sog. prolemdefinierten Systems ein wichtiger Aspekt der Beratung.
10. *Gleichrangigkeit:* Der Berater achtet auf Gleichrangigkeit. Er ist der Fragende, nicht der Wissende. Der Klient ist der Experte für sein Problem und verantwortlich für die Veränderung. Der Berater ist verantwortlich für seine professionelle Haltung und die laufende Reflexion und Klärung seiner eigenen inneren Filme, die möglicherweise durch das Problem des Klienten angeregt werden. Hilfreich ist die innere Haltung: »Nicht ich kann das Problem lösen, sondern wir können gemeinsam daran arbeiten. Nicht ich, sondern du bist der Experte für dein Leben.« Alle Beteiligten im Prozess werden gleichrangig behandelt.
11. *Kooperation*: Ein wichtiger Punkt für das Gelingen der Beratung ist der Aufbau der Kooperation mit dem Klienten. Hierzu ist es wichtig, die Motivation der Beteiligten zu kennen (Besucher, Klagender, Kunde), die Aufträge zu erkunden, die sog. Widerstände zu utilisieren (alles, was der Klient sagt, als Angebot zur Kooperation umzudeuten), die Ausnahmen herauszufinden und auf die Ressourcen zu fokussieren.
12. *Koevolution*: Der Berater weiß, dass er sich selbst in der Beratung verändern wird und nimmt dies als wertvolle Lernaufgabe für die eigenen Person an. Jeder Beratungsprozess ist eine Einladung zur Koevolution.

Allgemeine Schlussfolgerungen für systemisch-lösungsorientierte Interventionen: Interventionen können nicht eine bestimmte Veränderung in einem bestimmten System verursachen. »Instruktive Interaktionen« sind ein Mythos (Dell 1990, 99). Interventionen können als Veränderungsimpulse an ein System wirken, wenn sie zum momentanen Zustand des Systems passen. Das angeregte System bestimmt selbst, in welchem Ausmaß und in welcher Richtung der Impuls eine Veränderung auslöst.

Veränderungsimpulse müssen das Gewohnte stören, sie müssen neue Informationen (»Unterschiede, die Unterschiede machen«, Bateson) sein. Veränderungen gehen nur von relevanten Umwelten aus (Bedeutung der Beziehungsgestaltung). Erfolgreiche Interventionen eröffnen dem System eine andere Realitätskonstruktion mit neuen Handlungsoptionen. Sobald ein Berater mit einem System kommuniziert, verändert es sich. Seine Beobachtung richtet sich auf ein System, dessen Element er ist. Er braucht also die Fähigkeit zur Distanzierung und Reflexion von Prozessen, in die er selbst involviert ist. Intervenieren gelingt, indem durch gezielte Neuinformation das Muster der zu Beratenden so sehr beunruhigt wird, dass bei ihnen Suchprozesse ausgelöst werden, die zu einem Prozess der Neuorientierung (Selbstorganisation) anregen.

Für die Veränderungen von Problemmustern kann man nach Erickson drei Hauptmethoden nennen: die Nutzbarmachung (Utilisation) bestehender Muster im Dienste der Veränderung, die Veränderung oder Blockierung bestehender Muster und die Schaffung neuer Muster. Mit dem Ziel der Musterveränderung kann man eine Vielzahl von Interventionsmethoden einsetzen (vgl. z.B. Trageser 2000).

12. Das Modell einer systemisch-lösungsorientierten Pädagogik

Bei der Übertragung des systemisch-lösungsorientierten Paradigmas auf das pädagogische Handeln in der Schule ist es vor allem interessant auf die Auswirkungen zu fokussieren, die ein lösungsorientiertes Interaktionsmodell auf die verschiedenen Handlungsbereiche hätte. Wir wollen uns vorwiegend mit den Rollen der Lehrer und des Schulleiters befassen und dabei Möglichkeiten einer lösungsorientierten Haltung und eines lösungsorientierten Handelns herausarbeiten.

12.1 Erkenntnismethode in der lösungsorientierten Pädagogik

Die in diesem Buch gewählten Ansätze (systemisch-konstruktivistisch, hypnosystemisch, transaktionsanalytisch, gestaltpsychologisch) sind im wesentlichen Denk- und Verstehensrichtungen, die dabei helfen sollen »Phänomene« des Erziehungsalltags besser einordnen und verstehen zu können. Sie fragen vornehmlich nach der Bedeutung, die die Handelnden den Phänomenen im jeweiligen Interaktionskontext geben und betrachten die Auswirkungen dieser Bedeutungsgebung auf die Interaktion. Diese Wechselwirkung kann auch als zirkuläre Kausalität beschrieben werden. Im lösungsorientierten Verständnis ist die Bedeutungsgebung immer verbunden mit der Frage, inwieweit mit der Bedeutungszuschreibung eine Fokussierung auf Probleme oder Lösungen gewählt wird. Unser Ziel ist zu verstehen, welche Auswirkungen die Bedeutungsgebung auf die Problemkonstruktion hat und damit auf die Verfestigung oder Verdinglichung des Problems zu einem Problemmuster. So kann beispielsweise eine temporäre Lernblocklade bei einem Schüler schnell zu einem Problemmuster werden:

situative Lernblockade ⇨ abwertender Glaubenssatz (»Du schaffst es wieder mal nicht«) ⇨ erneute Lernblockade ⇨ Verstärkung des abwertenden Glaubenssatzes ⇨ Identitätsaussage (»Du bist ein Versager«) ⇨ Generalisierung der Blockade zu einem Muster ⇨ Problemtrance, sobald gelernt werden soll

Diese Interaktionskette ist natürlich auch verknüpft mit den jeweiligen Feedback-Schleifen, die das Verhalten durch die Bewertung relevanter Interaktionspartner in der Umwelt des Individuums erhält – diese verstärken die Problemmuster oder lindern sie. Die beschriebene Verknüpfung, die ein Berater oder Lehrer zwischen dem Beobachteten und der Erklärung des Beobachteten vornimmt, ist immer nur eine mögliche Hypothese unter anderen über vermutete internale, nicht direkt beobachtbare Verarbeitungs- und Codierungsmuster des Individuums.

Die systemische Haltung des Nicht-Wissens des Lehrers oder Beraters entspricht in gewisser Weise der phänomenologischen »naiven Weltsicht« (Helmut Plessner, nach Gudjons 2008, 45), die versucht, das zugrundeliegende Phänomen zu erfassen. Die dezidierte Erfassung des Phänomens im Sinne einer Wahrheit oder Realität wäre aus konstruktivistischer Sicht natürlich nicht möglich. Wir bilden allenfalls Hypothesen über das Phänomen und versuchen zu verstehen, welchen Sinn es z.B. macht, ein Problemverhalten immer wieder zu reproduzieren. Diesen Umstand erklären wir aus dem Kontext heraus, in dem das Verhalten entstanden ist und dort einen Lösungssinn hatte. Das Verhalten wird nicht in einem empirischen Sinne vermessen, sondern beschrieben – auch hier nähern wir uns der phänomenologischen Sicht der Pädagogik. Ein wichtiger Unterschied besteht indes darin, wie mit dem »Beschreiben« umgegangen wird und welche Rolle dabei dem Beschreiber zukommt. Der Lehrer / Berater nimmt im systemischen Paradigma die Beobachterrolle ein und wird somit Teil des Systems. Seine Interpretationen oder Beschreibungen des Phänomens sind folglich Aussagen über sich selbst und nicht über die objektive Realität, die es aus konstruktivistischer Sicht ja gar nicht geben kann. Mit den Beschreibungen, die aus der eigenen Wahrnehmung stammen, geht der systemisch-lösungsorientierte Lehrer / Berater dann auch sehr vorsichtig um. Aufgrund der Machtdiskrepanzen im schulischen Kontext können Beschreibungen des Lehrers über den Schüler schnell zu einer Form von Zuschreibung und schließlich zu einer »sich selbst erfüllenden Prophezeiung« werden – der Berater / Lehrer würde infolgedessen ein Problem wahrnehmen und beschreiben, das er selbst ko-konstruiert hat. Demut und Vorsicht bedeutet für den systemisch-lösungsorientierten Lehrer / Berater, dass er sich der zirkulären Kausalität der Interaktion zwischen Schüler / Klienten und Lehrer / Berater bewusst ist und nicht der Illusion unterliegt, »Wissender« zu sein, wozu ihn möglicherweise seine eigene Definitionsmacht verführen könnte.

Der systemisch-lösungsorientierte Lehrer / Berater nimmt also ein Phänomen wahr, beschreibt dies für sich und fragt denjenigen, bei dem er das Phänomen beobachtet hat, nach dessen eigener Bedeutungsgebung und Sinnkonstruktion.

Der Schüler / Beratungssuchende ist somit Experte für seine Lösungen und Probleme – der Lehrer kann Coach bei der Suche nach neuen Lösungen sein.

Systemisch-lösungsorientierte Pädagogik ist am Phänomen interessiert und nähert sich dem Phänomen durch Beschreibungen und Verstehen wollen (Hypothesen über das Phänomen), maßt sich aber nicht an, zu wissen, was das Wesen des Problems ist. Aussagen über das Wesen des Problems bei dem Schüler / Beratungsuchenden sind Aussagen über den Beschreibenden und dessen Weltsicht, nicht über die subjektive Realität des anderen.

Die in diesem Buch beschriebenen Methoden sollen daher dazu dienen, sich den Phänomenen zu nähern und sie aus dem eigenen Erleben zu verstehen (dies geschieht über die Intuition oder das kinästhetische Referenzsystem). Die aus dem Verstehen abgeleiteten Handlungen oder Interventionen des Lehrers / Beraters sind Angebote an den anderen unter Berücksichtigung der operationalen Geschlossenheit seines psycho-physischen Systems. Die Einflussnahme des systemisch-lösungsorientierten Lehrers / Beraters kann mit folgender Prozesskette beschrieben werden:

Aufbau der Beziehung zum anderen (vgl. Rapport) ⇨ Veränderung der eigenen Haltung (z.B. Einnahme einer Lösungstrance) ⇨ Einladung des anderen zu Experimenten mit neuen Erfahrungen bzw. Re- und Deframing-Strategien ⇨ Ausprobieren neuer Handlungsmuster durch den anderen ⇨ gemeinsame Bewertung der neu entdeckten Lösungsmöglichkeiten ⇨ Ableitung der hieraus ersichtlichen Lösungsstrategie.

12.2 Was kann lösungsorientierte Pädagogik sein?

Pädagogik beschäftigt sich mit der Erziehungswirklichkeit und hier (vgl. Hobmair 2008, 13f.) insbesondere mit:
- den Vorstellungen über Erziehung,
- den Beziehungen zwischen Erzieher und dem zu Erziehenden,
- den Zielen und Handlungen der Erziehung,
- die Frage der Wissensvermittlung,
- den Voraussetzungen und Bedingungen von Erziehung,
- den Einrichtungen der Erziehung.

Die Notwendigkeit von Erziehung lässt sich begründen aus der Erkenntnis, dass der Mensch als unfertiges Wesen (»physiologische Frühgeburt«) zur Welt kommt und damit fundamental auf die Versorgung durch die primären Bezugspersonen angewiesen ist. Verbunden damit wird in der frühkindlichen Interaktion die Ausbildung der neuronalen Netzwerke im Gehirn angeregt und das Kind lernt im Kontakt mit den Bezugspersonen, sich auf deren digitale und analoge kommunikative Angebote einzustellen. Lernen ist demnach in jeder Altersstufe überlebensnotwendig und wichtig. Jede Altersstufe hat zudem ihre eigenen Entwicklungsaufgaben, mit denen sich der Mensch, ob er will oder nicht, auseinandersetzen muss. »Deshalb wird der Mensch in der heutigen Zeit als Homo discens (der lernende Mensch) bezeichnet: Er ist ein Wesen, das ständig in jedem Lebensabschnitt und unvermeidlich auf Lernen angewiesen ist.« (ebd.)
Die Inhalte des Lernen beziehen sich vornehmlich auf drei Aspekte:
- die Sicherung der eigenen Existenz bzw. der Existenz der Nachkommen durch das Erlernen von Fertigkeiten und Fähigkeiten,

- das soziale Lernen zur Sicherung der Zugehörigkeit zu einer Gruppe und damit auch zur Sicherung der Existenz in der Zeit, in der das Kind auf die Bezugspersonen angewiesen ist,
- das kulturelle Lernen zur Sicherung der Zugehörigkeit und der Übernahme kulturellen Wissens.

Erziehung wird nötig, weil der unfertig geborene Mensch, um sich entwickeln zu können, notwendigerweise andere Menschen braucht und mit ihnen in Interaktion treten muss. Auf beiden Seiten – bei den Älteren wie auch beim Säugling – sind schon vor der Geburt und dann vor allem auch mit der Geburt des Kindes phänotypische Strukturen ausgebildet, die die Interaktion zwischen Kind und versorgenden Erwachsenen bestimmen. In der Entwicklungspsychologie spricht man hier von einer genetisch programmierten spontanen Fürsorglichkeit der Mütter und Väter, das neugeborene Kind zu versorgen. Die Geburt selbst und die ersten Minuten danach stellen eine sensible Phase für den Prägungsvorgang der Bindung zwischen primären Bezugspersonen und Kind dar (vgl. Montada 2008, 159). Dieser Bindungsvorgang ist sozusagen die Grundlage für die Erziehung.
Innerhalb der Pädagogik gibt es nun eine Vielzahl Überzeugungen über das Wesen des Menschen und entsprechend viele Ableitungen dazu, was Erziehung dem Menschen anbieten muss. In diesem Zusammenhang wird als ein zentrales Thema in der Pädagogik die sog. Anlage-Umwelt-Diskussion geführt. Obgleich hierzu vieles gesagt wurde, sind weiter viele Fragen offen (vgl. ebd., 19f.). Man kann generell konstatieren, dass es zwischen genetischen und Umweltfaktoren um ein multifaktorielles Zusammenspiel geht, bei denen einzelne Faktoren den Ausschlag in bestimmte Entwicklungsrichtungen geben können. Diese sind jeweils in der individuellen Entwicklungsgeschichte anzusiedeln und daher sehr spezifisch in ihren Auswirkungen. Gerade die Resilienzforschung hat uns darauf aufmerksam gemacht, dass nicht allein Umweltfaktoren die persönliche Entwicklungsgeschichte und den individuellen Lebenslauf präformieren, sondern vom Individuum Ressourcen aktiviert werden können, die selbst unter ungünstigen Umständen zu positiven Entwicklungsverläufen beitragen.
Wir können heute sagen, dass Anlage und Umwelt in Wechselwirkungsprozessen zueinander stehen. Die genetischen Bedingungen präformieren die Möglichkeiten der Entwicklung, die Interaktion des Menschen mit der Umwelt (also die Lernanforderungen) gibt dann jedoch den Ausschlag dafür, was gelernt wird. Die Angebote, die in der Erziehung bereitgestellt werden, sowie die interaktiven Bedingungen, unter denen sie bereitgestellt werden, haben damit einen großen Einfluss auf die Lernergebnisse. Die jeweilige Positionierung einer Erziehungsvorstellung in der Anlage-Umwelt-Debatte hat dann gravierende Auswirkungen auf die Wahl der Erziehungsziele, also auf die Frage: Was hat der Mensch zu lernen oder was kann er überhaupt lernen?

12.3 Annäherungen an das »Wesen des Menschen« aus systemisch-lösungsorientierter Sicht

Im systemisch-konstruktivistischen Paradigma kann es natürlich keinerlei allgemeingültige Aussagen über das Wesen des Menschen geben, da jede Aussage als eine Konstruktion zu verstehen wäre, die genau so wahr oder falsch sein kann wie andere Konstruktionen. Insofern ist auch bei der Erörterung der Frage nach der »Wahrheit des menschlichen Wesens« nicht zielführend. Hingegen könnte man sich fragen, welche Sinnkonstruktionen nützlicher sind als andere. Die Nützlichkeit von Sinnkonstruktionen könnte man am Ergebnis erkennen, z.B. mit der Frage: Welche Konstruktion ist hilfreich in Bezug auf die Zufriedenheit des einzelnen Menschen und für das soziale bzw. ökologische Bezugssystem, in dem er sich befindet? Andererseits geht es natürlich auch um die Stringenz und die Konsistenz von Theorie und daraus abgeleiteten Handlungsanleitungen, also die Frage, welches Menschenbild bzw. welche Aussagen über das Wesen des Menschen passen zu einem ressourcen- und lösungsorientierten pädagogischen Ansatz. Im inneren Diskurs über mögliche konsistente Modelle in Bezug auf eine lösungsorientierte Pädagogik vertritt der für das systemisch-lösungsorientierte Beratungssetting wesentliche Ansatz von M. Erickson eine einfache, eher naturalistische Orientierung, die viele Möglichkeiten eröffnet. Erickson (vgl. O'Hanlon 1990, 21) sah im Menschen ein fähiges Wesen, das mit allen natürlichen Fähigkeiten ausgestattet ist, die es braucht, um Schwierigkeiten zu überwinden und Probleme zu lösen. Diese Grundorientierung ist natürlich nicht neu, eine ähnliche finden wir schon in Rousseaus *Emile*, wo es heißt: »Alles ist gut, wie es aus den Händen des Schöpfers kommt; alles entartet unter den Händen des Menschen.« (zit. nach Raithel 2009, 106)

Die Anschauung von Erickson passt sehr gut in die bereits erwähnte Anlage-Umwelt-Diskussion: Die Anlage sorgt dafür, dass alles bereits vorhanden ist, allerdings mit den Einschränkungen, die die spezifische physiologische Ausstattung des Individuums mit sich bringt. So sind z.B. nahezu alle Nervenzellen des Gehirns im Zeitpunkt der Geburt bereits vorhanden, inwieweit sie später zu neuronalen Netzen entwickelt werden, entscheidet sowohl die physiologische Verfassung des Kindes wie auch dessen Auseinandersetzung mit Umweltreizen. Gibt es Einschränkungen in der psychophysischen Ausstattung, so können Lernprozesse, die über die individuelle Wahrnehmungsfähigkeit des Menschen gesteuert werden, nur unter diesen Einschränkungen verlaufen. Dennoch ist zu konstatieren, dass das, was physiologisch gegeben ist, eben auch möglich ist. Unter den spezifischen Sozialisationsbedingungen des Individuums, die sich aus dem Zusammenspiel individueller Faktoren und den Umweltfaktoren (Familie) ergeben, werden dann Fähigkeiten entwickelt. Wie wir aus der Hirnforschung wissen, ist die jeweils zum Entwicklungsstand des Kindes passende Anregung der Umwelt ein wesentlicher Faktor für das Ausbilden der neuronalen Netze und damit der Hirnentwicklung. Zur Hirnentwicklung können wir auch den Aufbau der sog. Spiegelneuronen rechnen, die für die Empathie und damit für das soziale Lernen wichtig sind.

12.4 Die Unvermeidbarkeit von Erziehung

Die zum Überleben in der Umwelt nicht hinreichende, weil mangelhafte Ausstattung des neugeborenen Kindes macht es notwendig, dass Erwachsene die Aufgabe der Sicherung des Überlebens des Neugeborenen und später des Kindes übernehmen. Hierzu hat die Natur den Mechanismus der Bindung der Eltern an das Kind (Bonding) entwickelt, dessen Gegenpart in der Ausbildung einer emotionalen Bindung und Anhänglichkeit (Attachment) des Kindes an die Eltern liegt. Diese Strukturen sind bei normalen Entwicklungsverläufen vorgegebene emotionale Beziehungsmuster. Im Falle der Vernachlässigung von Kindern oder der Gewaltanwendung von Eltern gegenüber ihren Kindern wird das Kind in seinem Bindungsverhalten traumatisiert. Je früher dieses Trauma erfolgt, desto schwieriger gestaltet sich die Bindungsfähigkeit des Betroffenen im späteren Jugendlichen- und Erwachsenenalter.

In der unumgänglichen Interaktion zwischen Kind und Erwachsenen in allen Entwicklungsphasen wird das Kind neben der körperlichen Versorgung auch durch vielfältige nonverbale und verbale Botschaften mit der Lebenswelt der Eltern vertraut gemacht (sozialisiert und enkulturiert). Hierbei geschieht Erziehung als intentionale oder nicht intentionale Einflussnahme der Erwachsenen auf das Kind. Erziehung ist somit ein unumgänglicher, zwangsläufiger Aspekt der Interaktion zwischen erwachsener Bezugspersonen und Kind, in die alle bewussten und unbewussten Werte, Normen, Vorstellungen, Glaubenssätze und Regeln der Erwachsenenwelt einfließen. Erziehung kann bewusst bestimmte Ziele verfolgen oder ohne Zielvorstellung vonstatten gehen – beides hat Auswirkung auf die Beziehungsgestaltung zwischen Erzieher und »Zögling«. Selbst eine extreme Vernachlässigung hat erzieherische Aspekte, weil sich hieraus Ableitungen und Konsequenzen für alle Beteiligten ergeben.

Ebenso wie man »nicht nicht kommunizieren« kann, kann man in der Beziehung zwischen erwachsenen Bezugspersonen und Kindern/Jugendlichen auch »nicht nicht erziehen«.

Die Vorstellungen über die Rolle des Erziehenden und des »Zöglings« sowie die Art der Beziehungsgestaltung zwischen diesen beiden veränderten sich im Laufe der Geschichte der Pädagogik immer wieder. Viele Konzepte folgten und folgen dabei einer Vorstellung, die den »Zögling« als Trivialmaschine ansieht, in die man etwas zuvor Definiertes hineinsteckt (Erziehung) und aus der dann ein mit diesem Input in linear kausaler Beziehung stehender Output (Bildung, Wissen) herauskommt. Die Erziehungswirklichkeit zeigt uns indes, dass trotz enormer Anstrengungen im Bereich der Didaktik und Methodik Input und Output nicht unbedingt in einem linear kausalen Zusammenhang stehen, sondern dass hier etwas Unvorhergesehenes geschehen kann. Das hängt damit zusammen, dass wir über den Prozess im Inneren des anderen keinerlei Kontrolle haben, dieser autonom verläuft und als Folge seiner Selbstorganisation komplett andere Ergebnisse nach sich zieht als vorher intendiert war.

Erziehung können wir daher als einen rekursiven Prozess beschreiben. Sie kann die bereits vorhandenen und schlummernden Fähigkeiten des Menschen fördern und aktivieren oder auch hemmen und limitieren.

Lösungsorientierte Pädagogik sieht bei allen individuellen Stärken und Schwächen, die ein Individuum aufgrund seiner Anlage und seiner bisherigen Lernumwelt entwickelt hat, die Möglichkeiten zum Wachstum und zum Lernen. Sie schafft Räume und Einladungen, die den Schüler dazu anregen, sich in einer wertschätzenden Atmosphäre auf neue Erfahrungen und Prozesse einzulassen.

12.5 Das systemisch-lösungsorientierte Paradigma in der Pädagogik

Die Erziehungswirklichkeit ist der sog. Gegenstandsbereich der Pädagogik, die hierzu Aussagen treffen will und soll (Hobmair 2008, 13f.). Die Aufgabe der Erziehungswissenschaft ist es hingegen, Erziehungswirklichkeiten zu beobachten und zu beschreiben sowie zu erklären oder zu verstehen. Die Erziehungswissenschaft bedient sich dabei verschiedener Methoden, die sowohl empirisch als auch phänomenologisch oder hermeneutisch sein können, je nach den Prämissen der zugrundeliegenden Theorie. Jede Theorie beinhaltet spezifische Prämissen, aus denen heraus Aussagen über Zusammenhänge in der Erziehungswirklichkeit abgeleitet werden. Die Prämissen der Theorie sind somit Setzungen, die letztendlich nicht begründbar sind. Diese Schwierigkeiten bei der Begründung von Theorien wurde bereits in den 1970er Jahren von Paul Feyerabend mit dem Satz »Anything goes« beschrieben: Er kam zu der Auffassung, dass es keinen grundlegenden Unterschied zwischen der modernen »Wissenschaftlichkeit« und dem »mittelalterlichen Hexenglauben« gebe, weil eben die Prämissen, auf denen diese Anschauungen beruhen, gesetzt und daher nicht mehr überprüfbar sind. Feyerabend vollzog damit eine grundlegende Kritik an der sog. Wissenschaftlichkeit von Theorien (insbesondere am kritischen Rationalismus); diese relativierenden Aussagen sind in die Anschauung des »Radikalen Konstruktivismus« eingeflossen.

Eine systemisch-konstruktivistische Ausrichtung der Pädagogik bzw. der Erziehungswissenschaften müsste nun bei allen Aussagen über die Erziehungswirklichkeit davon ausgehen, dass es sich hierbei um Konstruktionen des jeweiligen Beobachters handelt. Diese Aussagen sind Aussagen über den Beobachter selbst und dessen Erziehungswirklichkeit. Da der Beobachter wiederum Teil des beobachteten Systems ist, nimmt er zugleich Einfluss und verändert dieses System, das er zu beobachten vorgibt. Beobachter (Forscher, die die Erziehungswirklichkeit betrach-

ten wollen) können also nicht anders als interagieren und nehmen damit Einfluss auf das Beobachtete. Dies führt zu der Aussage: »Jeder Erziehungs-, Entwicklungs- und Bildungsprozess kann verstanden werden als eine Form der Konstruktion von psychischen und sozialen Systemen.« (Huschke-Rhein 2003, 13)
Bei konstruktivistischer Orientierung kommt man sehr schnell zu der Frage, was denn genau »Erziehungswirklichkeit« als Gegenstand der Pädagogik sein soll? In Anlehnung an Watzlawick ist die Frage zu stellen: »Wie wirklich ist die Erziehungswirklichkeit?«
Dieses epistemologische Problem kann in der konstruktivistischen Pädagogik indes sehr pragmatisch beantwortet werden, indem die Erkenntnistheorie als Praxeologie formuliert wird: »Erkennen ist Tun.« (Maturana, ebd. 13)
Der praxeologische Ansatz einer lösungsorientierten-konstruktivistischen Pädagogik kann nach von Glaserfeld (einem wichtigen Vertreter der radikal konstruktivistischen Orientierung) als Viabilität beschrieben werden. Handlungen, Begriffe und begriffliche Operationen sind dann viabel, »wenn sie zu den Zwecken oder Beschreibungen passen, für die wir sie benutzen.« (von Glaserfeld 1997, 43). »Die Beschaffenheit unserer Umwelt erfahren wir dadurch, dass unsere Handlungen die Grenzen und Möglichkeiten unserer Annahmen ›vor Augen» führen, dies ist die Falsifikation im Sinne Poppers.« (Holtz 2008, 50)
Von Glaserfeld fasst zusammen:

> »Ganz allgemein betrachtet, ist unser Wissen brauchbar, relevant, lebensfähig [...], wenn es der Erfahrungswelt standhält und uns befähigt, Vorhersagen zu machen [...]. Logisch betrachtet, heißt das aber keineswegs, dass wir nun wissen, wie die objektive Welt beschaffen ist; es heißt lediglich, dass wir einen gangbaren Weg zu einem Ziel wissen, das wir unter von uns bestimmten Umständen in unserer Erlebenswelt gewählt haben.« (ebd.)

Interaktionelle und kommunikative Lösungen, die sich in der Erziehungswirklichkeit als hilfreich und nützlich erweisen haben, können somit beschrieben werden als das Handlungsmodell einer lösungsorientierten Pädagogik. Die Nützlichkeit kann allerdings nur im gleichrangigen Diskurs der am Erziehungsprozess Beteiligten definiert werden. Findet einer der Beteiligen den Lösungsansatz wenig nützlich, so wird er erfahrungsgemäß nicht kooperieren oder so tun, als ob er kooperiert, um schnell nach Heraustreten aus der Interaktionssituation wieder in seine ursprüngliche Haltung zurückzukehren.
Diskutiert man den konstruktivistischen Ansatz mit Lehrern, wird manchmal die Frage gestellt, inwieweit es, wenn allein das Individuum seine Wirklichkeit definiert, in einer konstruktivistischen Anschauung noch Werte und Normen gibt, die für schulische und andere pädagogische Kontexte als sehr wichtig angesehen werden. Mit F. Simon (2008, 71) lässt sich darauf hinweisen, dass eine radikal konstruktivistische Position nicht die Auffassung vertritt, das konstruierte Weltbild sei beliebig. Vielmehr wird zwar der Wahrheitsanspruch aufgegeben, nicht

aber der Unwahrheitsanspruch. »Denn die Viabilität, die an die Stelle der Wahrheit getreten ist, besagt ja, dass nicht jedes Weltbild zur Welt passt.« (ebd., 71)
Wenn Lösungen nicht mehr erzielt werden können, muss ein neuer Weg gesucht werden. Oder, wie es im NLP heißt: »Funktioniert der eine Ansatz nicht, mache etwas anderes.« Insofern ist die Suche nach pädagogischen Lösungen ein »Versuch-Irrtum-Lernen«, das – wenn man unbekanntes Terrain betritt – durchaus mühevoll, aber auch spannend sein kann. Wenn man bereits auf von anderen (Modellen) praktizierte Lösungen zurückgreifen kann, kann dieses Lösungsmuster oder »die Struktur der (Lösungs-)Magie« elizitiert und als Strategie in das eigene Verhaltensrepertoire übernommen werden.
Erziehung kann somit beschrieben werden als ein prozessorientiertes interaktives Geschehen zwischen dem Erzieher / Lehrer und dem zu Erziehenden / Schüler. Im Sinne der zirkulären Kausalität verschwindet die Grenze zwischen Erzieher und Erziehendem insofern, als beide gleichzeitig Lernende sind, und insofern der Erzieher gleichzeitig der zu Erziehende des zu Erziehenden und der zu Erziehende der Erzieher des Erziehers ist. Diese Wechselwirkungsprozesse können unter dem Begriff der Koevolution gefasst werden. Erziehungsgeschehen ist also eine gemeinsame Kreation von Wirklichkeit unter dem Aspekt des gemeinsamen Lernens. Dies setzt zwangsläufig eine komplett andere Rollendefinition der im pädagogischen Feld teilnehmenden Menschen voraus, auf die wir später noch näher eingehen werden.

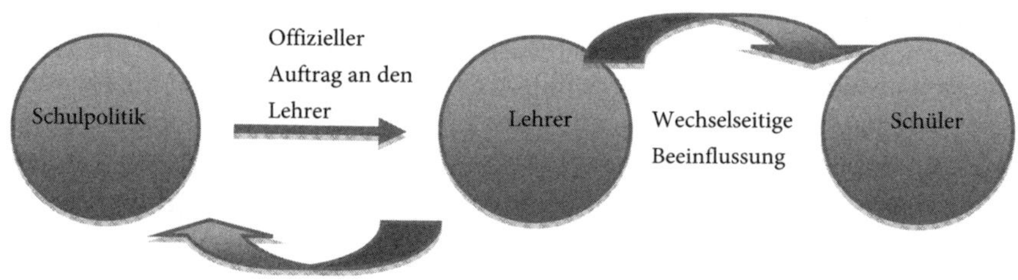

Abb. 28: Beziehungsgestaltung zwischen Schüler und Lehrer

Der konstruktivistische Ansatz in der Pädagogik – wenn man ihn auf das Erziehungshandeln überträgt – weist zu Recht auf ein zentrales Paradoxon der Erziehung hin: »Erziehung bedeutet Fremdsteuerung eines Systems, das sich auf Grund seiner wesensmäßigen Struktur selbst steuern kann.« (Huschke-Rhein, 2003, 16)
Eine lösungsorientierte Pädagogik müsste daher das Ziel verfolgen, sich selbst im Erziehungshandeln immer mehr zurückzunehmen. Der Zweck der Erziehung ist es daher, sich selbst überflüssig zu machen, wenn die Selbststeuerung des »Zöglings« soweit ausgebildet (autonom) ist, dass der Erzieher nicht mehr gebraucht wird (vgl. Herman Nohl, zit. nach Huschke-Rhein 2003, 107). Pädagogik hat im systemisch-konstruktivistischen Paradigma die Funktion, gemeinsam mit dem

Schüler Kontexte zu kreieren, in denen selbstgesteuertes autonomes Lernen stattfindet. Pädagogik gibt Anregungen, die das »geschlossene System« Schüler dazu einladen, in Suchprozesse zu gehen und passende Lösungen zu suchen.

12.6 Werte und Normen

Die Festsetzung von Werten und Normen für den Erziehungsalltag widerspricht aus unserer Sicht keinesfalls einem lösungsorientierten Ansatz in der Pädagogik. Zudem ist es gar nicht möglich, pädagogisch zu handeln ohne dabei auch implizit bestimmten Wertvorstellungen zu folgen. Wie wir wissen, fließen Glaubenssätze und damit Hypothesen über das, was richtig und sinnvoll sein soll, in jede Handlung ein. Im schulischen Bereich sind dabei sogar Ziele und Inhalte durch Curricula von außen vorgegeben, an die sich Lehrer zu halten haben. Sie haben also wenig Wahlmöglichkeiten bezüglich der Inhalte und Ziele – ihre Kunstfertigkeit liegt in der didaktischen und methodischen Aufbereitung und Vermittlung der Lerninhalte. Sie kommen damit in die Rolle eines Kommunikators, der durch sein kommunikatives Geschick Schülern besseren oder schlechteren Zugang zu den vorgegebenen Inhalten und Lernzielen ebnen kann. In Bezug auf die Vermittlung oder Kommunikation der Inhalte durch den Lehrer kann dieser zurückgreifen auf verschiedene didaktische Modelle, die allein jedoch nicht dabei helfen, die konkreten Verständigungsschwierigkeiten im pädagogischen Alltag zu bewältigen; hierzu bedarf es einer tieferen Analyse der Prozesse. Im Alltag der Schulberatung, Lehrerweiterbildung und Lehrersupervision konnten wir immer wieder erkennen, dass Lehrer dazu neigen, Didaktik und Methodik als linear-kausale Rezeptologie zu verstehen (»Wenn man a macht, kommt b dabei heraus«) und daher aus ihrer Sicht folgerichtig diesen Anspruch auf ein lösungsorientiertes Kommunikationsmodelle übertragen wollen.

Dieser Anspruch ist durchaus berechtigt, allerdings zeigt eben die Erziehungspraxis, dass Unterrichts- und Beratungskommunikation in hohem Maße prozesshaft sind und daher Rezepte nicht immer funktionieren. Es kommt vielmehr darauf an, nicht in der fehlenden Methode den Grund für Schwierigkeiten mit Schülern zu sehen. Dieser liegt eher in der Haltung, der Identitätsdefinition und damit in den eigenen Werten, Normen und Glaubenssätzen des Lehrers. Will ein Lehrer für sich passende Lösungen in Bezug auf Schwierigkeiten im Kontakt mit Schülern und/oder Eltern und/oder Kollegen und/oder Schulleitung finden, so kommt er manchmal nicht um das »Sich selbst neu erfinden« herum. Die Modifikation der eigenen inneren Landkarte und damit auch der eigenen Werte und Normen kann Voraussetzung dafür sein, einen befriedigenden Schulalltag zu konstruieren.

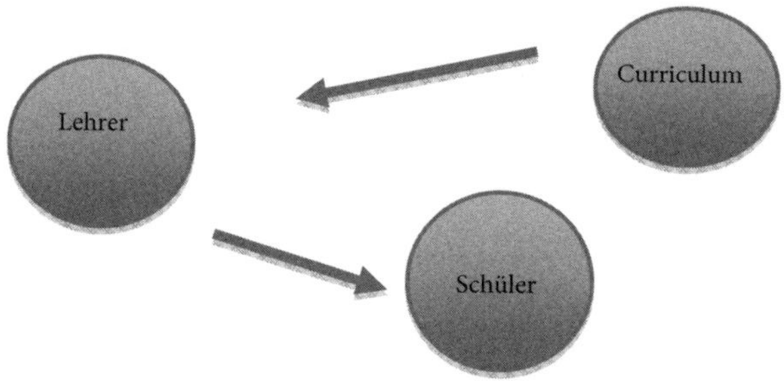

Abb. 29: Auftrags-Dreieck oder Triangulierungsmuster

Eine Schwierigkeit der Kommunikation ergibt sich aus dem sog. Auftrags-Dreieck. Lehrer erleben es häufig so, dass sie wenig Einfluss auf das Erstellen von Lehrplänen und Zielvorgaben haben, wobei vor allem in der Oberstufe das Zentralabitur strukturdeterminierend wirkt. Konflikte entstehen in diesem Auftrags-Dreieck, wenn sich der Lehrer nicht mehr als Mitgestalter, sondern als Opfer des Curriculums erlebt, weil er keinen Einfluss hat und nur Ausführender ist. Hier entwickelt sich ein „Drama-Dreieck", in dem die Positionen laufend wechseln. Einmal ist der Lehrer Retter für die Schüler, die Opfer der Vorgaben sind. Dann wiederum, wenn die Schüler nicht kooperieren, fühlt sich der Lehrer als Opfer und die Schüler können Verfolger werden. Diese Verstrickung ist für die Schulpädagogik, aber auch für andere pädagogische Felder ein immer wiederkehrendes Problem, sie ist Ausdruck der Systemregeln. Werte, Normen und Ziele der Pädagogik werden in öffentlichen Erziehungsinstitutionen vorgegeben und der dort tätige Pädagoge kann sich hierzu bekennen oder diese innerlich ablehnen. Im ersten Fall, kann er infolgedessen Stellvertreterkonflikte mit den »Zöglingen« bekommen, die ihn als Vertreter dieser Werte stellvertretend anerkennen oder ablehnen (häufiger ist die Ablehnung). Im Falle der Inkongruenz zwischen den Werten des Pädagogen und denen der Institution kommt es zu offenen oder verdeckten Konflikten zwischen diesen beiden. Dann, wenn sich der Pädagoge von seinem Job existenziell abhängig fühlt, wird er eher verdeckt arbeiten, bis hin zu der Verbündung mit »Zöglingen«, die möglicherweise stellvertretend für ihn den Konflikt austragen. Oder es kommt zur inneren Kündigung. Pädagogen kommen also nicht umhin, sich immer wieder im inneren Dialog zu befragen, ob das, was sie tun sollen, auch das ist, was sie tun wollen. Dieser Prozess beinhaltet eine ständige Normendiskussion, Zielklärung und Adaption an Veränderungen in den Anforderungen, die von Seiten der Institution gestellt werden bzw. sogar den Mut, die Institution zu verlassen.

12.7 Ressourcen, Lernen und Modellieren

Im ressourcenorientierten und lösungsorientierten Ansatz der Beratung gehen wir davon aus, dass sämtliche Ressourcen für die Lösung dem Organismus zur Verfügung stehen. Dies könnte dahin gehend missverstanden werden, dass man nun keinerlei Lernprozesse mehr braucht. Man müsste eigentlich nur in sich hinein hören, und die Lösung käme von ganz allein – im Sinne von: »Die Lösung findet mich.« Diese Anschauung wäre ein Missverständnis.

Im Prozess des lebenslangen Lernens entstehen immer wieder Situationen, in denen der Lernende keine passenden Lösungswege zu Verfügung hat, weil für ihn das Problem komplett neu ist und im inneren Abgleich mit bekannten schon einmal eingesetzten Lösungsmöglichkeiten kein Lösungsbild gefunden wird. Im Bild der logischen Ebenen hieße dies: Die Umweltebene hat sich soweit verändert, dass der Organismus mit den bisherigen Verhaltensweisen keine Lösung des Problems erzeugen kann. Er muss also zurückgreifen auf die Fähigkeitsebene und dort die Lernressourcen oder Lernfähigkeiten aktivieren. Sind diese nicht abrufbar, so muss auf der Ebene der Glaubenssätze oder der Identitätsebene eine Lösung gesucht werden, die die nun gebrauchten neuen Fähigkeiten in die Ich-Identität einbaut und daraus neue Überzeugungen generiert. Am Beispiel »Mädchen können keine Mathematik« kann das gut nachvollzogen werden: Wenn dieser Glaubenssatz wirkt, so kann sich das Kind keine Lernerlaubnis geben und die nötigen Lernressourcen sind nicht abrufbar. Erst durch die Auflösung dieser Limitation können Ressourcen verfügbar gemacht werden.

Für die Pädagogik bedeutet dies, wenn wir die Prämisse »Menschen können lernen« als sinnvoll ansehen und beim betrachteten Schüler keine gravierenden neurologischen, kognitiven oder somatischen Einschränkungen vorliegen, die prinzipiell den Erfolg in bestimmten Lernfeldern ausschließen, können wir davon ausgehen, dass grundsätzlich der individuelle Zugang des Schülers zu Lösungsstrategien gegeben ist. Pädagogische Interventionen sind Pertubationen, also Beziehungs- oder Sachinformationen, die bei dem rezipierenden Organismus Neugierhaltung, Erstaunen und leichte Verunsicherung auslösen und ihn infolgedessen einladen, in einen inneren autonomen Suchprozess zu gehen. Dieser Suchprozess ist zunächst verbunden mit einem K-Zustand (also einem negativen kinästhetischen Zustand), der gleichzeitig der Motivator dafür sein kann, Ressourcen zu aktivieren, um diesen Zustand abzustellen bzw. nach neuen Lösungsmustern zu suchen. Je mehr Erfahrung Menschen mit Lösungen haben, je älter sie also sind, desto größer kann ihr Pool an Lösungsressourcen sein, vorausgesetzt, sie haben sich das Lernen in unterschiedlichen herausfordernden Kontexten erlaubt. Ansonsten gilt hier eher der Satz von Watzlawick: »Wer als einziges Werkzeug einen Hammer hat, der sieht die Welt voller Nägel.«Erst dann, wenn sich der Organismus mit Umweltsituationen konfrontiert sieht, die für ihn höchst unlustvoll sind und auf die er keine passenden Verhaltensantworten hat, beginnt

er mit dem Lernen. Lassen wir das klassische Konditionieren mit seiner Reiz-Kopplung einmal außen vor, wenngleich es für das Etablieren von Ankern (VAKOG) der entscheidende Mechanismus ist, dann geht es also um das Versuchs-Irrtums-Lernen (operantes Konditionieren) oder das Modelllernen.
Stehen keine passenden Modelle zur Verfügung, muss der Organismus über Versuch und Irrtum den passenden Weg finden, um das K- abstellen zu können. Das Lernen am Modell ist, wie wir wissen, die komplexeste Form des Lernens und wegen ihrer Ganzheitlichkeit auch die wirksamste.
Lösungsorientierte Pädagogik bedeutet demnach, mit dem Schüler für ihn passende Lösungen zu entwickeln. Die Lösungen können dann, wenn sie altersgemäß noch nicht verfügbar sind über Erfahrungen (Versuch – Irrtum) erarbeitet oder über Modelllernen entwickelt werden. In der Methodik des Modelllernens bieten sich verschiedene Modellierungsmöglichkeiten an, z.B. dass Lehrer oder Schüler selbst Modelle sind oder passende Modelle konstruiert (erfunden) werden können. Voraussetzung für gute Modelle ist ihre positive Konnotation beim Schüler (vgl. Hobmair 2008, 174f.).
Die positive Erfahrung mit Lösungen führt dazu, dass der Schüler seine »Selbstwirksamkeit« entdecken kann und damit eine positive Lernhaltung in der Suche nach Lösungen einnimmt, weil er bereits erfahren hat, dass Probleme gelöst werden können. Eine hohe Selbstwirksamkeitsüberzeugung wäre in unserem Paradigma ein Indikator für eine hohe Autonomie des Individuums, das somit die Fähigkeit der Selbststeuerung besitzt, sich selbst also motivieren und auch coachen kann. Im Prozess des lebenslangen Lernens werden die Selbstcoaching-Fähigkeiten indes immer wieder an ihre Grenzen stoßen, wenn das Individuum mit schwerwiegenden Krisen konfrontiert wird. Hierzu müssen dann wieder neue Lösungsmodelle gesucht oder entwickelt werden. Um diese lebenslange Lernaufgabe noch einmal zu verdeutlichen, wollen wir uns an den schönen systemischen Satz erinnern: »Nur wer sich laufend verändert, bleibt sich gleich. Oder: Wenn wir uns schon verändern müssen, können wir dies ja auch in einer Neugierhaltung als Prozess genießen.«
Überträgt man das Modell der Selbstorganisation von Organismen auf die Pädagogik, hat dies immense Auswirkungen auf die Beziehungsgestaltung zwischen Lehrer und Schüler sowie auf sämtliche Interaktionskreisläufe in der Schule. Das Respektieren der Autonomie des Schülers bedeutet, seine Selbstbestimmung und seine Selbstverantwortung in den Mittelpunkt des Handelns zu stellen. Infolge dieser Ausrichtung bekommt der Lehrer automatisch eine andere Rolle.
Wenn unser Fokus auf das gerichtet ist, was wirkt – also auf die interaktionellen Beiträge in der Beziehung die dazu beitragen, Blockaden zu lösen, so kann man sagen: Lösungsorientierung ist Viabilität.

12.8 Erziehung ist Prozess

»Die Pädagogik der Gegenwart ist ein Entwicklungsland, weil sie die Beziehungsebene bis heute unterbewertet.« (Reich 2005, 51)
Wie wir gesehen haben, vollzieht sich Erziehung in wechselseitiger Beeinflussung zwischen Erzieher und zu Erziehendem. Dabei muss die Rolle des Erziehers neu definiert werden, da er nicht einseitig beeinflusst, sondern seinerseits wieder vom zu Erziehenden beeinflusst wird. Diese Wechselwirkung vollzieht sich in einem permanenten Prozess, der zudem noch beeinflusst wird durch Variablen im Kontext, in dem diese Interaktion stattfindet. Die Problemstrukturen, die durch die Strukturdeterminanten des Kontexts Schule entstehen, bilden sich auch in der direkten Interaktion zwischen Erzieher und zu Erziehendem ab. Die Regeln der Struktur (der Organisation) sind als Isomorphie in den Regeln der Interaktion zwischen Pädagogen und zu Erziehendem vorzufinden. Insofern ist die Rolle des lösungsorientierten Pädagogen auch darin zu sehen, immer wieder von einer Metaebene aus zu reflektieren, welche Auswirkungen sein Verhalten auf andere hat, aber auch welche Wirkungen die Organisationsstrukturen auf die Interaktion haben. In der lösungsorientierten Pädagogik hat jeder Interaktionspartner für seine eigene Position im Erziehungsprozess die Verantwortung. Insofern ist er verantwortlich für die Schwierigkeiten, die sich aus dem Beibehalten dieser Position ergeben und auch für die Chancen, die eine mögliche Veränderung der Position mit sich bringen kann.

Der Pädagoge ist verantwortlich für seine Professionalität in Bezug auf
- das Beherrschen der Lehrinhalte,
- die didaktische Aufbereitung,
- die methodische Darbietung,
- seine kommunikative Kompetenz,
- professionelle Lernangebote,
- die Fürsorge für eine passende Lernatmosphäre (ökologische Bedingungen),
- seine eigenen Gefühle in der Unterrichtssituation,
- seine Empathie für sich und andere,
- die Klärung seiner eigenen Position,
- die Transparenz bezüglich der eingesetzten Methoden, Lernziele und Regeln, die er braucht um unterrichten zu können,
- die Grenzziehung im Falle der Verletzung der Grenzen durch Schüler,
- die Auseinandersetzung zur Klärung und Verbesserung schwieriger Lehrbedingungen im Schulkontext,
- Konfrontationen im Sinne von Perturbationen bei Schülern, die ihre Verantwortlichkeiten verletzen,
- Die Beratung von Schülern, die nicht ihr Potenzial ausschöpfen,
- die gemeinsame Suche nach Lösungen.

- Er respektiert die eigenen Grenzen und die Grenzen der anderen.
- Er achtet auf seine eigene Psychohygiene.
- Er ermöglicht den Schülern ebenfalls deren Psychohygiene (= alle Maßnahmen, die dazu dienen, sich zu entlasten und zu ent-stressen, ohne dabei die Grenzen anderer zu verletzen)

Der Schüler ist verantwortlich
- für seine Motivation zum Schulbesuch,
- für seine psycho-physische Fitness,
- für sein Verhalten im schulischen Kontext,
- für die Klärung von Konflikten mit Mitschülern
- für das Signalisieren von Beratungsbedarf in Konfliktsituationen,
- für seine Gefühle in der Schulsituation,
- für seine Empathie,
- für sich selbst und seine Wünsche, Ziele und Gefühle,
- für die Empathie gegenüber den Grenzen des Lehrers,
- für die Einhaltung der Grenzen gegenüber Mitschülern bei psychischer oder körperlicher »Gewaltausübung« oder Übergriffigkeit
- für die Verbesserung des Lernklimas (gemeinsam mit dem Lehrer)
- für die Aufrechterhaltung hinreichender ökologischen Bedingungen wie Lärm, Sauberkeit (gemeinsam mit den Mitschülern und Lehrern)
- für seinen Lernerfolg. Der Lehrer macht ihm hierzu Angebote, auf die er sich einlassen kann oder nicht – er ist für die Konsequenzen, die sich daraus ergeben verantwortlich. Fühlt er sich hier behindert von anderen, so muss er dies ansprechen. Diese Regel kann gut als Klassenregel etabliert werden.
- Er übernimmt die Verantwortung für Probleme, die sich aus seinem Verhalten ergeben (vgl. auch den Aspekt der Reinszenierung).

Diese Beschreibung der jeweiligen Verantwortlichkeiten dient als Vorschlag für die Konstruktion eines Regelwerks, auf das sich die Interaktionsteilnehmer in der Schule berufen können. Diese Regelwerke bilden gleichzeitig den Ausgangspunkt für Konflikte, die sich dann ergeben, wenn Regeln nicht eingehalten werden. In der traditionellen Pädagogik spricht man dann, wenn »negative« Verhaltensweisen abgebaut und »positive« aufgebaut werden sollen, von Erziehungsmaßnahmen durch den Pädagogen (Hobmair 2008, 240f.). Diese Anschauung vernachlässigt aber u.U. die innere Botschaft des Symptoms und will durch das Abstellen des Symptomverhaltens Lösungen erzielen. Das kann nur dann gelingen, wenn das Symptom keine kommunikativen Aspekte enthält – was nur selten der Fall ist.
In einer Studie zur der Bedeutung von Schulregeln (Schönbächler 2006) konnte bestätigt werden, dass sowohl für Lehrer als auch für Schüler das Einhalten von Regeln ein wichtiger Aspekt der Lernatmosphäre ist, wenngleich die Vorstellungen von Schülern und Lehrern über passende Regeln erwartungsgemäß unter-

schiedlich waren: »Gleichzeitig wird deutlich, dass die Lehrenden aus ihrer Perspektive einen Schwerpunkt auf den Bereich der Regeln für soziale Interaktion legen, während dies bei den Lernenden vor allem im Bereich der Regeln zu Ordnung und Ruhe wahrgenommen wird.« (Seidel 2006, 144)

Lösungsorientierte Pädagogik sieht entstehende oder virulente Konflikte immer als Anlass für Klärungen und Lösungen. Da Konflikte dort entstehen, wo Grenzen nicht deutlich eingehalten werden, entwickelt sich hier auch Ärger oder Enttäuschung. Das Wahrnehmen dieser Gefühle ist für alle Beteiligten sehr wichtig. Wenn Gefühle wahrgenommen werden, können sie als Ich-Botschaften in die Interaktion eingebracht werden und dienen der Positionsbeschreibung sowie der möglichen Klärung und Lösung des Konfliktes. Insofern ist der Umgang mit Regelverletzungen das zentrale pädagogische Thema im Umgang mit Kindern und Jugendlichen. Regelverletzungen sind daher Aufgaben und Chancen für die Kommunikation und nicht Niederlagen.

»Unterricht besteht aus Aushandlungsprozessen, bei denen unterschiedliche Ziele, Einstellungen, Interessen und Kognitionen der Lernenden und Lehrenden aufeinandertreffen.« (Shuell 1966, zit. nach Seidel 2009, 136)

Die Auseinandersetzung und die Konflikte zwischen Lehrern und Schülern sind Berührungspunkte, an denen Beziehung entsteht (in der Gestalttherapie nennt man dies die Berührung der Kontaktgrenzen) und Lernen stattfinden kann. Sie verhindern zu wollen, wäre unsinnig, da sie ein Geschenk für die Pädagogik darstellen. Dies gilt allerdings nur, wenn der Pädagoge diese Konflikte angemessen konnotiert, sie annimmt und sich mit den Schülern auseinandersetzt. Die Auseinandersetzung geschieht sinnvollerweise auf der Ebene der »persönlichen Betroffenheit«. Der Lehrer macht also eine Aussage in Form einer reinen Ich-Botschaft, wie es ihm im Konflikt geht und was das Verhalten der Schüler in ihm auslöst. Er erwartet jedoch nicht (und das ist für manche Pädagogen neu), dass der Schüler sich endlich anders verhält, sondern ändert das eigene Verhalten und den eigenen Standpunkt. Diese Verhaltensänderung wirkt als Perturbation auf die Schüler, die schließlich nicht mehr anders können, als sich energetisch neu zu positionieren. Ein derart gestalteter Interaktionsprozess fordert anderes Verhalten vom Lehrer und hat zunächst zur Folge, dass durch die Perturbation das Problem noch schwieriger zu werden scheint, um schließlich, wenn der Lehrer sein Lösungsverhalten beibehält, besser zu werden. Das Problemverhalten wird zunächst schwieriger, weil die anderen Interaktionsteilnehmer verstört sind, bei ihnen ein Suchprozess ausgelöst wird und neues Verhalten erst einmal entwickelt oder modelliert werden muss. Wichtig ist in diesem Zusammenhang, dass es mit *einer* Intervention in der Regel nicht getan ist, sondern in dem eingeleiteten Prozess immer wieder nötig wird, sich selbst zu beobachten: Welche veränderten Gefühle werden in der neuen Situation auslöst? Dann ist das eigene Verhalten entsprechend der Wahrnehmung (kinästhetisches Repräsentationssystem) erneut zu modifizieren.

13. Die innere und äußere Haltung des lösungsorientierten Pädagogen

Analog zu der Beschreibung der inneren und äußeren Haltung des systemisch-lösungsorientierten Beraters wollen wir im Folgenden Eckpfeiler der inneren und äußeren Haltung eines lösungsorientierten Pädagogen formulieren.

- *Der lösungsorientierte Pädagoge orientiert sich an einem ressourcenorientierten Denken und Handeln.* Er weiß, dass jeder Mensch die Lösungsressourcen hat, die er braucht um Probleme lösen zu können. Durch Auflösung von Blockaden kann man Zugang erhalten. Sollten Ressourcen noch nicht verfügbar sein, so können sie im Lernprozess, unter Berücksichtigung der psycho-physischen-kognitiven Möglichkeiten des Lernenden entwickelt werden. Der lösungsorientierte Pädagoge ist ressourcenorientiert – sein Fokus liegt in der Konstruktion hilfreicher Kontexte, die den Schüler dazu einladen, die eigenen Lösungsressourcen zu aktivieren.
- *Der lösungsorientierte Pädagoge glaubt an lösungsorientiertes Denken und Handeln.* Die lösungsorientierte Überzeugung des Pädagogen wirkt im Sinne einer ermutigenden Suggestion auf den Schüler, ebenfalls an die Möglichkeit von Lösungen zu glauben und sich mit Hilfe des Pädagogen auf den Weg zu begeben, diese auch zu finden. Dabei vertraut der lösungsorientierte Pädagoge darauf, dass der Schüler durch die passenden Lösungen gefunden wird, indem er ihn zu einer Suchhaltung ermutigt, die die Kompetenz erweitert und die Neugier fördert. Der lösungsorientierte Pädagoge ermutigt den Schüler zu neuen Erfahrungen, auch wenn und gerade weil diese mit Anstrengungen verbunden sind, und bestätigt (verstärkt) ihn für seinen individuellen Erfolg. Dabei orientiert sich der lösungsorientierte Pädagoge an den Fähigkeiten und Kompetenzen, die dem Schüler derzeit zur Verfügung stehen. Er überfordert ihn nicht und fordert ihn in einer angemessenen Weise, denn Ergebnisse, die mit Herausforderungen und Anstrengungen verbunden sind, können besser wertgeschätzt werden. Das, was leicht fällt, wir nicht hinreichend wertgeschätzt.
- Der lösungsorientierte Pädagoge verzichtet auf einen vergangenheitsorientierten Fokus, der eher auf gemachte Fehler schaut und auf die Bedingungen, unter denen Einschränkungen (Limitationen) entstanden sind. Auch bedient sich der vergangenheitsgerichtete Fokus häufig der Warum-Frage, die nach einer Erklärung für die Schwierigkeiten sucht und damit dazu beiträgt, dass der Schüler bzw. Ratsuchende in eine »Problemphysiologie« geht und dabei eine Amnesie

hinsichtlich seiner Lösungsressourcen erleidet. Die »Hier-und-Jetzt-Orientierung» ist gleichzeitig ein wichtiges Handlungsmodell, weil sie dazu ermutigt, Erfahrungen zu machen und neues Verhalten sofort auszuprobieren. Damit bleibt es nicht beim »Sich etwas vornehmen«, sondern Neues kommt direkt zur Ausführung und wird sofort verstärkt (operantes Konditionieren).

- Der lösungsorientierte Pädagoge weiß, dass nur die Entwicklungsziele angestrebt werden können, die folgende Aspekte aufweisen:
  - Der Schüler verfügt über die nötigen psycho-physische Ausstattung (diese kann z.B. mittels „objektiver" Testverfahren eruiert werden).
  - Nur die Ziele können erreicht werden, für die folgende Zielkriterien gelten:
    Das Ziel ist einfach.
    Das Ziel ist sensorisch erfahrbar.
    Das Ziel ist für den Schüler aus eigener Kraft erreichbar.
    Das Ziel ist positiv formuliert.
  - Nur die Ziele können erreicht werden, deren Erreichung dem Schüler nützlich erscheinen.
  - Nur die Ziele können erreicht werden, über die es eine gemeinsame Zielvereinbarung zwischen Lehrer und Schüler gibt.
  - Ziele müssen unter Umständen dann, wenn sich die Informationen die Grundlage für das bisherige Handeln waren verändert haben, im Laufe des Zielerreichungsprozesses modifiziert oder komplett neu definiert werden.
  - Auch Lernziele brauchen die Operationalisierung des Zielzustandes. Der Zielzustand wird sensorisch definit beschrieben (VAKOG), damit er als Attraktor dienen kann.
- Der lösungsorientierte Pädagoge weiß, dass Lösungen in Problem- oder Konfliktsituationen einen Lösungsprozess erfordern, in dem es notwendig sein kann, die eigenen Handlungen zu modifizieren bzw. zu überdenken und zu veränderten Lösungshandlungen zu kommen. Da kein Prozess in der Interaktion einseitig kontrolliert werden kann, verlässt sich der lösungsorientierte Pädagoge auf die sog. Tendenz zur guten Gestalt« (ein Gestaltgesetz), die besagt, dass sich Prozesse in Richtung Lösung entwickeln, wobei die Lösung am Ende durchaus eine andere Gestalt haben kann als man dies zu Beginn des Prozesses vermutete.
- Der lösungsorientierte Pädagoge weiß, dass die von ihm beschriebene Wirklichkeit ein Konstrukt ist, das durch Wahrnehmungsprozesse entstanden ist. Probleme und Konflikte verschärfen sich dadurch, dass mehr nach den durch die Wahrnehmung ausgelösten Verzerrungen oder »inneren Filmen« gehandelt wird und man sich in der Konfliktsituation weniger daran orientiert, was tatsächlich kommuniziert wird. Daher ist der lösungsorientierte Pädagoge permanent bemüht, saubere Sinneskanäle aufzubauen. Dies beinhaltet die Verpflichtung des Lehrers als Kommunikator zur Eigenreflexion und zum Auflösen limitierender Glaubenssätze. Er beachtet das kinästhetische Referenzsystem

(sein Bauchgefühl) und stärkt seine Intuition bei gleichzeitiger Verpflichtung zur Selbstreflexion. Hierzu gilt: »Schwierigkeiten, die ich mit anderen habe, sind nicht die Schwierigkeiten der anderen oder deren Eigenarten, sondern allein meine Schwierigkeiten. Diese sind begründet in der Bewertung von Situationen, Reizen, Personen aufgrund innerer Bilder oder Filme, die autonome Prozesse in der eigenen psycho-physischen Wirklichkeiten auslösen, mit denen der andere nichts zu tun hat.«
- Der lösungsorientierte Pädagoge ist sich der Gefahr der Wahrnehmungsverzerrung und Problemverstrickung bewusst und nutzt die Chance, aus dem System heraustreten und eine Metaebene einzunehmen. Wie jeder Berater, der sich in Konfliktfeldern bewegt, nutzt er die Gelegenheiten und die Chancen der kollegialen Fallarbeit oder der externen Supervision.
- Der lösungsorientierte Pädagoge ist selbst bereit, permanent zu lernen. Er lernt vor allem auch in der Interaktion mit den Schülern und ist bereit, sich in diesem Prozess koevolutiv zu verändern.

Nur dann, wen der Pädagoge sich selbst als lernendes System definiert, kann er ein Modell für entwicklungsorientiertes Lernen sein. Er gesteht seine eigene Unvollkommenheit ein, definiert sich damit als Suchender und nicht als Wissender und kann gelassener in den Alltag treten. Wissender zu sein kann eine enorme Last bedeuten, zumal wenn sich das Wissen auf das Beziehungswissen und die Prozesshaftigkeit von Beziehungen bezieht.
Ähnlich wie der lösungsorientierte Berater beachtet der Pädagoge folgende Prinzipien:
- Der lösungsorientierte Pädagoge verzichtet auf herkömmliche Etikettierungsprozesse und kann problematisches Verhalten erst einmal als eine sinnvolle Lösung in einem definierten Beziehungskontext sehen. Dieses Verhalten unterliegt allerdings rigiden, ritualisierten Regeln und wird mitunter dem Betroffenen selbst zum Problem. Die Problemdefinition wird gemeinsam mit dem Schüler vorgenommen und stellt dann die Grundlage für pädagogische Maßnahmen dar.
- Der lösungsorientierte Pädagoge entwickelt zusammen mit den Schülern in Problem-, Konflikt- und/oder Lernsituationen auf der Grundlage der gemeinsamen Problemdefinition eine gemeinsame Lösungsstrategie. Hierbei wird auf die Unterschiedlichkeit in den Rollen (Lehrer – Schüler) geachtet und die sich daraus ergebenden Aufgaben und Verantwortlichkeiten sowie die kommunikativen Regeln werden festgelegt. Problemdefinition und Lösungsstrategie sind möglicherweise im weiteren Prozess entsprechend den hinzu gewonnenen Erfahrungen anzupassen.
- Der lösungsorientierte Pädagoge ist sich seines offiziellen Auftrags bewusst. Hat er hierzu innerhalb der Institution, in der er tätig ist, Störgefühle, so ist es sinnvoll diese zu klären, damit der Auftrag ohne Ambivalenzen wahrgenom-

men werden kann. Gleichzeitig folgt der Pädagoge auch seinen inneren Aufträgen, also auch seiner Vision von einer sinnvollen und zufriedenstellenden Arbeit. Er ist sich der Diskrepanzen zwischen offiziellem Auftrag und innerem Auftrag bewusst und ist bereit gravierende Abweichungen zu klären, um wieder handlungsfähig sein zu können. In Bezug auf die Schüler sieht er seinen Auftrag darin, mit großer fachlicher und kommunikativer Professionalität förderliche Lernkontexte mitzukreieren. Unlösbare innere und/oder äußere Aufträge sind häufig die Ursache des Scheiterns der pädagogischen Bemühungen. So ist sich der lösungsorientierte Pädagoge der Limitationen bewusst, die sich aus der Strukturdeterminiertheit seines Arbeitsfeldes ergeben, und gleichzeitig ist er bereit, sich hier für Weiterentwicklungen einzusetzen, hier Einfluss zu nehmen (vgl. strukturelle Kopplung zwischen Organisation und Person).

- Der lösungsorientierte Pädagoge ist immer Teil des Systems (Beobachterperspektive), über das er Aussagen macht. Er ist sich daher gewiss, dass Aussagen über Schüler Aussagen über seine Wahrnehmung der Schüler sind und damit den Restriktionen der eigenen »inneren Landkarte« unterliegen, die nur einen Ausschnitt der Wirklichkeit darstellt. Insofern können von anderen Beobachtern die gleichen Prozesse komplett anders beschrieben werden. Die Chance der Beobachterperspektive liegt darin, dass der Pädagoge als Teil des Systems, durch Veränderungen in seiner Haltung und Physiologie, den Schüler ebenfalls zu Veränderungen einladen kann. Die Intensität dieser Möglichkeit ist abhängig von der Güte des Rapports zwischen Pädagogen und Schüler. Die Beobachterperspektive ist eine gute Möglichkeit für pacing und leading.
- Der lösungsorientierte Pädagoge ist bemüht sich neutral zu den Ambivalenzen der Schüler in Bezug auf deren Lern- und Leistungsfortschritte zu verhalten. Er achtet dabei auch auf die verdeckten Botschaften (Symptome als Beziehungsbotschaften), die als Lernblockaden und Leistungsfortschritten an die Lehrerposition gerichtet sind. Geht er zu sehr auf die fordernde Seite, so nimmt er den Schülern einen inneren Ambivalenzkonflikt stellvertretend ab und begibt sich in die unkomfortable Situation, dass er sich auf einmal für die Prozesse allein verantwortlich sieht. Die Folge ist, dass er Schülern eine Machtposition einräumt. Auch in Konflikten zwischen Schülern nimmt der Pädagoge eine neutrale Position ein. Bei Regelverletzungen hingegen muss er die neutrale Position verlassen und eindeutig Grenzen und Regeleinhaltung einfordern. Er wird hier zum Konfliktpartner der Schüler im Erziehungsprozess. Bei Konflikten, die sich aus der Mehrdeutigkeit der Lehrerrolle ergeben, die einerseits von Empathie geprägt sein soll, andererseits aber auch sanktionieren muss, wenn Regelverletzungen stattgefunden haben, ist es hilfreich, sog. Triangulierungen einzubauen. Dabei nimmt der Pädagoge eine neutrale Position ein und steigt damit aus dem Beziehungskonflikt aus, der sich ergibt, wenn Schüler beispielsweise Aufgaben nicht erledigen, Regeln nicht befolgen, Konflikte mit Lernzielen formulieren. Stattdessen baut er eine weitere Position auf, die die Aufgabe

etc. formuliert. In dieser Triangulierung kann er den Wunsch des Schülers verstehen, weist aber auf Wirklichkeiten hin, die nicht er gesetzt hat, sondern die Teil der gemeinsamen Schulwirklichkeit sind oder die miteinander als Klassenregeln ausgehandelt wurden. Nun hat nicht mehr der Pädagoge das Problem, sondern der Schüler muss sich mit der Aufgabe, Regel etc. auseinandersetzen. Dabei kann ihn der Pädagoge dann sogar coachen, indem er mit ihm zusammen nach einer passenden Lösung im Umgang mit dieser Realitätsanforderung sucht. Somit wird der Konflikt auf eine andere Ebene gebracht. Vielfach werden strukturelle, kommunikative und curriculare Unklarheiten auch in der Schule dem unterrichtenden Lehrer angelastet, weil er in diesem Moment das System vertritt. Diese Konflikte können durch Triangulierung besser bewältigt werden.

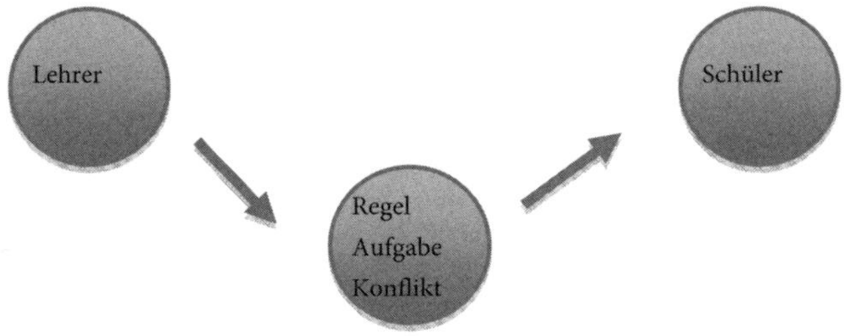

Abb. 30: Muster der Triangulierung in Konflikten

- Der lösungsorientierte Pädagoge hat infolge seines Lehrauftrags eine besondere Position in der Interaktion mit den Schülern. Er hat Definitionsmacht, kann sanktionieren und zensieren – insofern ist er nicht gleichrangig. Auch im Sinne der Generationsgrenzen ist er als Erwachsener nicht gleichrangig. Auf der Ebene der interpersonellen Konflikte und Beziehungsprobleme ist er dagegen im systemisch-lösungsorientierten Paradigma gleichrangig. Hier ist er Fragender, nicht Wissender. Wenn also Schüler ernsthafte Probleme auf der Beziehungsebene signalisieren, so wird er zum Fragenden, um diese Probleme zunächst einmal anzuerkennen, dann möglicherweise verstehen und schließlich klären zu können. Die Ernsthaftigkeit von Problemen auf der Beziehungsebene erkennt der Pädagoge aus der Resonanz seines kinästhetischen Referenzsystems gegenüber den von den Schülern vorgebrachten Wirklichkeitsbeschreibungen. Erlebt er auf dieser Ebene eine innere Resonanz, so lässt er sich auf die Metakommunikation zu den geschilderten Problemen ein (»Was passiert hier in der Interaktion?«). In den Fällen, in denen keine direkte Lösung in der Interaktionssituation erreicht werden kann, sucht der Pädagoge eine Außenperspektive (kollegiale Fallberatung, Supervision), um die eigenen »blinden Flecken« in der Interaktion aufspüren zu können.

Ein wichtiger Punkt für das Gelingen des Unterrichts ist der Aufbau der Kooperation mit den Schülern bzw. deren Beteiligung am Unterricht. Auch hier kann es zu Widerständen auf Seiten der Schüler kommen, wenn sie mit Lerninhalten, Lernbedingungen oder Lernmethoden überfordert sind bzw. wenn ihnen der Nutzen zu wenig klar ist. Zum Herstellen der Kooperation gehört die Anerkennung des Widerstands als nützliche Information, die utilisiert werden kann. Die Schüler können somit zu Supervisoren werden, indem man sie fragt, woran denn ein besseres Vorgehen erkennbar und welche Lösung sinnvoll wäre. In den Fällen, in den Lehrpläne Vorgaben machen, die sowohl für Schüler wie für Lehrer belastend sind, kann der oben beschriebene Weg der Triangulierung gewählt werden, über den der Lehrer zum Partner in der Bewältigung der von außen vorgegebenen Aufgaben wird und eine zielführende Kooperation zwischen Schülern und Lehrer entsteht.

Bei der Frage der Kooperation spielen auch die von de Shazer (vgl. Kapitel Motivation) beschriebenen Motivationskategorien eine Rolle. Insofern hilft es zu erkennen, bei welchem Schüler welche Motivation vorliegt (Besucher, Klagender, Kunde). Entlastend ist es für den lösungsorientierten Pädagogen zu wissen, dass die Motivation des Schülers dessen innere Haltung ist, die einen Sinn macht im spezifischen Familienkontext des Schülers und damit zunächst einmal keine Aussage über die Motivationsfähigkeit des Pädagogen ist. Da aus systemisch-konstruktivistischer Sicht Motivation eine autonome individuelle Haltung ist, kann der Pädagoge insofern nur förderliche Bedingungen anbieten, die zu der jeweiligen motivationalen Ausgangslage des Schülers passen, aber nicht dessen Motivation direkt erzeugen. Der lösungsorientierte Pädagoge ist verantwortlich für die Ansprache der Schüler je nach Motivationslage und kann sie, wenn sie sich verstanden fühlen (pacing), über diesen Weg besser zur Kooperation einladen.

14. Die lösungsorientierte Schule

Wie wir an anderer Stelle ausgeführt haben, sind die Regeln, die in einer Organisation vorherrschen, strukturdeterminiert. Die strukturelle Kopplung zwischen den in der Organisation tätigen Menschen und den Organisationsstrukturen weist auf die wechselseitige Beeinflussbarkeit hin (psychisches System – Organisation). Die zentralen interaktionellen Regeln, die in der Organisation offen und verdeckt vorherrschen, wirken sich auf alle Ebenen und Subgruppen in der Organisation aus und können dort beobachtet werden (Isomorphie). Die Veränderung von Organisationen oder organisationellen Regeln kann nur durch die dort handelnden Personen vorgenommen werden. Gravierende Veränderungen, die sich aus veränderten Glaubenssätzen und Normen und Regeln ergeben, brauchen in Organisationen eine gewisse Zeit (mitunter zwei Jahre), bis sie nach außen als Veränderung wahrgenommen werden. Veränderungen werden ausgelöst durch Perturbationen, die durch veränderte Anforderung der Umwelt entstehen. Je nach dem, wie offen oder rigide die Außengrenzen der Organisation sind, kann schneller oder langsamer (bis gar nicht) auf diese Veränderung reagiert werden, wobei die Existenzsicherung der Organisation Vorrang hat. Da Organisationen selbst nicht reagieren, sondern die in ihr tätigen Mitarbeiter und vor allem auch die Leitungsmitarbeiter, zeigt sich eine gewisse Wesensgleichheit zwischen den Glaubenssätzen der Leiter und den in der Organisation geltenden Kommunikationsregeln. Insofern müssen strukturelle Veränderungen durch die Leitung initiiert oder zumindest mitgetragen werden. Die Aufgabe der Leitung ist es gleichzeitig für das Systemwachstum und die Systemstabilität zu sorgen; wird einer der Aspekte auf Dauer vernachlässigt, so ist der Bestand der Organisation gefährdet. Der Leiter hat in diesem Fall seine Führungsrolle nicht hinreichend wahrgenommen und damit möglicherweise auch sein Recht auf diesen Platz verwirkt. In Schulen, die als Organisation nicht wie Betriebe vom Markt verschwinden können, wird die Rolle des Leiters in diesem Fall durch andere Organisationsmitglieder informell wahrgenommen, während der Leiter in den Hintergrund tritt.

Wird von der Umwelt ein Veränderungsdruck an die Organisation herangetragen, ist in erster Linie die Leitung dafür verantwortlich, passende Lösungen in Form eines veränderten »Outcomes« zu finden.

Dieser Prozess kann einen Paradigmenwechsel in der Art bedeuten, wie die Organisation eine alte oder neue Aufgabe bewältigt. In jedem Fall braucht es hierzu neue Strukturen in den Bereichen der Produkterstellung und damit auch im Bereich der internen und externen Kommunikation. Da nicht alle Mitglieder der

Organisation für Veränderungen offen sind (ihre sinnvolle Rolle in der Organisation ist ja möglicherweise die der »Traditionsbewahrer«), kommt es zu Widerständen gegenüber Veränderungen, die beim verantwortlichen Leiter mindestens Ärger und Enttäuschung bewirken, wenn nicht sogar Hilflosigkeit und Hoffnungslosigkeit.

In Wirtschaftsbetrieben ist aufgrund der sich laufend ändernden Marktbedingungen eine hohe Flexibilität und Veränderungsbereitschaft der Organisation erforderlich, um das Überleben zu sichern. Da aber auch hier die Interaktionsprozesse eingeschliffen sind, kommt es zu Widerständen, die im Veränderungsprozess berücksichtigt werden müssen. Um schneller auf sich verändernde Marktbedingungen reagieren zu können, sind in innovativen Wirtschaftsunternehmen sog. »Changemanagement-Prozesse« entwickelt worden, die wir uns als Modell für den Weg zu einer lösungsorientierten Schule näher ansehen wollen.

Wohl wissend, dass der Kontext, in dem sich die Organisation Schule befindet, anderen (z.B. politischen, populistischen) Regeln als der Markt gehorcht und damit Managementsysteme nur begrenzt zum Einsatz kommen können, hat sich in der Weiterbildung von Schulleitern eine Changemanagement-Ansatz als durchaus hilfreich erwiesen.

14.1 Veränderungsprozesse in der Schule

Veränderungen in der Organisation betreffen in der Regel verschiedene Ebenen. Hierzu noch einmal das Modell der Organisationsebenen:

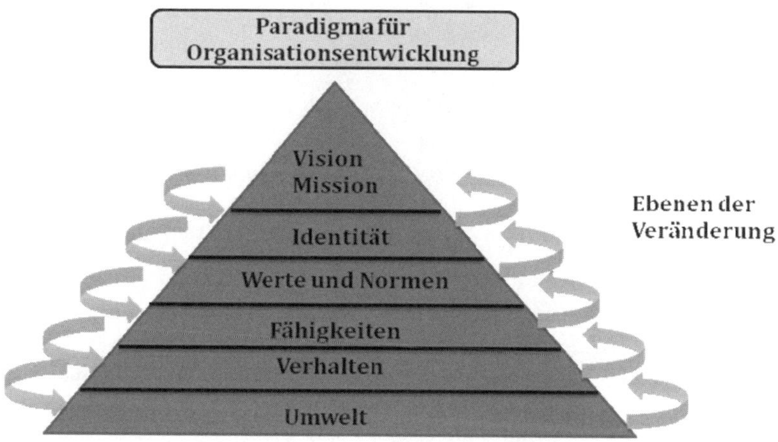

Abb. 31: Paradigma für Organisationsentwicklung

Gravierende Veränderungen in der Organisationsumwelt machen es mitunter nötig, dass die Organisation sich vollkommen neu ausrichten muss. Hierfür braucht sie mitunter eine Neujustierung in der Corporate Identity, also auf den Ebenen »Identität« und »Vision / Mission«. Diese Veränderung hat Auswirkungen auf alle anderen Ebenen. Es müssen also neue Kernkompetenzen gebildet, neue Verhaltensweisen generiert und neue Kommunikationsstrategien mit der Umwelt entwickelt werden. Hierzu bedarf es eines Paradigmenwechsels in der Produktdefinition, in der Aufgabenbeschreibung und in der internen Kommunikation der Organisationsmitglieder. Dieser Paradigmenwechsel bezieht sich daher folgerichtig auf die Bereiche Organisationskultur, Organisationsstrategie und Organisationsstruktur. Diese Bereiche hängen miteinander zusammen und eine Veränderung in einem dieser Bereiche hat Veränderungen in den anderen Bereichen zur Folge.
Changemanagement-Prozesse beginnen immer auf der Ebene der Mission / Vision. Hieraus entwickeln sich Ableitungen für die interne Kommunikations- und Konfliktkultur und notwendigerweise auch für die Aufbau- und Ablauforganisation, in der die operative Umsetzung erfolgt. In diesem Prozess ist es Aufgabe des Leiters die Strategie zu bestimmen und den Überblick über die Veränderungsschritte zu behalten, wenngleich er als Teil des Systems sich laufend mit verändert.

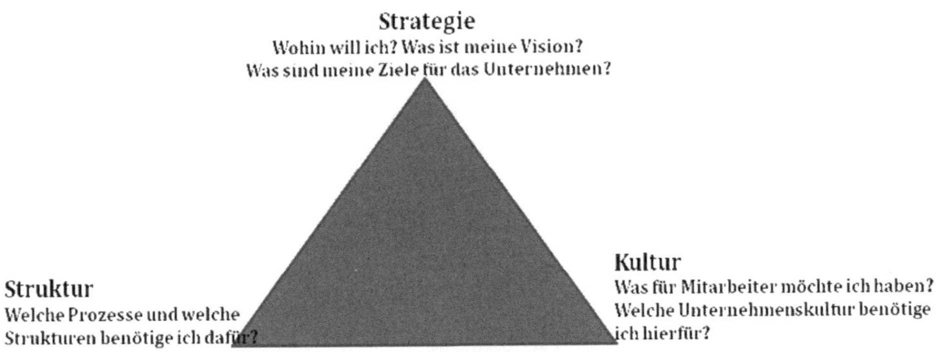

Abb. 32: Fragen im Prozess der Organisationsentwicklung

Der Leiter oder das Leitungsteam kann die Veränderungsprozesse nicht allein bewerkstelligen. Dies wäre im Übrigen auch kontraproduktiv, da es nur Widerstände auf Seiten der Mitarbeiter evozieren würde, die sich nicht im Prozess mitgenommen fühlen. Daher wird im Veränderungsprozess die Einbindung der Mitarbeiter auf verschiedene Art diskutiert:

Abb. 33: Strategie der systemisch-lösungsorientierten Organisationsentwicklung, nach Goerke 1981, 53ff.

Im Bereich der systemisch-lösungsorientierten Schulentwicklung eignet sich für die Einleitung von Change-Prozessen besonders die »Multiple-Nucleus-Strategie«. Durch viele Kontakte und Kommunikationsprozesse zu den unterschiedlichen Subgruppen im Kollegium können diejenigen zu einem Veränderungsweg eingeladen werden, die ohnehin offener dafür sind. Es ist wenig hilfreich, wenn Schulleiter sich zu Beginn des Prozesses mit den schwierigsten Gruppen beschäftigen, da deren Widerstand zu groß ist, sie nicht »Kunden« für die Veränderungswege werden und der Energieeinsatz für die Überzeugung hier viel zu aufwendig wäre. Sinnvoller und effizienter ist es, diejenigen in die Kooperation einzuladen, die ohnehin dafür offen sind, die anderen werden diesem Prozess dann folgen (oder auch immer weiter ihre Vorbehalte pflegen). Der Fokus auf die Lösung ist hier für die Leitung hilfreicher als der Fokus auf die Probleme.

Der Prozess der Einführung gravierender Musterveränderungen in der Organisation vollzieht sich in mehreren Phasen. Zunächst einmal muss das alte Gleichgewicht »aufgetaut« werden; d.h. allen in der Organisation muss von Seiten der Leitung verdeutlicht werden, dass die bisherigen Lösungswege nach außen (Umweltperspektive) hin nicht mehr funktionieren und im Sinne der Sicherung der Stabilität der Organisation daher Veränderungen notwendig sind, die möglicherweise von Einigen in der Organisation als irritierend, beunruhigend oder zumindest unkomfortabel konnotiert werden. Die transparente Kommunikation der Leitung über die Veränderung dient dazu, Bedenken im Vorfeld anzusprechen, diese damit auch zu würdigen und die Mitglieder der Organisation zur Kooperation einzuladen.

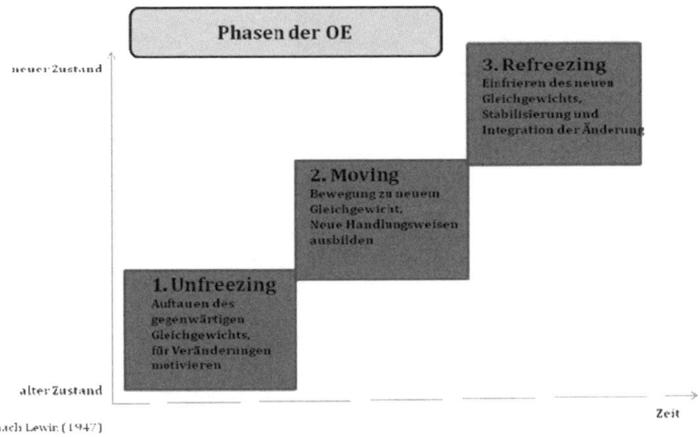

Abb. 34: Phasen der Organisationsentwicklung nach Lewin

Das Einbinden der Mitglieder der Organisation in den Veränderungsprozess (Multiple Nucleus Strategie) beginnt nach einiger Zeit zu wirken, indem Bewegung in den Einstellungen und Haltungen der Organisationsmitglieder entsteht – wenn deutlich geworden ist, dass es momentan keinen anderen als den Veränderungsweg gibt. Hierdurch entstehen neue Kooperationsbeziehungen, möglicherweise auch veränderte Subgruppenstrukturen und neue Handlungsalternativen. Diese Phase ist die langwierigste im Veränderungsprozess; sie ist auch immer wieder von Rückschlägen und Rückfällen geprägt. Diese gehören zum Veränderungsprozess und ermutigen im systemisch-lösungsorientierten Paradigma die Verantwortlichen, den Weg weiter zu beschreiten. Veränderungsprozesse sind immer auch emotional, weil sie bedeuten, dass von alten, lieb gewonnenen Strukturen Abschied genommen werden muss. Dies fällt Einigen in der Organisation schwer – wir können aber deren besondere Fähigkeit des Bewahrens darin erkennen und wertschätzen. Bei gravierenden Veränderungsanforderungen von Seiten der Organisationsumwelt verläuft der Prozess der Veränderung ähnlich emotional wie der von Kübler-Ross beschriebene Trauerprozess. Da in den Fällen gravierender Veränderungen die Organisationsmitglieder sehr stark emotionalisiert sind, ist es möglich, dass eine Außenperspektive durch Supervision sehr stützend und hilfreich dabei sein kann, diesen Prozess ohne schismatische Effekte zu überwinden. Solche Effekte entstehen in Organisationen dann, wenn die Grenzen so weit aufgelöst sind, dass die Zugehörigkeit einzelner Organisationsmitglieder, die nicht hinreichend motiviert sind für den Wandel oder den Nicht-Wandel, entweder von diesen selbst oder von anderen in Frage gestellt wird.
Ziel des Prozesses ist die Integration der unterschiedlichen Standpunkte der Organisationsmitglieder unter einer gemeinsamen Zielsetzung: »Wir wollen das Beste für die Organisation.« Unterschiede sind dabei Chancen für die Weiterentwicklung.

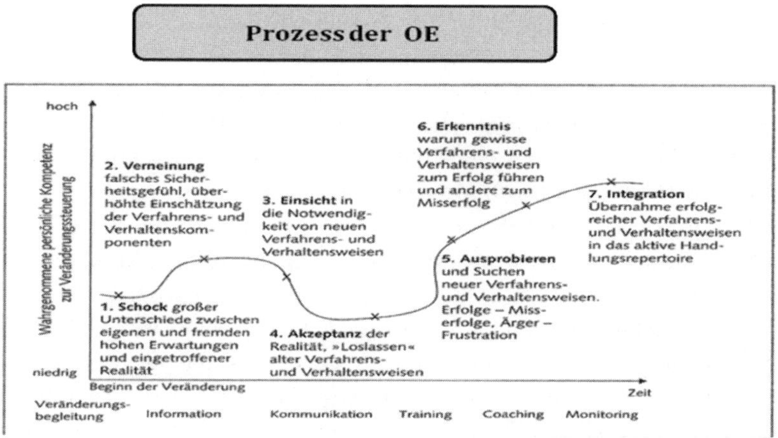

Abb. 35: Emotionale Prozesse im Verlauf einer Veränderung, nach Rosenstiel 2003, 458

Am Ende des Veränderungsprozesses hat sich ein neues Gleichgewicht entwickelt, das für eine gewisse Zeit eingefroren werden kann, wenngleich die nächste Veränderungsaufgabe schon wieder gegeben ist. Insofern sprechen wir von einem permanenten Veränderungsprozess in Organisationen – vom *Modell der lernenden Organisation.*

14.2 Die innere Haltung des lösungsorientierten Schulleiters

Die Leitung einer Organisation wie Schule bedeutet sich mit laufend veränderbaren Bedingungen auseinanderzusetzen. Hier wandeln sich politische Überzeugungen, finanzielle Kontextbedingungen, Strukturvorgaben für Schule, die Bedeutung der schulischen Ausbildung in der Gesellschaft und vor allem – und dies sehr schnell – die Menschen, um die es eigentlich geht, die Schüler. Die wichtigste Konstante im Bereich der Schule ist das Personal. Diese Konstante ist für Leitungsverantwortliche, die ja auch eher auf Dauer in ihrer Position bleiben, eine große Chance, weil man die Potenziale und Kernkompetenzen der Lehrer im Kollegium kennt. Andererseits ist sie für Veränderungsprozesse unter Umständen ein Hemmnis, da mit der Länge der Zugehörigkeit zu einer Institution auch die Veränderungsbereitschaft bei den betreffenden Mitarbeitern sinkt. Schulleitung heißt daher auch, einen guten Kompromiss zwischen Bewahren der Werte, Erfolgsstrukturen und ständiger Anpassung an die Rahmenbedingungen zu finden.
Für den lösungsorientierten Schulleiter gelten daher alle Grundprinzipien, die wir bereits in Bezug auf den lösungsorientierten Pädagogen benannt haben. Er orientiert sich an einem ressourcenorientierten Denken und Handeln.

Er weiß, dass Lösungsressourcen für die Bewältigung von Problemen in der Organisation bereits vorhanden sind oder im Zweifelsfall neu dazu gelernt werden können. Im Falle systemischer Verstrickungen, in denen sich das System in einer Sackgasse befindet, und die Kommunikation blockiert ist, nimmt er die Metaperspektive ein und fragt nach der positiven Absicht des Konflikts für die Organisation. Da der Schulleiter selbst Teil des Problems ist, kann es hilfreich sein, externe Moderatoren für Konfliktklärung und Systembefruchtung einzuschalten.

- *Der lösungsorientierte Schulleiter verstärkt zielorientiertes Denken und Handeln.* Seine Rolle beinhaltet sowohl operative wie auch strategische Komponenten, wobei eine Leitungsfunktion immer den Schwerpunkt in strategischen Führungsaufgaben haben muss. Der Schulleiter hat die Vision der Organisation und die Außenwirkung der Schule im Blick, er initiiert und steuert die hierzu förderlichen Prozesse. Dabei sorgt er für angemessene Zielsetzungen, um die Lehrer, Eltern und Schüler für die Kooperation zu gewinnen. Angemessene Ziele sind Attraktoren, die von sich aus Motivationswirkung erzielen. Insofern ist der lösungsorientierte Schulleiter auch der Vermittler von Attraktoren, die dazu dienen, die autonomen Selbstorganisationsprozesse der anderen Organisationsmitglieder anzuregen.
- *Der lösungsorientierte Schulleiter weiß, dass er Prozesse anregen aber nicht in allen Einzelheiten kontrollieren kann.* Da Organisationen und die in ihr tätigen Mitglieder keine Trivialmaschinen sind, bei denen Input in linear-kausaler Beziehung zum Output steht, sondern »chaotische Systeme«, die sich selbst organisieren, weiß der lösungsorientierte Schulleiter, dass er keinerlei Kontrolle über die internalen Prozesse der anderen Organisationsmitglieder hat. Er hat ausschließlich Kontrolle über seine eigenen Beiträge. Insofern nutzt er diese, um Prozesse in der Organisation anzuschieben.
- Der lösungsorientierte Schulleiter bindet das Kollegium in die Klärung und Lösung von Problemen, die sich in der Organisation ergeben, angemessen ein. Er bietet Raum für den Diskurs, ist aber verantwortlich für die daraus resultierenden Entscheidungen und hat diese nach außen zu vertreten.
- Der lösungsorientierte Schulleiter weiß, dass er Teil des Systems ist und damit auch Teil der Lösung oder Teil des Problems. Will er etwas verändern, so beginnt er bei der eigenen Sichtweise und der eigenen Haltung zu anderen Mitgliedern der Organisation. Über die Veränderung der eigenen Haltung kann er verstören und andere dazu einladen, sich ebenfalls neu zu positionieren. Der lösungsorientierte Schulleiter verzichtet auf die Einnahme einer egozentrierten Position (»Ohne mich geht hier nichts«), in die er manchmal von Seiten der Organisationsmitglieder eingeladen wird und/oder die er aus seiner Herkunftsfamilie übernommen hat.
- Der lösungsorientierte Schulleiter ist wach und aufmerksam für die Prozesse in der Organisation und die verschiedenen Beiträge der Mitglieder der Organisation sowie gegenüber den Veränderungen in der Organisationsumwelt. Er ach-

tet darauf, dass er sich nicht in »Spiele« und »Drama-Dreiecke« einbinden lässt und dass seine eigenen »inneren Filme« zu Vorgängen in der Organisation die Organisationsmitglieder nicht noch zusätzlich belasten. Er arbeitet also fortwährend an der Erweiterung seiner eigenen inneren Landkarte und kann Probleme, die er wiederholt im Umgang mit Personen und Situationen hat, als Lern- und Entwicklungsaufgabe für sich definieren.

- Der lösungsorientierte Schulleiter baut sich selbst in der Organisation, hier besonders in der erweiterten Schulleitung, ein Stützsystem auf, dass ihm dazu verhilft, die eigenen Beiträge immer wieder in Bezug auf ihre Auswirkungen zu reflektieren. Er vermeidet, Kollegen aus dem Kollegium, die ihm untergeordnet sind, in Leitungsdiskussionen einzubeziehen bzw. ihnen sein Leid zu klagen, weil er hierdurch die Grenze zwischen Leitung und Mitarbeitern verletzt. Er nutzt die Feedback-Schleifen im Leitungsgremium der Schule im Sinne eines Qualitätsmanagements und eines kontinuierlichen Verbesserungsprozesses. Bei Blockaden nimmt er sich eine Auszeit, um sich »von neuen Lösungen finden zu lassen«.
- Der lösungsorientierte Schulleiter ist bei allem Ärger auch dankbar für die Lernaufgaben, die sich in den Konflikten und Problemen der Organisation ergeben, da er weiß, dass gerade auch Krisen enormes Potenzial in sich tragen und ihn persönlich wie auch die Organisation bereichern und weiterbringen können. Er weiß, dass er fortwährend lernt und kann dies auch offen gegenüber anderen Mitgliedern der Organisation zeigen. Hierdurch erhält er Souveränität und Gewicht in seiner Funktion und auch als Person.
- Der lösungsorientierte Schulleiter orientiert sich an seiner offiziellen Aufgabe und dem daraus abgeleiteten Auftrag. Gerade in Konfliktsituationen verzichtet er darauf, Delegationen von Seiten der Konfliktbeteiligten in der Organisation anzunehmen, um für Lösungen zu sorgen. Er ermutigt und unterstützt die anderen Beteiligten dabei selbst Lösungen zu finden. Er weiß um die Gefahr, immer wieder von anderen in Triangulierungen eingeladen zu werden, in denen er Stellung gegen andere Mitglieder der Organisation oder Außenstehende beziehen soll und dabei seine Neutralität zu verletzen droht. Andererseits hat er aber auch Verantwortung für die Abwehr von Einflüssen der Organisationsumwelt auf die Organisation. Hier ist er dafür verantwortlich, die Außengrenzen zu stabilisieren und die Organisationsmitglieder auch gegen »Übergriffe« von Außenstehenden zu schützen.
- Der lösungsorientierte Schulleiter nimmt soweit wie möglich eine neutrale Position innerhalb des Beziehungsgeflechts der Schule ein. Gleichzeitig bemüht er sich um die Einhaltung der sog. Äquidistanz. Er wahrt gleichen Abstand zu den einzelnen Subgruppen im Kollegium und verbündet sich daher nicht mit ihm genehmen Gruppen. In Bereich des Veränderungsmanagements kommuniziert er mit einzelnen Gruppen und lädt sie ein, zu Kunden seiner Vorschläge zu werden. Gleichzeitig greift er Vorschläge aus dem Kollegium auf. Jederzeit

erinnert er sich daran, dass selbst die zu seinem eigenen konträren Standpunkte im Kollegium sehr sinnvolle Beiträge sein können, die eine positive Absicht für die Organisation verfolgen. Er weiß auch, dass Veränderung an sich kein Wert ist, wenn sie nicht einem Ziel folgt, dass für einen größeren Nutzen für die Organisation sorgt.

- Der lösungsorientierte Schulleiter ist Kristallisationspunkt für die Reinszenierung unerledigter Vater- und/oder Mutter-Problematiken einzelner Mitglieder des Kollegiums. Er kann diese Einladungen erkennen, auf eine Metaebene gehen und mit den betreffenden Kollegen – soweit sich diese darauf einlassen wollen – klären. Ist die Klärung nicht möglich, grenzt er sich gegenüber diesen Einladungen ab und achtet darauf, nicht in ein Reinszenierungsspiel eingebunden zu werden.
- Der lösungsorientierte Schulleiter weiß, dass er im Diskurs über Inhalte und Weiterentwicklung der Organisation eine gleichrangige Rolle einzunehmen hat. Alle Beiträge der Kollegen werden gleich wertgeschätzt und bekommen ihren Raum im Diskurs. Werden Entscheidungen für die Organisation nötig, so muss der lösungsorientierte Schulleiter diese treffen und darf sie nicht auf andere abschieben. Er verletzt die Ordnung im System, wenn er seiner Verantwortung nicht gerecht wird, indem er zu wenig oder zu viel Führung zeigt. Insofern hat der Schulleiter als Verantwortlicher für die Organisation Vorrang vor den anderen Mitgliedern in der Organisation. Wenn einzelne Mitglieder der Organisation Unterstützung brauchen, haben diese Bedürfnisse Vorrang, um die Organisation arbeitsfähig zu halten.
- Der lösungsorientierte Schulleiter weiß, dass seine Aufgabe vornehmlich auch in der Einladung aller Mitglieder der Organisation (Lehrer, Schüler, Eltern) zur Kooperation liegt. Diese Aufgabe verlangt ein hohes Maß an kommunikativem Geschick – hierzu muss er die nötigen Zeitressourcen zur Verfügung stellen. Die Moderation dieser Kontakte gehört zu seiner operativen Aufgabe, viele seiner anderen Aufgaben sind strategischer Art. Aus den operativen Aufgaben des Kollegiums muss er sich weitgehend heraushalten. Sein Fokus liegt in der Unterstützung und Befähigung der Kollegen, ihre Aufgaben zu erfüllen.

Wenn andere deine Liebe nicht mit Liebe erwidern,
überprüfe deine eigene Güte.
Wenn andere deinen Versuch, sie zu führen,
nicht mit Ordnung beantworten,
überprüfe deine eigene Weisheit.
Wenn andere deine Höflichkeit nicht erwidern,
überprüfe deine Rücksicht.
Mit anderen Worten
Überprüfe dich selbst
wenn immer du dein Ziel nicht erreichst.

Meng-Tzu, 372 v. Chr.

Die Leitung einer komplexen Einrichtung wie Schule mit vielen Konfliktfelder und Reibungsflächen ist keine leichte Aufgabe, da es ja darum geht, die Qualität der Arbeit laufend im Prozess zu entwickeln. Man kann hier nicht Waren produzieren und dann vom Lager weg verkaufen. Leitung benötigt daher neben dem wichtigen Fachwissen vor allem Kommunikation und kommunikatives Geschick. Durch unpassende Kommunikationsstrategien können sehr schnell Widerstände bei den Lehrern und Schülern und damit Störungen im Arbeitsprozess evoziert werden. Ähnlich wie in Wirtschaftsbetrieben die dort tätigen Führungskräfte sind Schulleiter auf ihre Leitungsaufgabe nicht genügend vorbereitet, sofern dies überhaupt möglich ist. Führungsfähigkeit zeigt sich eigentlich immer erst in der konkreten Situation und in der Bereitschaft der Führungskraft, sich laufend zu verändern und dazuzulernen. Sie gibt damit auch ein wichtiges Signal in die Institution und ist selbst ein positives Modell für permanentes Lernen.

Persönlichkeits-merkmale	Urteilsvermögen, Kreativität, Engagement, persönliche Ausstrahlung, Integrität, Belastbarkeit
Funktionale Kompetenz	Aufgabenbezogenes Funktionswissen-können, fachübergreifende Kenntnisse, Internationalität, Problemlösefähigkeit, Initiative, Entscheidungsfähigkeit
Soziale Kompetenz	Kommunikationsfähigkeit, Kooperationsfähigkeit, Fähigkeit, Identifikation zu schaffen, Konfliktbewältigung
Emotionale Kompetenz	Motivationsfähigkeit, Menschenkenntnis, Selbstregulierung, Empathie
Führungs-kompetenz	Führungsverantwortung, Führungsverhalten, Überzeugungskraft, Durchsetzungsvermögen
Strategische Kompetenz	Ganzheitliches Denken und Handeln, Fähigkeit zur Vision, unternehmerisches Um gehen mit Chancen und Risiken

Abb. 36. Kompetenzen und Persönlichkeitsstruktur einer Führungskraft, nach Thommen / Achleitner 2006

In der Managementliteratur gibt es eine Vielfalt von Ansichten zum Führungsstil von Leitern. In Bezug auf den Führungsstil des lösungsorientierten Schulleiters, der nach den Prinzipien des lösungsorientierten Paradigmas handelt, bietet sich vor allem ein sog. dreidimensionaler Führungsstil an, der die Dimensionen *Aufgabenorientierung*, *Mitarbeiterorientierung* und *Effizienz* verbindet.

Dies bedeutet, dass der Schulleiter alle Prozesse gleichzeitig berücksichtigen muss. In der Praxis findet man häufig die Fokussierung auf eine dieser Dimensionen vor, was zwangsläufig zu Störungen in der Organisation führt. Vor allem ist die Dimension »Effizienz« in öffentlichen Institutionen noch nicht hinreichend ausgebildet. Effizienz bedeutet »das Richtige richtig tun«. Wie wir wissen ist »das Richtige« nichts anderes als eine Konstruktion, also eine Annahme über mögliche positive Ergebnisse und Erfolge infolge bestimmter Aktivitäten in der Organisation. Es verdankt sich also einer subjektiven Entscheidung derjenigen, die mit der Wirklichkeitskonstruktion befasst waren. Insofern sind diese Konstruktionen nichts anderes als Annahmen und Vermutungen und mit dem Risiko des Misslingens behaftet. Das gehört aber zu jeder Entscheidung unter Unsicherheit, wobei Sicherheit in der Regel nicht herstellbar ist, da man nie über alle Informationen verfügen kann. Auch Schulleiter handeln unter dem Risiko des Misslingens, wenn aufgrund der verfügbaren Informationen Ableitungen getroffen und in Handlungen umgesetzt werden, die sich als wenig zielführend erweisen. Jede Führungskraft muss bereit sein dieses Risiko zu übernehmen und dafür einzustehen. Gleichzeitig muss sie bereit sein, die Entscheidung zu revidieren und Neuentscheidungen herbeizuführen, sobald deutlich wird, dass sie zu nicht gewünschten Effekten führt. Der lösungsorientierte Schulleiter ist sich dieses Risikos bewusst und sieht die von der Planung abweichenden Ergebnisse als Herausforderung an seine Kreativität, die Problembereiche zu benennen, zu analysieren und andere Prozesse zu initiieren. Insofern sind »Fehler« dann Chancen, wenn sie anerkannt und in neue Handlungsmuster umgewandelt werden. Dies ist ein permanenter Lernprozess.

Die Führung in einer „Lernenden Organisation" lässt sich nach Seenge (1997) folgendermaßen beschreiben.

> Ein schlechter Anführer wird von den Menschen verachtet.
> Ein guter Anführer ist der, der von den Menschen gepriesen wird.
> Ein bedeutender Anführer ist der, von dem die Menschen sagen
> »Wir haben es selbst getan.«
> *Lao tse*

In der traditionellen westlichen Weltanschauung sind Führungskräfte »Helden« – bedeutende Männer und Frauen, die sich durch grandiose Leistungen in Krisensituationen hervortun. Die herkömmliche Auffassung geht im Wesentlichen von der Annahme aus, dass Menschen im Grunde machtlos sind, dass ihnen eine persönliche Vision fehlt und sie nicht in der Lage sind, die Kräfte der Veränderung zu meistern – Defizite, die nur durch einige herausragende Führungspersönlichkeiten wettgemacht werden können.

In einer lernenden Organisation sind Führungskräfte *Designer*, *Begleiter* und *Lehrer*. Sie sind verantwortlich für den Aufbau der Organisation und für das Lernen der anderen Organisationsmitglieder.

Der *Designer* schafft die Struktur der Organisation und ist für die Moderation und Umsetzung von Veränderungsprozessen zuständig. Seine Aufgaben sind selten sichtbar, er arbeitet hinter den Kulissen. Die Folgen, die heute auftreten, sind das Ergebnis der Arbeit von Gestern und die Früchte der Arbeit von Heute wird man erst in der Zukunft ernten.

Diese Haltung verlangt eine andere Haltung, als sie traditionell von Führungskräften gefordert wird. Machtstreben und Hierarchiedenken hat hier keinen Raum – der Verzicht darauf bringt indes einen erheblichen Gewinn. Wer diese Art von Führung ausübt, findet Befriedigung darin, andere zur Eigenständigkeit zu befähigen und Teil einer Organisation zu sein, die die Ressourcen und Kreativität ihrer

Mitarbeiter fördert, damit auf Dauer erfolgreiche Potenziale entwickelt, erneuert und so dem stetigen Wandel der Anforderungen eher gerecht werden kann.
Die Designarbeit ist ihrem Wesen nach eine integrative Kunst, weil sie erfordert, dass man etwas entwickelt, was praktisch funktioniert. Im Wesentlichen besteht die Aufgabe von Führungskräften im Design von Lernprozessen, die alle Angehörigen der Organisation produktiv dabei unterstützen, mit den entscheidenden Problemen umgehen können.
Führungskräfte sind *Begleiter* bei dem Aufbau der Lernenden Organisation. Sie sind Hüter der gemeinsamen Vision, leben diese und motivieren Mitarbeiter zu der Entwicklung gemeinsamer Visionen.
Ein Großteil der Wirkung von erfolgreichen Führungskräften liegt in ihrer Fertigkeit, Kontexte zu kreieren, die anderen Menschen dazu verhelfen, ihre eigenen Fähigkeiten effektiv einsetzen und ständig erweitern zu können. Die Führungskraft in der Lernenden Organisation richtet im Gegensatz zu traditionellen Führungsverhalten ihre Aufmerksamkeit auf alle vier Ebenen:
- Ereignisse in der Organisation,
- Verhaltensmuster in der Organisation,
- Systemische Strukturen,
- Sinngeschichten (Visionen).

Sie konzentriert sich hauptsächlich auf den Zweck, die Struktur und die Strategie der Organisation. Ihre Aufgabe ist dabei, den Mitarbeitern systemische Zusammenhänge nahezubringen, um so deren Fokus zu erweitern, der in der Regel durch spezifische Aufgabenstellungen (operative Aufgaben) zwangsläufig verengt ist. Sie ist somit verantwortlich für die periphere Wahrnehmung oder das Aufheben der Tätigkeitstrance (»Tunnelvision«), die sich auf der individuellen Ebene immer wieder einstellt.

14.3 Die Funktionen von Schule aus systemisch-lösungsorientierter Sicht

Nachdem wir zuletzt die Ausrichtungen der inneren Haltung und des Handelns von lösungsorientierten Lehrern und Schulleitern beschrieben haben, wollen wir uns abschließend damit befassen, welche Rahmen die Organisation Schule liefern kann bzw. welchem Grundverständnis sie folgen müsste, damit lösungsorientierte Pädagogik dort möglich wird. Anknüpfen wollen wir dabei zunächst an der Beschreibung der Funktion von Schule in der pädagogischen Literatur und anschließend diskutieren, welche innere Haltung für einen lösungsorientierten Ansatz nötig wäre. Mit Verweis auf die beschriebene strukturelle Kopplung zwischen Individuum und Organisation können wir sagen: Eine lösungsorientiert organisierte Schule bedarf lösungsorientiert handelnder Pädagogen. Veränderungen in

der Organisation gehen allein von den ihr zugehörigen Mitgliedern aus. Die Organisation verändert sich nicht aus sich heraus, sondern verändert sich erst infolge der zunächst individuellen Neuentscheidungen einzelner Mitglieder, die dann »Kunden« unter anderen Mitgliedern für ihre Haltung gewinnen. Über diese strukturelle Kopplung ergibt sich auf Dauer ein neues Muster in der Organisation. Eine lösungsorientierte Schule besteht also aus den lösungsorientiert ausgerichteten angestellten Mitgliedern (Lehrern), die eine gewisse Definitionsmacht bezüglich der geltenden Regeln, Werte und Normen für diesen Kontext haben und Schüler in diese Erfahrungswelt einladen. Nun könnte man einwenden, dass diese Einladung aufgrund des Zwangskontextes Schule ja nicht freiwillig befolgt werden kann. Das stimmt, doch hier wollen wir uns an dem Utilisationsprinzip von M. Erickson orientieren: Wenn dieser Zwangskontext gegeben ist und Schüler die Pflicht haben, dort teilzunehmen (dies gilt ja auch für die Lehrer – insofern herrscht hier Gleichheit), so kann man diesen Kontext für gemeinsame neue bereichernde Erfahrungen nutzen, solange er nicht zu verändern ist oder verändert werden kann.
Die Funktion von Schule wird in der pädagogischen Literatur mit folgenden Aspekten beschrieben (vgl. Hobmair 2008, 308). Schule hat:

- Sozialisationsfunktion,
- Personalisationsfunktion,
- Qualifikationsfunktion,
- Selektionsfunktion

Sozialisationsfunktion

Eine systemisch-lösungsorientierte organisierte Schule versteht ihre Sozialisationsfunktion so, dass sie einen durch Regeln definierten und abgegrenzten Raum für Begegnung, Beziehung, Anregungen, Experimente und Auseinandersetzungen bietet. Sie beachtet dabei die Autonomie und die Selbstorganisation der in ihr Handelnden. Ihre Sozialisationsfunktion wird an den ständigen Klärungen und Auseinandersetzungen zwischen allen Beteiligten deutlich. Lehrer als Sozialisationsinstanzen sind zuständig für Grenzziehungen und Anregungen (Perturbationen) und können dabei die Entwicklungsprozesse der Schüler als deren autonome Leistung sehen. Lehrer achten dabei auf ihre eigene Psychohygiene und machen Schüler nicht für ihre Gefühle und Schwierigkeiten verantwortlich, sondern sehen diese als Herausforderungen Neues zu lernen. Die Sozialisationsfunktion erstreckt sich auf alle Beteiligten: Schüler, Lehrer, Schulleitung und infolgedessen auch die Organisationsstrukturen. Der systemisch-lösungsorientierte Sozialisationsprozess ist geprägt von Gleichrangigkeit und Koevolution. Gleichrangigkeit bedeutet nicht, dass jeder die gleiche Position einnimmt, sondern dass alle in der Lernverpflichtung gleich sind. Koevolution heißt auch, dass ein Lehrer im Laufe seines Berufslebens mit den unterschiedlichsten »Jugendkulturen« zurecht kommen und

hierzu jeweils seine Haltung entwickeln und adaptieren muss. Kinder sozialisieren in diesem Sinne eben auch Erwachsene. Die Organisation muss sich auf sich verändernde kommunikativen Regeln, Werte und Normen einstellen, die die jeweilige Schülergeneration mitbringt, um passende Rahmenbedingungen als Herausforderung bieten zu können.
Konflikte sind in dieser lösungsorientierten Schule positiv konnotiert, da sie aus den unterschiedliche Landkarten der Beteiligten entspringen und den Anlass für Kommunikation bieten. Damit dienen sie der Klärung bzw. der Veränderung der eigenen inneren Landkarte. Zudem haben sie eine Kontaktfunktion, die zwischen den am Konflikt Beteiligten zur Nähe-Distanz-Regulation beiträgt. Die Partner sind sich im Konflikt nahe, müssen sich definieren, die eigenen Grenzen bestimmen, die Empathie für sich selbst und später auch für den anderen entwickeln und können dazu lernen. Konflikte haben auch eine Entwicklungsperspektive – sie sind der Ausgangspunkt für individuelle und strukturelle Musterveränderung.

Personalisationsfunktion

Die Personalisationsfunktion von Schule soll dazu beitragen, dass die Schüler ihr »Personsein« ausbilden:

> »Dadurch soll der Einzelne befreit werden von der unkritischen und fraglosen Hinnahme und Übernahme gewohnter Verhaltensvorschriften und -erwartungen. Er soll zur kritischen Distanz ihnen gegenüber sowie zur Autonomie, verstanden als Selbstbestimmung seines Handelns, zur Verantwortung und zur Veränderung von gegebenen gesellschaftlichen Verhältnissen fähig werden.« (Hobmair 2008, 308)

Diese Ziele sind im Wesentlichen kongruent mit einer möglichen systemisch-lösungsorientierten Zielsetzung für die Personalisierung. Die zitierte Distanz kann im systemischen Verständnis gesehen werden als die regelmäßige Einnahme einer Metaposition, um die eigene Position und deren Ausrichtung auf die Position der Anderen und/oder der Umwelt zu überprüfen und möglicherweise modifizieren zu können. Autonomie wäre dagegen nicht als ein Ziel zu verstehen, sondern als eine ohnehin gegebene Struktur. Allerdings muss der Mut, sich unabhängig zu verhalten und Position zu beziehen, in der Sozialisation herausgebildet werden.
Die Lehrerfunktion läge auch in der lösungsorientierten Pädagogik darin, Anregungen durch Unterschiedsfragen und Unterschiedserlebnisse zu ermöglichen und dabei gleichzeitig einen Erlaubnisraum für die Entwicklung von eigenen Haltungen bzw. die Ausbildung der differenzierten Werteorientierung von Schülern zu schaffen. Konflikte ergeben sich automatisch bei sehr abweichenden Wertestrukturen. Dies ist dann wiederum die Chance, in einen gleichrangigen Diskurs zwischen Schülern und Lehrer einzutreten, da Werte ja nicht verordnet, sondern im Eigenerleben und in der Empathie sowie im Modelllernen ausgebildet und übernommen werden.

Lösungsorientierte Lehrer sind in ihrer Sozialisations- und Personalisationsfunktion Fragende und Nicht-Wissende. Sie handeln wie ein Coach, der dem Schüler dabei hilft, sich mit den Anforderungen der Lebensumwelt (Mitschüler, berufliche Orientierung, Umwelt generell) auseinanderzusetzen, einen Standpunkt zu beziehen und sich in einem permanenten Prozess weiter zu entwickeln.
Der schulische Kontext ist anzusehen als Experimentier- und Entwicklungsfeld für Schüler. Die lösungsorientierte Schule bietet hierzu den Rahmen und stellt sich der permanenten Auseinandersetzung über die Rahmenbedingungen, die ja von den Schülern ebenfalls kritisch hinterfragt werden muss. Stellt sich die lösungsorientierte Schule diesem Diskurs mit Schülern, so können vollkommen andere Interaktionsmuster entwickelt werden, wobei die Systemmerkmale (Regeln, Normen, Werte) der betreffenden Schule im Sinne von Feedback-Schleifen oder eines kontinuierlichen Verbesserungsprozesses laufend auf die Erfordernisse der im Diskurs ausgehandelten Zielsetzungen angepasst werden. So wird Schule zum Prozess, wird im systemischen Sinne »verflüssigt« und verlässt den Status der »Verdinglichung«.
Der lösungsorientierte Pädagoge weiß im Übrigen auch, dass die Personalisation nicht mit dem Schulaustritt abgeschlossen ist, sondern eine lebenslange Aufgabe und Chance darstellt. Jedes Lebensalter, jede Lebensphase hat eigene Herausforderungen, zu der sich die Person stellen und verhalten muss.

Qualifikationsfunktion

Schule soll Schüler fördern und auf berufliche Anforderungen vorbereiten. Dies geschieht durch die »Vermittlung und den Erwerb von Einsichten, Kenntnissen oder Fähigkeiten, die für den Beruf relevant sind« (Hobmair 2008, 308). Schule muss sich den Anforderungen der sie umgebenden Wirtschaftsumwelt stellen und wird in ihrer Kompetenz auch danach beurteilt, inwieweit es ihr gelingt, diesen Strukturen gerecht zu werden. Eine lösungsorientierte Schule stellt sich den Umweltanforderungen, da sie darauf ausgerichtet ist, den Schülern, die sich in ihr qualifizieren wollen / sollen, ein möglichst weites Spektrum an Grundfertigkeiten und Kernkompetenzen vermittelt zu haben, damit diese in der beruflichen Wirklichkeit zurechtkommen.
Verändern sich die Anforderungen der Wirtschaftsumwelt, so muss nach neuen Lösungen gesucht werden. Aus systemisch-lösungsorientierter Sicht wären die wesentlichen und zentralen Grundqualifikationen, die Schule ihren Schülern vermitteln sollte, zu finden in

- der Erfahrung, dass ich eigene Fähigkeiten, Stärken und Kernkompetenzen habe; diese sind benennbar und erkennbar.
- dem Glauben und der gemachten Erfahrung, dass Probleme lösbar sind

- der Fähigkeit, Lösungen zu finden und der Erfahrung, dass bei Lösungsblockaden ein Perspektivwechsel (Metaebene oder Coach) dabei helfen kann, neue Lösungsmuster zu entdecken,
- einer hohen Flexibilität im Finden von Lösungen; wenn etwas nicht funktioniert, wird ein neuer Weg gesucht
- der Übernahme der Verantwortung für die eigenen Gefühls-, Wirklichkeits- und Sinnkonstruktionen (»Ich kann handeln und bin nicht Opfer«),
- der Freude und dem Mut, sich neuen Herausforderungen zu stellen, auch wenn diese erst einmal schwierig erscheinen,
- der Fähigkeit träumen zu können und neue Wege zu wagen – aber auch:
- das eigene Ziel realistisch formulieren zu können,
- machbare Ziele zu finden,
- der Bereitschaft zum lebenslangen Lernen,
- zu wissen: Nur wer sich laufend verändert, bleibt sich gleich,
- zu wissen: Die Umwelt verändert sich laufend und das ist eine Chance und keine Bedrohung.

Mit dieser Grundausstattung, die innerhalb der logischen Ebenen bei den Glaubenssätzen und der Identität angesiedelt ist, hat der Schüler eine Befähigung, im fortwährenden Wandel der Umwelt und den sich hieraus ergebenden Krisen wie auch in seinen individuellen Lebenskrisen besser zurechtzukommen. Wir wissen heute, dass kein Schüler sich nach Schulabschluss darauf verlassen sollte, dass er lebenslang in dem gleichen Arbeitsfeld oder Beruf verbleiben kann. Vielmehr ist davon auszugehen, dass die heutigen Schüler mehrfach ihr berufliches Feld wechseln müssen. Hierauf kann eine lösungsorientierte Schule sie mit der Ausbildung der o.g. Grundqualifikationen hinreichend vorbereiten.
Nun wissen wir auch, dass gerade Lehrer aus dem Feld der Berufsschulen, Berufskollegs und Hauptschulen darüber klagen, dass trotz aller ihrer Bemühungen viele Schüler wenig Aussichten haben, später einen qualifizierten Arbeitsplatz zu erhalten. Dies liegt daran, dass durch die Globalisierung »einfache Tätigkeiten« in Billiglohnländer verlagert wurden (strukturelles Problem), aber auch daran, dass andere Wirtschaftszweige dem strukturellen Wandel unterliegen und daher sehr flexible und mobile Arbeitskräfte brauchen. Viele Schüler dieser Schulen zeigen sich entmutigt, uninteressiert und demotiviert; die dort tätigen Lehrer leisten Schwerstarbeit in der Motivation oder haben sich dennoch darauf eingerichtet, nichts mehr bewirken zu können. Diese perspektivlosen Jugendlichen sind ein großes gesellschaftliches Problem, da jemand, der aus seiner Sicht nichts mehr gewinnen kann, wenig Bereitschaft zeigt, sich auf die Mitgestaltung der Gesellschaft einzulassen. Die Motivationsstruktur der Lehrer gleicht nach einiger Zeit der ihrer Schüler: Beide fühlen sich hilflos und hoffnungslos.
Erfahrungen von lösungsorientierten Lehrern in diesen Arbeitsfeldern zeigen, dass eine individuelle Lösung in der Umdefinition (Reframing) ihrer Aufgaben

und Ansprüche liegen kann, in dem sie sich darauf beschränken, das zu verändern, was veränderbar ist und Ziele möglichst realistisch und niedrig definieren. Gerade in diesen Schulkontexten geht es darum, die oben beschriebenen lösungsorientierten Grundqualifikationen anzubieten, wobei der Lehrer selbst ein Modell für Lösungsorientierung sein kann und mit seiner Problembewältigung in diesem schulischen Kontext seine Schüler in ein anderes energetisches Muster, das der Ermutigung, einlädt. Hierzu schafft er Lernkontexte für die Schüler, in denen sie Selbstwirksamkeitserfahrungen machen und daraus Mut schöpfen können. In diesem Zusammenhang hat sich als besonders wichtig erwiesen, dass der lösungsorientierte Lehrer die realen Bedingungen der Schüler nicht beschönigt, sondern diese offen mit den Schülern anspricht (anerkennen, was ist), um dann gemeinsam mit ihnen Lösungsmöglichkeiten im Diskurs zu erarbeiten.

Selektionsfunktion

Schule hat die Funktion Schüler nach ihren Fähigkeiten und Leistungen zu beurteilen und sie »passenden« Bildungsgängen zuzuordnen (vgl. Hobmair 208, 308). Die Selektion erfolgt durch das Mittel der Leistungsmessung, diese hat eine doppelte Wirkung: »Einerseits ermöglicht sie angemessene weitere Lernsituationen (z.B. differenzierte Kurse), andererseits verschließt sie Lernchancen und selektiert die Lernenden.« (Gudjons 2008, 322)

Die Selektionsfunktion von Schule steht in keinem Widerspruch zu einer lösungsorientierten Pädagogik, wenn sie verstanden wird als Unterstützung bei der Differenzierung und dem Herausarbeiten individuell unterschiedlicher Lernanforderungen und Lernstrategien. Betrachtet man die Lernstrategien von Menschen, so kann man erkennen, dass es vollkommen unterschiedliche Herangehensweisen an die Aufnahmen von Informationen und später auch die Weiterverarbeitung sowie die Umsetzung des neuen Wissens in Handlungsweisen gibt. Obgleich es lernpsychologisch einheitliche Grundlagen des Lernen gibt (operantes und klassisches Konditionieren, kognitive Lernstrategien, emotionales Lernen, Modelllernen etc.), kann man feststellen, dass Menschen unterschiedliche Trigger und Motivationsstrategien haben, um mit dem Lernen zu beginnen. Diese Unterschiedlichkeit der Informationsverarbeitung in der Aneignung von Wissen darf aber nicht dazu benutzt werden, schwächere oder wenig funktionale Strategien und die daraus folgenden Leistungsstände abzuwerten. Eine lösungsorientierte Schule differenziert und selektiert, damit individuelle Förderung möglich ist und wertschätzt die bisherigen Lösungen, die die Schüler zur Wissensaneignung gefunden haben. Gleichzeitig konfrontiert sie Schüler in Form von Leistungsmessungen aber auch mit den Auswirkungen ihrer Strategien und setzt diese in Beziehung zu offiziellen Lernzielen bzw. Leistungsständen in der Klasse. Beides dient als externe Referenz – also als ein Maßstab, mit dem Schüler sich vergleichen können. Dieser Vergleich kann als Perturbation oder als einfache Herausforderung in einer Wettbewerbsstrategie gesehen werden. Wichtig ist die Trennung zwischen Person (die wertgeschätzt wird) und Lernergebnissen (die, wenn sie schlechter sind als dies bei dem Schüler zu erwarten wäre, konfrontiert werden können). Dabei nimmt der Lehrer eine neutrale Position ein und bedient sich der Triangulierungsstrategien, um durch die Konfrontation des Schülers mit der externen Referenz (Noten, Lernziele) frei zu sein, im Sinne eines Coachs mit ihm über die Verbesserung der Lernstrategie nachzudenken. Insofern kann die Leistungsbeurteilung im lösungsorientierten Setting als Perturbation und Herausforderung genutzt werden und muss nicht zwangsläufig dazu führen, dass über die Selektion Lernchancen verschlossen werden. Dieses Vorgehen basiert zunächst auf einem »Anerkennen, was ist«, um diese Erkenntnisse dann im Sinne einer Perturbation zu utilisieren. Kann nun noch der Schüler den Nutzen von möglichen Veränderungen seiner Lernhaltung erkennen, so ist dies eine zielführende Strategie. Die Selektionsfunktion von Schule hat natürlich auch zur Folge, dass einzelnen Schülern, die mit den Angeboten und dem Lernkontext nicht zurechtkommen, der weitere Weg im Schulsystem schwer fällt bzw. manchmal verschlossen bleibt. Analysiert man diese »Versagenssituationen«, so kann man feststellen, dass es sich hierbei – wie bei anderen Konflikten auch – um eine Wechselwirkung zwischen spezifischen Markern des Schulkontexts, Aspekten der unterrichtenden Lehrerpersönlichkeit und dem sozio-psycho-physischen Hintergrund des Schülers handelt. Eine lösungsorientierte Schule kann nicht verstanden werden als eine Einrichtung, die für jeden Schüler eine Lösung hat, sondern sie bietet im Rahmen ihrer Möglichkeiten Lösungen an, die Schüler nutzen können. Natürlich reflektiert sie immer wieder ihren eigenen Rahmen und ihre Strategie, um nicht die Selektion als »Versagen der Schüler« zu konnotieren, sondern zu erkennen, was an den Widerständen der Schüler durch die eigenen Interaktionsbeiträge evoziert wurde, was daraus zu lernen und zu verändern wäre. Andererseits kann sie dann, wenn Schüler sich gegen Kooperation entscheiden oder einfach mit dem spezifischen Beziehungs- und Lernkontext diese Schule nicht zurechtkommen, nicht die Verantwortung für die Entscheidung der Schüler übernehmen. Wird einem Schüler aufgrund seiner gezeigten Leistungen ein von ihm gewünschter Weg verschlossen, wird er also zum »Opfer« der Selektion, so kann dies für ihn durchaus eine wichtige förderliche Krise sein, die ihm hilft Neuentscheidungen zu treffen, um möglicherweise mit dieser Erfahrung einen für ihn besser passenden Weg zu finden. Schule wertet diese Entscheidung als die derzeit bestmögliche Wahl und kann sie daher wertschätzen.

Schülern, die sich aufgrund ihrer psycho-physischen und kognitiven Strukturen nur eingeschränkt leistungsfähig zeigen, dient die Selektion dazu, einen für sie passenden Rahmen zu finden. Wie wir aus dem »Gemeinsamen Unterricht« wissen, fällt es Eltern sehr schwer, die derzeitige oder dauerhafte Einschränkung ihres Kindes zu akzeptieren. Sie wollen nicht realisieren, dass ihr Kind anders ist. Sie kämpfen dann mit den zuständigen Lehrern um die richtige Sichtweise und unterstellen manchmal den Lehrern sogar Inkompetenz in der adäquaten Förderung ihres Kindes. Im lösungsorientierten Vorgehen kann auch diese Haltung gewürdigt und akzeptiert werden, dennoch muss auch hier eine externe Referenz aufgebaut werden, die die Begrenzung der Möglichkeiten verdeutlicht. Wie in diesem Kontext arbeitende Lehrer berichten, trifft dies zunächst auf Widerstand der Eltern. Elternberatung kann hier nun bedeuten, dass Eltern lernen das anzuerkennen was ist (dies haben sie mitunter aufgrund eigener möglicher »Schuld« am Zustand des Kindes vermieden), und in einen Trauerprozess eintreten, der ihnen und letztlich auch ihrem Kind hilft, die Gegenwart zu akzeptieren und durch diese Akzeptanz auch neue Chancen zu entdecken. Schule kann also in ihrer Selektionsfunktion durchaus auch sehr positive, klärende und über gezielte Perturbationen fördernde Wirkung entfalten.

15. Zehn Aspekte einer systemisch-lösungsorientierten Pädagogik

1) Die organisationellen Regeln des Schulsystems setzen der Beziehungsgestaltung der Mitglieder des Systems einen bestimmten Rahmen. Dieser ermöglicht manche Prozesse, andere verhindert er.
2) Schule und die an ihr Beteiligten befinden sich in einer durch die Regeln der Kommunikation in der Organisation induzierten Dauertrance. Zeitweise – wenn es auf Seiten der Umwelt gravierende Veränderungen gibt – wachen sie daraus auf und ordnen sich neu.
3) Es besteht eine zirkuläre Kausalität zwischen den verschiedenen Ebenen und eine Isomorphie der Interaktionsstrukturen. Die für das spezifische System (die bestimmte Schule) typischen Konflikt-, Problem- und Lösungsmuster fließen daher in alle Interaktionen und Interaktionsebenen (Schüler – Schüler, Schüler – Lehrer, Eltern – Lehrer, Lehrer – Schulleitung) ein und bilden sich dort als Beziehung gestaltende Muster ab.
4) Veränderungsprozesse in der Organisation oder in der Interaktion vollziehen sich über die Veränderung der Haltung der einzelnen Mitglieder. »Willst du den Schüler verändern, so verändere zuerst deine eigene Haltung.«
5) Pädagogik ist Interaktion auf der Sach- und Beziehungsebene analog und digital. In der Schule kann man »nicht nicht erziehen«.
6) Schule setzt die Rahmenbedingungen, in denen Lernen und Erfahrungsräume möglich sind. Die Grenzen müssen klar formuliert und konsistent vertreten werden, damit sie in der Interaktion mit den Schülern eine Rolle spielen.
7) Unterricht ist ein interaktiver, multivariant beeinflusster Prozess mit Emergenzen.
8) Man kann niemanden zum Lernen zwingen, sondern nur einladen. Attraktive Einladungen sind nutzenorientiert, involvieren den Schüler und verstören ihn mäßig.
9) Der Lehrer (und der Schulleiter) ist ein Facilitator, ein Coach, nimmt eine neutrale Position ein und konfrontiert gleichzeitig auch die Schüler mit der externen Referenz der Leistungs- und Regelanforderungen der Organisation Schule (– er perturbiert).
10) Schule ist eine lernende Organisation, die von der Koevolution und der wechselseitigen Sozialisation von Schülern und Lehrern geprägt ist. Kein Element der Organisation hat Kontrolle über das andere.

Literatur

Bauer, J.: Warum ich fühle, was du fühlst. München 2006

– : Das Gedächtnis des Körpers. München, Zürich 2004

Bateson, G.: Ökologie des Geistes. Frankfurt/M. 1981

– : Geist und Natur. Frankfurt/M. 1984

Bouncken, R.: Dem Kern des Erfolges auf der Spur? State of the Art zur Entwicklung von Kernkompetenzen, in: Zeitschrift für Betriebswirtschaft 70 (7/8/2000)

Bowlby, J.: Trennung. München 1976

Dell, P. F.: Klinische Erkenntnis. Dortmund 1990

Deneke, F.-W.: Psychische Struktur und Gehirn. 2. Aufl. Stuttgart 2001

De Shazer, S.: Der Dreh. Heidelberg 1989

– : Wege der erfolgreichen Kurzzeittherapie. Stuttgart 1989

Dilts, R.: Die Veränderung von Glaubenssystemen. Paderborn 1993

Erickson, M. H. / Rossi, E. L.: Hypnotherapie. 2. Aufl. München 1989

Farrelly, F. / Brandsma, J. M. Provokative Therapie. Berlin, Heidelberg 1986

Frenzel, A. C. u.a.: Emotionen. In: Wild, E. / Möller, J.: Pädagogische Psychologie. Heidelberg 2009

Gerrig, R. J. / Zimbardo, P. G.: Psychologie. 18. Aufl. München 2008

Grawe, K.: Neuropsychotherapie. Göttingen, Bern, Toronto, Seattle, Oxford, Prag 2004

Grochowiak, K.: Das NLP Practitioner Handbuch. Paderborn 1996

Gudjons, H.: Pädagogisches Grundwissen. 10. Aufl. Bad Heilbrunn 2008

Häusel, H. G.: Brain Script. Planegg, München 2005

– : Limbic: Die Emotions- und Motivwelten im Gehirn des Kunden und Konsumenten kennen und treffen. In: Häusel, H. G. (Hrsg.): Neuromarketing. Planegg, München 2007

Haken, H.: Die Selbstorganisation komplexer Systeme – Ergebnisse aus der Werkstatt der Chaostheorie. 2. Aufl. Wien 2007

– / Schiepek, G.: Synergetik in der Psychologie. Göttingen 2006

Herrmann, P., Hubrig C.: Systemische Beratung in der Schule – Curriculum für die Ausbildungsteilnehmer. Unveröffentlichtes Manuskript 1993

– / – : Lösungen trainieren – Konzeption und Ergebnisse einer Lehrerfortbildung in systemischer Beratung In: Dunkel, L. u.a. (Hrsg.): Schule – Entwicklung – Psychologie, Schulentwicklungspsychologie, Berichte aus der Schulpsychologie. Kongressbericht der 12. Bundeskonferenz. Bonn 1997

– / – : Den Wandel gestalten – Motivation und Veränderungsmanagement in der Schule. In: Smolka, D.: Motivation und Mitarbeiterführung in der Schule. Neuwied 2000

Hobmaier, H. (Hrsg.): Pädagogik. Troisdorf 2008

Holtz, K.L.: Einführung in die systemische Pädagogik. Heidelberg 2008

Hubrig, C. / Herrmann, P.: Lösungen in der Schule. Heidelberg 2005

– / – : Lösungsorientierung: Ressourcevolle Strategie – der systemische Lösungsansatz. In: Voss, R. (Hrsg.): Verhaltensauffällige Kinder in der Schule und Familie. Neuwied 2000

Huschke-Rhein, R.: Einführung in die systemisch-konstruktivistische Pädagogik. 2. Aufl. Weinheim, Basel, Berlin 2003

Kessels, U. / Hannover, B.: Gleichaltrige. In: Wild, E. / Möller,J.: Pädagogische Psychologie. Heidelberg 2009

Kottler, P. u.a.: Grundlagen des Marketing, 3. Aufl., München u.a. 2003

Kroeber-Riel, W. / Weinberg, P.: Konsumentenverhalten. 8 Aufl. München 2002

Littkemann, J.: Controlling, Kurseinheit 1. Fernuniversität Hagen 2008

Ludewig, H : Systemische Therapie. Stuttgart 1992
Macharzina, K. / Wolf, J.: Unternehmensführung. Wiesbaden 2005
Maturana,H. / Varela, F.: Der Baum der Erkenntnis. München 1987
Mayer, H. O.: Einführung in die Wahrnehmungs-, Lern- und Werbepsychologie. München, Wien 2005
Montada, L.: Grundlagen der Entwicklungspsychologie. In: Oerter, R. / Montada, L. (Hrsg.): Entwicklungspsychologie. Weinheim, Basel 2008
Montamedi, S.: Konfliktmanagement. Offenbach 1999
O'Connor, J. / Seymour, J.: Neurolinguistisches Programmieren: Gelungene Kommunikation und persönliche Entfaltung. Kirchzarten b. Freiburg 1993
– / McDermott, I.: Die Lösung lauert überall. Kirchzarten b. Freiburg 1998
Oerter, R.; Montada, L. (Hrsg.): Entwicklungspsychologie. Weinheim, Basel 2008
– / Dreher, E.: Jugendalter. In: Oerter, R. / Montada, L. (Hrsg.): Entwicklungspsychologie. Weinheim, Basel 2008
O'Hanlon, W. H.: Eckpfeiler: Hamburg 1990
Olbrich, R.: Marketing. Berlin, Heidelberg 2006
Olfert, K.: Personalwirtschaft. 12. Aufl. Ludwigshafen 2006
– : Organisation. 14.Aufl. Ludwigshafen 2006
Polster, E. / Polster, M.: Gestalttherapie. München 1975
Raithel, L. / Dollinger, B. / Hörmann, G.: Einführung Pädagogik. 3. Aufl. Wiesbaden 2009
Reich, K.: Systemisch-konstruktivistische Pädagogik. 5. Aufl. Weinheim, Basel 2005
Rogers, C. R.: Die klientenzentrierte Gesprächspsychotherapie.3.Aufl. München 1981
Rosen, S.: Lehrgeschichten von Milton H. Erickson. Salzhausen 1994
Rosenstiel, L. von: Grundlagen der Organisationspsychologie. 6.Aufl. Stuttgart 2007
Rotthaus, W. (Hrsg.): Erziehung und Therapie in systemischer Sicht. Dortmund 1987
Schlippe, A. von / Schweitzer, J.: Lehrbuch der systemischen Therapie und Beratung. 10. AUfl. Göttingen 2007
Seidel, T.: Klassenführung. In: Wild, E. / Möller, J.: Pädagogische Psychologie. Heidelberg 2009
Seligman, M.: *Erlernte Hilflosigkeit.* München, Wien, Baltimore 1979
Senge, P. M.: Die fünfte Disziplin. 4. Aufl. Stuttgart 1997
Sheldrake, R.: Der siebte Sinn der Tiere. Bern, München 2004
Simon, F. B.: Meine Psychose, mein Fahrrad und Ich. Heidelberg 1993
– : Einführung in die systemische Organisationstheorie. Heidelberg 2007
– : Einführung in die Systemtheorie und Konstruktivismus. Heidelberg 2008
Sparrer, I.: Vom Familien-Stellen zur Organisationsaufstellung. In: Weber, G. (Hrsg.): Praxis der Organisationsaufstellungen. Heidelberg 2000
Speck, O.: Hirnforschung und Erziehung. 2. Aufl. München 2009
Spitzer, M.: Geist im Netz. Heidelberg, Berlin 1996
– : Lernen. Gehirnforschung und die Schule des Lebens. München 2007
Stierlin, H.: Delegation und Familie. Frankfurt/M.: Suhrkamp 1978
– : Eltern und Kinder. Frankfurt/M. 1980
Thommen, J.-P. / Achleitner, A.-K.: Allgemeine Betriebswirtschaftslehre. 5. Aufl. Wiesbaden 2006
Trageser, W.: Die NLP-Kartei. Practinioner-Set. Paderborn 2000
Voss, R. (Hrsg.): Verhaltensauffällige Kinder in Schule und Familie. Neuwied 2000
Watzlawick, P.: Die erfundene Wirklichkeit. München, Zürich 1979
– / Beavin, J. H. / Jackson, D.D.: Menschliche Kommunikation. 7. Aufl. Bern, Stuttgart, Wien 1985
– / Krieg, P. (Hrsg.): Das Auge des Betrachters. München 1991
– / Weakland, J. / Fisch, R.: Lösungen. Stuttgart 1974
– / – : Interaktion. Bern, Stuttgart, Wien 1980
Weber, G.: Organisationsaufstellungen: Basics und Besonderes. In: Weber, G. (Hrsg.): Praxis der Organisationsaufstellungen. Heidelberg 2000
– / Stierlin, H.: In Liebe entzweit. Reinbek bei Hamburg 1989
Wild, E. / Möller, J.: Pädagogische Psychologie. Heidelberg 2009

Systemische Ansätze

V&R

Haim Omer / Arist von Schlippe

Stärke statt Macht

Neue Autorität in Familie, Schule und Gemeinde

2010. 360 Seiten, kartoniert
ISBN 978-3-525-40203-0

Die Erschütterung der erzieherischen Autorität gilt als eine der entscheidenden Ursachen für den dramatischen Anstieg von Gewalt und Kriminalität unter Kindern und Jugendlichen. Doch kann elterliche und pädagogische Autorität heutzutage nicht mehr auf Furcht, blinden Gehorsam und Machtausübung gründen. Es müssen die in unserer Gesellschaft vorherrschende Werte von freiem Willen, Individualität und kulturellem Pluralismus berücksichtigt werden.

Die Psychologen Haim Omer und Arist von Schlippe führen den Begriff der »neuen Autorität« ein, der das Ergebnis eines langjährigen Denk- und Erfahrungsprozesses darstellt. Zu den zentralen Konzepten dieser neuen Autorität gehören Präsenz und gewaltloser Widerstand. Die Anwendung hat sich auch im Schulbereich bewährt, wo Eltern und Lehrer ein Bündnis gegenseitiger Hilfe und Unterstützung bilden, und bindet im darüber hinaus auch Gemeindemitglieder erfolgreich ein.

Weitere Bücher unter www.v-r.de

2010. 128 Seiten, kartoniert
ISBN 978-3-525-70105-8

Klassentüren öffnen. Miteinander reden — über Unterricht, auch über Störungen, über eine Schule in der wir gerne arbeiten.
All das ist möglich durch Kollegiale Beratung in der Schule. Denn LehrerInnen sind nicht beratungsresistent, wenn Beratung nicht »von oben« verordnet wird, sondern als Kollegiale Selbsthilfe gestaltet wird.
Das Buch enthält nützliche Modelle, Methoden und Übungen für diese Form der Fallberatung. Die Tabuthemen Unterricht und Störungen werden dabei nicht umgangen. Kollegiale Schulentwicklung bleibt ebenfalls im Blick. Dirk Kutting vermittelt einen unverkrampften Umgang mit systemischer Fallberatung und einen moderaten Umgang mit konstruktivistischer Didaktik.

Vandenhoeck & Ruprecht